国家社会科学基金重大项目（04&ZD016）系列成果
武汉大学政治文明与政治发展研究中心系列成果

政治文明与政治发展研究丛书
ZHENGZHI WENMING YU ZHENGZHI FAZHAN YANJIU CONGSHU
总主编 虞崇胜

制度转轨的政治艺术

当代中国渐进式政治发展研究

叶长茂 著

武汉大学出版社
WUHAN UNIVERSITY PRESS

内·容·提·要

本书从人性预设、知识维度、历史视角和价值取向四个方面梳理了渐进式政治发展的思想资源，廓清了渐进式政治发展的内涵、特征与目标，着重探讨了当代中国渐进式政治发展的历史与现实依据、动力机制、制度创新、路径选择等几个方面的问题，尝试为研究当代中国的政治发展提供一个较为完整的理论模式和分析框架。渐进式发展是当代中国政治发展的优选模式，也是中国建立高度稳定的宪政民主政体的重要保证。本书将渐进式政治发展看做是一个制度转轨的过程，它的顺利推进需要执政的政治权威掌握高超的政治艺术，善于妥当处理各种政治冲突，平衡各种政治关系；同时，也需要社会各方力量和衷共济，共同为之创造良好的经济、社会、文化和相关的制度条件。

总　序

编辑一套“政治文明与政治发展”研究丛书，是我许久以来的一个梦想。十余年来，这个梦想一直萦绕在我的脑际。如今，当这个梦想借助国家社会科学基金重大项目（编号：04&ZD016）和武汉大学政治文明与政治发展研究中心推出系列研究成果之机，开始部分地实现的时候，有必要对这一梦想的缘起、构思、价值、现状和前景作一个简要的交代，以便人们能够大体了解我们孜孜以求的学术心迹。

一

政治文明与政治发展问题，并非是今天才提出的研究课题。自从人类社会政治产生以来，人们为了追求文明的政治生活和推进政治生活的良性发展，曾经进行了长期不懈的努力，并且积累了丰富的政治文明建设和政治发展的经验。但是，长期以来，由于时代和人们认识的局限，政治文明和政治发展问题并没有引起政界和学界的足够重视。直到第二次世界大战结束后，随着世界经济和政治的全球化发展，第三世界国家的政治发展越来越受到人们的普遍关注，人类社会政治文明问题才逐渐进入学界和政界的主流话语之中。

从广义的角度讲，政治发展是人类政治生活的进化过程，是表示以国家权力为核心的政治体系朝着合理化方向变迁的趋势、程度和性质。政治发展理论是20世纪60年代兴起的一门新的政治学研究领域，主要是对发展中国家政治变迁的条件、目标、途径和动力等发展规律进行研究的一种理论形式。1975年，美国政治学家亨廷顿等提出，政治发展是一个具有特定目标的发展过程，这些目标包括政治体系制度化程度的提高、政治结构的分化、广泛的政治参与和政治民主化等，政治发展不仅包括政治的积极发展，也包括政治衰败。因此，要研究政治发展问题，不仅要研究其自身的问题，还必须结合研究政治稳定、政治腐败等相关问题。此后，西方政治学界围绕发展中国家的政治发展问题出版了大量的相关著作，其中比较有代表性的有：派伊：《政治发展的诸方面》、亨廷顿：《变动社会的政治秩序》、亨廷顿：《难以抉择》、亨廷顿等：《现代化理论与历史经验的再探讨》、艾森斯塔德：《现代化：抗拒与变迁》、布莱克：《现代化的动力》、福山：《历史的终结》、阿尔蒙德等：《比较政治学：体系、过程、政策》、摩尔：《民主与专制的社会起源》、佩鲁：《新发展观》、布莱克：《比较现代化》、帕特南：《使民主运转起来》、威亚尔达：《民主与民主化比较研究》、阿马蒂亚·森：《以自由看待发展》等。

在国内，从20世纪80年代开始，理论界、学术界围绕中国的政治发展问题展开了热烈的讨论，先后召开过20余场专题学术研讨会，其中比较有影响的有：中国政治学会召开的“全球化与中国政治发展战略”学术研讨会，北京大学召开的“中国政治发展与政府管理”学术研讨会，北京市政治学与行政学学会召开的“我国行政体制改革与政治发展”学术研讨会，中央社会主义学院召开的“坚持中国特色社会主义政治发展道路”学术研讨会，湖北省政治学会召开的“宪政精神与当代中国政治发展”学术研讨会，国家行政学院召开的“加强党的执政能力建设与民主政治发展”理论研讨会，中国政法大学和天津师范大学联合召开的“政治文化传统与政治发展”学术研讨会，中国社会科学院召开的“中俄政治发展”国际学术研讨会，中国社会科学院召开的“东亚政治社会转型”学术研讨会，厦门大学召开的“台湾政治发展”学术研讨会等。此外，出版了一批专门研究政治发展问题的著作。其中比较有影响的有：李元书：《政治发展导论》、李元书：《论政治变迁》、燕继荣主编：《发展政治学：政治发展研究的概念与理论》、邓伟志：《变动社会中的政治稳定》、陶德麟等：《政治稳定论》、马建中：《政治稳定论》、罗荣渠：《现代化新论》、万高潮等：《当代中国政治稳定与政治发展》、伍颐园：《政治发展与中国现代化研究》、徐湘林：《渐进政治改革中的政党、政府与社会》、高放：《中国政治体制改革的心声》、王贵秀：《中国政治体制改革之路》、何增科：《中国政治体制改革研究》、施雪华：《比较政治现代化》以及由上海市社会科学院民主政治研究中心编的《中国政治发展进程》(2004)和《中国政治发展进程》(2005)、深圳大学黄卫平主编的《当代中国政治研究报告》(1、2、3、4)等。此外，中信出版社和重庆出版社还分别推出“政治发展与政府管理研究”丛书和“中国地方治理和政治发展实证研究”丛书。据中国期刊网上的统计，2000—2007年国内学术界发表关于政治发展方面的论文达1100余篇，其中2000年87篇，2001年83篇，2002年101篇，2003年97篇，2004年139篇，2005年142篇，2006年173篇，2007年187篇（截至11月的统计）。特别是适应中国现实政治发展和政治理论创新的要求，许多单位成立了专门研究政治文明与政治发展的研究机构，其中比较有影响的有：中央编译局当代马克思主义研究所、北京大学政府管理与政治发展研究所、复旦大学政治与行政研究所、深圳大学当代中国政治研究所、武汉大学政治文明与政治发展研究中心、北京市政治文明建设研究中心，天津师范大学政治文化研究所、中国人民大学当代中国政党研究所、山东大学政党研究所等。这些研究机构的成立和活动直接推动了当代中国政治文明与政治发展问题的研究。

二

相对于政治发展研究而言，政治文明研究是一个迟到的问题。

长期以来，由于人们普遍将文明分为物质文明和精神文明两个部分，因此，无论东方或西方学术界对政治文明问题的研究都很不够。尽管1844年马克思就使用过“政治文明”的概念，但此后的150余年间政治文明既没有专门的研究论著问世，也没有成为人们普遍关注的实践问题。虽然自20世纪80年代开始，中国理论界即有零星的研究政治文明的论文出现，特别是著名科学家钱学森和他领导的研究系统论的课题组曾发表过《社会主义文明的协调发展需要政治文明建设》(载于《政治学研究》1989年第5期）等论文，但这些论文大多是从政治文明与物质文明、精神文明的关系上提出问题，并未深入到对政治文明的基本理论和政治文明建设实践进行全面研究。20世纪末，尽管有关政治文明研究的论文不少，但无论是对政治文明的内涵、政治文明的原则、政治文明的形态、政治文明的历史发展，还是对社会主义政治文明的特征、建设中国特色社会主义政治文明的重大价值、前提条件、制约因素、具体路径等都还未能进行深入的研究。

自从2002年中共十六大正式提出“建设社会主义政治文明”的奋斗目标以后，“政治文明”问题很快成为理论界、学术界关注的重要课题。据统计，中共十六大前后，为配合贯彻落实“十六大”的精神，中共中央党校、中国政治学会、科学社会主义学会、全国党建研究学会等单位和团体分别召开了涉及政治文明内容的学术研讨会。全国30多个省市人大、政协、社会科学界和大多数的高等院校，也都分别召开了“建设社会主义政治文明”研讨会。特别是中共十六大召开后，关于政治文明研究的成果大量涌现，一时间，几乎所有的报刊都刊登过政治文明研究的文章。据“中国期刊网”的统计，2000—2007年全国发表的有关政治文明研究的论文共4456篇，其中2000年2篇，2001年11篇，2002年318篇，2003年1679篇，2004年1143篇，2005年649篇，2006年421篇，2007年230篇（截止到11月），呈现出以2003年为中轴高峰向两头逐年递减的变化趋势。

此外，一批研究政治文明的专著也先后问世，截至2006年底，全国出版关于政治文明研究的著作达到100余种，其中比较有代表性的著作有：虞崇胜：《政治文明论》(武汉大学出版社2003年版)、编委会：《论社会主义政治文明》(武汉出版社2003年版)、肖新发：《社会主义政治文明研究》(湖北人民出版社2003年版)、宋惠昌：《社会主义政治文明读本》(中共中央学校出版社2003年版)、朱昔群：《呼唤政治文明》(四川人民出版社2003年版)、叶庆丰：《政治文明建设论》(江西高校出版社2003年版)、房宁等：《政治文明建设论》(江西高校出版社2003年版)、李建华：《政治文明论》(湖南科技出版社2003年版)、学习时报编辑部：《社会主义政治文明论》(浙江人民出版社2004年版)、刘明君等：《当代中国政治文明走向》(湖北人民出版社2004年版)、林尚立主编《上海政治文明发展战略研究》(上海人民出版社2004年版)、程竹如：《政治文明：历史维度与发展逻辑》(上海人民出版社2004年版)、江作君等：《政治文明与小康社会》(苏州大学出版社2004年版)、何士青：《政治文明的法学解读》(中国社会科学出版社2004年版)、李良栋：《社会主义政治文明论》(江苏人民出版社2004年版)、李恒瑞：《政治文明研究》(湖南人民出版社2000年版)、邹吉忠：《当代中国马克思主义政治文明论》(河南人民出版社2004年版)、郑慧主编：《社会主义政治文明若干问题研究》(人民出版社2004年版)、许耀桐等：《政治文明建设与民主政治发展》(中国经济出版社2006年版)、许耀桐主编《政治文明：理论与实践分析》(中央编译出版社2007年版)、席文启主编的《政治文明与中国特色社会主义》(红旗出版社2006年版)和《中国特色社会主义政治文明研究》(中共党史出版社2007年版)等，特别是李良栋主编的“中国政治文明研究丛书”(江西高校出版社)、林尚立主编的“中国政治文明发展与建设丛书”(重庆出版社)，分别就政治文明的基础理论问题、社会主义政治文明建设的重大理论与实践问题、政治文明建设的相关问题进行了比较深入、系统的探讨。

经过初步的研究，学者们在政治文明的一些基本问题上已经达成共识：1. 关于政治文明的概念，学者们经过讨论，比较一致地将政治文明定义为“人类社会政治生活的进步状态。”2. 关于政治文明的科学内涵，大多数学者都认同将其概括为政治意识文明、政治制度文明和政治行为文明三个组成部分。3. 关于政治文明的基本特性，学者们在提出阶级社会中政治文明具有阶级性的同时，强调了政治文明的普遍性和特殊性、进步性和时代性、可借鉴性和不可照搬性等特点。4. 关于政治文明与物质文明、精神文明的关系，学者们都强调了人类社会文明是一个包括三大文明在内的整体，三个方面必须保持协调发展。5. 关于建设社会主义政治文明的意义，学者们普遍认为，提出建设社会主义政治文明的历史任务，是社会主义发展史上重大的理论创新和实践创新，开拓了认识社会主义政治发展的新境界，开辟了社会主义政治体制改革和政治建设的新途径。6. 关于社会主义政治文明建设的内容，学者们根据党的十六大和十七大精神，将其概括为党的领导、人民当家做主、依法治国、党内民主和政权建设等方面。7. 关于政治文明比较方面，学者们已经充分认识到政治文明是可以和必须借鉴的，需要认真总结不同国家在政治文明建设方面的经验教训，以作为当今中国政治文明建设和政治发展的借鉴。8. 关于社会主义政治文明建设的途径，大多数学者认为，进行社会主义政治文明建设，必须积极稳妥地推进政治体制改革，走自己的政治发展道路，发展中国特色的社会主义民主政治。应该说，上述这些研究为继续深入探讨政治文明的理论和实践奠定了一定的基础。

但是，由于政治文明研究所涉及的基本理论和基本知识博大精深，而从理论和实践上提出政治文明建设问题仅仅几年时间，因此在研究中普遍存在对政治文明理论理解不够充分和对政治文明建设实践了解不够深入等不足之处，缺乏大视野、大角度、多层面的具有理论创新和实践创新的成果出现。另外，由于政治文明研究刚刚起步，还有许多理论和实践问题没有涉及或涉及得不够，需要作进一步的深入研究：1. 在政治文明基本理论方面，诸如政治文明的起源，政治文明的共性与个性，政治文明的形式与本质，政治文明与民主，政治文明与法治，政治文明与宪政，政治文明与自由，政治文明与公正，政治文明与执政党的关系等，都是尚待研究的问题；2. 在中国特色社会主义政治文明方面，对于社会主义政治文明的内涵、特征、优势、建设目标、原则、路径、规律等，尚缺乏有说服力的研究成果；3. 在中国政治文明建设的传统资源方面，中国是一个具有丰厚政治文明传统资源的国家，当代中国政治文明建设必须承继这份珍贵的历史遗产，挖掘中国传统政治文明的精华，将成为今后政治文明研究的一个亮点；4. 在基层政治文明建设方面，基层政治文明是政治文明大厦的基础，如何加强基层政治文明建设，将成为今后较长时间内我国政治文明建设的重点；5. 在政治文明与经济全球化方面，在经济全球化的背景下，中国的政治文明建设必须有全球视野，积极应对经济全球化所带来的机遇和挑战；6. 在政治文明与小康社会、和谐社会关系方面，小康社会是物质文明、政治文明和精神文明协调发展的社会，研究政治文明问题必须与全面建设小康社会的奋斗目标结合起来，探讨小康社会政治文明的标志、要求、特点、建设规律以及和谐社会对政治文明建设提出的新要求等，这些是近期所要解决的现实问题；7. 在政治文明建设与人的全面发展方面，政治文明建设必须与人的全面发展结合起来，如何通过政治文明建设，促进人的全面发展，如何根据人的全面发展的要求建设社会主义政治文明，这是政治文明建设和政治文明研究所要探讨的核心问题之一。(以上研究现状可参阅虞崇胜等：《政治文明研究综述》,《新华文摘》2003 年第 2 期；虞崇胜等：《2002 年政治文明研究述评》，载《论社会主义政治文明》，武汉出版社 2003 年 2 月出版；虞崇胜等：《政治文明研究的学术审视》，列入本套丛书之一)。

三

政治文明与政治发展是既相互联系又有差别的两个问题。政治文明是人类政治生活的进步状态，政治发展是人类政治生活的进化过程。就两者的关系而言，政治文明是政治发展追求的目标，也是政治发展的重要标志；政治发展是政治文明的基本前提，也是政治文明发展的动力和途径。从某种意义上讲，没有政治发展，也就没有政治文明；反之，没有政治文明，政治发展也就失去了意义。因此，要研究政治文明问题，必须结合政治发展一同来进行。在政治文明建设中，必须将政治发展与政治文明视为一个整体，通过推进政治发展提高政治文明的程度，又通过政治文明建设促进政治发展。这正是本套丛书之所以把“政治文明”与“政治发展”两者统一起来，命名为“政治文明与政治发展”研究丛书的原因所在。

早在1844年马克思就在《关于现代国家的著作的计划草稿》中不仅使用了“政治文明”的概念，而且同时使用了“代议制和宪章”、“权力分开”、“立法权力”、“司法权力”等与政治发展有关的概念。150余年后的今天，中共十六大在明确提出“建设社会主义政治文明”的奋斗目标的同时，特别强调了必须坚持走中国特色社会主义政治发展道路。党的十七大进而强调：“深化政治体制改革，必须坚持正确的政治方向，以保证人民当家做主为根本，以增强党和国家活力、调动人民积极性为目标，扩大社会主义民主，建设社会主义法治国家，发展社会主义政治文明。”所有这些，不仅表明了我们党在治国方略和政治发展方面的认识日益深化，而且也表明了政治文明与政治发展的有机联系和密切关系。因此，探讨社会主义政治文明与政治发展的内在关系，揭示社会主义政治文明和政治发展的规律，探索社会主义政治文明建设和政治发展的路径，推进社会主义政治文明的健康发展，就成为当代中国政治发展中具有重大战略意义的理论和实践课题。

四

毫无疑问，开展政治文明与政治发展研究，对于当下的中国来说具有重大的理论意义、现实意义和学术价值。

（一）理论意义

开展政治文明与政治发展研究，有助于科学把握政治文明和政治发展的基本内涵，有利于坚持和发展马克思主义的政治发展观。尽管马克思早就使用过“政治文明”的概念，新中国成立以来也不断有关于“政治发展”的呼声，但我国至今鲜有系统研究政治文明和政治发展的著作问世。党的十六大后，理论界虽然掀起了研究政治文明的高潮，但在政治文明和政治发展内涵的理解和认识上仍存在一些分歧。本套丛书将对政治文明和政治发展进行知识考古，从历史的纵深面和现实的辐射面上揭示政治文明和政治发展的科学内涵，为我国正在进行的政治文明建设和探索中国特色政治发展道路提供最一般的知识背景。

开展政治文明与政治发展研究，有助于揭示政治文明与政治发展的内在联系。本来，政治发展是政治文明的题中之意，没有政治发展就没有现代政治文明。但长期以来，人们并没有厘清政治文明与政治发展的内在联系。本套丛书将从人类社会政治发展规律的高度，揭示政治文明与政治发展的互动关系，探讨政治文明与政治发展的一般规律，为我国正在进行的社会主义政治文明建设提供基本的理论依据。

开展政治文明与政治发展研究，有助于揭示社会主义国家建设规律和共产党的执政规律，丰富和发展马克思主义国家学说和执政党建设理论。建设政治文明和推进政治发展无疑给社会主义国家建设和执政党建设提出了新的要求。本套丛书将对社会主义条件下的国家建设和执政党建设的新要求、新特点进行全面分析，进而探索社会主义国家建设和执政党建设的新方式和新道路。

开展政治文明和政治发展问题研究，有助于探索社会主义社会政治发展的特殊规律。本套丛书通过当代中国政治文明建设和政治发展的研究，将以严密的理论逻辑和事实逻辑科学预测中国未来的政治发展走向，推进中国特色社会主义民主政治的理论创新、制度创新和实践创新，从而为我国正在进行的政治体制改革和政治文明建设提供重要的理论参考。

开展政治文明与政治发展问题研究，有助于探讨人类社会发展中所面临的共同问题，促进人类社会协调有序地发展。尽管西方社会政治文明有了某些发展，但是并没有找到促进人类社会协调发展的有效途径。开展政治文明和政治发展研究，将从全球的宽广视野出发，综览古今中外政治文明建设和政治发展的经验教训，用新的政治理念和政治范式促进人类社会生活和平、协调、有序地发展。

（二）现实意义

开展政治文明与政治发展研究，有助于中国社会主义现代化的顺利实现。政治现代化是政治发展一个阶段的目标，社会主义现代化包含着政治现代化，而现代政治文明充分体现了政治现代化的要求，因此，要实现社会主义现代化，就必须加强政治文明建设，积极推进政治发展。

开展政治文明与政治发展研究，有助于全面建设小康社会。小康社会是政治文明、物质文明、精神文明、生态文明协调发展的社会，政治文明与政治发展不仅是小康社会的重要标志，而且直接推动着小康社会的全面实现。

开展政治文明与政治发展研究，有助于探索新世纪新阶段中国政治发展的正确路径。进入新世纪后，我国面临新一轮政治体制创新和政治发展道路选择的问题。根据新中国成立以来和其他国家的经验教训，通过加强政治文明建设以推进政治发展，将不失为新世纪中国政治发展的优选之路。

开展政治文明和政治发展研究，有助于"三个代表"重要思想的贯彻落实。"三个代表"重要思想内涵十分丰富，在政治上主要表现为坚持党的领导、人民当家做主和依法治国的统一，而这三个方面恰恰是社会主义政治文明建设要达到的基本目标。因此，探索社会主义政治文明与政治发展的规律，对于贯彻落实"三个代表"重要思想具有重要的理论支撑意义。

开展政治文明和政治发展研究，有助于贯彻落实"以人为本"的科学发展观。科学发展观的核心内涵是人的全面发展，建设社会主义政治文明的目的就是要促进人的全面发展，坚持以人为本是社会主义政治文明建设的出发点和最终归宿。因此，开展政治文明与政治发展研究，将会为促进政治发展和人的全面发展寻找到最佳的途径。

开展政治文明与政治发展研究，有助于促进社会主义和谐社会的实现。社会主义和谐社会不仅是物质文明、政治文明和精神文明和谐发展的社会，同时也是经济、政治、文化、社会和谐发展的社会。政治文明与政治发展研究将着力探讨这几个方面的相互关系，提出促进社会不同层面协调发展的思路和措施，推进社会主义和谐社会的实现。

（三）学术价值

开展政治文明与政治发展的研究，将大大丰富中国特色社会主义政治学理论体系。多年来，许多学者都在探索如何建立中国特色社会主义政治学体系的问题，但由于没有从政治文明和政治发展的新视角来考虑，因而未能准确把握中国政治学的理论内核。开展政治文明与政治发展研究，将提供政治文明与政治发展方面的最新研究成果，用最前沿也是最基础的理论和方法去充实中国特色社会主义政治学理论体系。

开展政治文明与政治发展研究，将为政治学分支学科的进一步交叉融合提供重要契机。无论是政治文明还是政治发展，都是政治学要研究的重要问题。但长期以来，在学术研究中人们并没有把政治文明与政治发展结合起来，从而割断了两者的有机联系。本套丛书力图将政治文明与政治发展内在地联系起来，以促进政治学学科中不同二级学科的交叉和集成，激活现有研究资源，带动学科发展，从而为我国政治学学科的发展作出自己的贡献。

开展政治文明与政治发展研究，将为政治学研究提供一个基础性的学术平台。在此基础上，既可以开展政治文明与政治发展的基础理论研究，也可以开展政治文明与政治发展的实证研究，还可以开展政治文明与政治发展的比较研究，从而形成政治学研究的新领域和新视点。同时，随着研究工作的深入发展，将逐步形成全国规模最大、功能最齐全的政治文明和政治发展研究信息和资料中心，直接服务于我国的政治文明建设和政治发展实践。

开展政治文明与政治发展研究，将为国内和国际学术界交流政治文明与政治发展研究成果提供一个重要阵地。发达国家的学术界，对政治发展有比较深入的研究，取得了相当丰厚的成果；对政治文明问题的研究虽然尚无专著出版，但在大量的比较研究中也多有涉及。近年来，中国学术界对政治文明和政治发展问题开展了广泛的研究，取得了一系列的相关成果。国际和国内学术界通过各种方式建立起广泛联系，促进国内和国际学术界同行的交流与合作，必将大大地提升政治文明与政治发展研究的学术水平。

开展政治文明与政治发展研究，将为培养和造就一批学贯中西、综览古今、富于创新、脚踏实地的学术人才提供一个重要舞台。政治文明与政治发展本身是与时俱进的，对它的研究是一个需要作长期努力的系统工程，需要聚合全国研究政治文明与政治发展的力量，形成年龄结构和知识结构合理、思维敏锐、积极进取、老中青相结合的学术队伍，培养大批潜心研究政治文明与政治发展的专门学术人才，进而为提升政治学学科的学术地位、建设具有中国特色的政治学学科体系奠定坚实基础。

五

“路漫漫其修远兮，吾将上下而求索。”研究政治文明与政治发展问题，如同建设政治文明和推进政治发展一样，并非朝夕之间就可以竟其功的，它将是一个随着人类社会政治文明建设和政治发展而不断发展的常研常新的重大课题。对此，我们应该保持清醒的认识。我们推出“政治文明与政治发展研究丛书”的目的，与其说是为了展示我们的部分研究成果，不如说是为了抛砖引玉，呼唤更多的热心于政治文明与政治发展的政界和学界先进投身到政治文明建设和政治发展实践中来，用鲜活的研究成果共同去构筑人类政治文明与政治发展的学术殿堂和理论宝库。

无论世界风云如何变化，也无论中国社会未来如何变迁，我们始终坚信：政治文明是值得追求的，人类社会的政治发展是不会停滞的，人类政治生活正是在这种不断的追求中逐步达于文明之境的，人类政治生活不断地走向文明化的大趋势是谁也改变不了的。正如我在《政治文明论》“导论”结尾处所指出的：“大行之道也，政治文明！”这也就是我们研究政治文明与政治发展的基本宗旨。

全新的时代需要全新的政治科学，而全新的政治科学则有赖于政治文明与政治发展理论和实践的发展；换句话说就是，政治文明与政治发展的研究将为全新政治科学的构建提供重要的学术前提和智识基础。我们推出“政治文明与政治发展”研究丛书，就是为了给政治文明与政治发展研究提供一个基础性的学术平台，借助这个平台，不同领域、不同单位、不同国度的研究者可以长期地开展合作研究，取长补短，相互促进，共同去创新政治文明和政治发展理念，拓展政治文明与政治发展的空间，探索政治文明与政治发展的路径，改进政治文明与政治发展的研究方法，引领政治文明与政治发展的方向。我们相信，只要我们坚持不懈地做下去，就一定能够做出无愧于时代和无愧于人类的研究成果来。

“芳林新叶催陈叶，流水前波让后波。”我们深知，由于眼界、时间和能力之限，我们编辑的这套丛书并不尽如人意，尚有诸多瑕疵，一经出版，就必然落伍于活生生的政治文明与政治发展实践。如果借助我们这套丛书的推动，能够催生出更多更好的政治文明与政治发展的研究成果来取代我们的成果，那正是我们之所愿。我们热切地期待着这一天的早日到来，到那时我们也就可以馨香以祝了。

虞崇胜

2007年12月作于珞珈山下补牢斋

目 录

导　论

一、研究的目的和意义

自1978年以来，中国所实行的改革开放政策使经济、政治等各个领域发生了深刻的变化。与经济改革一样，中国政治改革同样走的是一条渐进式发展的道路。渐进政治改革推动了政治体系的持续发展，中国政治在各个方面都取得了显著的进步。虽然有许多学者以西方成熟的民主政治标准作为参照，认为中国政治体制仍然保持了高度集权的特征，在本质上并没有发生太大的变化，但如果与改革以前的全能主义政治时代相比，中国政治的进步无疑是巨大的，主要表现在：政府的运作有了基本的程序；人民的权利得到了基本保障；法制与秩序得到了全面恢复；言论自由、私域空间和公共领域都得到了极大拓展。所有这些政治上的进步都是在政治体系基本稳定的条件下取得的，因而使改革以来中国的政治发展带有明显的渐进主义特征，一种中国式的渐进式政治发展模式初步形成。政治学界部分学者对中国的渐进政治改革做了初步的探讨，但尚未对“渐进式政治发展”这一论题进行系统的全面的研究。笔者认为，目前正是中国政治发展走向深入的关键时期，急需对中国渐进式政治发展进行系统的全面的研究。本书的研究目的一方面是论证中国选择渐进式政治发展道路的合理性，总结中国渐进式政治发展过程中的经验教训，另一方面是从制度转轨的角度对中国的渐进式政治发展进行较为系统的研究，探讨如何确保中国的渐进式政治发展顺利推进并取得最终成功。本书的核心观点是，渐进式发展是当代中国政治发展的优选模式，也是中国建立高度稳定的宪政民主政体的重要保证。渐进式政治发展实质上可以看作是一个制度转轨的过程，即将一种高度集权的政治体制转变为一种高度民主的在法治的基础上运行的政治体制。制度转轨的过程极为复杂，因而需要推动政治发展的政治权威具有高超的政治艺术，善于妥当处理制度转轨过程中的政治冲突，平衡各种政治关系，团结各种力量，推动政治体系沿着正确的路线演进。同时，制度转轨也需要社会各方力量协作配合，共同为之创造良好的经济、社会、文化和相关的制度条件。

本书从政治哲学与政治科学相结合的角度探讨渐进式政治发展的一般理论问题，梳理渐进式政治发展的思想资源，廓清渐进式政治发展的内涵、特征与目标，将为研究当代中国的渐进式政治发展奠定较为坚实的理论基础，并从宏观上为分析当代中国的政治发展提供一个有效的理论模式和分析框架。中国的学界、政界乃至普通民众都希望国家稳定、政治渐进发展，但由于迄今为止对于渐进式政治发展没有进行系统全面的研究，许多人对于什么是渐进式政治发展，如何推动渐进式政治发展的认识是比较模糊的。本书对渐进式政治发展的系统研究，有助于推动学术界关注这一重大论题，并为政治发展实践提供一定的启示和借鉴。本书关于渐进式政治发展相关理论的梳理还将有助于在整个社会确立渐进主义的政治信念，使人们充分认识到，人类社会良好的政治制度与政治秩序只能是在尊重现有制度的基础上渐进生成。在制度转轨的过程中确立渐进主义信念，对于中国民主政治发展的顺利推进具有重要意义。如果社会各阶层没有渐进主义的信念，就会将渐进式政治发展仅仅视为一种手段，一次改革不成功，就会失去耐心，转而选择激进式道路。如果在制度转轨的观念和实践层面确立渐进主义信念，那么渐进式政治发展就不再是一种权宜之计，而是政治制度演进的内在要求，是民主制度平稳着陆的重要保证。即使政治改革较为缓慢，似乎渐进之路很难推进，各种政治力量也不会贸然选择激进转轨的道路。这样一来，渐进式政治发展不仅是政治权威自觉的政治选择，也将是全社会共同努力的奋斗目标。

本书的现实意义是总结中国政治改革以及其他国家制度转轨的经

验教训，为当前中国民主政治发展的顺利推进提出具有建设意义的思路。渐进式发展是当代中国实现政治民主化的必由之路。从世界各国的政治发展经验来看，政治民主化的顺利实现既取决于一个国家的领导层能否适时而妥当地推进民主，也取决于社会各种政治力量能否通过和平的方式解决政治冲突。但政治领导层仅仅有不断推动政治改革的决心和魄力对于民主政治发展是远远不够的。许多国家的政治改革不仅没有给人民带来高品质的民主，反而破坏了政治稳定，使国家陷入长期的政治动荡之中，甚至使人民饱受战乱之苦。因此，对于处于转型中的国家来说，改革的领导层不仅要有决心推进政治改革，更要善于改革，要为重要的制度转轨做好充分的准备，方能确保改革的最终成功。本书在充分考虑制约中国政治发展的各种不利因素的基础上，着重从动力机制、制度创新与路径选择三个方面探讨如何推动渐进式政治发展的顺利进行，提出了一些既有现实针对性又具有可操作性的建议和思路。

二、研究现状综述

（一）西方政治发展研究重要文献简述

关于西方（主要是美国）政治发展理论的演变，中国政治学界一般将其划分为兴起、鼎盛和转向三个时期。① 由于西方政治发展的文献已经为国内政治学界所熟悉，所以笔者这里根据研究的需要，以研究主题的变化为线索对西方政治发展理论及其有代表性的文献进行

① 姚建宗将国外政治发展研究的进程分为酝酿期（20 世纪 50 年代）、活跃期（20 世纪 60～70 年代中期）和低速期（20 世纪 70 年代中期以后）三个阶段，参见姚建宗：《国外政治发展研究述评》，《政治学研究》，1999 年第 4 期，第 78～89 页；另可参阅杜才平：《西方政治发展理论述评》，《松辽学刊（人文社会科学版）》，2001 年第 2 期，第 63～66 页；陈文新：《从“现代化”到“制度变迁”——当代西方政治发展理论的语境转换》，《云南行政学院学报》，2005 年第 1 期，第 4～7 页。

简要梳理。

西方政治发展研究兴起于20世纪50年代。它的兴起主要缘于两个因素的相互作用。从现实背景来看，第二次世界大战以后新产生的民族独立国家面临着经济发展和政治发展的重大任务，美国政府出于冷战的需要，大力支持对发展中国家经济和政治发展的研究，并试图通过这种研究影响发展中国家的政治选择，使其走上西方式民主的政治发展道路；从学术自身的发展来看，政治行为主义成为美国当时政治学界的主流研究方法，政治学由传统的重视历史和制度研究发展到重视政治行为和政治过程的研究。一批著名的政治学者如阿尔蒙德等人开始采用自然科学的研究方法并结合经济学、心理学、人类学等学科方法来研究政治现象，力图通过对发展中国家社会变迁、政治变迁的实证分析来验证政治学的相关理论观点。于是，政治发展研究应运而生。20世纪50年代是政治发展的酝酿时期，伊斯顿等政治学家开始有意识地从事政治发展研究。但这时政治发展研究正处于起步阶段，政治发展研究尚未成为政治科学研究的真正热点。

在20世纪60年代，一大批政治学家开始致力于政治发展研究，政治发展研究开始走向兴盛，并在60年代末逐渐达到高潮。西方政治发展理论在20世纪五六十年代关注的中心问题是发展中国家的政治民主化问题。① 这一时期的政治发展研究总体上仍然是在现代化理论的背景下展开的，大多隐含着一个传统与现代二分的分析框架，即发展中国家正处于"传统社会"，西方国家已经是现代社会，现代化就是从"传统社会"过渡到"现代社会"，政治发展的实质是政治现代化，也就是向着西方民主的方向演变。阿尔蒙德关于政治发展的看法具有一定的代表性，他认为"政治发展指国家的发展和国家的民

① 关于西方政治发展理论前两个阶段研究主题的变化可参阅美国政治学者亨廷顿的观点："从50年代末到60年代初，这一领域的学者主要专注于民主的先决条件和民主制的发展，这里民主几乎完全是按西方模式定义的。到60年代后期，据许多观察家指出，研究发展问题的政治学家格外注意到政治秩序与政治稳定问题。"亨廷顿：《发展的目标》，载亨廷顿等著，罗荣渠主编：《现代化：理论与历史经验的再探讨》，上海译文出版社1993年版，第332页。

主化"①。亨廷顿和多明格斯对这一时期的研究状况做了准确的概括："事实上，早期的许多工作都把政治发展看作与政治现代化等同……几乎全部工作都集中在研究从传统的，乡村、农业社会到现代的，城市、工业社会的整个变革范围内的政治发展上。"② 在这一时期，政治学者从不同的侧面对发展中国家的政治变迁和发展进行了理论与经验层面的探讨，撰写了一系列产生广泛影响的著作，如勒奈的《传统社会的消失》(1958)，G. A. 阿尔蒙德和 J. S. 科尔曼合著的《发展中地区的政治》(1960)，多伊奇的《社会动员与政治发展》(1961)，阿尔蒙德和维巴合著的《公民文化：五个国家的政治态度和民主制》(1963)，拉巴隆巴拉主编的《官僚体制与政治发展》(1963)，D. 阿普特的《现代化的政治》(1965)，L. W. 派伊与维巴主编的《政治文化与政治发展》(1965)，阿尔蒙德和鲍威尔合著的《比较政治学：发展的研究》(1966)，L. W. 派伊的《政治发展面面观》(1966)等。③

20 世纪五六十年代的政治发展理论具有明显的西方中心论色彩，不符合发展中国家的历史文化传统和现实政治要求，不能真正回答和解决发展中国家政治发展的实际问题。西方政治学者所预期的政治进步并未出现，政治动荡、经济停滞、贫富悬殊反而成为发展中国家的普遍现象。到 60 年代末期，政治学者们开始对政治发展理论进行反思，将研究主题转向发展中国家的政治权威与政治秩序。美国政治学家亨廷顿于 1969 年发表了《变化社会中的政治秩序》一书，成为政治发展理论中研究政治稳定的重要代表人物。亨廷顿认为，发展中国家的现代化进程会刺激民众产生强烈的政治参与要求，而现存政治体

① ［美］阿尔蒙德：《发展中的政治经济》，载亨廷顿等著，罗荣渠主编：《现代化：理论与历史经验的再探讨》，上海译文出版社 1993 年版，第 362 页。

② ［美］塞缪尔·P. 亨廷顿、乔治·I. 多明格斯：《政治发展》，载［美］格林斯坦、波尔斯比编：《政治学手册精选》（下卷），储复耘译，商务印书馆 1996 年版，第 263 页。

③ 关于这一时期政治发展著作的详细介绍可参阅陈鸿瑜：《政治发展理论》，台湾桂冠图书股份有限公司 1987 年版，第 5～9 页。

系的制度化水平却不能接纳日益扩大的政治参与，于是势必会引发各种形式的动乱。因此，发展中国家政治发展的首要任务不是建立西方式民主和自由，而是建立权威的政治秩序和保持政治稳定。“人当然可以有秩序而无自由，但不能有自由而无秩序。必须先存在权威，而后才谈得上限制权威。在那些处于现代化之中的国家里，恰恰缺少了权威，那里的政府不得不听任离心离德的知识分子、刚愎自用的军官和闹事的学生的摆布。”① 发展中国家保持政治稳定的关键是政治制度化，“政治稳定依赖制度化和参与之间的比率。如果要想保持政治稳定，当政治参与提高时，社会政治制度的复杂性、自治性、适应性和内聚力也必须随之提高”②。发展中国家政治发展的实质是提高政治体系的制度化水平，增强其适应能力和应变能力，既能够吸纳新兴的社会力量，又能够控制不断扩大的政治参与，维持政治秩序，促进现代化发展。

20 世纪 70 年代中期以后，政治发展研究的主题转向公共政策，政治学者主张通过更具体的微观研究和实用研究，为解决发展中国家的各种实际社会问题提供方案和对策。在方法上，政治学者开始转向经济学的“理性选择”分析，出现了政治、经济研究相互结合的趋势。这一时期的代表性著作有乌尔福和伊尔契曼的《发展的政治经济学》和亚伯特的《抉择与分配之政治：一个发展的研究》。当政治发展转入公共政策研究以后，由于学者们提倡价值无涉的纯科学研究，也使政治发展研究失去了提供政策建议的资格。这就导致了当代政治发展研究的衰落。③

西方政治发展理论因为其自身的一些不足，对发展中国家的实际政治进程影响有限。实践证明，由于经济基础、历史传统、文化背景

---

① ［美］塞缪尔·P. 亨廷顿：《变化社会中的政治秩序》，王冠华等译，生活·读书·新知三联书店 1989 年版，第 7 页。

② ［美］塞缪尔·P. 亨廷顿：《变化社会中的政治秩序》，王冠华等译，生活·读书·新知三联书店 1989 年版，第 73 页。

③ 参见竹森：《当代政治发展研究衰落探因》，载刘军宁、王焱编：《自由与社群》，生活·读书·新知三联书店 1998 年版，第 249～270 页。

及其他社会条件的影响和制约，不同国家的政治发展模式和道路是多种多样的，不能照搬西方的政治发展模式。尽管如此，西方政治发展理论毕竟对发展中国家的政治发展进行了开创性研究，形成了不同的研究流派和方法，产生了一大批具有广泛影响的政治学著作，其所取得的理论成就对于研究发展中国家的政治发展具有重要的启示：首先，发展中国家的政治发展研究可以借鉴西方政治发展理论所创造的比较规范的概念、方法和分析框架，如行为主义研究方法、结构—功能分析方法等。其次，选择政治发展模式要从本国的实际出发，只有根据本国国情确立政治发展道路，才可能获得成功。最后，政治发展必须处理好政治民主与政治稳定的关系。政治民主化要在保持政治稳定的前提下稳步推进，应该有利于促进而不是干扰政治稳定。政治稳定的实现应是一个动态的过程，长期的政治稳定有赖于民主政治制度化水平的提高。

（二）“中国政治发展”研究综述

中国政治学者自20世纪80年代以后开始接触和研究政治发展问题。最初的研究主要是翻译介绍西方政治发展理论，借鉴西方的概念和方法建构政治分析的模式和框架。这一时期有个别学者开始尝试用政治发展的概念和方法研究中国的实际政治问题。① 进入20世纪90年代以后，中国的政治发展研究逐步进入兴盛期，中国政治学者对国外政治发展理论的流派与方法，对世界各国政治发展的经验与教训，以及中国的政治发展问题都进行了较为深入的研究，取得了丰富的研究成果。“中国政治发展”问题一直是中国政治发展研究的主要论题之一，中国政治学者和其他相关领域的学者从政治发展目标、动力、战略、道路、方法等各个方面对这一论题进行了广泛的探讨，也发生

① 这方面的研究可参阅王沪宁：《社会主义民主政治发展的生态分析》，《天津社会科学》，1988年第3期，第21～26页；李景鹏：《论中国的政治发展与政治腐化》，《天津社会科学》，1989年第3期，第41～46页；王沪宁：《现阶段中国政治发展中的几对关系》，《社会科学》，1989年第10期，第14～19页。

了一些比较激烈的争论，对现实政治发展产生了一定影响。由于这方面研究文献过于庞杂，笔者这里只是就学界关于“中国政治发展”的一些有代表性、影响较大的学术观点和主张做一简要综述。

1. 建构公民社会

中国学术界从20世纪90年代开始了关于公民社会的研究。学者们希望通过公民社会的研究来推动建构一种良性的国家与社会的关系，并进而推动中国宪政民主的发展。这里着重介绍几位有代表性的学者关于中国公民社会与政治发展、政治民主化关系的观点。①

1992年邓正来、景跃进发表《建构中国的市民社会》一文，开启了当代中国公民社会研究。② 在此之后，邓正来又出版《国家与社会——中国市民社会研究》一书，系统阐述了他关于中国公民社会建构及其对中国政治发展的推动作用的观点。邓正来认为，确立国家与社会之间良性互动的结构关系，无论对于国家自身的民主化发展还是对于公民社会的建构都是至关重要的。所谓良性互动的结构关系，是指国家与公民社会的适度分离并明确各自的权力边界。国家从公民社会中，从其不应该干预的领域中退出，改变过去那种政治与经济不分，国家与社会重合的状态。国家退出以后，公民社会成为一个独立、自主的实体，各种非国家的社会组织在法律范围内拥有较为广阔的自主活动领域。公民社会对国家的作用表现在，一方面，它极力维护自身独立性，使自己免受国家的超常干预和侵犯；另一方面，公民社会的多元利益集团以各种不同方式要求在政治上表达它们的利益，这种欲望和活动乃是建立民主政治的强大动力。公民社会与国家的良性互动乃是两者之间的一种双向的适度的制衡关系。通过这种互动，

① 还有一些学者如何增科、燕继荣、郁建兴等也对公民社会与政治发展的关系作了深入探讨。

② 公民社会研究最初兴起时，学术界一般使用“市民社会”这个传统概念，后来多数学者更愿意使用“公民社会”这个概念。这两个概念的内涵基本一致，只是汉语意思有细微差别，“市民社会”侧重于强调社会相对于国家的独立性和制衡作用，“公民社会”侧重于强调社会对政治事务与一般公共事务的参与和治理。本书除直接引文外，统一使用“公民社会”概念。

双方能够较好地抑制各自的内在弊端，使国家所维护的普遍利益与公民社会所捍卫的特殊利益得到符合社会总体发展趋势的平衡。①

中央编译局的俞可平对马克思的公民社会理论做了系统的梳理并提出了社会主义公民社会的概念。俞可平认为，马克思之所以没有专门论及社会主义公民社会，是因为在马克思看来，公民社会是近代市场经济和工业化的产物，资本主义社会是公民社会的典型形态，公民社会与政治国家的分离将随着资本主义的灭亡而消失；在社会主义社会，政治国家从公民社会中夺走的全部权力都将返回社会，国家将逐渐消亡，从而公民社会的存在也就失去意义。但是，现实社会主义与马克思的设想不同，国家不仅没有消亡，而且将在相当长的时期内存在。马克思曾指出，公民社会这种社会组织在一切时代都构成国家的基础以及任何其他的观念的上层建筑的基础。既然在社会主义社会中还存在着政治国家，那么就应当有一个与此相对应的公民社会。从现实来看，市场经济的发展在我国已经成为一个不可逆转的历史进程，同样，以此为基础并且独立于国家的公民社会的崛起也是势所必然的。俞可平指出，公民社会通过发展市场经济和培育多元自治的社团组织，增强了人民的自我管理能力和对政府的监督、制约能力，将为实现民主政治创设充足的社会条件。②

施雪华认为中国公民社会的建构对于政治发展具有特别重要的意义。合法的公民社会是执政党、政府与公民之间的一道避免出现动乱的防火墙、过滤器，要使21世纪的中国保持社会稳定和政治稳定，必须高度重视中国公民社会问题的解决。公民社会问题是一个涉及公民社会与政党、政府关系，涉及国家、政府与政党关系的复杂问题。在处理公民社会与政党、政府关系，国家、政府与政党关系时，应该“先自由、后民主”，优先解决公民社会与政党、政府的关系，即逐

---

① 参见邓正来：《国家与社会——中国市民社会研究》，四川人民出版社1997年版，第12～19、131页。

② 参见俞可平：《社会主义市民社会：一个新的研究课题》，《天津社会科学》，1993年第4期，第45～48页。

步分清公民社会与政党、政府的活动领域，公民社会主要限于经济文化领域和非政府的参政议政领域，政府与政党主管政治领域，促进公民自由的扩展。然后，到一定时期（如经济社会现代化起飞后）再进一步推进国家、政府与政党关系的调整，即实现政治民主化。因为，有了扎实、雄厚的社会自由，才能有牢固真实的政治民主。否则，即使很早建构起了形式上的政治民主构架，也难以充分发挥政治民主的实际功能。①

2. 权威政治论

萧功秦是权威政治论的代表人物，他认为，20 世纪 80 年代后期以后，中国已经形成以社会主义一党政治的传统资源为基础的权威主义现代化的政治模式。② 这种权威主义政治体制对社会的控制范围与幅度已经比改革开放以前大为缩小，仅限于与政治稳定有关的那些方面，社会、经济与文化领域出现有限的多元化，意识形态在政治生活中的功能作用逐渐转换；另一方面，现行的政治体制仍然继承了全能体制下的组织资源，具有对社会各个领域的强大的调控能力。这种在市场经济条件下的权威政治，在运用强大的国家机器与政治资源动员能力，以刚性方式来排除现代化过程中可能出现的政治动荡与危机方面，应该说具有其他类型的权威政治所没有的某些特殊优势。对于中国这样一个超大型的后发展中国家来说，“后全能型”的权威政治模式，是一种有助于应对各种复杂矛盾，有助于在秩序稳定状态下，完成向市场经济和民主政治过渡的发展模式。③ 从发展政治学的角度来看，“后全能型”的权威政治是中国从全能主义政治向民主政治转变

① 参见施雪华：《建构有成熟规则的中国公民社会》，《学习月刊》，2005 年第 8 期，第 23 ~ 26 页。

② 萧功秦：《后全能体制与 21 世纪中国的政治发展》，《战略与管理》，2000 年第 6 期，第 1 ~ 8 页。

③ 参见萧功秦：《从政治学和政治社会学看中国发展：驳中国经济崩溃论》，http://www.tylf.net/old/jingji/zhengzhixue.html.

所必经的过渡阶段。①

3. 党内民主论

近年来“党内民主”成为中国学术界的一个研究热点，众多研究者都提出，以党内民主来推动人民民主是一条比较好的民主发展路径，其中具有代表性的学者有林尚立、许耀桐、胡伟、王邦佐、王贵秀等人。许耀桐认为，实行党内民主是世界各国政党演变的必然趋势。对于中国的民主发展来说，人民民主先行可能会出现失控、混乱的局面，因此，“以党内民主带动人民民主是最佳选择”。② 林尚立也认为，中国政治发展的历史与现实条件决定了中国只能在中国共产党的领导下走有序民主化的道路。在新的历史条件下，中国共产党要在有序民主化的基础上有效推进中国社会主义民主的成长，就必须积极地将党内民主与人民民主有机结合，从而在政治上为社会主义民主和社会主义政治文明建设提供长效动力。大力推进党内民主，将使党拥有有序推进中国民主发展的组织基础、制度基础和政治基础，从而有利于中国民主政治的整体发展。③ 胡伟提出，对于中国民主政治发展道路的建设性的、可行性的设计，应当是改善中国共产党的领导方式，推进党内民主，使共产党的领导契合于民主政治的发展。中国现阶段应当努力开发民主化的体制内资源，在民主化的道路上选择先共产党内后共产党外、先中央后地方及基层、先精英后大众的体制内渐进发展路线。中共党内民主的切实推进，必将带动整个国家政治生活的民主化。④

---

① 参阅萧功秦：《从发展政治学看中国转型体制》，《浙江学刊》，2005 年第 5 期，第 100 ~ 107 页；《中国后全能型的权威政治》，《战略与管理》，2002 年第 6 期，第 82 ~ 88 页。关于权威政治的观点和主张还可以参阅刘军、李林：《新权威主义——对改革理论纲领的论争》，北京经济学院出版社 1989 年版；孙立平：《权威主义论争中需要澄清的几个问题》，《改革》，1989 年第 3 期，第 71 ~ 77 页。

② 许耀桐：《党内民主与中国的选择》，《学习月刊》，2005 年第 10 期，第 11 ~ 12 页。

③ 参见林尚立：《有序民主化：论政党在中国政治发展中的重要作用》，《吉林大学社会科学学报》，2004 年第 6 期，第 5 ~ 13 页。

④ 参见胡伟：《党内民主与政治发展：开发中国民主化的体制内资源》，《复旦学报（社会科学版）》，1999 年第 1 期，第 1 ~ 11 页。

4. 国家制度建设论

王绍光、胡鞍钢等学者提出了“以制度建设为中心”的中国第二代改革战略。他们认为，扩大个人自由、加快民主进程只能解决中国所面临的某些方面的挑战和问题，大量问题是不能以制约公共权威的方式解决的，反而必须要靠建立和完善国家制度才能解决。中国的政治转型应着眼于强化和改善公共权威，并使之民主化，而不是盲目地取消和限制公共权威。换句话说，在中国政治转型的过程中，不仅应该将现有国家机器民主化、制度化和程序化，而且应该大力加强国家制度的薄弱环节，建立一个高效的有很强良治能力的政府。国家基本制度建设应优先于大规模的民主化，要先行一步，因为它是经济可持续发展和社会稳定的必要条件，也是建立法治和民主制度的必要条件；否则民主化就可能演化为泛民主化和无政府主义。①

5. 基层民主论

中国自20世纪80年代推行村民自治以来，农村基层民主建设取得了显著成就，到90年代又产生了城市社区自治制度，许多学者对村民自治和城市社区自治产生了极大的学术兴趣，并把以村民自治为主要表现的基层民主建设看作中国民主政治发展的现实路径和希望所在。中国研究村民自治的著名学者徐勇认为村民自治制度以及城市社区自治制度，对于建构复合民主制的中国宪政制度具有重要的制度创新意义。他指出，中国的宪政与民主制度之所以难以建立，一个很重要的原因是民主化所依赖的民主规则、民主程序及其相应民主意识等内部条件未能得到充分重视。正是由于没有严密的民主规则、民主程序作为保证，从而使得民主原则和精神经常受到权力的粗暴践踏。然而，程序性民主是民主实践中的产物。没有民主实践，也无所谓民主程序。对中国的民主化进程来说，必须重视民主形式的实践，通过在民主形式实践中建立民主规则和程序，为民主创造内在的条件。村民自治最重要的价值就是为民众提供形式化的民主实践，使民众得到民

① 参见王绍光、胡鞍钢、周建明：《第二代改革战略：积极推进国家制度建设》，《战略与管理》，2003年第2期，第90~95页。

主的训练，并熟悉民主的规则和程序。一旦民主的仪式固化为民众的习惯，成为日常的生活方式，民主才是真正不可逆转的。① 由于村民自治的发展具有扩展效应和溢出效应，所以村民自治制度的全面实施必将推动中国代表制民主的发展，进一步促进中国宪政制度的创新。②

6. 政治文明建设论

虞崇胜主张，新世纪中国政治发展的优选之路，应在全面总结人类政治文明发展，特别是我国改革开放以来政治体制改革的实践经验的基础上，通过理论和实践创新，逐步由通过政治体制改革推动政治发展转移到通过政治文明建设促进政治发展的轨道上来。从人类政治文明发展长河上看，政治改革必须结合政治建设去进行，通过政治建设来巩固政治改革的成果。凡是以建设为目标的改革，尽管改革看似并不彻底，但由于有建设的成果作保证，改革往往能够获得成功。政治建设不能采取类似政治革命那样急风暴雨式的剧烈方式，而必须采取和平渐进的方式，即通过政治新质要素的逐渐积累和旧质要素的逐渐被取代，以实现政治体制的更新、转型和发展。任何形式的政治发展都是以政治建设的成果作为标志的。只有切实有效地开展各项政治建设，才能巩固政治革命和政治改革的成果，从而为政治发展开辟广阔的道路。③ 政治文明建设有两条道路可供选择：一是政府推进型道路，二是社会自主型道路。长期以来，中国选择的是政府推进型道路，但政府推进型道路有着难以克服的局限性，只能作为一种过渡性的措施。新世纪中国政治文明建设之路，必然沿着人类政治发展的总

① 参见徐勇：《中国民主之路：从形式到实体——对村民自治价值的再发掘》，《开放时代》，2000 年第 11 期，第 56 ~ 61 页。

② 徐勇：《村民自治：中国宪政制度的创新》，《中共党史研究》2003 年第 1 期，第 62 ~ 67 页。关于基层民主与政治发展的关系还可以参阅杨龙芳：《论中国政治市场开放进程中宪政民主与基层民主的协调发展》，《经济社会体制比较》，2004 年第 2 期，第 92 ~ 97 页；李荣华：《论基层民主与当代中国的政治发展》，《深圳大学学报（人文社会科学版）》，1999 年第 4 期，第 56 ~ 61 页。

③ 参见虞崇胜：《政治文明建设：新世纪中国政治发展的优选之路》，《天津社会科学》，2001 年第 3 期，第 7 ~ 13 页。

趋势，逐步由政府推进型道路转变到社会自主型道路上来。①

7. 合作主义国家论

康晓光基于混合政体理念提出了建设合作主义国家模式的设想，合作主义国家的基本公式是：权威主义政治+自由市场经济+法团主义+福利国家。他认为只有通过社会之中各阶级之间的分权制衡，才能建立一种好的政治制度。在混合政体内，各个阶级透过各自的权力机构相互制约与合作，各个阶级都能参与制定决策特别是以立法形式出现的重要决策，没有任何一方的利益主导一切。在市场社会中，阶级构成包括统治阶级、资产阶级、知识阶级和劳动阶级。在这种社会中，所谓“阶级分权”就是建立权力、资本、知识、劳动之间的分权制衡。作为一种现代阶级分权体制，合作主义国家奉行“自治”、“合作”、“制衡”与“共享”等“四项基本原则”。合作主义国家的首要原则是权力、资本、知识、劳动在各自的领域都实行自治。“自治”是为了有效的“合作”。合作的政治模式是多方协商或谈判体制，类似于法团主义体制。在法团主义框架中，社会成员按照社会分工组成功能性团体，这些功能性团体协助政府制定和实施公共政策。政府以中立的姿态主持阶级谈判，通过谈判解决社会冲突。欲使合作是平等的，合作各方必须能够相互制约，达到某种程度的“制衡”。阶级分权制衡的终极目的是各个阶级共享合作的成果，即公平地分享财富和机会。康晓光指出，最好的权威主义就是合作主义国家。它垄断政治权力，维护市场秩序，同时致力于矫正市场的不平等。它既有正当性，又有有效性。②

---

① 虞崇胜：《从政府推进到社会自主：新世纪中国政治文明建设的必由之路》，《江苏社会科学》，2002 年第 2 期，第 154 ~ 160 页。关于政治文明建设的研究还可以参阅郝永平、彭劲松、刘君栩：《社会进步的政治维度：政治文明与社会进步》，江西高校出版社 2004 年版；王照东：《政治文明视野中的权力问题研究》，中国社会科学出版社 2006 年版；许耀桐、刘昌雄：《政治文明建设与民主政治发展》，中国经济出版社 2006 年版。

② 参见康晓光：《论合作主义国家》，《战略与管理》，2003 年第 5 期，第 85 ~ 95 页。

8. “咨询型法治政体”论

潘维认为，政治改革的导向有两种选择：一是民主化，二是法治化。两者不可能同时兼得。以法治为导向、以吏治为核心进行政治体制改革，比较适合中国的具体特点。执政党应不失时机地发动以法治为导向、以吏治为中心的政治体制改革，掌握政改的主动权和主导权。潘维提出了一个较为完整的以“咨询型法治”为方向的政改方案，这一方案包括三个部分：一是确定一个新的“中心工作”，即执政党把中心工作由发展经济转变为建设法治。二是公布三个阶段性目标：在制度准备阶段，用五年左右的时间进行学术、舆论和宣传准备，完成干部训练，并制定新机构的典章、法规；在制度建立阶段，用十年左右的时间取消目前的党政“双行政”体制，建立以公务员体系为核心的五大支柱结构，从而实现执政党的“依法治国”；在归政于法的阶段，用十年左右的时间逐渐减少按届任命的政务官，消除五大支柱中的“人治”因素，从而由“依法治国”进入到“法律治国”的境界。三是建设五个政体支柱，其内容包括中立的公务员系统、自主的司法系统、独立的反贪机构、以全国和省人民代表大会为核心的广泛的社会咨询系统和受法律充分保护但也受法律严格限制的新闻出版自由。①

以上关于中国政治发展的几种观点，都从各自不同的角度对中国政治发展的重大问题作了比较有深度的研究，基本反映了学界对中国政治发展研究的成果。其中，合作主义国家论与“咨询型法治政体”论从不同角度提出了关于中国政治制度发展的独特的思路，但由于两者共同的特点是否认了民主政体对当下中国的必要性，因此这两种政治变革思路只能从技术层面解决中国政治生活中的某些问题，对于中国建构现代政体并无助益。权威政治论提出，权威政治是中国走向民主政治的必经阶段，民主需要逐步推进，应该说是比较符合中国国情的，但权威政治论把民主推向未来，可能会隐藏着一种风险，即由于

① 参见潘维：《法治与未来中国政体》，《战略与管理》，1999 年第 5 期，第 30 ~ 36 页。

权威政治的垄断性和封闭性而延误民主改革的时机，使民主进程中断，甚至引发大的政治动荡。这是主张权威政治论者的固有缺陷，即无法保证权威政治一定会走向民主。另外五种观点都是在承认民主这个既定目标的前提下，探讨中国政治发展的最佳方式和途径。这些观点大多带有渐进性的特征，希望中国在保持政治体系连续性的条件下，和平过渡到现代政体。但是这些学者并没有专门展开对中国渐进式政治发展的研究。

（三）“中国渐进政治改革”研究综述

渐进政治改革是中国渐进式政治发展的基本动力和实现方式。目前，政治学界已经对中国的渐进政治改革进行了初步的专门研究，取得了一些重要的研究成果。① 其中，徐湘林、何增科、俞可平、唐亮等学者的研究具有一定代表性，笔者将他们的主要观点和思路简略陈述如下。

---

① 和中国渐进政治改革相关的著作有北京大学徐湘林主编的《渐进政治改革中的政党、政府与社会》、中国留日学者唐亮所著的《渐进民主——变动中的中国政治》和新加坡学者郑永年所著《政治渐进主义：中国的政治改革和民主前景》。文章方面，在中国期刊全文数据库搜索“渐进政治改革”，和中国渐进政治改革相关的论文一共有13篇，即：徐湘林的《以政治稳定为基础的中国渐进政治改革》和《“摸着石头过河”与中国渐进政治改革的政策选择》；何增科的《渐进政治改革与民主的转型》；马德普的《渐进性、自主性与强政府——分析中国改革模式的政治视角》；王庆五的《论当代中国渐进性政治改革的价值及定位》；程立耕、赵新峰的《中国政治改革渐进性分析》；鲁晓琴、赵新峰的《简论我国渐进式政治体制改革的路径》；王孝春的《对我国政治体制改革渐进性的几点认识》；李荣华的《政治体制改革的整体渐进性与局部突进性》；雷玉琼的《公共政策视角下的中国渐进政治改革》；吴文勤的《论政治法治化下的政治参与——兼论我国政治体制改革的渐进模式》；王振耀的《渐进革命：改革开放进程中我国政治建设模式选择》；唐杰、蔡增正的《渐进式改革的博弈分析——兼论从经济体制改革到渐进式政治体制改革》。此外，研究中国渐进政治改革的论文还有俞可平的《增量民主与增量改革》，我国台湾学者黄德北的《渐进主义政治变迁的持续：中共十五届五中全会后政治的变化》。

1. 政策过程论

徐湘林认为，中国的政治改革是中国领导人为重建统治合法性所作出的理性选择，改革是在对具体问题提出解决方案（政策）并允许在实践检验中不断调试既定政策的一种渐进模式中进行的。①中国的渐进政治改革可以被看做是一个政策过程，即政治权威在特定的政治环境和政治体系中，按照特定的规则选择和制定政策，并赋予实施的过程。从这一基本认识出发，徐湘林试图以政治改革的政策选择、政策制定和政策实施过程为基本范畴，构建政策过程的分析理论。政策过程理论主要探讨以下几个方面的问题：其一，意识形态在现有政治体制下对改革政策的合理性和合法性的作用及其自身所发生的变化；其二，政治领导层在政治改革政策的选择和制定中扮演的角色，以及政治领导层的政策取向、偏好和价值标准对政策选择和政策策略的影响；其三，官僚机构和组织的政策偏好、价值标准、制度化程度和适应变化的能力对改革政策制定和实施的影响；其四，社会群体在现有政治体制下对政策过程可能的参与方式和程度；其五，决定政治改革政策的内容、步骤和实施时间表的重要因素。概括而言，政策过程作为研究中国政治改革的一种中层理论，是为政治改革经验性研究提供具体理论指导的实证性理论。②

2. 混合民主政体论

何增科指出，中国的政治改革是一种渐进式改革，改革进程是先易后难、先外围后中心、先微观后宏观的不断取得进展的过程，其基本目标是在自由社会主义政治理念指导下建立混合民主政体。自由社会主义倡导自由优先兼顾社会公正的政治理念，混合民主政体则是一种力求体现自由社会主义政治理念的政治制度设计，是选举民主、自

---

① 徐湘林：《“摸着石头过河”与中国渐进政治改革的政策选择》，《天津社会科学》，2002 年第 3 期，第 43 ~ 46 页。

② 参见徐湘林：《从政治发展理论到政策过程理论——中国政治改革研究的中层理论建构探讨》，《中国社会科学》，2004 年第 3 期，第 108 ~ 120 页。

由民主和协商民主有机结合的一种政体形式。① 从具体的发展路径来看，中国民主政治发展应该按照“一元多线”的民主发展模式实现“多点突破”：首先，发展选举民主需要选择一条自下而上的民主发展路径，应该在巩固和完善村民委员会民主选举成果基础上逐级向上扩展，同时从基层开始推广党内民主选举并探索党内民主和人民民主结合的有效形式；其次，发展协商民主需要选择一条都市突破向上下两端延伸的政治发展路径；最后，发展自由民主需要选择一条自上而下的政治发展路径，宪政法治、有限政府、司法独立、媒体自由、权力制衡等民主制度建设需要自上而下进行。②

3. 增量民主论

俞可平提出，包括政治改革在内的所有中国社会改革，实际上都是增量改革。改革开放后中国政治的最重要发展，就是中国正在走上一条增量民主的道路。所谓增量政治改革和增量民主包括五层基本含义：其一，政治改革和民主建设，必须有足够的“存量”，即民主政治发展必须具备充分的经济和政治基础，必须符合现存的政治法律框架，具有法学意义上的合法性。其二，政治改革和民主建设必须有新的“增量”。这种新的“增量”不仅具有法学意义上的合法性，更重要的是具有政治学意义上的合法性，即对于社会进步和公共利益而言具有正当性，并为绝大多数公民所自觉认同。其三，这种渐进改革或渐进民主在过程上是渐进的和缓慢的，虽然这种变革也要发生质的变化，但质变的过程将是十分漫长的。其四，增量民主的实质，是在不损害人民群众原有政治利益的前提下，最大限度地增加原来所没有的政治利益。其五，深化党内民主和基层民主应当成为目前中国增量政治改革的重要突破口。③

---

① 参见何增科等：《中国政治体制改革研究》，中央编译出版社 2004 年版，第 50～51 页。

② 参见何增科等：《中国政治体制改革研究》，中央编译出版社 2004 年版，第 26 页。

③ 参见俞可平：《民主与陀螺》，北京大学出版社 2006 年版，第 318～321 页。

4.“渐进民主”论

中国留日学者唐亮在其所著的《渐进民主——变动中的中国政治》一书中指出，在改革开放20多年中，渐进民主之路在中国已经取得了许多“阶段性成果”。中国在言论自由的开放度、公民各项权利的扩大以及法治国家建设等方面都有了许多进步。唐亮认为，中国政治正朝着民主化的方向缓步地前进，促进改革开放路线的继续深化和实现民主化的主要因素，可以归纳为以下四点：第一个因素是政治改革与经济改革的互动机制；第二个因素是全球化进程的加速对国内政策产生的影响；第三个因素是中国共产党自身的变化；第四个因素是民主意识的发展以及改革力量的成长。该书的研究视角是描述政治改革的渐进路线，通过确认民主化、自由化的“到达点”，分析导致政治变化的机制，对政治变动进行“阶段性评价”。唐亮在分析各国民主化的经验教训和中国国情的基础上提出，中国的政治民主化没有捷径可走，必须注重对成本和风险的控制，根据现实条件稳步推进，中国能否以较小代价实现政治体制转型并最终使民主体制顺利定型，将取决于经济的现代化、市场经济的确立和提高政府在管理现代社会中的效能这三个条件是否成熟。①

这里介绍的几种关于中国渐进政治改革的研究，基本上代表了这一研究领域的前沿水平。唐亮所著的《渐进民主——变动中的中国政治》是从民主演进这个角度研究1978年以来中国渐进政治改革的一部较为全面的著作，比较准确地揭示了中国政治在几个方面所取得的显著进步，但他的研究方法主要是描述性的，缺乏对渐进政治改革的宏观理论思考。徐湘林提出的政策过程理论在理论上富有创见，对中国的渐进政治改革实践具有极强的解释力，但是由于研究范围的局限，该理论的价值主要是论证目前政治改革道路的合理性及其成功之处。俞可平的增量民主论对于如何推进政治改革提出了比较好的思

① 参见唐亮：《渐进·民主——变革中的中国政治》，八方文化企业公司2004年版，“绪论”部分。

路，但是并没有展开，点到即止。比较而言，何增科虽然只是对其所提出的混合民主政体理论做了简要阐述，但这是一种较为可行的并且符合民主要求的综合性的政治改革思路。笔者认为，对“中国渐进政治改革”的研究还有许多有待深化和拓展之处，而且仅仅从政治改革的角度很难对中国的政治转型问题有一个宏观的全面的把握，还需要从渐进式政治发展的角度开展更为全面的研究。

总之，中国政治学界虽然对中国政治发展和政治改革问题进行了比较广泛的研究，但对中国渐进式政治发展模式尚未进行系统全面的研究。① 笔者认为，对于中国这样有着两千年专制传统又深受几十年集权政治影响的大国来说，推进政治发展是一项极其艰难的事业，迫切需要建构宏观的渐进式政治发展的模式和框架，通过综合性多角度的研究，揭示中国渐进式政治发展所需要的条件及其规律性，为现实政治发展提供一定的启示和参考价值。

---

① 在国家图书馆搜索“渐进政治发展”，没有找到专门研究中国渐进式政治发展模式的著作。在中国期刊全文数据库模糊检索“渐进政治发展”，关于中国渐进政治发展的论文只有1篇，即王彩波的《利益分化与中国渐进性政治发展》，但这篇论文只是论述利益分化对政治发展的推动作用，并没有专门探讨中国渐进性政治发展的内涵与特征。此外，在中国期刊全文数据库模糊检索“渐进民主”，相关的论文有张民耕、周罗庚的《社会主义民主政治建设是一个逐步积累的渐进过程》；耿明俊的《论社会主义初级阶段民主政治发展的渐进性》；夏勰的《论社会主义民主建设的渐进性》；陈洪玉的《民主政治建设是个渐进过程》；许奇星的《试论社会主义民主政治建设的长期性和渐进性》；尤俊意的《略论民主建设的渐进性》；黄甫生的《社会主义民主建设的渐进性》；莫国华的《浅谈社会主义民主建设是一个渐进的过程》；张维杰的《试论中国民主的渐进性》；黄宏的《社会主义民主发展是一个渐进的过程》。在中国期刊全文数据库模糊检索“渐进宪政”、“渐进法治”和“渐进法制”，相关的论文有王卓君的《渐进宪政的民主、法治和人权保障——以行政法为主线》；韩克芳的《从国情看法治——兼论法治的必要性和渐进性》；黄进才的《略论中国法治化渐进过程之特征》；谷安梁的《论中国法治工程的渐进历程》。从文献的检索可以看出，中国政治学界和法学界已有少量论文涉及中国渐进式政治发展某些方面的特征，但没有展开对渐进式政治发展模式的探讨。

三、本书的基本结构

本书以制度转轨为中心线索来研究中国的政治发展。制度转轨的一般含义是从集权政治走向宪政民主，在当代中国主要是指政治体制的转轨。本书围绕制度转轨来安排总体的逻辑结构，第一章为渐进式政治发展确立深厚的理论基础，在此基础上阐述什么是渐进式政治发展、渐进式政治发展的特征以及中国渐进式政治发展的目标；第二章结合历史与现实分析中国为什么要选择渐进式政治发展道路；第三、四、五章在总结中国渐进式政治发展已有经验的基础上探讨如何进一步推进中国的渐进式政治发展，其中第三章阐述渐进式政治发展赖以成功的动力机制，第四章阐述渐进式政治发展进程中如何推动制度创新，第五章阐述渐进式政治发展的具体路径选择及相关策略；第六章以经验材料为依据总结中国渐进式政治发展的初步成就。在余论部分，本书指出了中国渐进式政治发展的挑战、前景与启示。

推动渐进式政治发展需要汲取人类历史上丰富的渐进主义思想，本书第一章首先从人性预设、知识基础、历史视角、价值取向四个方面阐述渐进式政治发展的思想资源。人性的不完善、知识的有限性以及历史发展的连续性、演进性是渐进式政治发展的深厚的哲理基础，理性权威、公正秩序、中道自由与有限平等是渐进式政治发展的基本价值取向。正是由于人性的缺陷以及知识和理性的有限性，所以改革者无法完全控制激进式政治发展的进程，选择完美的制度模式和全盘改造式的发展道路将会打断历史发展的演进过程，可能给社会带来灾难性的后果，而选择渐进式发展道路则能够以较小的成本和代价实现人类所追求的政治发展目标。在理论梳理的基础上，本书阐述了渐进式政治发展的内涵、特征与目标。渐进式政治发展是指具有现代化导向的政治权威在与公民社会良性互动的基础上，通过渐进改革的方式逐步实现传统政治体系向现代政治体系的和平演变，其具体内涵包括权威理性化、政治民主化、政治制度化、政治结构功能优化、政治文化世俗化五个方面。政治变革的渐进性、持续性、平衡性、妥协性、稳定性构成了渐进式政治发展的基本特征。宪政民主是渐进式政治发展的一般目标，中国渐进式政治发展的目标是在执政党的推动下建立社会主义宪政民主制度。

第二章从历史与现实相结合的角度分析中国选择渐进式政治发展模式的必然性与合理性。当代中国之所以选择渐进式政治发展道路，首先是因为激进主义在历史上曾经对中国的政治发展产生了长远的消极影响。本章区分了革命时期的激进主义与建设时期的激进主义，革命时期的激进主义有其进步性与合理性，是中国建设现代国家的重要途径；而建设时期的激进主义则混淆了革命的逻辑与建设的逻辑，忽视了民主与法治的制度建设，使政治发展遭受重大挫折。中国的现实国情是制约政治发展模式选择的基本因素。在改革初期，中国的经济、文化都处在较低的水平上，社会自组织力量非常弱小，这样的政治生态环境无法支撑公民广泛参与的民主政治，因此不适合选择激进的制度转轨的道路。同时，中国现有的政治体系能够为社会提供基本的安全与秩序，执政党和政府具有强大的组织和动员能力，能够推动经济、社会与政治持续发展。如果选择激进改革道路破坏了现有的秩序，就会使整个社会陷入混乱和动荡之中。此外，全球化使国家之间的竞争更趋激烈，中国的政治发展一旦失误可能会给国家利益带来重大损害，因而需要对政治发展采取一种更为慎重的态度。

第三章分析中国渐进式政治发展的动力机制。权威推动的政治改革、市场经济与公民社会的发展、各种政治力量良性互动等几个方面的动力相互影响，相互促进，构成了中国渐进式政治发展的动力机制。权威主导的政治改革是中国渐进式政治发展的基本动力，也是中国政治发展取得初步成功的保障。中国的政治权威基于自身的民主理念以及应对各种压力和挑战的需要，将会继续推动政治改革以促进政治发展。市场经济的发展为中国渐进式政治发展提供了根本的推动力。市场经济推动了全能政治向权威政治的转型，孕育了公民的自由、平等观念，产生了民主的要求，也为民主与法治的发展、为政治结构功能的转变奠定了坚实的物质基础。随着市场经济的壮大和国家权力的退出，中国的公民社会逐渐成长起来。公民社会的民间组织、公共领域以及知识精英在推动中国政治进步方面发挥了重要作用。公民社会的发展将推动中国政治进入良性发展的轨道，公民社会能够规范公民的政治参与行为，为政治改革的有序推进提供稳定的社会环境，当政治体制在总体上实现民主化转轨之后，宪政民主就能在成熟的公民社会的基础上顺利运转。各种政治力量的良性互动是稳健的制度转轨的必要条件。在政治发展的过程中，如果各种政治力量处于相互对抗的状态，那么新旧制度的功能都不能有效地发挥，就会出现严重的制度失范和政治动荡；如果各种政治力量良性互动，彼此合作，那么就可以在充分发挥现有制度规制功能的基础上推动制度转轨，实现向民主政治体制的平稳过渡。中国民主政治发展的继续推进需要维持各种政治力量之间的平衡，并为各种利益集团创设公平博弈的制度机制。

第四章研究中国渐进式政治发展的制度创新问题。持续的制度创新是中国渐进式政治发展取得初步成就并走向成功的重要保障。中国不能照搬西方国家的政治模式来实现民主化，但现有政治体制又不能适应市场经济和公民社会的民主要求，因此只有在现有制度结构的基础上通过制度创新来推动政治发展，才能在一个国情特殊的大国完成建设现代民主国家的任务。当代中国的制度创新是在国家基本制度结构稳定的基础上进行的，制度创新的成果又进一步提升了政治稳定的层次和水平。国家在制度变迁的过程中发挥主导作用，一方面主动借鉴别国制度发展的经验，另一方面审慎进行制度试验和创新，新制度通常是在经过实践的反复检验和修正之后再向全国推广。制度创新表现为国家与民间双向互动的过程，地方和民间积极参与国家发起的制度创新，国家对于地方和民间的自主制度创新成果，及时予以肯定，并赋予其合法性。中国进一步的制度创新需要以政治双轨制为中介，通过对现存制度的持续的民主化改造，来逐步淘汰旧的制度，建立新的制度。国家要继续引导和鼓励地方和民间的制度创新活动，继续扩大对外开放以提升本国制度的竞争力和自我改进的能力，并为社会各界参与制度创新创造自由、开放、宽松的政治环境。

第五章探讨中国渐进式政治发展的路径选择。政治发展的渐进之路也就是各种政治关系、政治力量的平衡发展之路。选择渐进式政治发展的路径需要妥善处理政治体制转轨过程中所关涉的各种政治关系，如权威与民主的关系、国家与社会的关系、法治建设与民主发展的关系、制度转轨与文化变迁的关系以及国家权力机构之间的关系等。改革开放以来，中国较好地保持了这几种政治关系的平衡，因而能够较为顺利地推动政治体系渐进发展。中国政治的进一步发展仍然需要在这几种政治关系的动态平衡中进行，第一，要继续保持权威与民主的平衡，在民主的基础上推动权威的理性化，在权威的引导下发展竞争性民主，权威与民主相互配合，相互支持，共同发展；第二，建构协作式国家与社会关系，国家引导、规范公民社会参与政治事务，公民社会在与国家的合作中发挥对权力的制衡功能；第三，民主政治的每一步推进都要在法治的基础上展开，并通过法治及时保障民主制度创新的结果；第四，增加现有政体的复杂性和平衡性，建立均衡的政治权力结构，防止失控的政治权力破坏民主的正常运作；第五，培育宽容、妥协的民主政治文化，为政治体制的转轨奠定良好的心理基础。

第六章通过对现状的描述和案例分析证明，中国所选择的渐进式政治发展道路在各个方面都取得了突出的成就，已经初步形成具有中国特色的政治发展模式。在民主的制度建设方面，执政党党内民主取得重大进展，“票决制”、“任前公示”、“党务公开”、“党代表任期制”等新的制度形式正在全国范围内推行；各级人大的地位和权力不断提高，立法和监督职能日益强化；基层民主不断进步，竞选已在村委会选举中普遍开展，乡镇党政领导的“公选”和“直选”正在扩大试点范围；多党合作制度逐渐走向制度化、规范化、程序化；公民的政治参与制度渐趋完善。在法治建设方面，中国正在从人治向法治平稳过渡，法治国家已经成为中国政治发展的一个既定目标，宪法的权威地位得到加强和巩固，适应市场社会要求的法律体系已初步建立，司法制度有了重大改进并继续向司法独立的方向发展，公民权利的表达和维护也有了基本的法律保障。在政治结构功能方面，国家的主要职能转变为提供国家安全、社会秩序、基础设施、公正的法律等公共产品，国家机构之间有了明确的分工，既相互监督又相互合作的制衡机制开始形成，政府部门经过几次大规模的机构改革基本建立起适应市场经济要求的现代行政体制。在政治文化方面，传统意识形态转变为更为世俗化、更符合人民现实生活需要的理论体系，“民主法治”、“自由平等”、“公平正义”等现代政治理念渐次树立，公民的权利意识、法律意识不断增强，开始接受宽容和妥协的价值，并倾向于以协商和谈判的方式解决冲突。

余论部分简要阐述了中国渐进式政治发展的挑战、前景与启示。中国的政治发展目前仍然面临着许多挑战和问题，这些问题的存在有可能使中国渐进式政治发展停步不前或者改变方向，因而需要社会各界尤其是国家领导层慎重对待这些问题，采取妥当措施化解这些不利因素，推动渐进式政治发展继续前进。但另一方面，基于中国政治发展也具备较为有利的国内外条件，本书又对中国渐进式政治发展的前景持一种较为乐观的态度，相信在各种积极因素的作用下，中国政治有可能通过渐进的方式持续发展，在民主政治方面取得实质性的进步，从而形成一种典型意义上的渐进式政治发展模式。本书最后指出，中国渐进式政治发展的初步成功可以为其他发展中国家的政治发展提供一些可资借鉴的经验。

四、研究视角和研究方法

（一）研究视角

制度分析目前已经成为经济学、社会学、政治学等学科非常重要的研究视角，本书拟从制度转轨的角度来分析当代中国的政治发展。从制度转轨的角度来看，政治发展在某种意义上可以看做是一个渐进制度变迁的过程，其实质是旧的制度逐步退出，新的制度逐步确立。这里所说的制度是指约束个人与集体的行为并赖以展开合作和竞争的各种游戏规则，人们根据这些规则知道如何行为并形成稳定的周期性发生的行为模式。① 政治制度就是决定公共权力的主权归属、运行方式以及政治行为模式的一套法律、规则和程序的总和。政治制度可以分为最基本的两个层面，即决定主权归属的制度与规范权力使用和运行的制度。制度转轨可能会在这两个层面同时展开，但有时也可能会分步进行。就中国来说，中国已经建立了人民民主的国家政权，政治权力主体已经在法理上由君主或少数人置换为人民，主权归属层面的制度转轨已经基本完成，现在主要进行的是第二层次的制度转轨，即对规范权力使用的政治体制和运行机制进行民主化、法治化改造，使其从一种高度集权的政治体制转变为一种在国家机构之间、在中央与地方之间适度分权的宪政民主体制。制度转轨的目的就是要通过制度创新使执政党在民主与法治的基础上执政，通过新的制度安排充分保障人民民主，实现人民的自由自治。

中国的基本政治制度就宪法所规定的政治性质来说，无疑是符合民主要求的，但中国的政治体制在一定程度上是不符合民主要求的。中国的政治发展就是要通过渐进的制度转轨，从根本上转变政治权力的具体的组织形式、使用范围及其运行方式。中国部分学者已从不同角度对中国的制度转轨有过论述，如王绍光、胡鞍钢等人提出，国家现代化包括经济现代化和制度现代化两个方面，中国在推进经济建设的同时，需要确立以制度建设为中心的发展思路，通过国家基本制度建设为民主政治奠定必要的制度基础。实现国家制度现代化是现代国家最重要的目标，也是转轨国家的主要任务。② 林尚立提出了政治形态转型说，认为当代中国政治发展的实质就是从以计划经济为基础的政治形态转变到以市场经济为基础的政治形态，政治形态转型的核心

---

① 关于制度的含义可参阅诺斯和亨廷顿的看法，见［美］道格拉斯·C. 诺思：《制度、制度变迁与经济绩效》，刘守英译，上海三联书店 1994 年版，第 3 页；［美］塞缪尔·P. 亨廷顿：《变化社会中的政治秩序》，王冠华等译，生活·读书·新知三联书店 1989 年版，第 12 页。

② 胡鞍钢、王绍光、周建明主编：《第二次转型：国家制度建设》，清华大学出版社 2003 年版，“前言”第 4 页；第 378 ~ 381 页。

是制度建设,① 即实现集权体制向民主体制的转换。

渐进式制度转轨是中国政治发展的核心内容，也是经济发展的必然要求。许多学者已经指出，像中国这样的发展中国家要取得经济转轨的最后成功需要宪政改革的支持。经济转轨的核心是确立以产权保护为基础的市场经济体制，而规定和实施产权是国家的最主要的政治功能,② 但国家权力只有在面临一套严格的制度约束时才可能规定有效率的产权结构，推动市场经济发展和经济增长。正如温加斯特所说："强大到足以保护产权和实施合同的国家也同样强大到足以剥夺公民的财产。市场的繁荣不仅需要适当的产权制度和合同法，而且还需要一种能够限制国家剥夺公民财富的能力的政治基础。"③ 科勒德克也指出，经济活动对于政治发展及其制度架构的依赖程度比人们愿意承认的要严重得多。政治制度迟早将会成为经济进步的桎梏或者催化剂。"如果没有民主制度的支撑，经济增长和社会发展似乎不可能持续长远。从相当长远的时间（譬如说几代人之后）来讲，运作良好的市场经济必会有民主政治制度相伴。"④ 总之，转轨国家不仅需要确立产权制度和市场体制，而且需要发展立宪政体和民主制度。⑤ 中国经济转轨的深化必然需要一个与之相适应的政治体制转轨的过程。

从制度本身的演进规律来看，人类社会的大多数规则，都不是主

---

① 林尚立:《当代中国政治形态研究》，天津人民出版社 2000 年版，第 430～432 页。

② ［美］诺思:《经济史上的结构和变革》，厉以平译，商务印书馆 1992 年版，第 12 页。

③ Weingast, B. 1995. "*The Economic Role Political Institutions: Market-Preserving Federalism and Economic Development*," Journal of Law, Economics and Organization 11, p. 1. 转引自董海军:《转轨与国家制度能力》，上海人民出版社 2007 年版，第 13 页。

④ 参见［波兰］格泽戈尔兹·W. 科勒德克:《从休克到治疗——后社会主义转轨的政治经济》，刘晓勇等译，上海远东出版社 2000 年版，第 34～35 页。

⑤ 参见［匈］雅诺什·科尔奈:《后社会主义转轨的思索》，肖梦编译，吉林人民出版社 2003 年版，第 63～64 页。

观发明产生的，而是在无数代人经验积累的基础上渐进生成的。在一个社会的制度结构中既包括正式的规则，也包括非正式的规则，前者如宪法章程、操作条理和规范的行为准则，后者如各种禁忌、习俗、伦理道德、意识形态等。① 正式规则的实施依赖于非正式规则的支持和配合。而非正式规则的实施依赖于文化、信仰、情感等较难迅速改变的心理成分，因而其变化只能是演进的，从而决定了制度变迁是一个渐进的过程。即使由于种种原因，一个社会可能采取激进的方式实施制度变迁，但激进的制度变迁只能迅速改变正式规则，许多非正式规则却具有极强的生命力，在非正式规则的约束下，正式规则的改变以及新的正式规则的实施仍然需要一个渐进的过程，尤其是新的正式规则要建立与其相适应的非正式规则体系，需要一个较长的过渡时期。如果这种支持新的正式规则的非正式规则体系不能确立起来，激进的制度变迁通常会遭到失败。② 因此，制度转轨应该选择渐进式道路，通过渐进改革的方式，在连续不断的制度创新的基础上逐步淘汰旧的制度体系，构建新的制度体系。推动渐进式制度转轨首先要有一种信念，即坚信人类经过长期演化而形成的规则与法律系统具有内在的合理性和不可替代的作用，只能渐进的改良而不宜整体重塑；同时也需要合理的方法论，即通过渐进的策略、试错的方法和制度上的模仿与创新实现制度体系的进步与转型。

制度转轨方式的选择与执政者和社会成员对制度更替之后的利益预期紧密相关，成功的制度转轨需要和社会中多数人尤其是执政者对于在新制度下获得利益增长的期盼相一致。从短期来看，政治制度转轨与执政者利益是有冲突的，因为宪政与民主的发展必然意味着更多的权力约束与更少的垄断利益，至少会冲击到一些既得利益集团的利益，但从长远来看，政治制度转轨与执政者的利益应该是一致的，因

① ［美］诺思：《经济史上的结构和变革》，厉以平译，商务印书馆 1992 年版，第 229、231 页。

② 参见苗壮：《制度变迁中的改革战略选择问题》，载盛洪主编：《中国的过渡经济学》，上海三联书店、上海人民出版社 2006 年版，第 108 页。

为转轨意味着更牢固的合法性，更高的政府绩效与更为丰厚的财政收入。然而转轨也是有风险的，需要执政者和整个社会付出一定的成本和代价，因此会遇到阻力和障碍，如果采取激进转轨的方式，就可能因代价过高而使转轨遭受挫折或失败。只有渐进的制度转轨才能降低改革的成本和风险，才能使转轨的成本和风险与执政者以及多数社会成员的利益预期大体一致，转轨才具有现实的可能性。科勒德科指出："从不民主的制度通向民主的道路，即民主化，也是有关制度和制度建设的。它是一个长期的，困难的过程，需要付出艰难的努力和社会成本。"因此，制度转轨从本质上说是一个极其漫长和复杂的过程，决不能急于求成。拆除或者摧毁旧制度可以在一瞬间完成，但期望迅速建立新的制度是根本不可能的，它需要时间。① 制度转轨的正确态度是清醒认识到现有制度的弊端，必须对之进行改革，同时也将现有制度作为改革的载体和前提条件，保持改革的连续性；在此基础上批判吸收现代制度的精华，大胆借鉴别国制度转轨的经验和制度创新的方法。②

制度转轨不是对别国政治制度的简单模仿，而是需要大量的制度创新，需要创造性的政治智慧和政治艺术。国家改革领导人既要有推动制度转轨的坚定的信念和决心，又要有推进新制度实施的巧妙的策略和方法，能够通过创造性的制度安排实现从一种制度范式到另一种制度范式的转变。在转轨过程中，改革领导人需要恰当安排新制度施行的时机、范围和先后顺序，妥善处理新旧制度的衔接和并轨问题，使各种制度改革方案和措施能够相互支持、相互补充。顺利实现制度转轨的关键是制度建设，这是比政权更迭更为重要的事情。制度转轨之前的制度建设对于推进整个制度体系从一种制度向另一种制度转变

① ［波兰］科勒德科：《向市场经济转轨：渐进主义与激进主义》，景光译，《财经科学》，2004 年第 6 期，第 15 ~ 19 页。

② 参见黄立：《现代制度浪漫主义》，《读书》，1998 年第 11 期，第 74 ~ 82 页。

具有极其重要的意义。① 改革领导人需要采取灵活的策略和谨慎的措施，在保持制度结构稳定的条件下，先实现非核心制度的民主化，为核心制度的转轨准备相应的制度基础。只有经过长时期的结构改革和制度建设，才能实现新旧制度的兼容，保证制度转轨的顺利实现。

本书从渐进制度转轨的角度来研究当代中国的政治发展问题，主要在两个层面展开。在政治哲学层面，主要探讨什么是渐进式政治发展；渐进式政治发展的哲理基础；制度变迁为什么是渐进的；为什么渐进式制度转轨是中国政治发展的优选之路。在政治科学层面，主要是总结中国渐进式制度转轨的经验教训及其规律性，并进一步探讨中国渐进式制度转轨的动力机制、制度创新的原则和方法以及推动制度转轨的路径选择。

（二）研究方法

1. 规范与经验相结合的研究方法

规范性研究与经验性研究是政治学研究的两大基本方法。规范性研究注重对自由、平等、民主、正义等政治价值规范的研究，并以此为依据探讨如何构建良好的政体和法律制度，判断各种政治现象、政治活动、政治形式的价值，其分析手段主要是定性分析；经验性研究以可观察的经验事实为研究对象，精确描述政治生活中的政治行为、政治过程和政治变迁，力图找出政治现象之间的规律性联系，预测政治活动的结果和政治演变的趋势，其分析手段主要是定量分析和实证主义的方法。② 本书对中国渐进式政治发展的研究采用规范与经验相结合的研究方法，一方面从规范的层面探讨中国渐进式政治发展的目

---

① ［波兰］科勒德科：《向市场经济转轨：渐进主义与激进主义》，景光译，《财经科学》，2004 年第 6 期，第 15 ~ 19 页。

② 参见金太军：《规范研究方法在西方政治学研究中的复兴及其启示——兼论当代中国政治学的发展》，《政治学研究》，1998 年第 3 期，第 11 ~ 19 页；房宁：《规范性与经验性之争——试析政治学研究的基本方法》，《政治学研究》，1997 年第 1 期，第 58 ~ 62 页；《中国大百科全书：政治学》(图文数据光盘)，中国大百科全书出版社 1999 年版，“政治学研究方法”词条。

标、依据、制度设计等相关重大问题；另一方面从经验层面总结中国过去激进式政治发展的教训，总结改革以来渐进式政治发展的成就和经验，并详细探讨中国渐进式政治发展的动力机制和具体路径。

2. 经济分析方法

经济分析方法是马克思主义政治学的基本方法之一。马克思主义认为，一切政治活动都建立在一定的经济基础之上，政治是经济的反映和集中表现。“每一时代的社会经济结构形成现实基础，每一个历史时期的由法的设施和政治设施以及宗教的、哲学的和其他的观念形式所构成的全部上层建筑，归根到底都应由这个基础来说明。”① 马克思还曾指出，经济基础的变更决定上层建筑的变革，“当社会生存的物质条件发展到迫切需要变革它的官方政治形式的时候，旧政权的整个面貌就发生变化”。② 基于这种认识，马克思主义政治学主张从经济方面分析各种政治现象，通过对生产方式与经济体制变动的分析来更深刻地理解错综复杂的政治现象，准确地揭示政治变化的本质和规律。本书在探讨中国渐进式政治发展的动力时运用了经济分析方法，详细分析了市场经济对当代中国渐进式政治发展的促进作用。正是在市场经济的推动下，中国在公民权利保障、政治结构功能转变以及民主与法治建设等方面取得了显著的进步。中国政治的进步在某种意义上可以看做是市场化改革所带来的政治生活的积极变化。与此同时，本书也分析了公民社会、政治文化、历史传统和政治权威等各种因素对中国渐进式政治发展的重要影响。

3. 生态政治学研究方法

生态政治学是运用生态学的观点研究社会政治现象的一种理论和方法，其主要研究对象是政治体系与环境之间的关系及其相互作用的形式和规律。③ 当代美国政治学家戴维·伊斯顿的《政治生活的系统

---

① 《马克思恩格斯选集》第3卷，人民出版社1995年版，第739页。

② 《马克思恩格斯全集》第4卷，人民出版社1958年版，第341页。

③ 参见《中国大百科全书：政治学》(图文数据光盘)，中国大百科全书出版社1999年版，“生态政治学”词条。

分析》是从系统与环境相互作用的角度研究政治体系及其演变的经典之作。伊斯顿认为，“一个社会中的政治互动（political interaction）构成了一个行为系统”。它处于自然的、生物的、社会的和心理的环境包围之中，本身受到这种环境的影响，又对这种环境产生反作用。① 政治系统分析的目的就是探讨一切政治系统是如何设法在稳定和变化的世界上持续下去。政治系统的生存过程，即政治系统持续不可或缺的功能，是与它试图由以自我维持的典型反应模式相联系着的。伊斯顿将对这些过程和反应的本质及条件的分析设定为政治理论的核心问题。② 中国学者刘京希拓展了生态政治的内涵，他认为生态政治理论是研究政治体系及其机制的“内生态”以及政治体系在运作过程中与社会及自然环境间生态关系的理论。其研究目的是辨清并探讨如何使政治体系内部诸亚体系间的关系，政治运行主体与客体间的关系，政治运行主体与周围环境的关系处于良好的平衡状态。③ 本书在探讨中国渐进式政治发展的路径时运用了生态政治学的分析方法。笔者认为，渐进式发展需要妥善处理政治体系演进过程中所关涉的各方面的关系和矛盾，既要妥善处理好政治体系内部的关系，如权威与民主的关系、政治权力机构之间的关系、政治参与和政治制度化之间的关系，也要妥善处理好政治体系与社会环境之间的关系，如国家与社会的关系。

4. 新制度主义研究方法

20 世纪 60 年代以来，新制度经济学成为经济学中的重要流派，制度以及制度变迁成为经济学研究中的重要概念。新制度经济学认为，制度是影响经济绩效乃至国家兴衰的关键因素，人类经济史可以看做是一个无效制度不断被淘汰，有效制度不断被发现和推广的历

① ［美］戴维·伊斯顿：《政治生活的系统分析》，王浦劬等译，华夏出版社 1989 年版，第 21 页。

② ［美］戴维·伊斯顿：《政治生活的系统分析》，王浦劬等译，华夏出版社 1989 年版，第 20 ~ 21 页。

③ 参见刘京希：《生态政治新论》，《政治学研究》，1997 年第 4 期，第 76 ~ 79 页。

史。由于“路径依赖”的存在，制度变迁一般是演进式的，是一个逐步的制度创新的过程。新的制度产生的关键是能给予制度相关的行为主体带来利益，或者至少不使他们的利益受到比较大的损害。戴维斯和诺斯认为：“如果预期的净收益超过预期的成本，一项制度安排就会被创新。只有当这一条件得到满足时，我们才可望发现在一个社会内改变现有制度和产权结构的企图。”① 受经济学的影响，20 世纪 80 年代在西方兴起了新制度主义政治学，詹姆斯·马奇和约翰·奥尔森 1984 年在《美国政治学评论》上发表了《新制度主义：政治生活中的组织因素》一文，开创了政治学领域中的新制度主义研究范式。新制度主义政治学内部流派众多，但都把制度看做政治生活中的核心要素，以制度为中心来分析政治变迁，解释政治现象，既关注制度在政治生活中的作用，又吸收行为主义的动态、过程、定量化的研究方法。② 美国学者保罗·皮尔逊吸收新制度主义经济学的路径依赖观点，提出了用以解释政治制度变迁的路径依赖理论。他认为，由于政治过程中缺乏类似市场那样强有力的竞争机制，回报率递增机制易于使制度形成自我强化的路径，以及政治生活所具有的复杂性、不透明性和非对称性特征，因此政治制度的变迁比经济制度有着更强的路径依赖，制度的变迁是一个不断演进的过程而非设计的产物。③ 本书批判借鉴新制度主义经济学和政治学的概念、理论和方法，来探讨渐进式政治发展的相关理论和实践问题，将当代中国的政治发展看做是一个制度演进的过程，即通过具体的制度创新推动政治体制向民主化

---

① L. E. 戴维斯、D. 诺思：《制度变迁的理论：概念与原因》，载［美］R. 科斯、A. 阿尔钦、D. 诺思等：《财产权利与制度变迁——产权学派与新制度学派译文集》，刘守英译，三联书店上海分店、上海人民出版社 1994 年版，第 274 页。

② 参见朱德米：《新制度主义政治学的兴起》，《复旦学报（社会科学版）》，2001 年第 3 期，第 107～113 页。

③ 参见保罗·皮尔逊：《回报递增、路径依赖和政治学研究》，载何俊志、任军锋、朱德米编译：《新制度主义政治学译文精选》，天津人民出版社 2007 年版，第 202～213 页。

的方向转变。中国的权威领导人在鼓励和引导制度创新方面发挥了关键作用，成功扭转了制度变迁的方向，使制度变迁沿着正确的方向持续进行。在制度变迁的过程中，参与制度运行的各方利益都得到了相应的尊重，因而新制度建立虽然缓慢，但能够顺利运行，没有遇到比较大的阻碍。执政党和政府借助于新的制度安排获得了更多的政治资源，合法性基础更加牢固，而民众则获得了更多的权利、自由和经济实惠。

第一章　渐进式政治发展的一般理论

渐进式政治发展是一个漫长而复杂的过程，它需要改革者在实践中掌握制度转轨的艺术和方法，也需要在理论上汲取人类历史上丰富的渐进主义思想资源，借鉴国内外政治学界关于政治发展路径和策略的已有研究成果。本章通过对渐进式政治发展一般理论的梳理，尝试为研究中国的渐进式政治发展提供一个较为完整的理论模式和分析框架，同时促使全社会产生一种政治共识，即渐进式政治发展不是维护现存秩序的权宜之计，而是政治制度演进的内在要求，是宪政民主体制平稳着陆的重要保证。

第一节　渐进式政治发展的思想资源

一、渐进式政治发展的人性预设

人性论是政治哲学思考政治问题、进行制度设计的一个重要的逻辑前提。派伊认为，任何形式的政治分析都无可避免地以某种关于人性与社会的假定为立论基础。① 一般来说，在政治思想史上对人性有性善论和性恶论两种基本看法。性善论主张人性本善或人性趋善，因此可以通过对人性的改造创造新人、完人，可以通过道德教化建构完美的政治形态，如中国儒家的政治学说；性恶论主张人性本恶，因而

---

① Lucian W. Pye. *The Mandarin and the Cadre：China's Political Cultures*. Michigan：University of Michigan Press，1988，p. 7.

需通过严刑峻法、暴力恐怖来遏制人的贪欲和作恶的倾向，如中国法家的政治学说。这两种看法都是较为偏颇的看法，从政治哲学的角度来看，将人性看作绝对是善的或是将人性看作绝对是恶的都会导致专制主义政治，前者导致圣王专制，后者则是直接的暴力统治。

其实人的自然本性并没有善、恶之分，所谓善、恶通常是社会道德体系对人的外在行为所作的一种价值判断。亚里士多德早已指出，德性和邪恶不是人的潜能，而人的潜能是与生俱来的，我们不能对这种能够产生情感的东西说好说坏，因此，“我们不能说一个人天生是善的或恶的”①。善、恶不是人性的固有特征，只是人性中潜在的倾向，在人性中既有向善的可能，也有趋恶的可能。②

人性中所潜藏的恶的倾向与每个人所具有的趋利避害的自然天性相联系，因而对于人的后天行为具有更为深远的影响。人为了在自然界和社会中生存，其行为取向自然倾向于逃避危险，自我保存，尽最大可能实现自己的愿望，追求能给自己带来快乐和满足的利益、荣誉和权力。人性中这种自私或者说自利的倾向来源于人的动物本能。恩格斯指出：“人来源于动物界这一事实已经决定人永远不能完全摆脱兽性，所以问题永远只能在于摆脱得多些或少些，在于兽性或人性的程度上的差异。”③

关于人的这种自利的倾向，在政治思想史上有许多深刻的论述。休谟认为，在自然性情方面，每个人爱自己甚于爱其他任何一个人，所以我们应当认为自私是其中最重大的。④“不论一个人可能感受到或者想象自己同情到什么感情，没有一种激情是或能够是无私的；最慷慨的友谊，不论多么真诚，都是自爱的一种变体；甚至我们自己也

---

① ［古希腊］亚里士多德：《尼各马科伦理学》，苗力田译，中国社会科学出版社 1990 年版，第 32 页。

② 参见刘军宁：《保守主义》，中国社会科学出版社 1998 年版，第 66～68 页。

③ 《马克思恩格斯选集》第 3 卷，人民出版社 1995 年版，第 442 页。

④ ［英］休谟：《人性论》，关文运译，商务印书馆 1983 年版，第 527～528 页。

不知道，当我们看来全心全意从事为人类谋划自由和幸福时，我们只是在寻求我们自己的满足。"① 斯密也认为："毫无疑问，每个人生来首先和主要关心自己；而且，因为他比任何其他人都更适合关心自己，所以他如果这样做的话是恰当和正确的。因此每个人更加深切地关心同自己直接有关的、而不是对任何其他人有关的事情。"② 文森特更为直接地指出："我们天生就是自私的，但又不是全然地自私。我们的贪婪使我们潜在地腐化堕落。"因此，"人永远是有缺陷的生物，而且永远不可能变得完美"③。

正是人性中存在的这种自保与自私的倾向使人在缺乏外在规范和约束的条件下很容易伤害他人，谋取私利。斯密曾形象地描述了这种侵害他人的倾向：人们很容易接受诱惑，去恃强伤害一个人，如果没有在人们中间确立正义的原则，如果没有使人们慑服而敬畏的力量，人们就会像野兽一样随时准备向他人发起攻击。④ 毫无疑问，伤害他人的恶行在社会生活中总会不断地发生，但在一个秩序安定的社会中，这些行为一般不会大量的涌现。

在正常的情况下，人性中的作恶倾向都被严格地限制在社会可容许的范围之内。对法律、习惯的敬重和对惩罚的畏惧使大多数人在平时只能收敛他们的犯罪倾向，成为遵纪守法的公民。正是借助传统、

① ［英］休谟：《道德原则研究》，曾晓平译，商务印书馆 2001 年版，第 148 页。

② ［英］亚当·斯密：《道德情操论》，蒋自强等译，商务印书馆 1997 年版，第 101～102 页。这里需要强调的是，休谟和斯密并不认为自私是人的唯一的本性。休谟认为人的自私不是绝对的、极端的，在一个更大的社会范围内伴随着自私的还有人的另外一种本性，那就是有限的慷慨。参见高全喜：《休谟的政治哲学》，北京大学出版社 2004 年版，第 49 页；斯密也承认人天生是富有同情心的，参见亚当·斯密：《道德情操论》，蒋自强等译，商务印书馆 1997 年版，第 105～107 页。

③ ［澳］安德鲁·文森特：《现代政治意识形态》，袁久红等译，江苏人民出版社 2005 年版，第 109、111 页。

④ 参见［英］亚当·斯密：《道德情操论》，蒋自强等译，商务印书馆 1997 年版，第 106～107 页。

习俗以及法律的力量，人类本性所存留的兽性因素才得到遏制，文明社会才能够形成。在稳定的法律秩序之下，社会个体会在社会规范和内心道德力量的作用下，约束自己的本性，形成被社会所接受的稳定的人格和心理状态。一旦环境发生了剧烈的变化，譬如说突然爆发了严重的动乱，那么人格与环境的平衡就会被打破，对人性的束缚就会全然解除。在摆脱了所有传统和法律的约束之后，最残忍的本能就失去了羁绊，留在人们身上的就只有原始的兽性了。① 同一个个体的人格将发生惊人变化，前后判若两人。一个在平时温文尔雅，以待人友善著称的人可能变得嗜血成性，残忍好杀。② 而在混乱的状况中，“罪恶的手段一旦得到宽容，很快就为人们所乐于采用”③。如此看来，人类的贪心和偏私如果不受某种一般的、不变的原则所约束，世界就会混乱不堪。当约束民众的原始野性的规范体系被轻率地打破之后，在人类社会中就会产生无限纷扰，爆发激烈的冲突。④

在社会失范状态下，不仅个体的性格表现和外在行为会发生严重的变异，做出许多平时不可为的恶行，而且平时沉默的群体也会行动起来，参与各种政治事件。人性中潜藏的恶的因素在失去约束的群体中急剧膨胀，人的性格会更加畸形发展，失去理性，对社会造成更为严重的危害。孤立的个人因为担心受到惩罚，所以必须对自己的行为负责，不敢发泄出自本能的欲望，能够抵制各种犯罪的诱惑和冲动。当个体成为群体的一员时，就会出现完全不同的情形。柏克指出，在民众普遍参与的政治状态下，没有人会担心个人受到惩罚。因为民众整体绝对不会受到惩罚，全体民众永远不会成为任何人的惩治对

---

① 参见［法］古斯塔夫·勒庞：《革命心理学》，佟德志、刘训练译，吉林人民出版社 2004 年版，第 195～196、208 页。

② ［法］古斯塔夫·勒庞：《革命心理学》，佟德志、刘训练译，吉林人民出版社 2004 年版，第 51～52 页。

③ ［英］柏克：《法国革命论》，何兆武等译，商务印书馆 1998 年版，第 109 页。

④ 参见［英］休谟：《人性论》，关文运译，商务印书馆 1983 年版，第 572～573 页。

象。① 勒庞则进一步指出，当个人加入一个不负责任的群体时，因为很清楚不会受到惩罚，所以约束个人的责任感会彻底消失，他们身不由己，只受本能的支配，轻信而敏感，残暴而狂热；而且人多势众会使个人感觉到一种势不可挡的力量，他们很容易放纵自己的本能，犯下各种罪行。②

台湾学者张灏先生将这种对人性较为悲观的看法称为人性论中的幽暗意识。"所谓幽暗意识是发自对人性中与宇宙中与始俱来的种种黑暗势力的正视和省悟：因为这些黑暗势力根深柢固，这个世界才有缺陷，才不能圆满，而人的生命才有种种的丑恶，种种的遗憾。" 这种幽暗意识珍视人类的个人尊严，正视人的罪恶性和堕落性，但并不代表价值上认可。幽暗意识在价值上否定人的私利和私欲，然后在这个前提下防堵和疏导人们为恶之潜能。因此它对现实人生，现实社会常常含有批判的和反省的精神。③ 这种对人性的审慎的态度并不能等同于性恶论。"这里，人性恶之恶，并不是一般伦理意义上的恶，而主要是指人性中的自私性一面。主张人性恶，也就等于承认人之本性在于趋利避害，自我保全，承认人人都有一种与生俱来的堕落趋势和罪恶潜能，必须有某种制度化的东西对其加以约束。"④ 对待人性较为客观的态度是，构建人性良性发展的制度条件，防范人性可能为恶的一面，同时鼓励人性中积极向善的一面。

从人性的角度看待政治发展问题，政治发展最现实的选择就是推动政治体系渐进的演变。人性本来就需要法律的约束，而政治变迁则容易打乱现存的法律秩序，所以我们更需要对人性中所隐藏的这种作

---

① ［英］埃德蒙·柏克：《自由与传统：柏克政治论文选》，蒋庆等译，商务印书馆 2001 年版，第 239 ~ 240 页。

② 参见［法］古斯塔夫·勒庞：《乌合之众：大众心理研究》，冯克利译，中央编译出版社 2000 年版，第 16 ~ 23、38 ~ 39 页。

③ 参见张灏：《张灏自选集》，上海教育出版社 2002 年版，第 2 页。

④ 叶娟丽：《西方政治制度的人性论基础》，《江汉论坛》，2003 年第 12 期，第 98 ~ 102 页。

恶的可能性保持高度的警惕。政治发展不能通过全面改造人性和制度来实现，不能轻易地抛弃社会原有的制度框架及其规范体系，而是要尊重旧制度的优点和长处，容忍旧制度的缺陷，通过审慎的改革消除旧制度的弊端，同时对新制度的效用及其后果持一种谨慎的态度。激进式政治发展试图消除政治生活乃至人类社会的一切罪恶，完全抛弃旧的制度，在实践上是极其有害的。

在政治发展的过程中，需要始终保持政府的权威和基本的法律体系能够约束人性的弱点，防止恶行的泛滥。如果没有法律的约束，如果失去这些制约人们行为的规范体系，人的行为就会损害他人和社会的利益并最终伤及自身，会带来种种可怕的后果。柏拉图早已认识到："人类必须有法律并且遵守法律，否则他们的生活将会像最野蛮的野兽那样坏。"① 迈斯特认为，人性从根本上说有自我毁灭的倾向，需要驯化和控制。除非给人类套上镣铐，施以最严厉的纪律管束，不然他们很可能毁掉自己。② 柏克也强调人性需要法律和道德的约束，为阻止邪恶的蔓延滋长，需要用道德来训导，用法律来强制，才能使人们无节制的权力滥用和贪婪的权力欲求有所收敛。③

在人性中潜藏的作恶的可能性面前，每个人都是平等的，政治人物也不例外。"道德沉沦的趋势，普遍地存在每个人的心中，不因地位的高低，权力的大小而有例外，就人的罪恶性而言，人人平等！"④"这种缺点既然是人性中所固有的，所以我们知道它总是伴随着一切人的，不论他们的身份和地位是怎样；而且我们所选举为统治者的那些人们也并不因为他们有了较高的权力和权威，而在本性方面立刻变

① 转引自张桂林：《西方政治哲学——从古希腊到当代》，中国政法大学出版社 1999 年版，第 12 页。

② ［法］约瑟夫·德·迈斯特：《论法国》，鲁仁译，上海人民出版社 2005 年版，导言第 11 页。

③ 参阅［英］埃德蒙·柏克：《自由与传统：柏克政治论文选》，蒋庆等译，商务印书馆 2001 年版，第 288～289 页。

④ 张灏：《张灏自选集》，上海教育出版社 2002 年版，第 6 页。

得高出于其余的人类。"① 宪政经济学也有一个基本的假定："即当个人由市场中的买者或卖者转变为政治过程中的投票者、纳税人、受益者、政治家或官员时，他们的品性不会发生变化。"② 制定法律和掌握政府权力的人也和普通人一样，同样是被难以控制的情感和直接的利益所驱使，并且因为掌握着强制性的公共权力，政治人物更容易受到人类弱点和情感的支配，更容易滥用手中的权力。不仅位高权重的个人有受权力腐化的趋势，掌握了政治权力的多数民众也容易受到权力的腐蚀，利用多数优势和手中的权力欺凌少数。③ 正如孟德斯鸠所说："一切有权力的人都容易滥用权力，这是万古不易的一条经验。有权力的人们使用权力一直到遇有界限的地方才休止。"④ 阿克顿也强调："权力导致腐败。绝对权力导致绝对腐败。"⑤

推动政治发展应对滥用权力的可能性有着同样高度的警觉，防止任何政治力量滥用权力应是政治发展过程中制度创新的第一要务。虽然人性本身并非注定为恶，但政体设计的逻辑必须着眼于人性的约束，对恶的发生预先防范，必须从假定人人皆可滥用权力的角度进行制度设计。马基雅维里指出创制立法必须尽量杜绝人们为恶之机会，他说："人若欲创建国家，并为之立法，首须认定人性本恶，一有机可乘，人们便立即暴露为恶之本性。"⑥ 在他之后的休谟则提出了政治制度设计中的"无赖假定"："在设计任何政府体制和确定该体制

① ［英］休谟：《人性论》，关文运译，商务印书馆 1983 年版，第 592～593 页。

② ［美］詹姆斯·M. 布坎南：《宪法经济学》，载刘军宁等编：《市场社会与公共秩序》，生活·读书·新知三联书店 1996 年版，第 341 页。

③ 参见张灏：《张灏自选集》，上海教育出版社 2002 年版，第 10～11 页。

④ ［法］孟德斯鸠：《论法的精神》（上册），张雁深译，商务印书馆 1961 年版，第 154 页。

⑤ ［英］阿克顿：《自由与权力》，侯健、范亚峰译，商务印书馆 2001 年版，第 342 页。

⑥ 转引自周春生：《马基雅维里的人性论、才气说和命运观析微》，《上海师范大学学报（哲学社会科学版）》，2004 年第 1 期，第 18～23 页。

中的若干制约、监控机构时，必须把每个成员都设想为无赖之徒，并设想他的一切作为都是为了谋求私利，别无其他目标。我们必须利用这种个人利害来控制他，并使他与公益合作，尽管他本来贪得无厌，野心很大。"① 经济学家布坎南也得出了同样的结论："立宪政治的一个重要的原理是要作如下的假定——掌权者将滥用政治权力去促进特殊的利益；这不是因为情形常常是如此，而是因为这是事物的自然趋势，这是自由制度特别要加以防止的。"②

这种逻辑前设并非是指所有的政治人物都是坏人，必然要做坏事，而是一种制度上的防范，其要旨是为了最大限度地防止坏事的发生。"虽然人类的控制注定是不充分的，尽可能多地加以控制仍然是必要的，因为更多的控制使人类的状况变得更好，而更少的控制则使之更坏。"③ 控制权力滥用必须采用的制度手段是让政府权力分开行使并相互制衡。麦迪逊指出，正是由于人性是有缺陷的，所以人类社会才需要政府以及对政府的控制，才需要遏制政府专权之企图，而"防止把某些权力逐渐集中于同一部门的最可靠办法，就是给予各部门的主管人抵制其他部门侵犯的必要法定手段和个人的主动。在这方面，如同其他各方面一样，防御规定必须与攻击的危险相称。野心必须用野心来对抗。"④

因为人性是有缺陷的，不可能完全根除人类政治生活中的弊端，所以人类的政治形态不可能是完美的。政治发展不是一个简单的抛弃过去、除旧立新的过程，新旧制度之间并不是善与恶之间的生死之争。政治发展的目的不是构建一个完美的理想国，而是防止罪恶，更

---

① ［英］休谟：《休谟政治论文选》，张若衡译，商务印书馆 1993 年版，第 27 页。

② ［美］詹姆斯·M. 布坎南：《宪法经济学》，载刘军宁等编：《市场社会与公共秩序》，生活·读书·新知三联书店 1996 年版，第 342 页。

③ ［美］约翰·凯克斯：《为保守主义辩护》，应奇、葛水林译，江苏人民出版社 2003 年版，第 50 页。

④ ［美］汉密尔顿、麦迪逊、杰伊：《联邦党人文集》，程逢如等译，商务印书馆 1980 年版，第 264 页。

好地约束人性，控制权力，使人类的政治生活向着更少罪恶的方向渐进发展。英国政治哲学家欧克肖特揭示了渐进式政治发展的精髓："政治是在现有行动路线中选择最小之恶的艺术，而不是人类社会追求至善的努力。政治是道德上和物质上可能之事物的艺术，这种艺术的实践将使人类能够持续受益，而不是对至善的努力追求。"① 凯克斯对此亦有精辟的论述，他指出，人类既有善良的性情又有邪恶的性情，正确的政治安排有助于抑恶扬善，但由人所创造的政治安排注定要反映创造者的性情，即使是能够想象到的最好的政治安排也不能彻底根除邪恶。② "没有理由认为存在着'最佳'政治安排这样的东西，或者如果有这种安排，它们的创造和落实就能在某种程度上避开承担这种责任的人们的邪恶倾向。……人们创造的……所有的安排都常常是不完美的。所追求的（应）是在特定社会的历史环境中尽可能减轻它们的不完美。"③

二、渐进式政治发展的知识维度

政治发展是政治体系演进的过程，也是政治主体在对政治制度、政治生活认知基础上对政治体系进行自觉改进的过程。因此，政治发展的模式选择与制度设计都是建立在一定的知识基础之上的。人们的知识观念在某种程度上决定着政治发展的模式和道路，政治发展的模式选择是与政治主体的知识所构成的观念世界、思维习惯和判断能力密切联系在一起的。选择渐进式政治发展模式的一个基本前提是承认人类社会的知识是分散的、有限的、个人化的，个人或者少数人难以从整体上掌握关于人类政治生活的全部知识，因此也就难以准确预见

① 转引自刘军宁：《保守主义》，中国社会科学出版社 1998 年版，第 86～87 页。

② 参见［美］约翰·凯克斯：《为保守主义辩护》，应奇、葛水林译，江苏人民出版社 2003 年版，第 45～47 页。

③ 参见［美］约翰·凯克斯：《为保守主义辩护》，应奇、葛水林译，江苏人民出版社 2003 年版，第 95 页。

政治发展的具体进程和细节，渐进改良是政治发展的最佳选择。

知识是指人类在社会实践的过程中所获取和积累的经验和信息，反映了人类对于主观世界与客观世界的认识程度，代表着人类对自然界与社会生活理解的能力和水平。人类在社会实践中所获得的知识并不全是统一的同质的明确的知识，而是分为不同的类型。对人类知识的一个极为重要的分类是，将知识分为可以明确表述的知识（可以言传）与不能明确表述的知识（只能意会）。许多思想家从不同的角度探讨了这两种类型的知识。

早在古希腊时期，亚里士多德就将知识区分为技术知识和实践知识。前者是可教可学的知识，如工匠制造一件东西的知识；后者是只能通过自己的历练才能掌握的知识，如道德政治知识。① 亚里士多德这里所说的技术知识主要是指那些可以明确表述和学习的知识，而实践知识则主要是指不能明确表述的知识。

欧克肖特承袭了亚里士多德对知识的分类方法。他认为，一切人类实践活动都需要某种技艺，都包含着知识。知识可以区分为两种类型。第一种是技术知识，技术知识具有确定性的外表，可以被制定为规则、原则、指示和准则，能够通过书本得以记录和阐述，人们可以通过书本或课程学习来掌握技术知识并将之应用于实践。第二种知识是实践知识，实践知识是一种告诉人们应当如何去做的知识，它只存在于运用中，它（不像技能）不能被制定为规则，不能被精确地诠释。实践知识的正常表达是以一种习俗或传统的做事方式，或者是以实践的方式。因此，实践知识不能明确地传授，既不能教，也不能学，只有通过与一个不断实践它的人持续接触才能习得它。在欧克肖特看来，这两种可区分但不可分的知识，对于人类活动都很重要，是一切具体人类活动所包含的知识的孪生组成部分。② 但比较而言，欧

① 转引自［英］迈克尔·欧克肖特：《政治中的理性主义》，张汝伦译，上海译文出版社 2004 年版，附录第 196 页。

② 参见［英］迈克尔·欧克肖特：《政治中的理性主义》，张汝伦译，上海译文出版社 2004 年版，第 7～12 页。

克肖特更为重视实践知识。他指出:"技术知识的优越性在于它从纯粹无知中产生,以确定和完全的知识终结的外表,它与确定性相始终的外表。但实际上,这是一个错觉。"技术知识的掌握和运用必须以人类个体已有的知识和经验为基础。"没什么东西,甚至几乎最自足的技术(一种游戏规则),事实上也不能传授给一个空空如也的头脑;能传授的东西靠已经在那里的东西养育。"①

波兰尼将人类知识系统中可以明确表述的知识称为明确知识,不能明确表述的知识称为默会知识。他认为,在人类巨大的心灵领域中,既有明确的知识,如可以用文字、图表和公式加以表述的知识;还有礼节、法律和很多不同的技艺,人类应用、遵从、享受着这些技艺,或以之谋生,但又无法以可以言传的方式识知它们的内容。② 在波兰尼的有关论述中,明确知识就是关于是什么和为什么的规范的系统的知识,能够清晰地描述和揭示事实与现象的存在及其原因,可以用语言、文字、公式、图形、制度、法规等方式来清楚地表达,容易被储存、理解、传递和分享。这种知识所陈述的内容往往得到了科学的证实或检验,使用者对所使用的知识有着明确的认识。而默会知识则是指人们在做某事的行动中所拥有的知识,它是一种只可意会,不可言传的知识,它的最主要特征就是人类个体可以在实践中运用却又不能通过语言文字符号予以清晰表达或直接传递。③ 波兰尼揭示了默会知识在人的认识和实践活动中所起的决定性作用,他认为默会知识是一切知识的基础和源泉,明确知识必须依赖默会知识才能很好地理解和运用,"在相当大的程度上,一切信息的沟通都得依靠唤醒我们无法明言(tell)的知识,而我们所拥有的一切关于心理过程(mental process)的知识——比如关于感觉或者有意识的知性活动的知识

① [英]迈克尔·欧克肖特:《政治中的理性主义》,张汝伦译,上海译文出版社2004年版,第12页。

② 参见[英]迈克尔·波兰尼:《个人知识:迈向后批判哲学》,许泽民译,贵州人民出版社2000年版,第94~95页。

③ 参见郁振华:《波兰尼的默会认识论》,《自然辩证法研究》,2001年第8期,第5~10页。

——也是以某种我们无法明言的知识为基础的"①。

哈耶克关于知识的分类与欧克肖特和波兰尼的看法颇为相似，②他也经常使用明确知识和默会知识这两个相对的概念来论述他的知识观。哈耶克将不同种类的理性知识集合于一体而统称为明确知识。这里的明确知识系指"有意识的知识"和能够"系统解释的知识"，既包括"我们陈述此事或他事为何的知识"，也包括"那些能够通过语言而在人与人之间传播的可为人们明确阐释的一般性规则"③。哈耶克在运用波兰尼"默会知识"这个概念时对其内涵进行了拓展。在哈耶克这里，默会知识不仅包括个人所运用的各种各样的实践性知识、不能明确阐释的知识，还包括人们对环境所做的一切调适而获得的成就，如人们在社会生活中所遵循的各种制度、规则、传统和习惯。"此一意义上的知识并非都属于我们的智识（intellect），而我们的智识亦非我们的知识之全部。我们的习惯及技术、我们的偏好和态度、我们的工具以及我们的制度，在这个意义上讲，都是我们对过去经验的调适，而这些调适水平的提升，乃是通过有选择地摈弃较不适宜的调适行为而达致的。它们是我们行动得以成功的不可或缺的基础，一如我们有意识的知识。"④

哈耶克还借用哲学家赖尔的"知其然（know that）"和"知其所以然（know how）"这两个概念来进一步说明人类知识的性质。所谓"知其所以然"的知识就是指可以明确阐释并为人所理解的知识，而

① 转引自张一兵为波兰尼《科学、信仰与价值》一书所写的代译序：《科学、个人知识与意会认知——波兰尼哲学评述》，载［英］迈克尔·波兰尼：《科学、信仰与社会》，王靖华译，南京大学出版社 2004 年版。

② 邓正来认为，波兰尼的"默会知识"的理论对哈耶克的知识观有显著的影响。参阅邓正来：《规则·秩序·无知：关于哈耶克自由主义的研究》，生活·读书·新知三联书店 2004 年版，第 148 页。

③ ［英］弗里德利希·冯·哈耶克：《自由秩序原理》(上)，邓正来译，生活·读书·新知三联书店 1997 年版，第 23～24、33 页。

④ ［英］弗里德利希·冯·哈耶克：《自由秩序原理》(上)，邓正来译，生活·读书·新知三联书店 1997 年版，第 24 页。

“知其然”的知识则是我们通过学习和模仿而获得的遵守行为模式的“知识”。① 这种遵守行为模式的习惯是一种能力，是使自己适应或采纳一种行为模式的技巧，它同一般意义上的知识极为不同。大多数人无法解释或描述各种行为模式，但却能够意识到并使自己的行为与之相适应，它确实是我们在适应环境的过程中所形成的理智结构的一部分。② 哈耶克认为，能够明确阐释的知识在人类文明进化中的作用是有限的。“在人们持续不断使用的关于变动不居、千变万化的特定事实的知识当中，并不全都是适宜于被系统解释的知识；甚至其间的大多数知识也只是散存于无数个人手中的知识。”③ 指导个人行动的有意识的知识只是个人成功达致其目标的诸多知识的一小部分，个人心智对于有助于其行动成功的大部分经验以及行动结果所赖以为基础的环境并没有明确的意识。④

上述思想家对知识的分类为我们正确认识人类知识的总体性质与存在特征提供了某种视角。正是由于默会知识的大量存在及其在人类生活中的重要作用决定了个人知识是人类知识的基本存在方式。默会知识是一种高度个人化的知识，它来源于个体的实践活动，与个人的性格、经验、能力和所处的环境紧密相连，很难通过明晰的语言在个体之间传递，所以只能为个人所拥有。因此，人类知识并不表现为一个明确的统一的知识体系，没有一种先验的总体性的知识存在。知识散布在无数个个人的头脑中，每一个人所掌握的知识是各不相同的。“我们必须运用的有关各种情势的知识（the knowledge of the circumstances），从来就不是以一种集中的且整合的形式存在的，而仅仅是

① ［英］弗里德利希·冯·哈耶克：《致命的自负》，冯克利等译，中国社会科学出版社 2000 年版，“译者的话”第 6 页。

② 参见［英］弗里德利希·冯·哈耶克：《致命的自负》，冯克利等译，中国社会科学出版社 2000 年版，第 88 页。

③ ［英］弗里德利希·冯·哈耶克：《自由秩序原理》（上），邓正来译，生活·读书·新知三联书店 1997 年版，第 23 页。

④ ［英］弗里德利希·冯·哈耶克：《自由秩序原理》（上），邓正来译，生活·读书·新知三联书店 1997 年版，第 22 页。

作为所有彼此独立的个人所掌握的不完全的而且还常常是相互矛盾的分散知识而存在的。"① "正是在这个方面，每个人实际上要比所有的其他人都更具有某种优势，因为每个人都掌握着有可能极具助益的独一无二的信息"②。不仅大量的默会知识为个人所拥有，而且明确知识也是以个人化的形式表现出来，它并不是完全客观的存在，而是为个人所知晓或者是融入了个人的主观解释。正如波兰尼所指出，知识具有默会的成分，即使是科学知识也需要个体的参与，因而也是具有个人性的。在每一次识知的行为中，都有一个知道什么正在被识知的人的热情洋溢的贡献，即正在识知的人的无所不在的个人参与。③

正是由于知识的分散性和个人性，个人或者组织只能掌握人类知识的一小部分，因此个人和组织所能够拥有的知识是极其有限的，对社会生活的全知全能的认识是根本不存在的。虽然人类的知识是不断增长的，但人类知识的有限性是永远无法改变的事实，理性和知识所能达到的领域十分渺小，而且并不可靠。即使人类知识的总量增加，我们也注定对整个世界日益无知。④ "虽然随着人类社会知识存量的增加，个人可以学到更多的知识，但个人所知道的占社会总的知识仍是微乎其微，个人仍是'无知'的。"而且人类的知识总量愈增加，个人知识所占知识的份额愈小，所以，知识愈多我们愈无知。"我们的知识只能是有限的，而我们的无知则必然是无限的。"⑤ 即使某些

① ［英］F. A. 冯·哈耶克：《个人主义与经济秩序》，邓正来译，生活·读书·新知三联书店 2003 年版，第 117 页。

② ［英］F. A. 冯·哈耶克：《个人主义与经济秩序》，邓正来译，生活·读书·新知三联书店 2003 年版，第 121 页。

③ 转引自许泽民：《波兰尼的个人知识与东方哲学》，《博览群书》，2002 年第 4 期，第 28 ~ 30 页。

④ 参见［澳］安德鲁·文森特：《现代政治意识形态》，袁久红等译，江苏人民出版社 2005 年版，第 112 页。

⑤ ［英］戴维·米勒：《开放的思想和社会：波普尔思想精粹》，张之沧译，江苏人民出版社 2000 年版，第 39 页。

专家在个别领域掌握了许多知识，但与无数个人知识所形成的知识网络相比，仍然是微不足道的。对知识采取一种“无知”的态度并不意味着人真的一无所知，而是强调在人类认识领域不存在终极的真理，人们不可能一劳永逸地获得对世界的确定性认识。正如波普尔所说：“我们应当做的是放弃终极知识源泉的观念，承认一切知识都是人的知识；承认知识同我们的错误、偏见、梦想和希望混在一起，我们所能做的一切就是探索真理。”①

正因为知识具有分散性、有限性和易错性等特点，所以就决定了人的理性能力及其对社会的认识和改造的能力也是有限的。人的理性要发挥正常作用需要以人所掌握的知识和信息为基础，而人类知识的性质和存在状态恰恰决定了人的知识和信息是有限的。人类知识并不是一个固定不变的整体，人类所需要的事实和信息在不断地发生变化，未知的领域始终存在。每一天人们都会面对新的知识和信息，而且这些知识和信息都以分散的状态存在，人的理性不可能完全掌握这些知识和信息。西蒙根据他对人类决策过程的研究指出，行为主体在进行决策方案的选择时，并不具备关于每种抉择的后果的完备知识和预见。决策者所掌握的信息和处理信息的能力都是有限的，他不可能找到全部备选方案，也不可能完全了解各种备选方案的所有后果。决策者对自己的行动条件和后果的了解总是零碎的。因此，决策者不是绝对的理性人，“完全理性”不符合人类行为的现实。②

承认理性的有限性并不是否认理性具有建设性的使命，只是强调理性并不是万能的，为了尽可能有效地运用理性，人们必须认识到理性的力量所具有的限度，确定理性控制的范围，“确定理性应当在多大程度上依赖于它所不能完全控制的其他力量”，维持一个不受控制

---

① ［英］卡尔·波普尔：《猜想与反驳——科学知识的增长》，傅季重等译，上海译文出版社 2005 年版，第 42 页。

② 参见［美］赫伯特·A. 西蒙：《管理行为》，杨砾等译，北京经济学院出版社 1988 年版，第 78 ~ 79 页。

的、理性不及的领域。① 理性自身也是文明演进的产物，因而试图通过理性的设计完全重新建构整体社会结构和制度是不可能的。人类理性必须理性地对待自身的局限性，如果人们不能认识到理性力量的有限性，鄙视不是出于理性设计的一切制度和风俗，他们就变成了建立在这些制度和风俗上的文明的毁灭者，整个社会就会退回到野蛮状态之中。②

在人类社会与政治发展的进程中，人的理性只能在有限的范围内发挥作用。人类的知识虽然可以不断增加，但不可能集中在某个人或者组织手里，任何个人或组织都不可能掌握和集中社会所有的知识和信息，不可能掌握终极真理。波普尔指出："集中权力是容易的，但要集中分散在许多个人的心灵里的全部知识则是不可能的。"③ 哈耶克也认为："这种分散的知识从本质上说只能是分散的。不可能被集中起来传递给专门负责创设秩序这项任务的某个权力机构。"④ 个人或组织无法了解所有社会成员的偏好，无法掌握全面重建社会所需要的一切知识，从而无法考虑构建社会制度所必需的境况的所有细节，不可能全部掌握社会制度演进的各种基础性条件。人们在应对目前环境中所获得的有限的知识和经验不能够完全控制未来复杂多变的情势，任何人都没有能力对复杂社会中所展开的所有活动做到全面且刻意的安排，人类理性不可能重新建构整个社会秩序。人们可以借助理性的作用逐步对现有制度体系进行渐进的调适，使其与环境相适应，但这种改进必须在现有制度和文明成就的基础上进行。制度的变革不能通过突变的方式，而是需要不断的尝试，不断消除弊端来使其日臻

① ［英］弗里德利希·冯·哈耶克：《法律、立法与自由》(第一卷)，邓正来、张守东、李静冰译，中国大百科全书出版社 2000 年版，第 33 页。

② 参见［英］弗里德利希·冯·哈耶克：《科学的反革命——理性滥用之研究》，冯克利译，译林出版社 2003 年版，第 96 页。

③ ［英］卡·波普尔：《历史主义贫困论》，何林、赵平等译，中国社会科学出版社 1998 年版，第 80 页。

④ ［英］弗里德利希·冯·哈耶克：《致命的自负》，冯克利等译，中国社会科学出版社 2000 年版，第 87 页。

完善。

欧克肖特认为，政治知识是一种特殊的知识，即亚里士多德所讲的实践的知识，它只可意会，不可言传，只能通过政治历练慢慢习得。① 这种来自于社会的政治传统的实践知识，在最有利的环境下，也要花上两三代人才能获得。因此，纯粹的理性主义政治是行不通的。② 在政治生活中，无论是个人还是组织，无论是政治精英还是普通大众，其知识和理性也都是有限的，根本无力理解和控制大规模的政治变革运动。从有限知识的角度来看，人类不可能用理性来控制、设计、监视社会和政治生活的一切方面，政治行动者不可能通盘考虑到政治生活中的所有特定事实。推动政治变革的政治人物应该充分认识到，“个人理性的作用十分有限，它是一种脆弱的、靠不住的指导，以理性为指导的政治活动根本不可能达到人类至善的乌托邦。任何雄心勃勃的改革或激进变革都不可能克服人类无法战胜自身弱点的本性。”③ 人类社会的政治不可能是完美的政治，人类所存在的政治冲突不可能有一个完美的解决。受人类理性限度的影响，在政治领域推行“通盘计划”，企图“一夜之间来改头换面”，注定会遭到失败。政治问题是无法通过理性化和几何学式的推理方法来解决的。④

基于知识和理性的有限性，波普尔强调，社会变革应该采用实验和批判的方法，逐步改进。科学的政治家和政治科学家应该认识到，政治生活中必然会有缺陷，会出现并非所愿的后果，政治行动中的挫折和错误都是难免的，因而应该对现行政治采取批判的态度，有意识地去寻找错误之所在，从错误中吸取教训，才能避免将来犯更大的错

---

① ［英］迈克尔·欧克肖特：《政治中的理性主义》，张汝伦译，上海译文出版社 2004 年版，“附录” 第 196 ~ 197 页。

② ［英］迈克尔·欧克肖特：《政治中的理性主义》，张汝伦译，上海译文出版社 2004 年版，第 30 页。

③ ［英］罗杰·斯克拉顿：《保守主义的含义》，王皖强译，中央编译出版社 2005 年版，“中译者序” 第 7 ~ 8 页。

④ 参阅［英］埃德蒙·柏克：《自由与传统：柏克政治论文选》，蒋庆等译，商务印书馆 2001 年版。第 207 页。

误。① 制度的变迁应该选择渐进式道路。制度设计者通常受到时间制约，无法预见到制度长期的和潜在的功能，因而会产生“超出预期的结果”（the unintended consequences），政策、程序和制度的运行会偏离最初设计者的目标。这种“超出预期的结果”的出现正是来源于人的理性的有限性，制度变迁的设计者、领导者也可能犯错误。因为政治生活的复杂性和庞杂性往往超出政治行动者当下理性认识的范围。②

承认人类知识与理性的有限性，在政治上的逻辑要求就是政府权力是有限的并需要受到严格的制约。任何由人构成的组织因为人的理性有限都有其局限性，作为公共组织的政府也不例外。政府并不是全知全能的公共组织，政府所了解和掌握的信息非常有限，政府如同人一样容易犯错误，它的认识能力、预测能力、信息处理能力都是有限的。③“这就是说，即使行使权力的人动机十分高尚，由于他无法掌握许多个人根据变动不息的信息分别做出的决定，因此他不能为目标的重要性等级制定出一个公认的统一尺度。所以，即使是一心为民造福的权力，其范围也是应当受到严格限制的。”④

三、渐进式政治发展的历史视角

在不同政治发展主张的背后，通常也隐藏着历史观的分歧。主张激进式政治发展的人往往看到历史发展断裂和突变的一面，而主张走渐进式道路的人则更多强调历史发展的连续性。人类历史发展在总体

---

① 参见［英］卡·波普尔：《历史主义贫困论》，何林、赵平等译，中国社会科学出版社 1998 年版，第 78～79 页。

② 参见朱德米：《自由与秩序：西方保守主义政治思想研究》，天津人民出版社 2004 年版，第 213～214 页。

③ 参见齐明山：《有限理性与政府决策》，《新视野》，2005 年第 2 期，第 27～29 页。

④ ［英］弗里德利希·冯·哈耶克：《致命的自负》，冯克利等译，中国社会科学出版社 2000 年版。“译者的话”第 8 页。

上应该看做是连续性和突变性的统一，是自生秩序与人为秩序交互作用的过程。自生秩序与人为秩序是人类社会存在的两种基本的秩序形态。自生秩序是由无数个体和集体的行动与社会规则系统长期互动、自发演化所形成的秩序；人为秩序是由个人或组织刻意安排、精心设计而形成的秩序。从长期的宏观的角度来看，自生秩序在社会中占支配地位，整个规则系统的变迁不可能是刻意设计深思熟虑的结果，只能是一个自然演化的过程，无论是个人还是组织（包括政府）都无法预知或控制社会中无数行动与制度演变的全部过程和长期后果；从短期的微观的角度来看，许多个体或集体的行动，许多具体制度的创立和废弃都不是自发的，而是刻意设计或慎思的结果。① 这两种秩序在人类生活中都发挥着重要作用，但自生秩序是最基本的人类生活秩序，人为秩序需要以自生秩序为基础。人类历史的进步在很大程度上就表现为自生秩序不断演进和扩展的过程。

曼德维尔较早地提出了有序社会制度结构自发生长的经典模式，他认为，市场、法律和道德等协调不同利益的制度规范不是源于立法者的设计，不是某些人深思熟虑的结果，而是在人类活动中自然而然地形成的，是通过漫长的试错过程发展起来的。他说："有些成就常被我们归因于人的卓越才能与深刻洞察力，其实它们却来自漫长的时间和许多代人的经验"，是许多世代的人们共同劳动的结果。② 法律的产生及其作用就是典型例证。好的法律制度的形成是许多代人经验智慧的结晶，"这里所说的智慧，并非来自精妙的理解力或紧张的思考，而是出自从长期的实践经验和丰富的观察中获得的可靠而周密的判断力。从这种智慧和漫长的岁月中产生的法律，使得治理大国易如织袜。"③ 这些治理国家的法律经历过数不清的变更、废除、补充和

① 参见张旭昆：《制度演化分析导论》，浙江人民出版社 2007 年版，第 389～390 页。

② ［荷］伯纳德·曼德维尔：《蜜蜂的寓言：私人的恶德 公众的利益》，肖聿译，中国社会科学出版社 2002 年版，第 329、341 页。

③ 曼德维尔此段论述引自［英］弗里德里希·冯·哈耶克：《哈耶克文选》，冯克利译，凤凰出版传媒集团、江苏人民出版社 2007 年版，第 513 页。

修正，一旦达到了人类技艺和智慧所能达到的完善程度，就可以在很长的时间内顺利运转，而管理它的技术就像给钟表上发条一样轻松。①

在曼德维尔的影响下，休谟也表达了人类制度进化的思想，他指出，人们只有服从普遍的公正的行为规则，才有可能产生一个秩序井然的社会。三条基本的自然法则即稳定财物占有、根据同意转移所有物以及履行许诺，构成了公正行为规则的核心内容，全部法律制度都只是对它的具体表述。这些公正行为规则以及其他法律和道德就像语言和货币一样，并不是来自人类理性的特意发明，而是文化进化的产物。"正义法则乃是在一种较为间接而人为的方式下由自然原则发生的。"② 休谟认为，正是由于对公正行为规则的严格遵守，人类社会才能够生长出复杂的文明。他还认为，国家或政府也不是人们通过理性的计算而主动建立的一种政治契约，它的形成同样是一个进化的过程，是在文明进步和商业发展的过程中逐步成长起来的。③

弗格森更为明确地论述了自生秩序思想，他指出，社会形态的起源模糊不清，它不是因为人的思辨而产生，而是因为人的本能而产生，是通过人类的相互作用形成的，这种结果不是执行任何人类的设计所导致的。④ 在建立机构、采取措施方面，人们通常受到自身所处环境的影响，很少会追随某个规划人的计划而与自己的环境背道而驰。人们对自己行动的后果往往并不清楚，人类行动所遵循的许多制度、法律和习俗是在没有明确计划和指导的情况下逐步形成的。"即便在所谓的启蒙年代，民众在迈出每一步，采取每一个行动时都没有

① ［荷］伯纳德·曼德维尔：《蜜蜂的寓言：私人的恶德 公众的利益》，肖聿译，中国社会科学出版社 2002 年版，第 497 页。

② ［英］休谟：《人性论》（下册），关文运译，商务印书馆 1983 年版，第 569 页。

③ 高全喜：《休谟的政治哲学》，北京大学出版社 2004 年版，第 244 页。

④ ［英］弗格森：《文明社会史论》，林本椿、王绍祥译，辽宁教育出版社 1999 年版，第 187 页。

考虑未来。各国偶然建立了一些机构，事实上，这是人类行为的结果，而并非人们有意这么做”。①

斯密从市场的角度证明了自生秩序的存在，他认为，在一个复杂的社会中，人们不能依靠别人的恩惠而生存，必须借助他人的利己心来满足自己的需要，这样就必然会产生社会分工，人们在分工的基础上相互合作，并遵循正当的法律规则，一种自生的秩序就会产生。市场是人们满足自己需求的基本场所，在市场的引导下，每个人为了实现自己的最大利益，努力提高自己所生产物品的数量和质量，更好地服务于他人和社会。“在这场合，像在其他许多场合一样，他受着一只看不见的手的指导，去尽力达到一个并非他本意想要达到的目的。也并不因为事非出于本意，就对社会有害。他追求自己的利益往往使他能比在真正出于本意的情况下更有效地促进社会的利益。”② 正是无数个体的自利行为，催生了一种自生的社会秩序，每一个人的需要得到较好的满足，社会公共利益也在不断增长，人类文明得以持续地演进，但那些谋求自身利益的市场行动者并不会意识到自己的行为会有如此之效果。

斯密之后，门格尔强调，社会与有机生物界有许多相似之处，在其不断进化的过程中会产生一种自生的秩序，语言、法律、市场甚至国家都是自然演化的产物，带有自发的特征。③ 这些社会与政治制度并不是人类智慧有意设计的产物，而是“人们努力追求个人目标的无意识的后果”。门格尔以货币起源为例，揭示了作为人类社会之基础的市场秩序的自生自发和渐进演化的特征。他假定存在一个初始的物物交换的市场经济，但人们之间进行物物交换存在寻找贸易伙伴的

① ［英］弗格森：《文明社会史论》，林本椿、王绍祥译，辽宁教育出版社1999年版，第136~137页。

② ［英］亚当·斯密：《国民财富的性质和原因的研究》(下卷)，郭大力、王亚南译，商务印书馆1972年版，第27页。

③ 参见刘志铭：《经济思想成长中的自发秩序传统：从斯密、门格尔到哈耶克》，《江淮论坛》，2002年第1期，第112~119页。

困难，于是其中一些较有经验的人逐渐意识到，如果先用较难交易的物品交换较容易交易的物品，就会更容易交换自己所需要的物品。然后，其他人开始观察和模仿这些人的交易行为，这样那些较容易交易的物品会被更多的人使用，最后一种或两种物品会成为普遍接受的交换媒介，正式的货币就产生了。① 货币的产生就是无数市场个体自发交易行为所产生的无意识的后果。

哈耶克在前人的基础上系统阐述了自生秩序理论。他将道德、宗教、法律、语言、书写、货币、市场以及社会的整个秩序，都看做是一个自生自发的进化过程的产物。哈耶克区分了自生秩序和人造秩序，人造秩序是由某人或组织通过具体命令把一系列要素各置其位并指导或控制其运动的方式而确立起来的秩序。人造的秩序往往是具体的，是按照创造者的目的刻意创造出来的。自生秩序是自我生成的或源于内部的秩序，是社会中的各种要素在应对其即时性环境的过程中遵循某些规则自由互动所产生的一种稳定的结构状态。② 自生秩序是人类文明进化的成就，它不是条理井然的智识或理性设计的产物，而是“人之行动的非意图的结果”，它凝结着数百代人不断试错、日益积累而艰难获致的知识、经验和行动规则，它的复杂程度超过了人的理性所能把握和控制的程度。③

---

① Viktor Vanberg. Carl Menger's Evolutionary and John R. Commons'Collective Action Approach to Institutions: *A Comparison. Review of Political Economy*, Vol. 1, No. 3, 1989, pp. 334-360. 转引自张旭昆：《制度演化分析导论》，浙江人民出版社 2007 年版，第 9 页。

② 哈耶克也将人造秩序称为外部秩序、人为的秩序或建构的秩序；将自生秩序称为内部秩序或“增长的秩序”。参见［英］弗里德利希·冯·哈耶克：《法律、立法与自由》(第一卷)，邓正来、张守东、李静冰译，中国大百科全书出版社 2000 年版，第 55～57、63 页。

③ 参见［英］弗里德利希·冯·哈耶克：《自由秩序原理》(上)，邓正来译，生活·读书·新知三联书店 1997 年版。第 64、67 页。

在一个规模较大的复杂社会中，自生秩序与人造秩序通常同时存在，人们之间的合作始终是以自生自发的秩序和刻意建构的组织为基础的。组织是促使我们进行有效合作的最有力量的手段，它能够使作为结果的秩序更符合我们的愿望。但人造秩序发挥作用的范围是有限的，尽管人们为了实现某些特定目的而建立家庭、农场、公司、社团以及政府等各种组织，但这些分立的组织和个人所从事的活动之间的协调，则要依赖于那些有助益于自生自发秩序的力量，这些力量又将各种组织整合进一种更为宽泛的自生自发秩序之中。政府作为最大的政治组织，在自生秩序演进的过程中具有特殊的作用，它担当着强制实施该秩序赖以为基础的规则的任务，并提供自生秩序所不能提供的其他服务。然而政府也只是自生自发秩序的整体秩序中的一部分，它的作用范围和所拥有的控制力量需要受到应有的限制。①

自生秩序是无数行动者遵循正当行为规则而形成的。这些规则中只有一部分是刻意设计的产物，如一部分法律规则，大多数规则是自生自发形成的结果，是经过选择的过程逐步演化出来的，它们的继续发展也仍然需要通过进化的方式。人类文明的进步在很大程度上体现为规则进化的过程，规则的进化不仅包括道德规范和习俗，也包括政治、法律方面的制度和程序。人类自生秩序具有不断进化、扩展的生命力，自我生成的规则系统也可以通过具体的制度创新逐渐完善，但我们不能对自生秩序及其规则系统进行全面改造或重建。哈耶克认为，这种自生扩展秩序的许多方面是人类理性不能完全理解并且无力控制的，如果不扰乱甚至破坏整个社会的正常秩序，任何人或组织都不能对大型社会中的所有活动及其细节进行全面且刻意的安排。他告诫道："尽管我们能够经由修正自生自发秩序赖以为基础的一般性规则而努力改进这种秩序，而且也能够用各种组织的努力来促成这种结果，但是我们却不可能以发布具体命令的方式来改进这种结果，因为

① 参见［英］弗里德利希·冯·哈耶克：《法律、立法与自由》（第一卷），邓正来、张守东、李静冰译，中国大百科全书出版社2000年版，第67～70页。

这样的具体命令会完全扼杀其成员用自己的知识去实现自己的目的的可能性。”①

这些思想家所阐述的社会自生秩序思想无疑是具有历史和事实依据的，在人类文明进步的过程中，大部分物质与制度成就是以渐进演化的方式取得的，是无数个体没有明确计划的互动所造成的结果。任何一种长期存在的社会秩序都不是立法者根据抽象的原则建立的，而是经过长期的历史进化过程而形成的。② 人类社会秩序演进的这种自发性特征决定了人类历史发展具有连续性。这种演进的历史观正是渐进式政治发展的历史依据。政治发展需要在自生秩序的基础上进行，尊重人类历史发展的连续性，不能中断和破坏社会秩序的演进过程。柏克非常强调历史进步的连续性，他将社会看做是一项不可以随意解除的历史性契约，国家就是这份历史性契约的产物，它积淀了社会秩序演进的经验、智慧和制度成果，它不仅仅是活着的人之间所确立的一种合伙关系，而且也是在活着的人、已故去的人和将会出世的人之间确立的一种合伙关系。③ “国家不是一个地域与个人短暂聚集的概念，而是一个在时间上、人数上和空间上延伸的连续性概念，因而这不是一天或一群人的选择结果；不是激愤、轻率的选择结果，而是若干世纪、若干代人的慎重选择结果……是由独特的环境、时机、脾气、性情，以及只有在长时间内才能显露出来的道德习惯、政治习惯

---

① ［英］弗里德利希·冯·哈耶克：《法律、立法与自由》(第一卷)，邓正来、张守东、李静冰译，中国大百科全书出版社 2000 年版，第 74 页。

② 这里需要特别指出的是，并不是在任何国家任何时期自生秩序都具有支配性地位，人为秩序在某些国家能够一度中断、破坏或者替代自生秩序。自生秩序也不能说全是好的或者是自由的秩序，人为秩序也不能说全是坏的秩序，二者都有自己作用的范围和限度。人类活动在自生秩序的基础上展开，也需要人为秩序，但人为秩序不能干扰和破坏自生秩序，而是要保护自生秩序，为自生秩序的演进创造更好的条件。

③ 参见［英］柏克：《法国革命论》，何兆武等译，商务印书馆 1998 年版。第 129 页。

和社会习惯造就的结果。”① 因此，人们应该对国家保持应有的尊重和审慎，不可以随便地、任意地根据心血来潮的异想天开，把维系着人类共同体的纽带完全拆散、扯碎，并使共同体陷于非社会性的、粗野的混乱状态。如果国家的延续性受到破坏，契约被解除，那么文明社会也难保不虞。②

渐进式政治发展必须尊重传统，维续传统。传统既是指经过长期的演变所造就的现存的社会秩序，也是指道德、法律等各种规则系统，包括“形形色色的习俗、礼仪以及制度化生活的参与方式”③。传统对人的行为具有规范作用，每个人的行为都会受到传统的约束。个人通过传统而接受一种熟悉的行为方式，知道在各种情境中如何行动，如何通过一种默契的方式协调与他人的关系。传统培育人的道德责任感，使社会责任成为人的天性，使遵守习俗和法律成为一种习惯，将个人的行为纳入一种秩序的范围之内，为渐进式政治发展提供了秩序的保证。传统是人类知识和经验的储备，传统经过了历史的筛选，包含着无数先辈智慧的结晶，它的许多规则、惯例甚至偏见已经被证明对于指导、协调人类生活具有重要的价值，并且已经为民众所习惯，不能轻易抛弃。传统是文明进步中的重要力量，没有传统的社会，将会陷入一片混乱。政治发展的成功往往来自于对传统的继承。

尊重传统不是盲目守旧，并不意味着将传统视为不可改变的教条，对传统的尊重并不排斥对变革的诉求，传统是可以改善的，我们可以根据新的经验对其加以修正，但不能彻底改变其基础。对传统的变革应该是渐进式的，在改革中必须有所保存，应该将稳定与革新结合起来，充分利用现有的制度资源，通过逐步的切实可行的方式改造现有的制度，在许多小规模改革的基础上推行较大规模的改革，尽量

① ［英］埃德蒙·柏克：《自由与传统：柏克政治论文选》，蒋庆等译，商务印书馆 2001 年版，第 41 页。

② 参见［英］柏克：《法国革命论》，何兆武等译，商务印书馆 1998 年版，第 127 页。

③ ［英］罗杰·斯克拉顿：《保守主义的含义》，王皖强译，中央编译出版社 2005 年版，第 26 页。

创造条件推动传统的逐步演变，在维系传统与保持现有秩序的前提下寻求社会的进步。

人类社会自发演进的秩序是极为复杂的，人的理性是很难把握的，因此人类“按照计划进行大的社会变革的能力相当有限”，通常大规模社会计划所带来的结果总体上看是负面的和有害的。① 各种使我们得以适应世界的规则系统是一种进化的成就，其中包含着超过了任何个人所能拥有的丰富经验或任何个人理性所能预见的情形，因而在某种程度上具有一种理性不及的性质。② 在自发秩序的视野中，渐进式政治发展就表现为一个放权的过程，权力向社会回归，政府尽量减少干预，培养社会的自我组织和自我管理的力量。政府的主要作用就是发现、确立并实施塑造自生秩序的正当行为规则，保留一个理性不及之领域，保护个人的私人领域不受侵犯，使良好的制度能够自发地演进生成。政治体系的进步和发展应当是恢复和完善经过进化而形成的规则系统，而不是全面破坏既有的规则系统，重建整个政治体系与社会秩序。

四、渐进式政治发展的价值取向

在政治发展的进程中，人们会同时产生对不同政治价值的追求，权威、秩序、自由、平等是对政治制度模式和政治发展道路具有重大影响的四种基本政治价值。这几种政治价值的内涵是极其复杂的，如果对这些本具正面意义的政治价值的理解发生偏差，很容易使政治发展误入歧途。只有正确认识这些政治价值的含义及其作用，才能使渐进式政治发展沿着正确的方向推进。在转轨国家，这些价值之间往往存在激烈的冲突，有的政治集团强调权威、秩序，有的政治集团则追

---

① ［英］杰弗里·托马斯：《政治哲学导论》，顾肃、刘雪梅译，中国人民大学出版社 2006 年版，第 297 页。

② 邓正来：《规则·秩序·无知：关于哈耶克自由主义的研究》，生活·读书·新知三联书店 2004 年版，第 30 页。

求自由、平等。在很多情况下，这些价值都是政治改革的领导人所不能忽视的。改革领导人必须在这多种价值之间保持平衡，才能防止各种政治集团走向极端，导致政治动乱。

1. 权威观

政治领域的权威是指合法的或正当的权力，也常指拥有极高威望和合法权力的个人或者组织。里普森指出："权威与权力的不同之处就在于它被认为是正当的权力"，能够获得人们的内心认同和自愿的服从。① 渐进式政治发展需要一个能够驾驭政治进程，掌握复杂政治艺术的权威，人们要服从这个权威，但这个权威必须具备基本的合法性，富有宽容和革新的精神，能与自由并存，才能稳定地进行统治。同时，由于民主化的挑战，权威的合法性基础必须逐步向民主转变，才能长期保持政治体系的稳定和平衡。

权威对于人类社会生活是极其必要的，人类社会生活不仅需要统治，而且需要合法的统治。韦伯认为，一种统治关系的最初确立的确可能建立在暴力的基础上，国家机器的强制力成为统治的最重要的支柱，但如果统治长期依赖暴力，民众就会无法容忍。因此，单纯依靠权力的统治并不长久，稳定的统治必须从单纯依靠权力转变到以权威为基础的统治。统治者需要获得和维持对它的"合法性"信仰，即让被统治者从内心深处相信权威对权力的掌握和运用是正当的、合法的，自愿服从统治权威的命令和指示。② 恩格斯在《论权威》这篇著作中从组织和协调社会化大生产的角度强调了权威的重要性。他指出，现代经济关系有一种使各个分散的活动越来越为人们的联合活动所代替的趋势。联合活动就是组织起来，而权威正是这些联合活动的政治和组织基础。因此，"一方面是一定的权威，不管它是怎样形成

① ［美］莱斯利·里普森：《政治学的重大问题——政治学导论》，刘晓等译，华夏出版社 2001 年版，第 58 页。

② 参见［德］马克斯·韦伯：《经济与社会》（上卷），林荣远译，商务印书馆 1997 年版，第 239 页。

的，另一方面是一定的服从，这两者都是我们所必需的"①。

在民主制出现之前，政府主要通过其保持和平与秩序的能力来证明权力的正当性，正义却是权力和威严次要的而不是主要的源泉。因为在一个共同体中，秩序无异于存在，混乱意味着不存在。传统共同体的权力虽然在通常情况下是不正义的，但却可以维持基本的政治与社会秩序。② 然而，近代以来，传统权威的合法性基础逐渐瓦解，人们普遍认为，只有经过某种周期性的选举程序由多数人授予的权力才是合法的。霍布斯在《利维坦》一书中明确指出，权威来源于人民相互订立的契约，当每个人都把自己的权利托付给某个人或某个集体时，一个合法的公共权威便诞生了。经过契约产生的公共权威有权使用全体的力量和手段来谋求和平，抵御外敌，而人民则必须服从公共权威的意志和命令。③ 此后，经过洛克、卢梭及其他启蒙思想家的努力，政府的权力源自"被统治者的一致同意"成为人们的普遍信念。统治的合法性需要建立在正义规则的基础之上，即通过法定的民主程序实现权力的合法化。

在现代社会，任何政治权威都必须通过某种民主形式或者正义诉求来获取合法性，但这并不意味着凡是未经全民选举授权的政治权威都不具有基本的合法性。洛克曾指出，同意是政治顺从的基础，只有自己同意才可以使一个人受制于政府所颁布的法律。他指出，同意通常有明白的同意和默认的同意两种形式。"只要一个人占有任何土地或享用任何政府的领地的任何部分，他就因此表示他的默认的同意，从而在他同属于那个政府的任何人一样享用的期间，他必须服从那个政府的法律。"④ 斯特克和韦戈尔也认为，人民的"一致同意"这一

① 《马克思恩格斯选集》第3卷，人民出版社1995年版，第224~226页。

② ［英］彼得·斯特克、大卫·韦戈尔：《政治思想导读》，舒小昀等译，江苏人民出版社2005年版，第73页。

③ 参见［英］霍布斯：《利维坦》，黎思复、黎廷弼译，商务印书馆1985版，第131~132页。

④ 参见［英］洛克：《政府论》（下篇），叶启芳、瞿菊农译，商务印书馆1964年版，第74页。

普遍权利要素具有多重含义，可以是含蓄的，也可以是清楚的。人民的默许和忠诚也可以赋予一个政府以合法性，这种默许在特定的历史过程中形成，源自长期的习惯和传统，来自于人民与政府长期互动所产生的情感和体验。只要一个政府具有足够的默许，仅仅以最少的武力来统治，它就享有基本的合法性。① 休谟在《人性论》中对人民基于习惯的同意和服从做了详细的论述，他认为人民的一致同意确实可以为权威的正当性提供坚实的基础，但从历史的实际过程来看，人们之所以服从政府，是因为他们认识到这样做符合自己的利益。而利益也只是人们服从政府的原始动机，时间会在人们心灵上逐渐发挥作用，使人们自然认为政府权威是正当的、合理的。人们对政府的服从不再是基于明显的利益而是成为一种习惯。权威出于习惯而被接受，并使忠诚成为一种本能或自然趋向。② 休谟关注的重点不是权威通过何种形式确立合法性，而是政府能否通过实施公正的规则来保护人民的利益。如果政府能够有效地维护社会稳定与公共秩序，保障人民的生命、财产和自由等基本权利不受侵犯，就能够获得稳固的合法性基础。因为“公众意识到可以普遍从政府获得好处，并相信现在建立的这个政府和其他任何易于稳定的政府一样优越，有利于众。如果这种看法在国内大多数人中或在那些有力人物中占优势的话，就大有助于该政府的稳固。”③

一个文明社会不可能没有政府，政府如果离开了人民的服从和忠诚也就失去了作用，因此人们对于一个具有基本合法性的政府应当给予支持并服从其制定的法律。里普森指出，如果一个政府一旦确立了

---

① ［英］彼得·斯特克、大卫·韦戈尔：《政治思想导读》，舒小昀等译，江苏人民出版社 2005 年版，第 72～73 页。

② 参见［英］休谟：《人性论》，关文运译，商务印书馆 1983 年版，第 595～597 页。

③ ［英］休谟：《休谟政治论文选》，张若衡译，商务印书馆 1993 年版，第 19 页。

它的权威，那么“面对权威，服从则是每个人义不容辞的责任”。① 休谟则从利益的角度论证人们服从政府的必要性，这种利益就是人们在政府统治下所享受的安全和保障。他认为，约束人类自然欲望并维持正常交往的三个正义规则并不能得到自觉的遵守，因此人们需要借助政府权威来严格地执行正义规则以保存旧有的利益或求得新的利益。如果政府能够履行自己的职责，强制人们遵守自然法则，那么人们应当对政府保持忠顺与服从。② 托马斯也提出了与休谟类似的看法，他认为，一个国家具有存在的道义基础，追求恰当的目标并遵守应有的限度，那么公民当然有义务服从。但即使从最坏处着想，国家既缺乏合法性，也没有依法律而来的权威，但为了避免更大的恶，公民依然负有服从国家的义务，应当顺从国家对我的要求。③ 如果人们不履行服从政府的政治义务，就没有一个政府能够存在，也不可能在一个大型社会中维持基本的和平与秩序。

政治权威对于一个社会来说是必不可少的，除非政府严重违背人们建立政府的初衷，人们都应该服从。但这并不意味着权威的权力是无限的，可以随意控制和干预人民的社会生活。休谟指出：“在每个政府中，自由都必须作出重大牺牲，然而那限制自由的权威决不能，而且或许也决不应在任何体制中成为全面专制，不受控制。”④ 历史经验表明，权威的拥有者同样具有人的一切缺点，如果掌握了过多的权力，就会造成极大的危害。因此，政治权威必须自我克制，为人民的自由留下一些空间。国家权力既要受到传统、习惯、荣誉、惯例等

---

① ［美］莱斯利·里普森：《政治学的重大问题——政治学导论》，刘晓等译，华夏出版社 2001 年版，第 58 页。

② 参见［英］休谟：《人性论》，关文运译，商务印书馆 1983 年版，第 591 ~ 592 页；另可参阅高全喜：《休谟的政治哲学》，北京大学出版社 2004 年版，第 248 ~ 249、276 ~ 277 页。

③ 参见［英］杰弗里·托马斯：《政治哲学导论》，顾肃、刘雪梅译，中国人民大学出版社 2006 年版，第 106 页。

④ ［英］休谟：《休谟政治论文选》，张若衡译，商务印书馆 1993 年版，第 26 页。

因素的限制，更重要的是要受宪法的制约，让它始终通过完备的法律体系来运作，使权力的转移永远不会采取野蛮暴虐的方式，而是自始至终采取有节制、合情合理的方式，成为激起忠诚之心的文明活力的表现。①

国家权威的作用需要保持一个合适的限度，应该把自己的权力限制在与公共事务有关的范围内。欧克肖特深刻地指出，政府的职能就是统治，在各种情况下，它都是必不可少的。但这是一种特殊和有限的活动，政府的职能不是将信仰和活动强加给他的国民，不是亲自指导国民如何过得更好或更幸福。“政府的职能是解决这多种多样的信仰和活动产生的某些冲突；维护和平，不是通过禁止从偏爱中产生的选择和多样性，不是通过强加实质的统一，而是通过一视同仁地将程序的一般规则实施于所有的国民。”②

渐进式政治发展的最终政治诉求是要逐步转换政治权威合法性的基础，使其奠定在民主选举的基础上。但这并不意味着不分地域、国情与历史情境，都可以立即用普选来置换权威原有的政治合法性基础。从历史来看，没有一种政治权威一开始就是建立在人民选举的基础上，政治共同体具有既定的性质，我们一生下来就生活在某种政治权威的统治之下，这是我们无法选择的。再者，历史上也没有从一种政治权威突然转变到另一种政治权威的成功经验。权威基础的转换总是需要时间来使人们的心理逐渐适应，并形成一种习惯。因此，在政治发展的过程中，原有的政治权威具有其存在的合理性与正当性。试图通过激进的方式转换政治权威，无助于政治体系向现代的过渡，只是增加了历史的反复，增添了人民的苦难。

2. 秩序观

社会必定需要某种秩序，秩序是一切社会赖以存在的基础。一般

---

① ［英］罗杰·斯克拉顿：《保守主义的含义》，王皖强译，中央编译出版社 2005 年版，第 19～20 页。

② ［英］迈克尔·欧克肖特：《政治中的理性主义》，张汝伦译，上海译文出版社 2004 年版，第 144～145 页。

来说，所谓秩序是指有规则、有条理、不混乱的一种状况。① 社会秩序就是指社会关系的一种正常状态，在这种状态中，人们享有规则之下的和平，能够有效维护自己的权利和利益，彼此之间的利益冲突在法律的范围内解决，人们恪守分界但又能在正确预期的基础上展开有效的合作。所谓政治秩序，是指政治主体之间的关系达到一种稳定和平衡的状态，没有试图改变现状的政治力量，政治体系运行良好，政府有效履行职能，政治生活和平、有序地进行。这两种秩序之间是相互依存的关系，并且在一定程度上是重合的，政治秩序是社会秩序的前提，社会秩序是政治秩序的基础和表现。

秩序是任何社会都必需的一种公共产品，它是个体生存与社会存在的基本前提。亚里士多德早已指出，规则和秩序对于矫正人性的偏离，确立良好生活是必不可少的。正是由于在规则与秩序之下，人类才可能志趋善良而有所成就，成为最优良的动物。如果没有礼法与秩序，人们就会贪婪无度，堕落成最恶劣的动物。② 霍布斯在《利维坦》一书中对人类无秩序状况的描述与亚里士多德的看法比较接近。

---

① 关于秩序的含义，可以参考几种代表性的看法。里普森认为，秩序是为了保护生命和财产的安全，围绕人与人、人与物之间的关系而建立的一种安全体制。在这种安全体制中，人们享有人身和财产的安全，在互相信任基础上与同类进行普通的日常交往，能够过上和平有序的生活。参见［美］莱斯利·里普森：《政治学的重大问题——政治学导论》，刘晓等译，华夏出版社 2001 年版，第 50～51 页。哈耶克认为："所谓'秩序'，我们将一以贯之地意指这样一种事态，其间，无数且各种各样的要素之间的相互关系是极为密切的，所以我们可以从我们对于整体中的某个空间部分或某个时间部分所作的了解中学会对其余部分作出正确的预期，或者至少是学会作出颇有希望被证明为正确的预期。"［英］弗里德利希·冯·哈耶克：《法律、立法与自由》（第一卷），邓正来、张守东、李静冰译，中国大百科全书出版社 2000 年版，第 54 页。朱德米认为："秩序通常指稳定的、有规则和可预期的行为模式，而无序通常是指混乱、随机变化和暴力的行为"。朱德米：《自由与秩序：西方保守主义政治思想研究》，天津人民出版社 2004 年版，第 10 页。

② 参见［古希腊］亚里士多德：《政治学》，吴寿彭译，商务印书馆 1965 年版，第 9 页。

他认为，如果没有一种基本的统治秩序，就没有法律和公正，将会出现“每一个人对每个人的战争”，人们彼此成为仇敌，生活在暴力死亡的恐惧和危险中。① 与霍布斯不同，洛克则从保护财产与权利的角度阐述了秩序的重要性。他的论证思路是，在自然状态中，没有以公共权力为后盾的政治秩序，人们将充当自己案件的裁判者，人人有惩罚别人的侵权行为的权力。心地不良、感情用事和报复心理都会使他们过分地惩罚别人，结果就会发生严重的混乱，人们的权利不断受到别人侵犯的威胁，财产的享有很不安全，处于一种尽管自由但却充满恐惧和危险的状况。因此需要政府来约束人们的偏私和暴力，将人们的行为纳入法治秩序之下，确切保障他们的生命、财产和自由不受侵犯。② 柏克也从维护自由的角度强调了秩序的重要性，他认为秩序是自由的必要条件，没有秩序就不可能有自由。为了确保自由，需要在政府与人民之间确立统治和被统治的政治关系，需要人们服从这样一种政治秩序的安排③。恩格斯在《家庭、私有制和国家的起源》中更为深刻地指出了统治秩序的重要意义。他认为，国家所确立的统治秩序能够缓和社会对立面之间的冲突，将社会冲突保持在一定的范围之内，避免经济利益互相冲突的社会对立面在无谓的斗争中把自己和社会消灭。④

从个人发展与社会进步的角度来看，秩序也是人类社会不可缺少的重要条件。没有秩序，人们就不能正常地生活，不能追求自己的利益，不能自由地行动并按照自己的意志规划自己的发展道路；社会进步所需要的合作根本无法开展，整个社会陷入停滞状态。哈耶克指出，我们生活于社会之中，因而我们大多数需求的满足需要依赖于同

---

① 参见［英］霍布斯：《利维坦》，黎思复、黎廷弼译，商务印书馆 1985 版，第 93～96 页。

② 参见［英］洛克：《政府论》（下篇），叶启芳、瞿菊农译，商务印书馆 1964 年版，第 10、77～78 页。

③ ［英］柏克：《法国革命论》，何兆武等译，商务印书馆 1998 年版，“译者序言”第 iii～iv 页。

④ 《马克思恩格斯选集》第 4 卷，人民出版社 1995 年版，第 170 页。

他人的多种形式的合作。如果我们想要成功实现自己的目标，必须依赖于我们对其他人的行动所做的预期与他们实际上的所作所为之间的一致性。社会秩序的重要性在于，个人在其中“能够执行一项一以贯之的行动计划……这种行动计划之所以能够得到执行，其原因是他几乎在执行此一计划的每一个阶段上，都能够预期其他的社会成员作出一定的贡献”①。只有社会成员在一定秩序的基础上展开顺利的合作，社会分工才能扩大，物质财富才能增长，整个社会才能获得持续的进步。

秩序是任何政府存在的前提条件，民主政府也需要建立在稳定的秩序的基础之上。只有在秩序稳定的基础上，民主的规则和程序才能得到遵守，民主选举的结果才能被参与竞争的各方政治力量所承认。秩序在政治发展的过程中显得尤为重要。在许多处于现代化之中的国家里，政府不能对社会进行有效的控制，社会也缺少制衡政府的力量，无能的政府与虚弱的社会并存。没有基本的统治秩序，根本谈不上对政府进行监督和制约，民主政治的发展也是不可能的。正像克里克所说：“政治统治先于民主政府而存在，它在逻辑上是优先于‘民主的’”，“没有秩序就没有民主，而没有政治统治，民主甚至不可能是正义的。”②

渐进式政治发展需要在稳定的政治秩序的基础上展开，但这种秩序不能等同于等级特权基础上的秩序，也不是专制统治下的秩序，而是在一定程度上能够与自由并存并保障基本的公正的秩序。里普森指出：“秩序必须体现人们认为是正义的东西。当人们不能信服他们得到的是公正的待遇时，即使一个系统被组织起来以确保安全，它所得到的也只是人们的服从而不是效忠。”只有当人们的基本权益都得到

---

① ［英］弗里德利希·冯·哈耶克：《自由秩序原理》(上)，邓正来译，生活·读书·新知三联书店 1997 年版，第 199～200 页。

② 伯纳德·克里克：《民主的沉思》，载［日］猪口孝、［英］爱德华·纽曼、［美］约翰·基恩编：《变动中的民主》，林猛等译，吉林人民出版社 1999 年版，第 305 页。

同等保护，拥有平等的机会，他们感到受到公正待遇时，才会自觉遵守法律，维护现存的秩序。① 一个强大的权威政府是维护社会秩序的前提条件，但政府不能仅凭强力以粗暴的方式来维持秩序。良好秩序的生成是个人遵循正当行为规则的结果，因此政府应当依赖公正的规则来维持秩序，制定一般性的、确定的、普遍适用的法律来规范社会成员的行为。个人财产的稳定占有和自由转让是公正规则的核心，所以政府的首要功能是保护个人的合法的财产不受侵犯，从而为个人与组织相互之间的交往划定界限，为每一个人确定受到严格保障的私人领域。每个人有不可侵犯的私人领域，同时在受到严格限制的条件下尊重别人的私人领域，就为构建一个稳定并且与自由不相冲突的社会秩序奠定了基础。政府自身也应该受到法律的严格约束，才能使人们对政府的行为有明确的预期，才会理性地规划和约束自己的行动，并自觉抵制各种反抗政府的意图和举动。

任何现存秩序都存在不合理之处，因而需要推动现存秩序的改进，但对现存秩序的改进也要在秩序的基础上进行，因为人类社会一刻也离不开秩序，否则就将陷入无政府状态。因此，秩序之改进就需要在秩序与自由、权利与公益之间斟酌权衡，妥善取舍。我们要从公共秩序中获益，必须在秩序的范围内争取权利，必要时不得不牺牲某些自由，放弃一些权利。就像柏克所说，虽然现有的宪政制度需要改善，使之成为一个更为完善的自由体制，但我们不能以扰乱国家的方式，即让国家中每一件心爱之物都遭受到危险的方式去追求这种宪政制度的改善。在追求自由与政治进步的过程中，我们必须权衡利弊得失，我们越是热爱自由，就越不会以轻率的方式和徒劳的尝试去增加自由。② 每一个公民都负有维护法律秩序的义务。在面对政府对其利益的侵犯时，公民可以提出申诉和反对意见，可以通过公开的形式表

---

① 参见［美］莱斯利·里普森：《政治学的重大问题——政治学导论》，刘晓等译，华夏出版社2001年版，第51~52页。

② 参见［英］埃德蒙·柏克：《自由与传统：柏克政治论文选》，蒋庆等译，商务印书馆2001年版，第303~304页。

达自己的利益要求。但公民必须服从已经制定并颁布的法律，即使现行法律可能损害自己的利益也要服从。公民权利的改善只能依靠法律的改进来实现，不可能通过对法律的反抗来实现。公民以暴力反抗来追求自己的权利是不义的，会对整个社会权利保护的状况造成更大的危害。康德对这个问题的看法是，实现权利必须通过与权利（道德）相一致的手段，而不能通过在任何时候都属于不正义的暴力。公民的一切行为都必须服从法律，一切异议和不满都要保持在法律秩序的范围之内。服从现行政府的法律是公民必须履行的一种义务。对法律的严格服从是争取一种合权利的法治秩序的过程中所必须付出的代价。①

3. 自由观

自由的含义纷繁复杂，从渐进式政治发展来说，自由主要是指个人行动处在免于强制、不受阻碍的状态。这也是许多政治思想家对自由的基本看法。霍布斯认为："自由一词就其本义说来，指的是没有阻碍的状况"，即在法律未加规定的一切行为中，个人可以不受阻碍地做他所愿意做的而且是人的力量和智慧所能办到的事情。② 洛克在《政府论》中指出，自由意味着不受他人的束缚和强暴，亦即在法律许可的范围内，一个人可以自由地遵循他自己的意志，"随其所欲地处置或安排他的人身、行动、财富和他的全部财产"③。孟德斯鸠认为："在一个有法律的社会里，自由仅仅是：一个人能够做他应该做的事情，而不被强迫去做他不应该做的事情。"④ 贡斯当区分了古代人的自由和现代人的自由。在他看来，古代人的自由主要是政治自

① 转引自何怀宏：《康德论改革与服从》，载刘军宁等编：《市场社会与公共秩序》，生活·读书·新知三联书店 1996 年版，第 291～295 页。

② ［英］霍布斯：《利维坦》，黎思复、黎廷弼译，商务印书馆 1985 版，第 162～163 页。

③ ［英］洛克：《政府论》（下篇），叶启芳、瞿菊农译，商务印书馆 1964 年版，第 35～36 页。

④ ［法］孟德斯鸠：《论法的精神》（上册），张雁深译，商务印书馆 1961 年版，第 154 页。

由，即个人作为主权者之一享有参与和决定公共事务的权利；而现代人的自由则是一种个人自由，即个人权利和私人生活受到严格的保障，免于一切专横权力的侵害，可以在不伤害他人的前提下按照自己最喜欢的方式发展其才智。① 哈耶克更为直接地指出，自由就是人为强制之不存在。自由首先是一种个人自由，这种自由是指“一个人不受制于另一人或另一些人因专断意志而产生的强制的状态”，或者说自由意味着这样一种状态，“在此状态中，一些人对另一些人所施以的强制（coercion），在社会中被减至最小可能之限度②”。伯林对自由的概念作了经典的总结，他认为有两种自由概念，一种是消极自由，即“免于……”的自由，指一个人拥有能够不被别人阻碍地行动的领域。在这个领域内，主体（一个人或人的群体）可以不受别人干涉地做他有能力做的事、成为他愿意成为的人。另一种自由是积极自由，这种自由是“去做……”的自由，即一个人是他自己的主人，能够自主做出决定并采取积极的行动，其所作所为取决于他自己而不是取决于某种外在的强制力。③ 伯林将消极自由看做是自由的本质方面。

自由的基本含义是在它的消极层面，即个人在没有外部强制的状态下，独立处理私人事务，自己决定自己的行动，按照自己的意愿去追求自己确定的目标，但同时不妨碍别人追求自己目标的努力。肯定消极自由并不是否定积极自由的价值，积极自由对于人的发展同样具有重要的意义。自由不仅仅是指摆脱外部的束缚，还包括个人的自我发展，对政治事务的参与，当然这种参与要建立在个人在私人领域独立的基础之上。贡斯当强调：“政治自由是个人自由的保障，因而也

---

① 参见［法］邦雅曼·贡斯当：《古代人的自由与现代人的自由》，阎克文、刘满贵译，上海人民出版社 2005 年版，第 26、40、61 页。

② ［英］弗里德利希·冯·哈耶克：《自由秩序原理》(上)，邓正来译，生活·读书·新知三联书店 1997 年版，第 3～4 页。

③ 参见［英］以赛亚·伯林：《自由论》，胡传胜译，译林出版社 2003 年版，第 189～191、200 页。

是不可或缺的。”① 如果公民仅仅局限在个人领域，对政治漠不关心，无所作为，消极自由也很容易丧失。积极自由与消极自由并不是完全对立的，消极自由要求个人自治，积极自由要求政治参与或政治控制。如果要保障或实现自由，政治上的自治和参与都是不可缺少的。里普森对此作了很好的总结：“自由就是掌握自己的生活。自由有两个方面：否定的一面是免除束缚，而肯定的一面则是行为的自主。当我们不服从其他人的强制时更多的是前者的意义，然后才可以运用积极自由。后者是选择和基于选择上的行动，通过这种自由来发展我们的潜能和个性。”②

无论是消极自由还是积极自由，自由都不是为所欲为，想做什么就做什么的自由。个人自由的领域不可能没有限度，不可能拥有无限的自由，否则将出现一个所有人可以无限制地干涉所有人的状态，而这样一种“自然的”自由所引发的社会混乱将导致身处其中的人连最低需要也无法获得满足，弱者的自由将被强者所压制。③ 波普将这种状态称为“自由的悖论”，即不受限制的自由将击溃自身，“在不受任何约束控制这个意义上的自由必定导致极端严厉的约束，因为它使恶霸得以任意奴役顺从的人”④。因此，为了保障每个人同等的自由，自由必须受到限制，甚至有所牺牲。自由的行使以不损害他人和社会为前提，任何人都不能借助某种理由侵犯别人的自由，危害社会的公共利益。自由是法律之下的自由，而不是超越法律限制的自由。个人必须在法律规定的范围内行使自己的权利。恰如孟德斯鸠所指出：“自由是做法律所许可的一切事情的权利；如果一个公民能够做

---

① ［法］邦雅曼·贡斯当：《古代人的自由与现代人的自由》，阎克文、刘满贵译，上海人民出版社 2005 年版，第 41 页。

② ［美］莱斯利·里普森：《政治学的重大问题——政治学导论》，刘晓等译，华夏出版社 2001 年版，第 1 页。

③ 参见［英］以赛亚·伯林：《自由论》，胡传胜译，译林出版社 2003 年版，第 191～192 页。

④ ［英］卡·波普尔：《开放社会及其敌人》，陆衡等译，中国社会科学出版社 1999 年版，第 232 页注①。

法律所禁止的事情，他就不再有自由了，因为其他的人也同样会有这个权利。”①

严格保护个人自由是政治健康发展的重要条件。保护自由的关键是确立一个不容侵犯的私人领域。伯林指出，自由观念的本质，不管是“消极的”还是“积极的”含义，都是阻止某人闯入我的领地或宣称对我拥有权威，都需要保障一个最低限度的私人生活领域的存在，除特殊情况外，这个领域不能受到公共权力的任意干涉。因此需要在公共生活与私人生活之间确定一条界线，任何人都不得跨越这个界限，无论这个界限之内的私人空间多么狭小，我都可以按照我的意愿行事，按照我喜欢的方式生活，只要我的行为不干涉别人同样的权利，不损害保障这种安排的公共秩序。② 哈耶克也指出，个人只有获得一个“确获保障的私域”才能真正阻挡来自他人和政府的不正当的强制。这块公认的自由领地至关重要，“因为拥有自己的东西，不管它多么少，构成了独立的个体得以形成的基础，它创造了能够追求具体的个人目标的特定环境”③。密尔则在《论自由》一书中确立了划分公私领域之界限的经典标准：第一，个人的行动只要不损害他人的利益，个人就不必向社会负责交代。第二，关于对他人利益有害的行动，个人则应当负责交代，并且还应当承受相应的社会的或是法律的惩罚。④ 只有确立牢固的个人财产权才能保证公私领域的分界不会

① ［法］孟德斯鸠：《论法的精神》（上册），张雁深译，商务印书馆 1961 年版，第 154 页。

② 参见［英］以赛亚·伯林：《自由论》，胡传胜译，译林出版社 2003 年版，第 321 ~ 322 页。

③ ［英］弗雷德里希·奥古斯特·冯·哈耶克：《致命的自负》，冯克利等译，中国社会科学出版社 2000 年版，第 69 页；邓正来在研究哈耶克自由主义思想的重要著作中对“私人领域”的重要性也进行了深刻的阐述，可参阅邓正来：《规则·秩序·无知：关于哈耶克自由主义的研究》，生活·读书·新知三联书店 2004 年版，第 196 ~ 197 页。

④ ［英］约翰·密尔：《论自由》，程崇华译，商务印书馆 1959 年版，第 102 页。

被强力所突破。财产权为个人划定了安身立命的私人领域，只有财产和生产资料掌握在许多独立行动的个人手里，才能充分保证每个人的自由选择。欧克肖特认为："最有利于自由的财产制度无疑是最少被任意限制和排斥限定的私人财产权，因为只有这样才能实现最大限度分散从所有权中产生的权力。" 自由与私有财产权是不可分割的。"除非享有由于他的个人能力和劳动得来的私有财产权，人就不是自由的。"① 正是因为社会财富或生存的资源分散在个人手中，个人才不会沦落为某一个人或某些机构的全权控制，如果个人失去了对自己物品的合法占有、使用和转让的权利，自由就会荡然无存。

个人自由需要政府权力的保护。为防止来自他人或组织对个人实施强制，政府需要垄断强制权力的行使，政府权力的存在正是为了制止私人或非政府组织的强制行为对个人自由的侵犯。政府对个人行为的限制必须以不干涉个人自由为标准，只有当个人的行为侵犯了他人的权利和利益时才能对他实施强制，密尔指出，凡属社会以强制和控制方法对付个人之事必须遵循这样一项原则："人类之所以有理有权可以个别地或者集体地对其中任何分子的行动自由进行干涉，唯一的目的只是自我防卫。这就是说，对于文明群体中的任一成员，所以能够施用一种权力以反其意志而不失为正当，唯一的目的只是要防止对他人的危害。"② 个人自由只有在国家权力不被滥用的时候才存在，但一切有权力的人都容易滥用权力，国家掌握着强制性的权力非常容易造成对个人自由的侵害。如果权力集中到少数人或者个别机构手中，甚至集中到多数人手中，都是对自由的巨大威胁，因此国家权力需要分开行使，将其分散到不同的政治机构并使其相互制约，通过权力来约束权力，限制政府任意对个人行使专断的权力，自由才能得到

① ［英］迈克尔·欧克肖特：《政治中的理性主义》，张汝伦译，上海译文出版社 2004 年版，第 114 页。

② ［英］约翰·密尔：《论自由》，程崇华译，商务印书馆 1959 年版，第 9 ~ 10 页。

确切保障。①

自由是渐进式政治发展必不可少的条件。在特定的时期，为保证政治稳定可能需要对自由有所限制，但不应该压制甚至窒息人民的自由，在人民缺乏基本自由的国家，政治不可能渐进发展，政治体系终究有出现崩溃的可能。柏克指出，自由不仅是个人最重要的福祉，也是国家自身存在的根本源泉和生机，是国家发展的重要条件。国家自身的稳定需要自由，国家“要在人类事务的进程中实现和平，往往必须以某种程度的宽容和容忍为代价，至少对自由必须有某种程度的宽容和容忍。”② 国家要为自身的发展创造条件首先要保障人民的消极自由，实现积极自由需要比较高的社会成本和相关条件，而消极自由只需要国家减少干预就可以实现。消极自由的政治诉求是宪政，而积极自由的政治诉求是民主；实现消极自由不需要大规模的政治参与，实现积极自由则需要对群众进行高度的政治动员。转轨国家一般很难满足实现积极自由的条件，单纯追求积极自由的结果往往会引发政治动荡，或者是导致群众专制。因此，发展中国家需要在严格保障消极自由的基础上，逐步创造实现积极自由的条件，只有在国家建立了合理的宪政架构之后，民主政治才能比较顺利地发展。

个人自由、个人权利的确立对政治发展的意义在于，政府，即使是不民主的政府，也不能随便侵犯公民的基本权利和领域。个人自由已经预设了某些不容侵犯的私人领域。这种权利保障，哪怕是最低限度的权利保护和自由的领域，也为国家权力划定了领域、界限和范围。国家权力也许依然强大，也许还没有受到法律的严格规范，但承认这个最低限度的个人自治的权利和领域，仍然具有极为重要的意义。它已经使个人摆脱了对国家的全面依附的状态，至少个人在不对统治权力提出挑战的前提下，还可以自由地生活、生产、从事交易活

① 参见［法］孟德斯鸠：《论法的精神》(上册)，张雁深译，商务印书馆1961年版，第154～156页。

② ［英］埃德蒙·柏克：《自由与传统：柏克政治论文选》，蒋庆等译，商务印书馆2001年版，第228页。

动，乃至于自由的思想和创造，这就蕴藏着政治进步的可能性。更重要的是，它使国家权力成为一种有限权力。在政治发展的过程中，不管哪种政治力量都不会再轻易侵犯私人领域，政治局势动荡与政治发展失误对社会生活与公民个人的影响就会大大减小，政治集团之间的斗争也会有所节制，因为某些权利和领域是它们所不能侵犯的。

4. 平等观

平等是人类所追求的一种美好的价值和理想，反映了人们对特权、专制和不公正的反抗。人类对平等的追求推动着政治发展和社会的进步。当近代思想家所宣扬的天赋人权、人人平等的思想成为人们普遍信奉的观念时，民主政治取代专制政治就成为人类社会不可逆转的历史潮流。

平等在字面上包含着相同的意思，是指社会成员在权利、机会、义务、资源等重要价值的分享方面受到同样的对待或者获得了相同的结果。① 但在实际使用平等这个概念时，人们对平等的理解差别很大，概括起来讲，人们所说的平等通常包括权利平等、身份平等、机会平等、起点平等、结果平等这五个方面的不同含义。②

在传统社会有些人因为先天的出身、血缘、种族等原因拥有与其他人不平等的社会地位，并拥有其他人所不具有的政治权力和经济资源。这是一种典型的身份不平等，并且由此延伸出政治、法律方面的严重不平等。这种不平等不是建立在公正的规则和机会的基础之上，不符合人的自然秉性的要求，因而引起了历代遭受不公正待遇的人们的反抗。在这种严重不平等的社会里，政治冲突很难通过和平的方式解决，被压迫阶级的反抗一般采取暴力反抗的形式，他们的反抗通常代表了人类社会政治进步的方向。但人们在追求平等的过程中，也存在过激之处，对平等的理解发生偏差，追求绝对的、全面的平等，或

---

① ［美］罗伯特·A. 达尔：《多元主义民主的困境——自治与控制》，周军华译，吉林人民出版社 2006 年版，第 89 ~ 90 页。

② 关于平等的分类及其含义参阅［美］萨托利：《民主新论》，冯克利、阎克文译，东方出版社 1998 年版，第 386 ~ 389、397 ~ 398 页。

者急于在一个落后的国家过快地实现平等，出现政治上激进化的倾向，给政治发展带来负面影响，甚至使政治发展遭受严重挫折。

从渐进式政治发展的角度来看，政治发展首先要推进的应当是社会领域的身份平等、政治上的权利平等和经济上的机会平等，对于起点平等与结果平等（一般是指经济方面的平等）需要采取审慎的态度。政治上的绝对平等与经济上的结果平等同宪政民主的精神相悖，也不可能有利于渐进式政治发展。

近代以来，平等的基本要求是每一个人都享有平等的权利、身份和机会。具体来说，在公共政治领域，每个人都享有同等的政治和法律权利，每一个公民都享有选举权和被选举权，都有权根据其能力、德行与知识被选举担任公职并参与公共事务；在法律面前，人人平等，每一个公民的权利都得到法律的同等保护，任何人都不享有法律上的特权，也没有人在适用法律时受到歧视性对待。在社会生活与经济生活领域，每个人都有相同的社会尊严，任何个人与群体都不再受到先天的制度性歧视，种族、血缘、阶级、家庭成分等不再成为决定人与人之间差别的关键因素，不再对个人的后天发展，人际交往造成根本性的影响；每个人都有利用公共资源参与市场竞争的公平的机会，都可以通过自己的努力获取功绩和成就，创造和积累财富，凭自己的能力竞争所有的公共职位。①

这几个方面的平等在当今世界多数国家基本已得到法理上的确认，尽管平等的水平在现实中有所差异。人们之所以能够在这些方面达成共识，是因为权利、身份与机会平等已经基本排除了社会和制度性因素对人的社会地位所造成的差异，而且这几种平等的实现虽然会侵犯到某些人的特权利益，但不会以牺牲任何人的基本权利为代价，因而实现这几种平等要求社会付出的成本较低，人们比较容易接受。首先实现这几种平等对于渐进式政治发展的意义在于，当人们不再受到歧视性待遇，并且通过自己的努力可以获得和别人一样的社会地位

---

① 参见［美］萨托利：《民主新论》，冯克利、阎克文译，东方出版社1998年版，第386、388～389页。

时，人们就会产生关于现行制度公正的认识，就不会轻易接受那些试图推翻现行制度的理论或宣传，从而为现有制度的逐步改进创造一个基本的条件。

起点平等与结果平等代表着人类对完全平等的追求，是一个美好的理想，在价值上不能完全否定，但人类社会的现实状况还不具备完全实现这两种平等的可能性。起点平等要求每一个人都有与他人相同的物质条件、受教育条件以及其他方面的资源，使其能够获得与他人同样的能力以便在竞争中处于同一起点。这种平等的正当性自不待言，在社会生活的某些领域也是可以实现的，但完全实现这种平等需要对人区别对待，违背了权利平等、机会平等的要求。结果平等的目的是要实现每个人在一切方面的完全平等，即毫无差别的平等。它的主要的含义是经济方面的平等，即无论人们努力的结果如何，要让每一个人占有相同的物质财富。在人类的现实境况中，实现结果平等要比实现起点平等让人们遭受更大的不平等的待遇，起点平等要求国家实行再分配政策，需要特别给予某些人专门使用的资源，而结果平等则要求国家直接征收人们的财富以进行平均分配。① 显然，这两种平等与上述权利、身份、机会平等必然会发生冲突，而且结果平等与起点平等也是互相冲突的，在个人努力程度与运气等因素的作用下，即使提供严格的规则与机会平等的环境，相同起点也必然会产生不同的结果。

因此，无论是谋求社会的进步，还是推动政治发展，都不能把完全实现结果平等作为价值目标，如果结果平等成了压倒一切的目标，就会损害其他方面的平等，产生一个不公正的体制和不公正的社会，最终导致毁灭所有的平等。② 追求结果平等以及与此相关联的绝对平等对政治发展的消极影响在于，实现结果平等需要国家对个人生活与

① 参见［美］萨托利：《民主新论》，冯克利、阎克文译，东方出版社1998年版，第391、397页。

② 参见［美］萨托利：《民主新论》，冯克利、阎克文译，东方出版社1998年版，第396～397页。

社会生活的全面干预，导致国家权力的极度膨胀，国家会以平等的名义使一部分公民遭受不公正的待遇，进而剥夺每一个人的自我发展的权利和机会。这样的国家将是一个无所不能并且毫无限制的国家，民主与法治建设将会发生严重的倒退。孟德斯鸠早已指出，不仅在人们丧失平等精神时民主政治的原则会受到践踏，而且当人们产生极端平等的精神，每个人都想同他选出来统治自己的人平等时，民主政治的原则同样会受到践踏。因此，“民主政体应该避免两种极端，就是不平等的精神和极端平等的精神。不平等的精神使一个民主国走向贵族政治或一人执政的政体；极端平等的精神使一个民主国走向一人独裁的专制主义，就像一人独裁的专制主义是以征服而告结束一样”①。

平等是人类社会的一种理想追求，但在社会的某些领域存在不平等是一个无法改变的客观事实，强行改变这一事实可能导致另外的更大的不平等，因此人类社会只能逐步创造条件来矫正不平等所带来的消极后果，而不能完全消除各个方面的不平等。根据达尔的看法，绝对的平等是无法做到的，但可以用“弥散性不平等”逐步取代“累积性不平等”来减轻不平等对个体与社会所产生的负面影响。② 达尔认为，现代社会进步的过程就是逐渐减少累积性不平等的过程，减少累积性不平等有两种方式，一种方式是通过有节制的再分配、税收改革等方式减少政治资源分配的不平等的程度，但没有一个国家能够通过这种方式完全消灭关键性政治资源占有的重大差异；另一种方式是“把存在的不平等加以分散，以便使在某些资源方面地位很差的个人和集团在其他资源方面地位较好”。达尔认为，克服不平等以发展大

① ［法］孟德斯鸠：《论法的精神》（上册），张雁深译，商务印书馆 1961 年版，第 112 ~ 113 页。

② 达尔将不平等区分为累积性不平等与弥散性不平等。所谓累积性不平等是指在重要的政治资源的占有方面形成一种完整的相互关联，“个人拥有的某一种资源越多，他拥有的其他资源也就越多。”所谓弥散性不平等是指“一个人在某一等级序列中的地位与另一等级序列无关（没有相互关联）”，“缺少某种资源的人可以通过对其他资源的控制来补偿。”参见［美］达尔：《现代政治分析》，王沪宁、陈峰译，上海译文出版社 1987 年版，第 96 页。

众政府的最好的途径是将两种方式结合起来，一方面减少政治资源分配的极端不平等的状况，另一方面“将现存的有利条件或不利条件分散给不同集团”，即通过弥散性不平等来矫正或替代累积性不平等。①

在发展中国家政治转型的过程中，由于存在历史形成的财富分配的严重不平等，为防止下层人民在政治上走向激进，由国家实行某种程度的再分配是必要的，否则，政治发展可能会出现逆转。转轨国家的政府可以根据本国的经济发展水平和收入分配状况，为每个公民提供基本的生存保障和满足其自尊的有限福利，同时创造一些条件使公民的发展起点尽可能趋向平等，给予公民平等的接受国民教育以及职业技能培训的权利和机会，但不能追求平均分配，不能试图把一切社会财富和政治资源都集中在国家手中，那将使社会缺乏任何制约国家权力的手段和力量，公民社会不能发展壮大，宪政民主制度很难建立起来。更重要的是，政府要平等对待每一个公民，为每一个公民提供同等的权利、机会和利益②，这将增强公民对现有体制公正的信心，自觉维护现有体制。

平等与前面所述的自由是现代政体所必须追求的两个既相互促进又相互冲突的基本价值。从比较稳定的民主国家的经验来看，自由应是现代政体所必须实现的首要价值。正如斯宾诺莎所说：“政治的真正目的是自由”③，自由比任何事物都更珍贵。保障自由的政体才能实现政治和谐，因为自由权利解决了国家权力的边界和限度问题。但在政治发展过程中，问题比较复杂，单纯追求自由忽视平等，或者反过来，过分追求平等忽视自由，都不可能保持政治平衡。一国政体只有追求兼顾自由与平等的中道自由或者说有节制的平等才能实现政治

---

① 参见［美］达尔：《现代政治分析》，王沪宁、陈峰译，上海译文出版社 1987 年版，第 123～124 页。

② ［美］罗纳德·德沃金：《认真对待权利》，信春鹰、吴玉章译，中国大百科全书出版社 1998 年版，第 357 页。

③ ［荷兰］斯宾诺莎：《神学政治论》，温锡增译，商务印书馆 1963 年版，第 272 页。

平衡，推动政治体系渐进发展。

要使对自由与平等的追求不走向反面，必须使平等与自由相结合，使二者达到一种平衡的状态，才不会偏离其本身的正义诉求，才能对政治发展产生正面的推动作用。罗尔斯提出的两个正义原则为解决自由与平等的冲突提供了较好的思路。他的正义观集中表述为："所有社会价值——自由和机会、收入和财富、自尊的基础——都要平等地分配，除非对其中的一种价值或所有价值的一种不平等分配合乎每一个人的利益。"① 罗尔斯所表达的这一正义原则的核心内容是公平，其中内含着鲜明的平等精神，但这种平等是与自由结合在一起的。在罗尔斯对两个正义原则的具体论述中，自由优先于平等，机会公平原则优先于差别原则，但财富和收入的分配必须照顾社会中的最少受益者。② 罗尔斯的正义观给我们的启示是，财富和收入的完全平等分配是无法做到的，但必须公正，必须合乎每个人的利益。经济平等政策可以在一定范围之内实施，以照顾最少受益的群体，但此项平等诉求必须以坚持平等的自由原则与机会公平原则为前提。

第二节　渐进式政治发展的内涵、特征与目标

一、渐进式政治发展的内涵

1. 关于政治发展

政治发展从其本源来讲是西方政治学界用来分析发展中国家政治问题的一个重要概念。多伊奇在《社会动员与政治发展》（1961）一书中较早提出了政治发展概念。阿尔蒙德和鲍威尔在1966年发表的

---

① ［美］罗尔斯：《正义论》，何怀宏等译，中国社会科学出版社1988年版，第58页。

② ［美］罗尔斯：《正义论》，何怀宏等译，中国社会科学出版社1988年版，第56~57页。

《比较政治学》一书中开始对政治发展概念做出规范的界定。他们认为，政治发展是指“在社会经济现代化较为广泛的环境中已经和正在发生的一系列相互关联的政治体系、过程和政策的变化”①。政治体系变化的核心内容包括文化的世俗化、政治结构分化以及随之而来的政治体系能力的增强。② 在此之后，政治发展概念在政治学研究中得到广泛使用，但由于政治发展自身的复杂性，西方政治学界对政治发展的含义并未取得一致意见，政治学者从不同的角度对政治发展作出了多种解释。

美国政治学者派伊在《政治发展面面观》一书中，把不同学者对政治发展概念的解释归纳为十个方面，即：政治发展是经济发展的先决条件；政治发展以工业社会之下的政治为模范；政治发展是政治现代化；政治发展是一种民族国家的运作；政治发展是行政与法律方面的发展；政治发展是大众动员与参与；政治发展是民主政治之建立；政治发展是稳定而有序的变迁；政治发展是动员与权力；政治发展是社会变化进程中的一个方面。③

美国政治学者亨廷顿和多明格斯在合作撰写“政治发展”词条时从四个角度归纳了政治发展的含义：（1）地理的角度：政治发展是指亚洲、非洲和拉丁美洲较穷或者工业化较差的国家的政治；（2）派生的角度：“政治发展被认为是指更为广阔的现代化进程中的政治方面和后果”；（3）目的论的角度：政治发展是“朝向一个或更多目标或代表政治体系的状态的运动”，这些目标包括民主、稳定、合法性、参与、动员、制度化、平等、正义等；（4）功能的角度：“政治发展被看做是朝着现代工业社会所特有的政治的一种运动”，一个社会如果具有工业社会所特有的某些类型的政治，它就能更有效地发挥

---

① ［美］G. A. 阿尔蒙德、小 G. 宾厄姆·鲍威尔：《比较政治学：体系、过程和政策》，曹沛霖等译，上海译文出版社 1987 年版，第 418 页。

② ［美］G. A. 阿尔蒙德、小 G. 宾厄姆·鲍威尔：《比较政治学：体系、过程和政策》，曹沛霖等译，上海译文出版社 1987 年版，第 24 页。

③ Lucian W. Pye. *Aspects of Political Development*. Boston：Little，Brown and Company，1966，pp. 33-44.

其功能。因此，“政治发展不是现代化的政治结果，而是一个有效发挥功能的现代社会的政治必需”①。

中国台湾学者陈鸿瑜综合多位学者关于政治发展的看法，通过描述性的方式界定了政治发展的定义：“政治发展的概念可界定为一个政治系统在历史演进过程中，其结构渐趋于分化，组织渐趋于制度化，人民的动员参与支持渐趋于增强，社会愈趋于平等，政治系统的执行能力也随之加强，并能度过转变期的危机，使政治系统之发展过程构成一种连续现象。”②

随着中国政治发展研究的深入，中国学者也对政治发展做出了各种各样的解释，具有代表性的观点有：（1）“政治发展意味着建立适应一个特定社会的历史—社会—文化要求变化的稳定的政治体系。”③（2）政治发展是指政治关系的变革和调整，同时也意味着政治关系各种外延形态和表现形式的发展变化。④（3）政治发展是“通过扬弃代价，以寻求不断发挥人的政治潜能的政治体制和政治生活方式的过程，以及这些体制和生活方式的生长过程”。⑤（4）政治发展是指民族国家在政治参与不断扩张中稳定运转。⑥（5）政治发展主要是指“政治系统从不发达走向发达、从传统走向现代的变迁过程，其核心内容是从非民主政治走向民主政治的变迁过程。从这个意义上说，政

① 参见［美］塞缪尔·P. 亨廷顿、乔治·I. 多明格斯：《政治发展》，载［美］格林斯坦、波尔斯比编：《政治学手册精选》（下卷），储复耘译，商务印书馆1996年版，第151～153页。

② 陈鸿瑜：《政治发展理论》，台湾桂冠图书股份有限公司1987年版，第30页。

③ 王沪宁：《比较政治分析》，上海人民出版社1987年版，第237页。

④ 王浦劬主编：《政治学基础》，北京大学出版社1995年版，第375页；这种关于政治发展的定义还可参见王惠岩主编：《政治学原理》，高等教育出版社1999年版，第249页。

⑤ 李元书主编：《政治发展导论》，商务印书馆2001年版，第4～7页。

⑥ 程竹汝：《论政治发展的内涵》，《山西师范大学学报（社会科学版）》，1997年第1期，第5～8页。

治发展的概念与政治现代化的概念含义基本一致。”① （6）政治发展有广义和狭义之分，就广义而言，“政治发展指政治体系向着更高级形态的变迁”；就狭义而言，“政治发展特指现代化过程中的政治变迁”。政治学研究一般侧重于狭义的政治发展。② （7）政治发展可作广义和狭义两种理解，“广义的政治发展泛指人类政治进化的过程和状况，既涵盖政治形态的飞跃，也包括政治体系向合理化方面的变迁和调整”；“狭义的政治发展特指以农业文明为基础的传统政治体系向以工业文明为基础的现代政治体系的演进”。③

综合分析上述中外学者对政治发展的定义，可以看出，西方政治学者所理解的政治发展一般是用来描述发展中国家从传统社会向现代社会转型过程中的政治变迁，他们往往以发达国家的政治模式作为参照，认为发展中国家的政治发展就是趋向西方国家政治模式的过程。中国学者对政治发展概念的界定可以归纳为三种看法：一是从广义的角度来理解政治发展，将政治发展等同于人类政治进步的过程；二是从狭义的角度来理解政治发展，认为政治发展就是政治现代化；三是主张将广义和狭义两种理解结合起来。笔者认为广义和狭义两种理解并不矛盾，狭义的政治发展可以看做是广义政治发展的一个特定阶段。根据研究的需要，本书主要从狭义的角度来界定政治发展：政治发展是指现代化过程中所发生的进步的政治变迁，亦即传统政治体系向现代政治体系转变的过程以及与之相关联的各种政治关系的变革和调整。

这里需要作几点说明：第一，狭义的政治发展并不意味着否认广义政治发展，人类社会在前现代时期就存在政治发展现象，已经实现现代化的西方国家还会有新的政治发展；第二，本书所说的政治发展

---

① 何增科等：《中国政治体制改革研究》，中央编译出版社 2004 年版，第 19 ~ 20 页。

② 王邦佐等主编：《新政治学概要》，复旦大学出版社 1998 年版，第 291 页。

③ 陈振明主编：《政治学——概念、理论和方法》，中国社会科学出版社 1999 年版，第 424 页。

是特指1978年以来中国所处的现代化关键时期的政治进步过程及其走向，与政治现代化的含义基本一致，但由于中国现存政治体系已经具有某些现代性的特征，如民族国家早已建立，政治一体化基本实现等，因此没有直接使用政治现代化这一概念；第三，政治现代化不等于西方化，政治现代化需要借鉴西方国家政治发展与制度建构的经验，但不能照搬西方的政治模式；第四，政治发展的核心内容是实现传统政治体系向现代政治体系转变，也就是民主政治体系的建立和发展。

2. 渐进式政治发展的内涵

从传统社会向现代社会转型是近代以来世界各国历史发展的必然趋势，在此背景下，世界各国或自觉或被迫地走上了向现代政治体系转变的道路，但世界各国的政治发展并未遵循单一的模式和道路。中外有不少政治学者注意到现代化过程中各国政治发展模式和道路的差异，并从学理上进行了探讨和总结，有些学者提出并阐释了“渐进式政治现代化”或者“渐进式政治发展”的概念。

巴林顿·摩尔在《民主与专制的社会起源》一书中从宏观角度梳理出通向现代世界的三条政治发展道路：第一条是以英、美、法为代表，在革命的基础上，资本主义和议会民主携手并进的道路；第二条是以德、意、日为代表的法西斯主义道路；第三条是以俄、中为代表的共产主义道路。① 其中，摩尔在论述英国政治发展道路时，明确将其概括为“从暴力革命到渐进主义”的渐进式政治发展道路，即在最初的暴力革命之后，英国是通过渐进改良的方式推动政治发展，最终实现政治现代化，建立现代民主政治。② 英国在政治发展的过程中形成了一种典型的“渐进式政治发展”模式。

钱乘旦、杨豫等学者在《世界现代化进程》一书中也将英国作

---

① 参见［美］巴林顿·摩尔：《民主与专制的社会起源》，拓夫等译，华夏出版社1987年版，第334页。

② 参见［美］巴林顿·摩尔：《民主与专制的社会起源》，拓夫等译，华夏出版社1987年版，第1～2页。

为“渐进式政治发展模式”的代表。他们将发达国家走向民主的道路概括为三种政治发展模式：第一种是以英国为代表的“渐进发展”的政治发展模式，英国主要通过和平改革的方式推动政治进步，民主政治的建立经历了漫长的演进的过程；第二种是以法国为代表的“跳跃发展”的政治发展模式，法国实现政治民主化采用的是革命方法，议会民主的巩固经历了多次革命与复辟的循环；第三种是以德国为代表的“被动发展”的政治发展模式，德国缺乏内部推动力来完成民主转型的任务，由于对外战争的失败，不得不在别国的强制下被迫实行改造，最终借助外力走上民主化道路。①

施雪华在《政治现代化比较研究》一书中把政治现代化划分为渐进型（改良型）、突变型（革命型）和渐进突变结合型（改良革命结合型）三种模式。所谓“渐进型”政治现代化模式的基本特征是：经过长期点滴的改良的累积，从原有的传统政治体制中逐渐生长出现代政治体制。在新旧政治体制更替过程中很少有或没有革命和暴力，主要靠大量小的和平的改良政策和措施，一步一步地缓慢地达成变革目标。“突变型”政治现代化模式的主要特征是：经过特定时期或连续不断或波浪式的暴力革命与反革命的激烈对抗和冲突，在较短时期内造成传统政治体制的崩溃或消失，以极快的速度确立现代政治体制。所谓“渐进突变结合型”政治现代化模式的主要特征是：政治体制转型既靠长期的、和平的、点滴的改良政策和措施的累积，也依赖短期的、暴力的、瞬间的革命行为和措施的推进。②

储建国对中国近代以来所经历的政治现代化模式进行了研究和分类，他在《中国政治现代化的模式演变》一文中将中国曾经尝试或正在尝试的政治现代化模式划分为晚清时代的渐进模式、孙中山时代

① 参见钱乘旦、杨豫、陈晓律：《世界现代化进程》，南京大学出版社1997年版，第126～142页。

② 该书从“理论模式”和“实践模式”两个角度对政治现代化模式进行了详细的探讨。参见施雪华：《政治现代化比较研究》，武汉大学出版社2006年版，第18～26页。

的激进模式、毛泽东时代的新激进模式和邓小平时代的新渐进模式。他认为邓小平所开创的"新渐进模式"是在以政治民主化为明确目标的前提下，不断尝试、失败、再尝试的过程，也就是渐进的变革过程。政治改革的渐进逻辑由两部分构成：通过非政治领域尤其是经济领域的改革促使政治领域的改革；通过非核心政治领域的改革，促进核心政治领域的改革，从而不可逆地达到民主政治状态。①

周光辉在《当代中国政治发展的十大趋势》一文中提出中国改革开放以来选择了一条渐进式的政治发展道路。中国特殊的国情和特殊的任务，决定了中国的民主化过程，既不能照抄书本，更不能照搬别国的民主模式，而只能从本国的具体国情出发，借鉴别国的有益经验，通过在实践中不断的探索和创新，走出一条有中国特色的民主建设的道路来。② 桑玉成和袁峰也认为，中国在现实国情的制约下，只有循序渐进、积极稳妥地推进政治发展，才能保持一个稳定的发展环境。渐进发展是推进中国世纪之交政治发展的基本模式。③

经过以上梳理，笔者认为，"渐进式政治发展"是在世界各国现代化进程中所产生的一种极其重要的政治发展模式，并且已为中外学者众多研究成果所确认。中国改革以来无疑选择了一条符合国情的"渐进式政治发展"道路，中国学者对此已有了初步的研究，但还需要对"渐进式政治发展"④ 的内涵、目标、特征以及动力、路径等

---

① 参见储建国：《中国政治现代化的模式演变》，《江汉论坛》，1999年第7期，第15~17页。

② 参见周光辉：《当代中国政治发展的十大趋势》，《政治学研究》，1998年第1期，第29~42页。

③ 参见桑玉成、袁峰：《世纪之交的中国政治发展》，《政治学研究》，1998年第3期，第1~10页。

④ 本书之所以选取"渐进式政治发展"而不是"渐进式政治改革"作为研究对象，主要是基于以下考虑：一是政治改革只是政治发展的动力，涵盖面较小，主要指政治体制的变革，不能全面揭示改革以来中国在政治方面所取得的进步；二是单纯的政治改革往往很难取得成功，所以应从更复杂的角度研究中国今后的政治变迁；三是中国现有的政治发展成就不仅仅是政治改革的结果，市场经济的发展、公民社会的壮大以及各种政治力量的互动都发挥了重要作用。

相关问题进行更深入的研究。在此，笔者参考中外学者的研究成果，将渐进式政治发展界定为：具有现代化导向的政治权威通过渐进改革的方式逐步实现传统政治体系向现代政治体系的和平转变；或者说一个处于现代化进程中的政治体系在各种政治关系的动态平衡中向民主政治体系逐步演进的过程。中国的渐进式政治发展就是在执政党主导的政治改革与公民社会的民主追求相结合所形成的政治合力的作用下，推动全能主义政治体系逐步转变为现代民主政治体系。与此截然相反的政治发展模式是激进式政治发展，所谓激进式政治发展是指通过革命或者政变的方式在较短的时间内实现政治体系的民主化转型，政治发展过程中伴随着大规模的暴力和政治动荡。介于两者之间的政治发展模式可以称为激进转轨式政治发展，即通过激进的政治改革与民主运动的交互作用在较短时间内实现政治民主化，虽然没有发生大规模的暴力冲突，但政局长期动荡，社会秩序混乱。

渐进式政治发展的内涵与学界通常讨论的政治发展的内涵基本一致，不同的是它的每个方面都带有渐进性的特征，具体来说，可以从以下几个方面进一步深入理解渐进式政治发展的内涵：

一是权威转型，即权威理性化，就是用现代的更为理性的统一的权威取代传统的分散的带有种种非理性特征的权威。政治体系的最高权威不再来源于自然或上帝等非世俗的因素，而是诉诸人的理性和现实的功效。这种现代政治权威不再代表具体的阶级、集团和地区的利益，不与任何一种特殊利益相关联，而是代表普遍的利益，以全民族的和全民的代表的形象出现。它还意味着民族国家的中央政府拥有对内对外的最高权力，国家权力集中在全国性的政府机构手中，各种地方的、区域性的权力不再向中央政府的权威发起挑战。① 权威转型是一个连续性的过程。政治权力集中于一个具有现代化导向的个人或政党，这是转型社会在过渡时期政治发展的第一步。当然是非常重要的一步，否则政治与经济的现代化进程难以启动。但如果权威理性化止

---

① 参见［美］塞缪尔·P. 亨廷顿：《变化社会中的政治秩序》，王冠华等译，生活·读书·新知三联书店 1989 年版，第 32 页。

步与此，那对于政治的后续发展仍然是非常不利的。因为这样一个致力于推动现代化的权威通常是建立在领袖魅力或功绩的基础上，具有很大的不确定性，他在推动工业与技术进步的同时，也可能出现重大失误，将先前的政治发展成果摧毁殆尽，并堵塞了进一步的政治发展之路。权威理性化还需要进一步发展，就是政治权威要向韦伯所说的现代的法理型权威转化。法理型权威才是真正的现代的理性权威。政治权威的合法性基础转变为宪法程序和理性化的规则，按照确定的并为人们所公认的规范产生出来，并按照宪法和法律所规定的方式使用权力。权威的行为就不再反复无常，而是具有可靠性和可预期性，能够得到公民的普遍信任和支持。在这样的法理型权威的基础上，一个政治体系汲取资源、实施政策以及分配产品与服务的能力将得到迅速提高，能够对社会成员的要求和愿望及时做出正确的反应，更容易应付现代化和政治发展对政治体系所提出的各种挑战。

二是政治民主。政治民主化是当代各国政治发展的必然趋势，渐进式政治发展同样是一个在政治上不断走向民主的过程。政治民主化的实质是将政府的权力及其行为建立在人民同意的基础之上，即政府领导人从传统社会的世袭、转型社会的任命或指定等方式产生，逐步转变到通过直接或间接民主选举的方式产生。公民能够通过自由、公正、竞争性的选举定期更换政府领导人。民主在某种意义上也可以理解为一种民众可以参与政府决策和实施的政治体制，因此，政治参与扩大是民主化的重要标志。在传统社会，政治是少数人的事，政府决策由少数精英垄断，而在现代社会，公民通常具有强烈的政治参与愿望，并能够采取积极的政治行动。渐进式政治发展观并不赞成突然改变政治领导人的产生方式，迅速扩大公民的政治参与，而是主张通过自下而上逐步扩大政治参与的方式来推动整个政治体系的民主化。民主的训练在其中起着关键的作用，公民通过对各级政府决策过程的参与，熟悉公共权力的运作过程，学会通过民主的规则和程序表达意愿，维护权利，逐步推动政府的决策走向民主化、科学化，促进民主的制度化。随着政治参与的深度和广度不断扩展，民主制度不断进步，国家政权民主化的时机和条件会逐渐成熟，在这种基础上启动的民主转型就比较容易通过和平的方式实现。

三是结构优化。根据派伊的看法，结构优化是政治发展的一个重要方面，所谓结构优化是指政治体系的结构愈加分化、功能愈加专业化与合理化，其处理公共事务、控制争端与应对大众需求的能力得到提高，能够更好地履行政治体系的功能。① 政治体系都是由相互作用的结构（例如立法机关、选民、压力集团和法院等）构成的，而结构则是由“各种相互关联而又相互作用的角色组成”。② 传统政治体系一般表现为政治结构简单，权力高度集中，政府的各种职能没有明确区分，“一个机构常常行使多种职能，而一种职能又常常由几个机构所分担。”③ 政府提取资源和社会动员能力非常有限，效率低下，无法应付现代化的挑战。现代化使经济、社会发生了急剧的变化，社会关系空前复杂，对政治体系提出的要求也迅速增多，政治体系面临着国内外许多严重的问题和挑战，需要分化出更多的专业化的组织去处理繁杂的事务，于是政治结构的分化和政治功能的专门化就成为必然的趋势。原有结构中承担多种功能的角色变得更加专门化或自主化，同时“出现了新型的专门角色，出现了或创造了新的专门化的结构和次体系。”这些分离出来的或新建立的角色和机构的自主性不断增强，形成一种相互协调但又相对独立的更为合理的政治结构关系。④ 结构分化和专业化是现代政治结构的一个根本特征，表现在国家宏观权力结构层面，就是专门的政府行政机构、立法机构和司法机构兴起，并且各自独立承担不同的政治职能。这些机构又分化出各种亚机构，如在行政系统内部建立税收、工商、教育、治安等专门的现

---

① Lucian W. Pye, Sidney Verba. *Political Culture and Political Development*. Princeton: Princeton University Press, 1965, p. 13.

② ［美］G. A. 阿尔蒙德、小 G. 宾厄姆·鲍威尔：《比较政治学：体系、过程和政策》，曹沛霖等译，上海译文出版社 1987 年版，第 14 ~ 15 页。

③ ［美］塞缪尔·P. 亨廷顿：《变化社会中的政治秩序》，王冠华等译，生活·读书·新知三联书店 1989 年版，第 101 页。

④ 参见［美］G. A. 阿尔蒙德、小 G. 宾厄姆·鲍威尔：《比较政治学：体系、过程和政策》，曹沛霖等译，上海译文出版社 1987 年版，第 24 页。

代行政部门。除此之外，政党、工会、利益集团等从事利益表达和利益综合的机构也逐渐发展起来。

复杂的分化的政治结构为利益集团参与政治提供了更为通畅的多元的制度化渠道，使政治体系能够及时准确地掌握各种利益集团的要求。同时，政治机构的分化和专业化，使承担政治机构职责的人把政治作为自己的主要职业，把个人纳入更为专业化的角色。这些政治角色的承担者把更多时间用于政治事务，集中精力完成特定的工作，因而能够更好地完成政治性的任务，将输入政治体系的要求迅速转化为权威性的政策。① 结构分化和功能的专门化优化了政治权力的配置，各种专业的机构进行合理的分工，分别承担专门的功能，增强了政治体系履行其功能的能力。专业化的合理配置的政府机构具有迅速的反应能力、科学的决策能力和高效的贯彻能力，能够较好地创制和执行政策，有效地推动经济增长，通过权威性的政策输出促进经济增长带来的收益在社会中更公正地分配，更好地维持公共秩序并增强政府的合法性。

四是制度创新。制度创新是渐进式政治发展的关键环节，从某种程度上说，它决定着渐进式政治发展的成败。各种非民主政体与民主政体虽然存在着根本的差异，但并不是截然对立的，在非民主政体中存在着与民主相容的成分，在民主政体中也需要权威。实现各种非民主政体向民主政体顺利过渡的关键就是在旧制度的基础上创造新的制度，通过这些新的制度逐步改造旧的制度体系，将新旧制度顺利衔接起来。制度创新要解决的核心问题是，如何创造恰当的制度形式，在不损害执政当局地位、保持政权连续性的前提下，逐步实现国家政治生活的民主化；在不对国家政局造成大的震动的情况下，逐步实现国家政治生活的法治化，确立宪法的至上地位和司法的独立性，将政府行为纳入法治的轨道。

民主制度创新的成果需要及时实现法治化，赋予民主制度正义的

① 参见［美］戴维·伊斯顿：《政治生活的系统分析》，王浦劬等译，华夏出版社 1989 年版，第 146～147 页。

价值，在人们心中唤起对民主的信仰，将民主的规则和程序转化为稳定的行为模式，使其能够被人们自觉地遵循。法治在政治民主化的过程中具有极为关键的作用。法治为各个政治集团参与民主竞争、解决彼此冲突提供了公认的规则和程序。冲突通过司法途径解决，冲突各方就比较容易接受根据公正程序所产生的结果，从而为民主的渐进发展奠定基础。正像林茨和斯特潘所说："为使人们愿意参与到民主的比赛中来，同时也使人们更愿意接受比赛的结果，必须由宪政和法治来决定有待选举的官职、选举的程序和权力的界定及限制。"① 此外，法治的目的就是用法律对国家权力加以严格的控制和界定，"使其受一般规范和现行法律的约束：国家行为应当是可预见的，而不是任意的。"② 只有确立法律的统治才能保证国家权力按其应有的宗旨和目的运行，即一方面国家权力受到严格的限制，在固定的规范和程序内行使，最大限度地实现公共利益；另一方面公民的个人权利得到确切保障，不受非法权力的侵犯。这样，公民会自觉遵守和服从国家的法律，并以合法的方式争取和捍卫自己的权利，倾向于支持政治体系的稳定性和连续性。

五是文化变迁。这里特指政治文化的变迁，即各种非民主的文化逐步失去对人们的影响力，民主的政治文化逐步形成。任何政治体系都需要政治文化的支撑，因此政治体系现代转换的过程就包含着政治文化的变迁。政治发展在文化方面的表现就是以世俗化为方向所发生的进步的变迁。

在传统社会中，公民大多是阿尔蒙德等人所说的"狭隘观念者"，所谓"狭隘观念者指那些对政治体系所知甚少、甚至一无所知

① 胡安·林茨、阿尔弗雷德·斯特潘：《走向巩固的民主制》，载［日］猪口孝、［英］爱德华·纽曼、［美］约翰·基恩编：《变动中的民主》，林猛等译，吉林人民出版社1999年版，第63页。

② 弗朗西斯·西阶尔斯特德：《民主与法治：关于追求良好政府过程中的矛盾的一些历史经验》，载［美］埃尔斯特、［挪］斯莱格斯塔德编：《宪政与民主：理性与社会变迁研究》，潘勤、谢鹏程译，三联书店1997年版，第154页。

的公民。他们认识不到自己对政治体系可能施加的影响或是应该承担的义务”。他们只关心与自己利害相关的非政治性事务，对自己与国家政治过程的关系毫无意识。① 在这种现代化程度较低的社会中，“由于人们不相信自己能够改变个人的境遇，因此，对政治权威人物更不会形成什么压力”。政治权威的合法性基础并不直接依赖于其允诺给民众带来他们所期望的福利，“这种统治的合法性总是与根深蒂固的宗教习惯和信仰密切相联系的，而且它们的变化又非常缓慢”②。

随着整个社会现代化的发展，公民将有更多机会接触现代技术和现代文化，在此过程中公民的观念通常会发生世俗化的变化。随着教育和大众传播媒介的普及，人们逐渐改变了对政治茫然无知的状态和冷漠的态度，对政治生活有了更多的了解，政治知识也逐渐丰富，人们在看待国家政治和政府行为时也逐渐采取现实的理智的态度。世俗化的政治文化逐渐发展起来，政治日益摆脱传统习惯、宗教信仰的影响，人们不再相信非理性的精神力量，对于宗教、神话等政治合法性的外衣持否定态度，越来越倾向于以政府的实际作为来判断政府的合法性。参与型的民主政治文化逐步形成，公民可能产生这样一种意识，即自己可以采取理性的行动，通过积极的政治干预来达到个人和集团的目标。公民一般相信自己有权利也有能力来影响政治生活，表现出积极参与政治的倾向。公民的法律意识也逐渐成长起来，能够将自己的行为限制在法律的范围内，并能够尊重别人的正当权利，容忍与自己不同的观念和意见。

二、渐进式政治发展的特征

1. 渐进性

渐进性是渐进式政治发展的基本特征。渐进式政治发展不是全盘

---

① ［美］G. A. 阿尔蒙德、小 G. 宾厄姆·鲍威尔：《比较政治学：体系、过程和政策》，曹沛霖等译，上海译文出版社 1987 年版，第 41 页。

② ［美］G. A. 阿尔蒙德、小 G. 宾厄姆·鲍威尔：《比较政治学：体系、过程和政策》，曹沛霖等译，上海译文出版社 1987 年版，第 38 页。

改造原有的政治体系，而是着眼于应对政治体系所面临的具体的挑战和问题，通过试错的方式不断地消除政治体制中的弊端，通过接连不断的小规模的政治改革推动政治体制的进步，逐步实现原有政治体系的更新和转换。

人类社会的政治制度注定是不完善的，政治进步也有其局限性，不可能通过一个整体性的改革方案解决所有的制度上的缺陷。政治体系是一个极其复杂的系统，它的各个组成部分经过长时间的相互调适才使系统功能得到正常发挥，我们并不具备突然之间对之进行整体改进的能力，根本不可能全盘掌握或预见到整体改变之后所带来的后果。如果通过暴烈的手段摧毁它，将使整个社会陷入瘫痪状态。通过激进的手段摧毁一个现有的制度体系，用一个全新的制度体系取而代之，这样的发展模式尽管在历史上多次出现，但往往会使整个社会付出沉重代价。即使是那些经过大规模革命所确立的制度体系，其最终形成的稳定的制度运作模式其实也经过了一个渐进的演变的过程，它的实际的规则体系和运行机制与建构者最初的设想并不完全一致，有的甚至是与其初衷截然相反。一个政治体系如果能够履行基本的政治功能，维持基本的安全和秩序，保护人们最低限度的自由权利，能够为社会、经济的进步提供基本的外部条件，那么，这种政治体系就可以通过试验与创新来推动制度上的改进，通过转变政府行为的方式而不断进步。人类政治制度的改良与完善是一个连续不断、永无止境的过程。

渐进式政治发展不是根据头脑中抽象的理想来寻求政治进步，不追求建立一个完美的政治体系，也不照搬某种现成的制度模式，而是根据经济、社会发展的需要来优化政治体系的结构和功能，并反过来推动经济、社会更快的发展，为政治体系的进一步变革奠定良好的经济、社会、文化基础。渐进式政治发展观在总体上强调民主政治的实现是一个长期的历史过程。政治发展的任务是多次完成的，不是突然之间毕其功于一役。推动政治发展的基本方式是渐进的政治改革，即通过实验的方法，一步一步改进原有制度的细节，逐步推动政治制度的改革和完善。达尔认为：“由于每次只走一步，往往能够避免重大的灾难。公民、专家和领导人从错误中学习，留心需要的矫正措施，对政策加以修改……这个过程，如果需要，可以反复进行。尽管每一步小得让人灰心，但日积月累，也会造成深刻的、也可以说是革命性的变化。"① 亨廷顿在论述基马尔改革的经验时对渐进改革的技巧和艺术作了出色的总结，他认为成功的改革者最好是采用"费边式战略"，不要全线出击，而是对改革的任务进行分解之后逐个解决，首先对付那些能指望得到最大支持的问题，并且暗示并无得一望二之意，最后才轮到那些会引起最大争议的问题。"费边式战略"把一类问题从别的问题中分离出来，"在每一次改革中赢得那些在另外的改革中或许会持反对态度的人的默许甚至支持"，用一个个看起来目标极为有限的计划使每一阶段改革的阻力缩小到最低限度。②

政治发展过程存在不确定性和不可控制性，人们难以预料未来的结果，因而政治生活中的失误在所难免。渐进式政治发展要经过许多次小规模的可控制的政治改革，能够避免给整个社会带来比较大的风险。这种小而有限的革新虽然也难免有风险，也会犯错误，但因为规模和范围有限，因而可以随时总结经验，修正错误。整个社会可以从渐进政治改革的错误中学习，对政治改革的失误进行批判性的分析和利用，对政治体制进行逐步的、切实可行的改造，就可以避免犯不可挽回的更大的错误。③ 在政治渐进发展的过程中，政治精英和普通公民能够通过小规模的民主实践增加关于民主政治的知识和经验，提高参与民主政治竞争的能力和技巧。更重要的是，在此过程中产生了理性的更为成熟的政治精英，他们更善于组织转型过程中的社会力量，也更有能力和信心确保政治发展的和平与秩序，有能力应付政治发展过程中的各种挑战。渐进式发展体现了人类的政治智慧，它通过周密

---

① ［美］罗伯特·达尔：《论民主》，李柏光、林猛译，商务印书馆 1999 年版，第 194 页。

② 参见［美］塞缪尔·P. 亨廷顿：《变化社会中的政治秩序》，王冠华等译，生活·读书·新知三联书店 1989 年版，第 320 页。

③ 参阅［英］卡·波普尔：《历史主义贫困论》，何林、赵平等译，中国社会科学出版社 1998 年版，第 57～63 页。

而审慎的改革一步一步地改进原有的制度，每步只求落实一个目标，确保政治体系的变化以不知不觉的进度前进。随着新制度的效果和优势慢慢体现出来，越来越多的人赞同建立新的制度，民主政体的建立和完善成为一个逐步演进，水到渠成的过程。

2. 平衡性

平衡性是指发展中国家在政治发展的过程中，不片面追求某种目标，不过分偏重某种利益，而是妥善处理政治发展进程中的各种政治关系，保持各种政治关系的动态平衡，比如政治行为主体之间的利益平衡、政治体系内部权力机构的平衡、政治体系与环境的平衡等。改革者具备高超的政治技巧，具有高度的灵活性和适应性，善于驾驭社会变革进程中的各种政治势力，既反对僵化停滞，又反对急躁冒进，使政治发展始终在平衡中稳步推进。

民主政治是发展中国家政治发展必须追求的目标，一个国家只要生存于现代世界，就不得不发展民主。但政治稳定和政治秩序对于发展中国家同样具有非常重要的意义，没有稳定和秩序，政治生活很难有实质性的进步，即使建立了民主政体也势必会倒退回专制政体。片面强调稳定，可以带来暂时的秩序，但不会持久；一味追求民主，则欲速则不达，带来政治动荡或政治衰朽。因此，发展中国家的政治发展必须在政治稳定与发展民主之间保持平衡。在政治稳定的基础上发展民主，通过发展民主实现更高水平的稳定。在政治稳定与发展民主之间保持平衡的关键是政治制度化，即创设民主的政治制度，并使之能够稳定地运转，在此基础上逐步扩大民众的政治参与。

政治主体的利益平衡是政治体系持续演进的重要条件。执政当局在政治发展过程中需要对各个阶层、集团的利益要求给予同等的关注，既保护富人的财产以反对嫉妒，又保护穷人的权利以反对压迫。① 政府在制定和实施政策时尽量选择折中的方案，兼顾各种利益要求，不使任何一种利益占据支配地位，使各种相互冲突的利益达到

① 参阅阿克顿对伯里克利政治艺术的评述。[英] 阿克顿：《自由史论》，胡传胜等译，译林出版社 2001 年版，第 10 页。

一种均衡的状态。① 政治体系能够创造条件使各种利益主体享有同等的竞争机会，各种利益要求都能够通过合法的公开的制度化渠道充分表达，每一个团体都有机会影响政策的制定和执行的过程。这样，通过政府的调节和各种力量的公平竞争，“每一项输出或政策措施都被描述成一种力量的平行作用结果，或是竞争团体的一种均衡状态”②。政府成为公正的利益平衡者的角色，通过政府的调节而实现的利益均衡“能够避免经济变革带来的最严酷后果，驱除公众对于变化的无力感”，使“人们对公共生活的变革抱有信心，会有助于对民主规范和机构的支持，避免转向反民主或者倒退的运动”③。

政治主体之利益平衡需要获得制度上的保障，这种制度上的保障就是建立一个平衡的宪政民主政体。简单的政体总是不稳定的，因为这种政体总是偏重某些阶层和集团的利益，并使其在政治生活中占据绝对的优势。只有科学的划分国家权力并在权力机构之间建立相互制衡机制的宪政民主政体才是稳定的平衡的政体。平衡政体的制度设计正式承认了冲突在社会中的普遍存在，力图通过制度化的机制来化解冲突。分立的权力机构能够防止任何一种利益拥有压倒一切的地位，为少数派提供了保护他们利益的法制化的渠道，能够在多数人的权力和少数人的权力之间维持一种恰当的平衡。④ 这种政体能够更好地保持社会中各个利益团体的平衡，防止任何一种利益占据垄断地位。平衡政体不仅是稳定的，而且具有很强的适应性。在简单的政体中，国

---

① 参阅高全喜对休谟政体理论的论述。高全喜：《休谟的政治哲学》，北京大学出版社 2004 年版，第 254 页。

② ［美］戴维·伊斯顿：《政治生活的系统分析》，王浦劬等译，华夏出版社 1989 年版，第 326～327 页。

③ 猪口孝、爱德华·纽曼、约翰·基恩：《引言：变动中的民主》，载［日］猪口孝、［英］爱德华·纽曼、［美］约翰·基恩编：《变动中的民主》，林猛等译，吉林人民出版社 1999 年版，第 20 页。

④ 参见［美］达尔：《民主理论的前言》，顾昕、朱丹译，三联书店、牛津大学出版社 1999 年版，第 1 页；另参见谢维雁：《平衡宪政论纲》，《浙江学刊》，2006 年第 2 期，第 17～25 页。

家权力集中于某一个国家机构，一旦这一个机构无法应付环境的挑战和变化，整个政体就面临崩溃的危险。平衡的宪政民主政体拥有复杂的分化的权力结构，更能够适应现代社会的多种要求。当政治体系面临多种重大挑战时，分立的机构可以分别加以应对，并相互配合，每一个政治机构都在维持政治体系的稳定和发展方面发挥不可替代的重大作用。

在政治发展的过程中还需要保持政治体系与外部环境的动态平衡。政治体系总是处于特定的社会环境之中，环境是由经济、社会、文化、生态等因素构成的。一般来说，环境会对政治体系提出各种各样的要求，对政治体系形成干扰和压力。如果系统没有任何办法来做出反应，系统就会与环境失去平衡，从而威胁到自身的生存。政治体系必须拥有足够的能力和资源来对这种压力做出反应，满足环境所提出的各种要求，才能维持其与环境之间的动态平衡，才能保持自身的稳定和持续。因为环境是不断变化的，所以政治体系需要不断通过自身结构的变革和制度的改进来建立与环境之间的新的平衡，不断采取建设性的和创造性的广泛行动来对付压力和挑战，通过及时的政策输出使社会中的各种利益要求都能得到回应和惠顾，不断扩大为执政当局提供政治支持的社会基础。

3. 妥协性

妥协是冲突各方通过让步解决问题的一种方式或过程。① 渐进式政治发展具有妥协性特征，这种妥协性意味着在政治发展过程中，政治行为主体能够通过谈判协商、相互让步的方式来解决彼此之间的利

---

① 龙太江把一般意义的妥协定义为："冲突、对立的行为主体之间通过谈判、协商、讨价还价以及基于避免直接对抗造成的严重后果的共同认识或默契而互相做出让步以求得缓和、平息以至解决争端的行为、方法与过程。"龙太江：《妥协：一种政治哲学的解读》，《哲学动态》，2004 年第 1 期，第 32 ~ 36 页；万斌对政治妥协的解释是："政治妥协是指在特定的社会共同体中，政治利益冲突的双方或各方，以社会共同体为念，以相互宽容为怀，依据共同认可的规则，通过彼此间利益的让渡来解决或暂时解决政治冲突的一种社会调节机制。"万斌：《论政治妥协》，《浙江学刊》，2005 年第 1 期，第 62 ~ 69 页。

益冲突；同时也意味着改革者确定的政治发展目标并不是原封不动的实现，而是要经过许多的修正，政治发展的目标、进程、路径并不是某一方主观意图的实践，而是各方在互动过程中相互妥协的结果。政治妥协对于渐进式政治发展的成功具有非常重要的意义。

政治妥协是政治生活中普遍存在的现象，现代民主政治对政治妥协依赖甚深。民主制度的运行本身就具有妥协性。民主可以看做是和平产生政治领导人、和平解决政治冲突的程序和方法，它否认了暴力原则，反对独断专行，因而只能依赖参与政治竞争各方的讨价还价和相互妥协。科恩在《论民主》一书中详细论述了妥协对于民主的重要性，他认为，人与人之间的利益冲突是无法避免的，不可能用大家都完全满意的办法来解决。民主制度并不是提供使所有人都满意的方案，它只是提供一种程序和规则，利益冲突的各方能够利用民主程序，制订解决问题的办法，通过协商、谈判，寻求各方不完全满意但能够接受的折中方案。公正的政策和法律正是从这种妥协的过程中产生。因此可以说，"没有妥协就没有民主"，妥协是民主所有条件中最重要的条件。①

妥协对于渐进式政治发展具有极其重要的意义。龙太江认为，如果在政治转型的过程中，参与政治冲突的各个集团相互之间不能达成妥协，各自都采取极端对抗的立场，不达目的誓不罢休，那就必然导致最后使用暴力来解决冲突，将严重破坏政治体系的稳定。相反，如果政治冲突各方通过妥协来解决矛盾，各方虽然不能实现自身利益的最大化，但各方最基本的利益却能得到保全，能够避免零和博弈甚至负和博弈局面的出现。② 各种政治力量的权利和利益通过妥协而得到基本的保障，就不会对现存的制度乃至整个政治体系丧失信心，不会采取极端的行动反抗现行规则和政治体系。妥协提供了解决政治冲突

① 参见［美］科恩：《论民主》，聂崇信、朱秀贤译，商务印书馆 1988 年版，第 182～183 页。

② 参见龙太江：《妥协：一种政治哲学的解读》，《哲学动态》，2004 年第 1 期，第 32～36 页。

的程序和方法，将政治冲突限制在和平的范围内。正如希尔斯曼所指出，妥协等制度化机制提供了大致令人满意的程序来完成社会与政治方面的变革，“这种手段至少可使暴力减少到最低程度，如果行之有效的话，则可以避免任何战争或内战这类大规模、有组织的暴力行为”①。反复的政治妥协增加了政治集团之间的相互信任，当冲突爆发时能够宽容并信任对手，主动寻求和平的折中的解决方案，不会首先想到使用暴力来解决问题，从而最大限度地排除暴力对政治生活的影响，缓和政治发展关键时刻严重的紧张局面，渡过政治转型的难关，使政治体系能够持续、稳定地发展。

政治妥协是提升政治体系制度化水平的重要条件。政治妥协是政治冲突各方平等竞争、协商谈判的过程，客观上要求遵循一定的政治规则，同时参与竞争的各方以此规则为基础保障和增加了自己的利益，就会产生对现有制度典则的尊重，从而巩固和改善现有的制度和规范。② 李海涛认为，政治妥协还具有创制规则的功能，政治行为主体在多次博弈、合作的过程中会产生对彼此都有利的协议，博弈各方对协议的自觉遵守可以使协议所蕴含的规则获得稳定性，当这种规则得到多数政治行为主体的承认和遵守时，它便为参与政治博弈的各方确立了基本的制度规范。“由于制度的建立是在政治妥协的互动过程中孕育完成的，因此它并不代表着某些特定群体的特殊利益，它能够有效吸纳政治现代化进程中被动员起来的新兴政治力量，成为化解冲突的基本安排。”③ 政治妥协通过推动政治制度化能够有效化解政治发展进程中政治体系所面临的合法性危机，保证了转型过程中政治体系的稳定性和连续性。

渐进式政治发展的和平推进需要参与政治竞争的行动者彼此尊重

---

① ［美］希尔斯曼：《美国是如何治理的》，曹大鹏译，商务印书馆 1986 年版，第 27 页。

② 参见龙太江：《西方民主政治中的妥协精神》，《文史哲》，2005 年第 2 期，第 156 ~ 161 页。

③ 李海涛：《论政治妥协的功能》，《南京政治学院学报》，2005 年第 6 期，第 51 ~ 54 页。

和承认各方权利和利益的合理性，在重大问题上随时准备妥协和退让，通过妥协使各种利益需求都能得到一定程度的满足。渐进式政治发展主要是由掌握执政权的政治权威推动的。政治权威需要进行自我限制，要具有与政治对手妥协和共存的决心，宽容对待各种合法的反对力量。① 政治权威对于促成各方力量达成博弈均衡具有关键作用，他需要尊重原有政治精英集团的政治利益和经济利益，但又必须有决心逐步消除原有集团的特权，使新兴集团和弱势集团的利益也得到合理的保障。权威领导人需要凭借高超的政治艺术，运用谈判、辩论、劝服等政治技巧，寻求和平的方法来解决争端，使各个阶层和集团能够通过协商、谈判的方式达成利益妥协。有效的妥协机制的建立能够避免新兴集团发起对现有政治体系的重大挑战。政治权威能否建立起与各种新、旧政治集团之间的妥协机制，在某种程度上决定着渐进式政治发展的成败。沃特金斯指出，西方主要国家正是由于在宪制结构中建立了不同政治集团之间的妥协机制，并在长期实践中积累了丰富的协商与妥协的艺术，所以才能把那些在历史上次第觉醒的最初是反体制的各种社会群体顺利地纳入议会政府的架构之内。②

民间的各种政治力量需要承认现有权威与制度的合理之处和不可替代的功能，遵守政府的法律，自觉约束自己的行为，要在施加民主化压力的同时给予执政当局恰当的合作与支持，通过不断的妥协使执政当局相信改革并不会威胁到自身的根本利益，增加推进和平政治改革的动力和信心。致力于推进政治发展的政治人物必须面对现实，采取实用主义策略，不要绝对坚持完美的政治理想，不要试图在短期内全部实现自己的目标，而是采取现实能够接受的妥协的方案和步骤，逐步接近民主的目标。在政治冲突激化时，政治行动者即使虔诚地追求民主，也要不惜让步，换取对方的开明和宽容，巩固已有的民主成

① 参阅［西班牙］奥尔特加·加塞特：《大众的反叛》，刘训练、佟德志译，吉林人民出版社 2004 年版，第 71 页。

② ［美］弗雷德里克·沃特金斯：《西方政治传统——近代自由主义之发展》，李丰斌译，新星出版社 2006 年版，第 133 页。

果，继续以合法的方式推动政治的进步。林德布洛姆关于决策艺术的看法对于选择合适的民主发展策略颇有借鉴意义，他说："为了选择最佳政策而筋疲力尽地去追求极限，通常是得不偿失的，在实际上也是不可能达到的。因此一个可供选择的战略不是要过分追求——而是决定低于极限，但可接受、能完成的目标水平，并继续追求直到达到这一水平的政策。"① 科恩也说："历史上成功的事业使我们有理由相信许多要求能完美地实现都是长时期中经过一系列的妥协而后取得的，并不一定是在每一步上都顽固地坚持按自己的方式才取得的。"②对于任何一种致力于推进民主的政治力量来说，采取一种审慎而善于妥协的政治态度会更有利于推进民主政治的发展。

4. 持续性

所谓持续性主要是指在政治发展的过程中能够保持政治体系的连续性以及制度变迁的连续性，新的制度能够不断给旧的制度注入新的内容，在旧制度的基础上持续发展。政治体系具有开放性和适应性，具有自我革新机制，始终有能力应付环境提出的各种挑战，在变动不居的环境中连续存在。

渐进式政治发展的一个基本前提是不能破坏政治体系的连续性，如果政治体系自身不能持续，那就不能以和平的渐进的方式推动政治进步。但是政治发展是在一个急剧变化的环境中进行的，环境会对政治体系提出各种要求，使政治体系面临变革的强大的压力，如果来自于环境的要求得不到及时的处理，就会对政治体系的运行产生严重的干扰。伊斯顿指出，政治系统为了在一个不断变化、剧烈动荡的世界上持续下去，必须能够采取一些措施，对环境的压力作出反应，成功地将要求和支持转变为政策输出。一般情况下，要是不具备这种对环

① ［美］查尔斯·林德布洛姆：《决策过程》，竺乾威、胡君芳译，上海译文出版社 1988 年版，第 37 页。

② ［美］科恩：《论民主》，聂崇信、朱秀贤译，商务印书馆 1988 年版，第 185 页。

境的要求或支持做出反应的能力，系统也就不能长久持续下去。① 因此，政治体系必须保留一个有效的权威结构，能够有能力对社会价值进行权威性的分配，同时需要通过连续的改革改进自身的结构和形式，使其更具开放性和适应性，能够通过强有力的输出缓解环境所造成的压力，创立与潜伏着压力的环境之间的新型关系。这种连续不断的改革为政治体系提供了前进的动力，使政治体系能够积极主动地适应社会的变化并在某种程度上控制这种变化。

维系政治体系存在的关键是在政治发展的过程中保持现有制度体系的连续性。在政治发展的过程中防止制度出现脱节和断裂，出现制度真空。人类政治生活总是需要政治制度的规范和约束，如果政治发展的过程中，新旧制度的衔接出现断裂，新旧制度都不发生作用，整个社会将陷入动乱和无序。保持制度的连续性就是要使旧制度继续发挥其规制功能，另一方面逐步使新制度发挥更大的作用，逐步替代旧的制度体系。为避免人民承受过多的政治无序的苦难，政治发展应坚持一个原则，即在新的制度能够正常发挥作用之前，旧的制度暂缓退出政治与社会生活领域，旧制度的消逝和新制度的生长应该是相伴而生的同一个过程的两个方面。由于新旧制度会存在矛盾和冲突，因此，新旧制度的衔接和过渡并不一定是一个自然而顺利的过程，而是一个复杂的政治冲突与平衡的过程。这就需要政治领导人运用娴熟的政治艺术，既要促进新制度的生长，又要保持仍有生命力的旧制度。

保持制度的连续性并不是不要变革，而是要在守成与变革之间保持平衡。如果不保留现有政治制度的合理成分，整个社会的发展极有可能遭受重大挫折。如果拒绝任何变革，政治体系就不具有自我更新和应付重大挑战的能力，必然会趋向衰败。无论从保留旧政治体系的角度，还是从建立新政治体系的角度来说，都需要对制度体系进行持续的改革，使其始终具有生存和进步的能力。执政当局需要审时度势，及时地进行相关的制度变革，一方面要着力恢复、重建和吸收本

---

① 参见［美］戴维·伊斯顿：《政治生活的系统分析》，王浦劬等译，华夏出版社 1989 年版，第 36～37 页。

国政治传统中的优秀的成分，另一方面通过持续的制度变革使政治体系不断革新，获得在现代世界中持续生存的能力。塞西尔曾经深刻地指出，变革与守成应该相互补充，互为条件，变革推动历史进步，而对现状的维护则使进步成为明智、有效和切合实际的行动。人类追求进步所要处理的首要问题，是以合理的比例来调和变革与守成，使进步的过程“既不至于过分大胆或轻率，也不至于过分慎重或延迟”①。

如果说，在政治发展的过程中，需要经历一个新旧制度转轨阶段的话，那么顺利渡过这个转轨阶段的关键正是要保持制度演变过程的连续性。没有持续的制度创新，就不会有和平的顺利的制度转轨。制度变迁的连续性越强，国家转轨时的绩效就越好。前面为制度转轨准备的制度变革的知识和经验越多，正在退出的旧制度和即将形成的新制度安排之间的共同特征就越多，后面的制度转轨的过程就越顺利。经验已经证明，“对先前制度的改革是有回报的”，它不仅有助于新制度的尽快建立，而且可以使整个社会较为平稳的发展。②

5. 稳定性

稳定性意味着政治体系在转型过程中能够始终保持政治稳定，国家政治权威拥有巩固的合法性基础，得到民众的普遍认同，对政治生活、社会生活具有较强的调控、整合能力，能够将政治冲突纳入现存法律的范围内和平解决，保持良好的政治秩序和社会秩序。

政治稳定是渐进式政治发展的基础和前提，在不能保证政治稳定的情况下，轻率地推进制度转轨，很难取得真正有价值的政治发展成果，甚至会导致政治衰败。在稳定的政治环境中，政治行为主体之间才能建立良好的互信关系，才能自觉约束自身行为，遵守政治游戏规则，通过和平、理性的方式解决彼此之间的纠纷，为政治发展的顺利

---

① 参见［英］休·塞西尔：《保守主义》，杜汝辑译，商务印书馆1986年版，第3～9页。

② 参见［波兰］格泽戈尔兹·W. 科勒德克：《从休克到治疗——后社会主义转轨的政治经济》，刘晓勇等译，上海远东出版社2000年版，第81～85页。

推进奠定良好的政治氛围。政治发展需要在政治稳定的基础上循序渐进。在推进政治发展的进程中，选择政治发展的路径、策略和方法必须首先考虑到政治稳定的因素。重大的政治改革措施需要反复考量，不能对国家政权的稳定构成严重威胁，使国家面临政府更迭、政局动荡甚至领土分裂的危险。推进政治发展要有利于解决国家现有的矛盾而不是激化矛盾，正视并妥善处理现有的政治冲突，不挑起重大的政治争端，努力维持现有的社会秩序，使人民能够在安定的环境中和平、有序的生活。

政治稳定与政治发展之间存在一定的张力，但并不意味着强调政治稳定就会对政治发展构成障碍。亨廷顿和多明格斯指出，政治稳定并不意味着政治体系不发生任何变化，而是指“相对的持续性和政治体系的一些比较基本和主要的成分，如基本的政治价值、文化和政治的基本的组织（或制宪）结构，不发生变化”。“这样一种的稳定性概念同集团参与政治、政治领导和政府政策的逐步改变是毫不矛盾的。”① 政治发展所需要的稳定不是僵化的静态的稳定，而是政治体系在适应外界环境的变化和协调内部诸因素的关系中求得自身持续发展并维持政治秩序的动态的政治稳定。② 政治发展要赋予政治稳定以更高的品质和价值，政治发展对于稳定的作用就是通过制度创新建立制度化的解决冲突的机制，使政治体系能够与社会环境保持动态的联系，及时化解矛盾，消除不稳定因素的积聚，不断从低层次稳定走向高层次稳定。动态政治稳定机制的特点是执政当局一方面控制政治参与的进程、范围和强度，另一方面主动创造各种制度条件使公民通过合法渠道表达其利益要求和不满情绪，及时调整公民与政府、社会与

① ［美］塞缪尔·P. 亨廷顿、乔治·I. 多明格斯：《政治发展》，载［美］格林斯坦、波尔斯比编：《政治学手册精选》（下卷），储复耘译，商务印书馆1996年版，第155～156页。

② 参阅蔡拓、吴志成：《市场经济与政治发展——转型时期的中国政治》，福建人民出版社1998年版，第217～258页。

国家的关系，不断“用新的政治平衡去替代旧的平衡”。① 这种动态的政治稳定机制能够在政治稳定与政治发展之间保持合适的比例关系，在政治稳定的基础上推进政治发展，在政治发展的过程中实现政治稳定。

三、渐进式政治发展的目标

正确的发展方向是渐进式政治发展取得成功的重要保障。以宪政民主为发展目标的渐进式政治发展才有可能取得最终的成功，而以各种形式的专制政治为目标，或单纯以维持稳定和秩序为目的的政治发展不可能取得最终的成功。渐进式政治发展必须是民主导向的，而且这种民主不能回避世界各国公认的基本价值，不能忽视政治权力运作和民主政治的基本规律。政治民主化是政治发展的核心内容，渐进式政治发展的目标只能是宪政民主。

1. 宪政民主是渐进式政治发展的一般目标

民主一词的含义是由希腊语的“demos（人民）”和“kratia（统治或权威）”派生出来的，从字面上可以理解为“由人民进行统治”②。古希腊的民主就是一种“人民统治”意义上的民主制度，这是一种公民自己统治自己的直接民主制度，全体公民轮番为统治者和被统治者，议事和审判职权属于全体公民，一切公共职位都从全体公民中通过选举或抽签产生，公民开会给予津贴，官吏任期短暂。③

人民直接统治的民主制度存在严重的缺陷，柏拉图对这种民主制提出了激烈的批评。他认为，民主制度“是一种使人乐意的无政府状态的花哨的管理形式”。在这种政体下，公民不愿意受到任何约

---

① 参见俞可平：《民主与陀螺》，北京大学出版社 2006 年版，第 320 ~ 321 页。

② ［英］戴维·米勒、韦农·波格丹诺编：《布莱克维尔政治学百科全书》中文版，邓正来等译，中国政法大学出版社 2002 年版，第 200 页。

③ 参见［古希腊］亚里士多德：《政治学》，吴寿彭译，商务印书馆 1965 年版，第 312 ~ 313 页。

束，连法律也不放在心上。柏拉图指出，“物极必反”，极端的平等和极端的自由必然导致极端的奴役，绝对的民主政治最终会发展成僭主政治。平民总要推出一个人来带领他们，而平民的领袖则控制着轻信的民众，破坏法律，实施暴政，陷城邦于激烈的冲突和混乱之中。①

亚里士多德虽然肯定民主的价值，但也对实行极端民主的平民政体提出了批评。他指出，在极端的平民政体中，群众的意志凌驾于法律之上，公众决议所宣布的命令就可以代替法律。“他们为政既不以‘法律’为依归，就包含着专制君主的性质”②，最后必然蜕变为一种僭主政体，政权落在平民领袖手里。“‘平民领袖’们把一切事情招揽到公民大会，于是用群众的决议发布命令以代替法律的权威。一旦群众代表了治权，他们就代表了群众的意志；群众既被他们所摆布，他们就站上了左右国政的地位。”③ 亚里士多德提出的纠正极端平民政体缺陷的途径就是实行法治，“法律应在任何方面受到尊重而保持无上的权威，执政人员和公民团体只应在法律（通则）所不及的‘个别’事例上有所选择，两者都不该侵犯法律。”④

当代研究民主问题的著名学者萨托利系统地指出了古希腊直接民主的缺陷。希腊民主政体是一种简单而粗糙的结构，没有政治力量之间的相互制衡，“人民权力”作为一种不可抗拒的力量发挥作用，只要民众认可的就能变成法律，政治权力变得蛮横任性，不受任何约束。政治权力过度扩张的结果就是一切问题都要依靠政治来解决，公民的个人权利和私人生活得不到严格保障，政治冲突也不能通过这种

① 参见［古希腊］柏拉图：《理想国》，郭斌和、张竹明译，商务印书馆1986年版，第333、341～345页。

② ［古希腊］亚里士多德：《政治学》，吴寿彭译，商务印书馆1965年版，第191页。

③ ［古希腊］亚里士多德：《政治学》，吴寿彭译，商务印书馆1965年版，第191页。

④ ［古希腊］亚里士多德：《政治学》，吴寿彭译，商务印书馆1965年版，第192页。

简单的政制结构和平解决，公民集团为一时兴致和短期利益所支配，不善于通过妥协和退让的方式解决争端，政治成为零和博弈，经常出现激烈的暴力冲突。①

古希腊这种直接民主制度是一种脆弱而短暂的政体，不利于政治的长期稳定和发展。民主如果没有宪政和法治的约束就会变成绝对的统治，古代民主制度在某种意义上正是因为民众凌驾于法律之上而覆灭的。

随着近代资本主义的发展，民主在西方国家成为政治发展的一种不可避免的趋势。在民主思想孕育、发展的过程中产生了两种相互联系但又存在重大差异的民主思想，即以洛克、孟德斯鸠为代表的宪政民主思想和以卢梭为代表的大众民主或纯粹民主思想，在近代也表现为两种民主实践，即英美的宪政民主实践和法国的大众民主实践。后者一度在全世界拥有更为广泛的影响。然而实践证明，以大众民主为政治发展的目标，不能建立良好的民主政体，民主也很难巩固，而且政治发展的过程充满了暴力和动荡。

卢梭是大众民主理论的主要代表，他的人民主权学说推动了近代西方的民主运动和民主革命。卢梭将国家看作是一个道德共同体，是全体个人结合所形成的公共人格，人民整体就是主权者。在卢梭的主权论述中，每个人都把自己的一切权利毫无保留地转让给整个集体，主权者拥有无限的权力。主权是至高无上的，所以不受法律的约束；主权是不可分割的，所以反对分权制衡；主权是不可被代表的，所以反对代议制。② 总之，主权是绝对的、神圣的、不可侵犯的，它的权力可以支配一切。人民的整体意志就是公意，个人对整体要绝对服从，如果“任何人拒不服从公意的，全体就要迫使他服从公意”③。

① 参见［美］萨托利：《民主新论》，冯克利、阎克文译，东方出版社1998年版，第315～327页。

② 参见［法］卢梭：《社会契约论》，何兆武译，商务印书馆1980年版，第23～26、35～37页。

③ ［法］卢梭：《社会契约论》，何兆武译，商务印书馆1980年版，第29页。

人民主权理论解决了政治权力的归属问题，牢固地确立了人民在政治生活中的主体地位，以其彻底的民主性为反对君主专制提供了锐利的思想武器。但卢梭的民主理论也蕴藏着危险，人民直接参与国家治理很难做出明智的决策，容易加剧政治冲突，导致政治两极化。在大众民主体制下，多数通常被赋予无限的绝对的权力，少数的权利很容易遭到严重侵犯。柏克首先对这种建立在无限主权基础上的绝对民主制提出了批评："一种绝对的民主制，就像是绝对的君主制一样，都不能算作是政府的合法形式。……那与其说是一种健康的共和政体，还不如说是它的腐化和堕落。""每当一个民主制的政体出现像它所往往必定要出现的严重的分歧时，公民中的多数便能够对少数施加最残酷的压迫；这种对少数人的压迫会扩大到远为更多的人的身上，而且几乎会比我们所能畏惧的单一的王权统治更加残暴得多。"①

贡斯当对大众民主的缺陷做了更为细致的分析，他指出，抽象的主权者是由全体人民组成的，然而一旦主权者实际运用政治权力，主权者必须将权力委托出去，行使权力的人仍然是少数的具体的个人，结果是以全体的名义实施的行为往往是由单独的个人或极少数人支配的。每一个个体把自己奉献给全体，并不能同等的获得被放弃的权力，而是"创造了一种能够从他们那里夺走一切的权力"②。萨托利也持同样看法：人民主权作为反对专制的思想武器具有重要的价值，但一旦取得胜利之后，"一切权力属于人民"便会变成一种绝对的权力。如果人民的绝对权力没有中介结构的限制，那么就会产生"假人民之名而行使的绝对的权力"，人民自身反而处于这种权力的残酷统治之下。③

那种认为只要权力掌握在人民手中就不需要任何制约的想法，对

① ［英］柏克：《法国革命论》，何兆武等译，商务印书馆1998年版，第165页。

② 参见［法］邦雅曼·贡斯当：《古代人的自由与现代人的自由》，阎克文、刘满贵译，上海人民出版社2005年版，第58～59页。

③ ［美］萨托利：《民主新论》，冯克利、阎克文译，东方出版社1998年版，第80页。

民主政治的健康发展是极其有害的。不管权力掌握在谁的手中，只要是不受任何限制的权力，它都将构成对个人权利和自由的严重威胁，也将对政治力量的均衡和政体的稳定造成严重的破坏。法国大革命的恐怖专政与随后民主发展的曲折历程表明，追求纯粹的绝对的民主制不利于政治平稳发展和民主巩固。大众民主革命只能推翻旧的专制政权，而更为关键的问题是要解决权力行使的方式和范围，这只能依靠发展宪政来解决，靠民主自身不能解决。宪政的核心是对公共权力的限制，恰好可以防止经民主选举产生的政治权力侵犯公民的权利进而损害民主自身。因此，在政治发展的过程中，政体之建构需要将民主的优点与宪政的优点结合起来，通过宪政的规制来纠正民主的缺陷，实现民主的程序化、制度化，既要在政体结构中容纳公民的普遍参与和选举，使政府权力的合法性来源于公众的同意；又要处处通过法律限制政府权力，通过权力制衡、司法独立以及公民权利制约政府权力。①

宪政民主制度能够提供和平解决争端的公正的程序，无论政治竞争的结果如何，多数派亦或少数派都不会选择通过暴力的方式来解决冲突。政治集团的利益总是可以通过公正的程序来表达和维护，失败只是暂时的，而且不会危及自己的根本利益，通过公正的程序获胜的机会总是存在的。宪政民主制度保障了政治程序的稳定性和公正性，使政权能够和平地有秩序地更替。宪政制度与民主的结合确保了民主政体的稳定，使之成为一种均衡的良好政体。只有在宪政与民主之间保持一种张力和平衡，并采取宪政优先的策略，才能确保政治发展的顺利推进和民主政体的稳定。

从纯粹的技术角度考虑，在现代国土广大、人口众多的国家，人民直接掌握权力的大众民主也不具备实施的可能性，因而只能追求人民定期选择代表来间接实行统治的代议制民主。代议制民主是“一

---

① 参见信春鹰：《寻求民主与宪政的平衡》，载刘军宁编：《经济民主与经济自由》，生活·读书·新知三联书店 1997 年版，第 248～249 页；另参见白钢：《现代西方民主刍议》，《书屋》，2004 年第 1 期，第 4～20 页。

种多层次、多滤层的政治决策过程，恰恰是靠它的间接性才含有了靠直接性不可能获得的防范力和制约力”。它作为一种中介机制把“权力缩小成了不充分的权力”，“谁也没有行使绝对（即无限）权力的地位”，因而能够实现正和的政治，避免阶级与集团之间发生激烈的政治冲突乃至爆发战争。① 代议制民主让精通政治事务的职业政治家来负责管理公共事务，他们能够精练并扩展公众的意见，实现更好的治理，更好地实现人民的利益。麦迪逊认为：“由人民代表发出的公众呼声，要比人民自己为此集会，和亲自提出意见更能符合公共利益。”②

从上面的分析可以得出一个基本结论，现代政治发展只能以民主为目标，但它所追求的民主不能是追求人民直接统治的大众民主，也不能是多数绝对统治的民主，而只能是建立在代议制和法治基础之上的宪政民主。所谓宪政民主是指人民根据宪法所规定的程序定期选择和更换一些政治人物，赋予他们合法的权力以使其能够作出对公共生活有约束力的决定，但他们的权力受到法律的严格限制，并以不得侵犯人民的权利为边界。宪政民主是现代国家的一种普遍的制度选择。宪政民主吸收了大众民主的合理思想，承认只有全体人民才是国家主权的真正所有者，但是为了防止绝对的权力反过来侵犯人民的利益，它更为强调对任何一种国家权力的制约和对人民权利和自由的保护。宪政民主既实现了人民普遍的政治参与，又保障了个人和少数人的权利不受侵犯，因而能够保持民主政治的稳定。政治发展只有以宪政民主为目标，实现民主的过程才能保持和平与稳定，民主转型以后才能够及时得到巩固。

2. 中国政治发展的目标是建立社会主义宪政民主

民主是现代世界唯一得到普遍承认的具有合法性、正当性的政体

① 参见［美］萨托利：《民主新论》，冯克利、阎克文译，东方出版社 1998 年版，第 80、317 页。

② ［美］汉密尔顿、麦迪逊、杰伊：《联邦党人文集》，程逢如等译，商务印书馆 1980 年版，第 49 页。

形式。托克维尔早已指出，民主政治的发展是任何力量也不能阻挡的必然趋势。① 虽然我们要对发展民主持一种审慎的态度，尽量规避民主所蕴含的风险，但无论发展民主有多大风险，无论民主本身有多少缺陷，我们都必须承认，民主是中国政治发展始终无法回避的目标。在现代世界，没有一种非民主政体能够长期存在，非民主国家总是处在高压和动乱的恶性循环之中。中国所追求的民主不是直接民主或“大民主”，而是社会主义宪政民主。中国已经有了独具民族形式的民主制度，政治发展的任务就是改进这一制度，使其进一步符合宪政民主的原则和精神，这是中国渐进式政治发展较为有利的政治条件。

发展民主一直是社会主义运动的政治诉求，也是中国共产党始终不渝的奋斗目标。马克思、恩格斯高度肯定民主的价值，他们的最高民主理想是一种超越国家的社会民主，他们设想，在人类实现共产主义之后，亦即国家消亡之后，人们将以“自由人联合体”的形式，共同管理社会公共事务，凌驾于社会之上的国家权力回到社会之中，全体社会成员的政治、经济、文化权利达到事实上完全平等，政治生活实现高度自治和高度社会化，社会利益关系的调控机制实现高度程序化、科学化、制度化。② 在这种“社会民主”制下，“每个人的自由发展是一切人的自由发展的条件”③，每一个人都能够在这种联合体中得到自由而全面的发展。马克思、恩格斯对于国家形式的民主也给予了高度重视，他们认为在共产主义最终实现、国家消亡之前，无产阶级也应该建立民主制度，而且无产阶级专政应该采取民主共和制的形式。恩格斯在1891年写道：“如果说有什么是毋庸置疑的，那就是，我们的党和工人阶级只有在民主共和国这种形式下，才能取得统

---

① 参阅［法］托克维尔：《论美国的民主》（上卷），董果良译，商务印书馆1988年版，第7页。

② 刘德厚：《广义政治论——政治关系社会化分析原理》，武汉大学出版社2004年版，第268页。

③ 《马克思恩格斯选集》第1卷，人民出版社1995年版，第294页。这种“社会民主”与西方近代大众民主思想不同，马克思为它限定了很高的实现条件，即物质产品极大丰富、精神文明高度发达和国家权力逐渐消亡。

治。民主共和国甚至是无产阶级专政的特殊形式。"① 马克思在《法兰西内战》这篇著作中还特别强调，普选制和罢免制是无产阶级民主的制度基础。巴黎公社的委员以及其他公务人员都由普选产生，对人民负责，并且随时可以被人民罢免。公社所采取的这些措施给共和国奠定了真正民主制度的基础。②

列宁也对民主给予很高的评价，他曾经称赞民主是一个伟大的名词。列宁对民主的看法包括两个方面，一方面他认为民主的本质是一种国家形式，一种国家形态，它同任何国家一样，也需要有组织有系统地对人们使用暴力；另一方面，他的民主观也包含了民主的一般含义，他认为民主制就是人民的政权，是在形式上承认公民一律平等，承认每一个公民都有决定国家制度和管理国家的平等权利。③ 列宁还指出，无产阶级民主也是代议制民主，"没有代表机构，我们不可能想象什么民主，即使是无产阶级民主"④。无产阶级国家的民主继承了资产阶级民主在制度和形式方面的进步要素，"苏维埃组织无比深入地和广泛地发展了标志着资产阶级民主制比中世纪有伟大历史进步性的那一面，即居民参加对公职人员的选举"⑤。列宁 1918 年在《苏维埃政权的当前任务》一文中提出，无产阶级民主要允许"群众自己决定选举的程序和日期，并且有罢免当选人的完全自由"，要"使真正全体人民都学习管理，并且开始管理"⑥。

中国共产党在革命和建设时期始终坚持对民主的追求。抗战胜利前夕，毛泽东在中共七大上所作的《论联合政府》的报告中，阐述了抗战胜利后中国人民的基本政治要求以及中国共产党努力的目标，即团结各党各派和无党无派的代表人物，"在广泛的民主基础之上，召开国民代表大会，成立包括更广大范围的各党各派和无党无派代表

① 《马克思恩格斯选集》第 4 卷，人民出版社 1995 年版，第 412 页。
② 《马克思恩格斯选集》第 3 卷，人民出版社 1995 年版，第 55 ~ 58 页。
③ 《列宁选集》第 3 卷，人民出版社 1995 年版，第 201 页。
④ 《列宁选集》第 3 卷，人民出版社 1995 年版，第 152 页。
⑤ 《列宁选集》第 3 卷，人民出版社 1995 年版，第 723 页。
⑥ 《列宁选集》第 3 卷，人民出版社 1995 年版，第 504 页。

人物在内的同样是联合性质的民主的正式的政府，领导解放后的全国人民，将中国建设成为一个独立、自由、民主、统一和富强的新国家”①。在新民主主义革命即将取得全国胜利时，毛泽东在《论人民民主专政》一文中又指出，在新民主主义革命胜利后应该在人民内部实行民主制度，人民享有平等的选举权以及言论、集会、结社等各项自由权利。②

尽管新中国成立后出现了背离民主的种种错误，但中国共产党也一直在为实现民主而努力探索。邓小平在改革开放之初就指出，我们所进行的党和国家领导制度的改革，目的就是为了在政治上“充分发扬人民民主，保证全体人民真正享有通过各种有效形式管理国家、特别是管理基层地方政权和各项企业事业的权力，享有各项公民权利”③。他还着重强调，社会主义愈是发展，民主也要愈发展，我们要采取各种措施继续努力扩大党内民主和人民民主，为全国范围内更高层级的民主创造条件。邓小平希望通过一步一步地发展民主，中国大陆大约在21世纪中叶可以实行普选。④

中共第三代中央领导集体继承了邓小平关于民主政治建设的思想，把发展社会主义民主政治，建设社会主义法治国家确立为政治体制改革的目标。江泽民在党的十五大报告中指出：“国家一切权力属于人民”，必须“继续推进政治体制改革，进一步扩大社会主义民主”，使人民能够依法行使管理国家和社会事务的各项民主权利。⑤在十六大报告中，他又指出，发展社会主义民主，建设社会主义政治文明，是现代化建设的重要目标。中国共产党要继续以实现和发展人民民主为己任，坚定不移地推进政治体制改革，扩大公民有序的政治参与，促进社会主义民主政治建设。⑥

① 《毛泽东选集》第3卷，人民出版社1991年版，第1029～1030页。
② 《毛泽东选集》第4卷，人民出版社1991年版，第1475页。
③ 《邓小平文选》第2卷，人民出版社1994年版，第322页。
④ 《邓小平文选》第3卷，人民出版社1993年版，第220页。
⑤ 《江泽民文选》第2卷，人民出版社2006年版，第28～29页。
⑥ 《江泽民文选》第3卷，人民出版社2006年版，第553～554页。

综上所述，民主一直是社会主义运动和社会主义国家的奋斗目标，因此也应该是当代中国政治发展的题中应有之义。马克思主义的民主理想给社会主义民主发展树立了一个方向，中国应该尽可能创造条件让人民充分参与公共事务的管理并实行社会自治；马克思、列宁所论述的落实人民的普选权、罢免权和监督权的思想则对中国的民主制度建设具有重要的现实指导意义，但马克思所追求的没有国家强制的、社会完全自治意义上的民主目前显然不能立即实现，其条件也难以具备。

中国过去在推进民主建设时的一个重大不足是主要从人民利益层面来理解民主，这种理解容易忽视民主制度和程序建设。没有制度和程序作为民主的保障，没有法治的限制，国家权力就会成为一种绝对的，不受限制的权力，在实践中会造成对人民权利和自由的侵蚀，人民作为国家主人的地位就得不到严格的保障。这已经为社会主义民主曲折发展的历程所证明。发展社会主义民主必须与法治相结合，社会主义宪政民主是中国渐进式政治发展的现实目标。社会主义宪政民主就是一党执政与竞争性民主兼容同时又符合法治要求的一种民主体制。民主只有和宪政、法治相结合才能真正限制国家权力，保证人民的自由和权利，将政治冲突限定在秩序的范围之内。只有以宪政民主为发展目标，中国的渐进式政治发展才有可能顺利推进并取得成功。

社会主义宪政民主也是中国执政党既定的发展方向，中国共产党已经为中国政治发展确定了民主与法治相结合的发展目标。江泽民在中共十五大报告中指出："发展民主必须同健全法制紧密结合，实行依法治国。"① 在十六大报告中，他进一步指出："发展社会主义民主政治，最根本的是要把坚持党的领导、人民当家做主和依法治国有机统一起来。"② 胡锦涛在十七大报告中提出要继续扩大社会主义民主，建设社会主义法治国家，一方面"坚持国家一切权力属于人民，从各个层次、各个领域扩大公民有序政治参与，最广泛地动员和组织

① 《江泽民文选》第2卷，人民出版社2006年版，第28页。
② 《江泽民文选》第3卷，人民出版社2006年版，第553页。

人民依法管理国家事务和社会事务、管理经济和文化事业”；另一方面“坚持依法治国基本方略，树立社会主义法治理念，实现国家各项工作法治化，保障公民合法权益；坚持社会主义政治制度的特点和优势，推进社会主义民主政治制度化、规范化、程序化，为党和国家长治久安提供政治和法律制度保障。”① 人民当家做主是社会主义民主的本质要求，而依法治国是民主政治健康发展的根本保障。依法治国实际上已经表达了社会主义宪政民主的基本内涵，即保持执政党地位不变，但严格限定在宪法和法律的范围内活动；人民按照宪法和法律规定的程序参与国家和社会事务的管理，选择和更换各级政府官员；国家权力受到法律的严格制约，实现社会主义民主的制度化、程序化。

这种宪政民主不照搬别国具体的制度形式，但积极借鉴其他国家宪政民主的基本成就和经验，遵循政治权力运作的基本规律。它熔铸了社会主义的基本理念，但又符合世界公认的民主要求，它最重要的特征有四个方面：一是坚持中国共产党的执政地位，但国家权力受到严格制约，执政党通过定期的民主选举来获得执政的合法性；二是广泛开展各个层次的竞争性选举，人民通过各种选举来对执政党的党员进行选择；三是它比一般的民主制度具有更高的公正性和平等性，工农大众将在这一体制下享有比其他国家更多的权利；四是人民群众广泛参与村庄、社区以及基层政府的公共事务，管理各项公益事业，在基层社会实现高度自治。

---

① 胡锦涛：《高举中国特色社会主义伟大旗帜 为夺取全面建设小康社会新胜利而奋斗——在中国共产党第十七次全国代表大会上的报告》，人民出版社 2007 年版，第 28 ~ 29 页。

第二章 中国渐进式政治发展的历史与现实依据

中国选择渐进式政治发展模式主要有历史与现实两个方面的依据。从历史角度来看，民主主义革命推翻了专制政权，建立了现代民族国家，推动了中国政治的进步，但革命后中国的激进主义恶性发展，使政治发展屡遭重大挫折，留下了深刻的教训。从现实角度来看，改革初期的经济、社会和文化条件不适合开放大规模的民主政治参与；而现行政治体制仍然能够推动经济、社会持续发展和政治进步，选择激进式制度转轨的道路将使整个社会面临不必要的政治风险；同时，中国在全球化时代所面临的激烈的国际竞争也要求我们对政治发展采取一种比较审慎的态度。因此，通过渐进式道路推进民主政治发展在当代中国具有一定的必然性与合理性。

第一节 激进主义在中国的历史轨迹

一、晚清政治发展的失误与教训

19 世纪中叶，西方强国的入侵使中国被迫开始应对现代化的挑战。中国在面临现代化挑战时的政治条件与许多发展中国家有所不同。许多发展中国家在启动现代化时，统一的民族国家尚未形成，首先面临着国家整合的任务，需要在分散的政治版图上塑造现代化所必需的政治权威。而中国在西方入侵之前的大部分时间是一个统一的帝国，当时的清王朝已经稳定地统治了 200 年。在此期间，清王朝的政权是稳固的，皇帝并不缺少进行统治所必需的权威。虽然清帝国不是一个现代民族国家，但汉民族是这个国家的主体民族，满族作为统治民族已经基本汉化。儒学提供了统一的国家意识形态，对整个国家在精神层面上起着重要的整合作用。应该说，当时的中国并不缺少统一的政治权威、政治秩序、意识形态等对国家现代化来说比较重要的政治条件。如果中国利用现有的政治权威，并推动权威的自我改造，使其向具有现代意识的政治权威转化，同时在保持稳定和统一的政治秩序的基础上，逐步推动国家的政治发展，推动各方面的制度革新，并由此带动整个国家的现代化建设，也许是一条可行的现代化道路。但是中国当时的政治权威以及政治精英阶层缺乏现代意识和世界眼光，对现代化挑战的反应过于迟缓，不能够自觉地采取正确的战略策略利用有利时机推动国家各方面的现代化，并适时推进国家的政治发展和制度转型。统治阶层的顽固和反应迟钝为后来中国现代化道路的曲折种下了祸根。

在内忧外患的压力下，清王朝统治阶层中的有识之士，启动了洋务运动。洋务运动是一场技术层面的现代化革新运动。洋务运动使中国在现代化的道路上大大前进了一步，建立了一批现代化的工矿企业，为现代化培养了大批的技术人才，产生了具有现代意识的政治和经济精英。洋务运动的变革策略无疑具有一定的合理性，即改革要着眼于解决国家最紧迫的问题，首先使国家在军事上、技术上获得进步，为国家的安全提供保障，同时尊重原有的既得利益者的地位和利益。这种渐进的策略无疑有利于国家的现代化转型，为国家各个方面的现代化创造条件。事实上，洋务运动的确使中国的面貌、使人们对外部世界的认识乃至人们的心理状态发生了深刻变化，对中国现代化的推进产生了有益的作用。如果没有外部因素的干扰，洋务运动在发展到一定程度后，再导入国家制度层面的变革，那么也许经过比较长的时间之后这种渐进路线会取得相当的成功。但历史没有给中国的统治者提供足够的时间，中日甲午战争的爆发使洋务运动遭到重创，中国的知识阶层和部分政治精英渐趋激进化。

洋务运动的缺陷是过于保守，只是致力于技术层面的变革，没有展开相应的制度层面的变革，也没有充分调动整个社会的积极性，这样，一方面技术层面的现代化缺乏新的制度体系的支撑，另一方面，由于现代化局限于政府单方面的努力，没有整个社会的支持，于是出现事倍而功半的效果。

由于清政府错失了历史机遇，没有适时启动制度革新，于是在对外战争遭受重大失败的历史情境中，制度变革的问题突然摆在了中国的统治者和知识精英面前。统治阶层和知识精英中的有识之士认识到一个道理，中国贫弱的原因不仅是器艺不如人，更关键的是制度的落后。戊戌变法就是在这样的背景下发生的。应该说，戊戌变法的基本方向是符合当时中国国情的，就是在现有政治权威的支持下，推动国家各个方面的制度变革，以使国家能够克服各个领域所出现的严重危机。

戊戌变法未能成功实现国家制度的现代化以应付中国所面临的严峻挑战，其主要原因乃是由于经济社会条件的不成熟以及统治集团的顽固保守。但另一方面，有许多学者已经指出，戊戌变法运动的领导者尤其是康有为选择了较为激进的改革路线。戊戌变法的性质是改良的，目标是较为保守的，但戊戌变法的改革方式是激进的，在变法的策略和方法上犯了许多幼稚和急躁的错误。戊戌变法的严重失误是没有很好地利用国家实际最高统治者的权威。清廷实际的最高统治者慈禧太后虽然并不是一个锐意革新的改革者，改革的利益和她个人的权位相比，毫无疑问，后者重于前者，但在不影响她的权力和地位的情况下，至少是可以争取其不反对改革。如果变法派不对慈禧的地位构成威胁，并争取其支持或者保持中立，同时积极争取温和派的支持，减少对官僚既得利益的冲击，采取渐进策略逐步推出改革的措施，变法在初期就能够顺利推进。① 然而，改革的领导者把慈禧以及围绕在她身边的一些人都看做是与变法势不两立的政治势力，急于将他们清除出政治舞台。在推进改革的过程中，没有能够为改革尽可能争取最

---

① 参见萧功秦：《与政治浪漫主义告别》，湖北教育出版社 2001 年版，第 258 页。

多的支持者，对于既得利益阶层的利益没有给予应有的尊重，急于打击原有的官僚阶层，使变法遭到了普遍反对，保守派与温和的改革派以及其他同情变法的人都联合起来反对变法。

另外，康有为的变法方案是一个比较激进的方案，企图在短时间内完成所有的改革，显然是浪漫主义的、不切实际的。康有为在《上清帝第六书》中表达了要进行全面的激进式改革的急迫心情，他认为只有急剧而全面的“大变”才能挽救中国目前的危局，“小变”则无济于事，即所谓“能变则存，不变则亡，全变则强，小变仍亡”①。费正清称康有为是激进的改革派显然是有道理的。康有为在回答李鸿章的质问时，甚至声称要全部废除现有的法律和政府制度。在康有为等人的影响下，光绪皇帝在103天的时间内发布了上百条有关改革的谕令，这些谕令几乎涉及国家的行政、教育、经济、法律、军事、警察制度等所有方面。② 这些措施彼此之间不能相互衔接和配合，又不具有现实可行性，因而招致多数人的反对，使变法派在政治上日益孤立。激进的改革事实上引起了社会的混乱和普遍的恐慌，改革的最后失败几乎是不可避免的。

戊戌变法的失败引发了统治阶层中的保守派对改革的全面反对，并对外国在华势力持极端反对与排斥的态度。恰在此时，民间兴起了以反帝与排外为目标的义和团运动。清朝的最高统治阶层在极端民族主义的支配下，企图利用义和团运动来反对外国的力量。清廷的盲目行动引发了外国势力对中国的战争，使中国陷入到极其危险的境地。

也许是历史在捉弄中国的命运，义和团运动所引发的“庚子之乱”严重削弱了清王朝的统治，但也迫使慈禧太后改弦更张，改变与西方国家的敌对态度，开始推行新政。此时清政府的政治改革面临非常不利的政治环境，国家面临更加严重的外国的侵略和瓜分，民族

---

① 康有为：《上清帝第六书》，载《戊戌变法（2）》，上海人民出版社1957年版，第197页。

② ［美］费正清：《伟大的中国革命：1800—1985年》，刘尊棋译，世界知识出版社2000年版，第163页。

的生存面临严重威胁。清廷统治的合法性基础大为削弱，政治权威的威信已严重动摇。在民族存亡的关头，激进的政治主张总是大有市场并且占据上风。整个社会的政治倾向趋向于激进，革命派的影响在扩大。不过清廷仍然具有通过渐进式改革推动政治发展并挽救整个国家的机会。慈禧太后依然是国家最高统治权威的象征，是整个统治集团的核心，能够凭借其丰富的政治经验维持国家政局的稳定。这是清廷推行渐进新政的政治基础。从清末新政的效果来看，可以说，政治法律方面的制度建设还是取得了一定的成果，国家制度建设正在一步一步缓慢而艰难地向前迈进。

在国家走向宪政民主的过程中，如果国家与社会之间适度分权，公民社会已成长起来，国家已无力全面控制公民社会，但国家仍有足够的能力维持国家统一和政治秩序，公民社会也认同国家政治权威的合法性，这时就是实现宪政民主的比较好的时机。清朝末年，在中央权威弱而未衰之际，地方政权有了一定的独立性，公民社会雏形已经出现，公民社会已初步可以制衡国家，但中央权威并未完全衰落，仍然具有号令全国的能力，无论是地方政权还是公民社会都不敢公然反抗中央，仍然听从中央的统一号令，这时已经具有国家与公民社会谈判妥协的结构性基础。在这样的有利时机，如果统治者足够明智，公民社会有足够的耐心，国家与社会中的政治精英及时妥协，就可以建立一个均衡的宪政制度，避免国家分裂或者国家过度集权的出现。

在此历史关键时刻，慈禧太后的突然去世，使清廷的统治失去了最重要的政治权威基础。慈禧的继任者在政治改革的关键步骤上违背历史进步的方向，采取了一些轻率的举动与措施，导致了无法挽回的结局，清王朝最终被革命所推翻。旧的合法性权威一旦衰落，再重建国家与社会的制衡结构就面临两难困境，要恢复国家权威，势必要高度集中权力和资源，这样必然压制公民社会，导致社会失去自主性和凝聚力，一切依赖国家；而新的高度集权的权威形成后，公民社会要重新获得独立地位，势必要推翻现有的政治权威，再次可能导致无政府状态。最后就是一种恶性循环，要么是强大的国家，虚弱的社会；要么是膨胀的社会，软弱的国家。

二、辛亥革命的进步意义及其历史局限

辛亥革命无疑是激进的政治变革，但有其历史合理性。清王朝的统治者一再错失改革的时机，使人们逐渐丧失了通过和平改良实现议会民主政治的信心。“当民主的要求无法通过正常的民主程序和合法方式得以表达时，采取暴力方式，以革命手段推翻专制统治就成为唯一的选择。”① 因此，这是一场趋向进步的历史运动，是以建立共和政体为诉求的现代革命，是中国建立现代民族国家的起点。它推翻了封建专制统治，打破了两千年王朝更替的政治格局，扫除了统治阶层中阻碍政治发展和社会进步的顽固势力，为后来的政治发展开辟了道路。辛亥革命在中国传播了先进的政治理念，“在意识形态上，‘民权’取代了‘王权’，民权理论取代了‘天命说’作为政治秩序的合法性与正当性的基础”②。帝制彻底失去了生存的根基，中国的政治变迁只能在共和的名义下进行。任何政治人物如果妄想复辟帝制，都会遭到全国人民的共同反对，不可避免地走向失败。辛亥革命发生之后，革命派与清廷以及袁世凯为代表的北洋派之间经过谈判确立了一个基本的宪政架构，应该说也是一次通过政治妥协解决政治冲突的成功案例。

辛亥革命建立了议会民主政体，在革命胜利后还举行了历史上第一次全国范围内的民主选举，使中国开始了初步的议会民主的实践。然而中国当时尚不具备议会民主运作的相关条件。在20世纪初期的中国，自然经济开始解体，资本主义经济有了一定程度的发展，但并未取得主体地位；传统的士绅阶层渐趋没落，资产阶级和现代知识分

---

① 周光辉：《当代中国政治发展的十大趋势》，《政治学研究》，1998年第1期，第29～42页。

② 金耀基：《中国现代的文明秩序的建构——论中国的“现代化”与“现代性”》，载刘军宁编：《经济民主与经济自由》，生活·读书·新知三联书店1997年版，第43页。

子群体开始形成，但是人数较少，具有先天的软弱性；民主共和的观念在辛亥革命后深入人心，但人们对于民主运作的具体知识却知之甚少，无论是政党、政治家还是普通公民都不熟悉也不习惯于遵守议会政治的程序和规则。发展民主政治不仅需要良好的制度设计，而且需要一定的生态环境的支持，没有相应的社会基础，即使建立了民主制度，也会蜕化为专制。而这些基础条件的形成需要长期艰苦的努力，不是短期内就可以形成的。民国初年的议会政治由于缺乏相应的经济、阶级、文化基础，因而不能按照民主的程序顺利地运作。议会内的政党没有与社会中的各个阶级、阶层建立紧密的联系，缺乏强大的阶级力量作为支撑，根本无力制约掌握军队的各派军阀。政党政治逐渐演变为各派政治力量争权夺利的工具，导致多次内阁危机和府院冲突，给袁世凯解散国会，实行独裁乃至帝制提供了借口。随着宋教仁案、二次革命、袁世凯称帝、张勋复辟等一系列背离民主要求的政治事件发生，议会政治名存实亡。

辛亥革命领导力量自身的缺陷也给后来的政治发展带来了消极影响。辛亥革命是由孙中山先生创建的同盟会推动和完成的，但同盟会作为革命的领导者在革命之前并没有经过长期的制度建设，缺乏坚强有力的领导核心和严密的组织体系，党务运作的民主机制也不成熟，所以革命成功后并不能提供全国统一的政治秩序的基础。在革命后的动荡局势中，只有袁世凯这样精于权术、心狠手辣并且以武力为后盾的军事强人才有可能控制局势。袁世凯虽然利用其铁腕和权谋以及军事实力维系了全国的统一和秩序，但袁世凯既缺乏传统皇权的合法性，又没有在全国建立起超越武力基础的威望，并且愚蠢地抛弃了共和的外衣，引起公愤，破坏了刚刚建立的全国统一秩序的基础。北洋军阀靠利益和裙带关系维系的内部统一是很脆弱的，所以当袁世凯因称帝失败而病亡后，立即出现军阀混战，国家陷入分裂和动乱之中。

腐朽的清政府的垮台是人心所向，势所必然，代表了历史前进的方向。但取代清政府的并不是一个新的现代化权威，或者是一个组织严密、具有高度整合能力的现代政党，甚至也不是一个统一的全国政权，不能提供政治制度建设所需要的和平的环境和稳定的秩序。中国当代学者对辛亥革命的进步意义及其客观后果作出了较为公允的评价。罗荣渠指出，辛亥革命使无所不包的普遍王权的一元结构突然解体，但是在帝制的废墟上并没有建立一个现代民族国家，“而是分裂出大大小小的传统型权力中心，形成严重的政治权威危机”①。陈明明也有类似评论：“虽然辛亥革命结束了王朝国家的形态，但阻碍中国现代化的制度性障碍并没有真正消除”。中央权威在继续衰落，社会政治秩序趋向衰败和解体，民族国家徒具形式，“军事割据和统治失序等政治败像纷呈，而民族工业则在夹缝中举步维艰，挣扎成长与旋即凋敝交替循环”②。由于失去了维系国家统一和统治秩序的政治权威，国家已经不能在制度建设方面取得实质性的进步，无法通过演进的方式确立稳定的民主制度，政府甚至不能发挥基本的社会整合作用，政治发展陷入停滞和徘徊的状态。这时国家政治发展的首要任务已经不是推动政治权威的转型，并在政治权威提供的国家整合和政治秩序的基础上推动宪政民主以及各项制度建设的进步，而是重建政治权威，重新恢复国家的统一和完整。

在辛亥革命之后，长期的军阀混战助长了激进主义的政治文化，为中国政治的曲折发展埋下了隐患。在政治冲突中，各种政治集团趋向于用武力等极端的方式解决冲突，彼此之间都视对方为罪不可赦的敌人，冲突不能通过谈判、妥协的方式来解决。军阀混战进一步加剧了民族危机和社会失序，人民饱受战乱之苦，对现实极端失望，迫切渴望出现新的政治权威来重建政治秩序。即使新的政治权威蕴藏着专制的倾向，也能够受到各个社会阶层的欢迎。这种对现实的彻底失望正是产生激进主义的心理基础。在此背景下，中国的知识阶层趋向激进化，热衷于寻求一种能够克服民族全面危机的全盘的彻底的解决办法。它的突出表现就是五四时期产生的激进的反传统思想，彻底否定

① 罗荣渠：《现代化新论——世界与中国的现代化进程》，商务印书馆 2004 年版，第 320 ~ 321 页。

② 参见陈明明：《在革命与现代化之间》，载陈明明主编：《革命后社会的政治与现代化》，上海辞书出版社 2002 年第 1 版，第 229、232 页。

中国传统思想与文化的正面价值，摧毁了儒家思想在社会中的主导地位与神圣性。① 全面反传统的正面意义是使人们摆脱了传统礼教的束缚，获得个性解放，但它的消极后果非常严重，使人们失去了传统和习惯的约束，容易接受各种极端主义思想的影响。

三、新民主主义革命对政治发展的独特贡献

辛亥革命之后的情况是，帝国体制瓦解，官僚机构瘫痪，军阀长期混战。在这种情况下，要实现现代化，推进政治发展，就必须重建统一的民族国家和稳定的政治秩序。由于军阀之间的均势和外国势力的干涉，依靠军阀不能实现中国的统一，中国重塑政治权威和国家统一的任务只能由一个具有高度整合力、组织严密的现代政党来完成。国民党 1928 年对全国形式上的统一是重建政治权威，建设现代国家的初步尝试，为现代化提供了中央集权的政府架构，使中国的民族工业有了一定程度的发展。“但国民党政府是一个低制度化水平的权威主义的城市性政权，其有效统治范围仅限于沿海和长江下游一带通商口岸。在内外交困的条件下，国民党政府既缺乏足够的权威来有效动员资源推进现代化，也不能实现向理性化的现代国家结构的转变，最终因为严重腐败和军事失败而丧失了现代化的领导权”②，没有真正完成政治整合和国家统一的任务。

现代化需要一个强大的政治权威来推动和完成。建立现代民族国家，重塑政治权威的历史重任最终是由中国共产党来完成的。中国共产党所走的仍然是一条激进革命的道路，但由于历史境遇的不同，它所领导的新民主主义革命与辛亥革命相比，给中国带来了完全不同的影响。辛亥革命推翻了旧的政治权威，却没有建立新的政治权威，从

---

① 参见林毓生：《中国意识的危机——“五四”时期激烈的反传统主义》，穆善培译，贵州人民出版社 1986 年版，第 45 ~ 51 页。

② 陈明明：《在革命与现代化之间》，载陈明明主编：《革命后社会的政治与现代化》，上海辞书出版社 2002 年第 1 版，第 230 ~ 231 页。

客观效果来说，给国家带来了极大的消极影响。而中国共产党所领导的革命却是要在国家混乱之际完成国家统一和重塑政治权威的任务。尽管中国共产党革命的最终目标是建立共产主义，但其首先完成的历史使命却是建设现代民族国家。中国共产党依赖其严密的组织体系和强大的现代意识形态实现了对中国下层民众的有效的政治动员与政治整合，并团结了中国广大的社会阶层，集聚了空前强大的力量，最终完成了重建统一的中央集权的民族国家的任务，为中国的政治发展奠定了重要的政治基础。

亨廷顿指出，发展中国家政治稳定发展的关键是要保持政治参与和政治制度化之间的平衡，但发展中国家的政治制度普遍是落后的。在这种情况下，共产党这样一种具有高度组织性、纪律性和忠诚性的政党组织提供了一种替代选择。共产党的“特长是组织，他们的目标是动员民众加入他们的组织。对他们来说，动员和组织是同时进行的”①。中国共产党作为一种高度制度化的政治组织，掌握了巧妙的动员艺术和组织艺术，不仅能够动员广大民众积极参与政治，而且能够通过创立一套新的组织和制度来规范这种参与，吸收民众加入党的各种外围组织和正式组织，使广泛的政治参与实现制度化，为一种具有高度整合力的政治体系奠定基础。中国共产党成功地将民众的政治参与纳入到党所确定的秩序中来，服从于党的政治目标的需要。这个目标就是重塑政治权威，建设一个现代民族国家。亨廷顿对共产党组织对政治发展的独特贡献作了高度评价，他说：“共产主义运动对现代政治的突出贡献，不是革除和摧毁现存制度，而是组建和创造新型的政治制度。共产主义的政治功能不是推翻权威而是填补权威的真空。”“共产主义国家都表现出高水准的政治稳定和制度化。”② 20世纪中期中国政治发展的突出成就就是中国共产党建立了一个基于民众

① ［美］塞缪尔·P. 亨廷顿：《变化社会中的政治秩序》，王冠华等译，生活·读书·新知三联书店1989年版，第311～312页。

② ［美］塞缪尔·P. 亨廷顿：《变化社会中的政治秩序》，王冠华等译，生活·读书·新知三联书店1989年版，第307、308页。

广泛参政基础上的权威政府，为实现对国家的良好治理，为推动现代化进程提供了强大的政治权威和稳定的政治秩序。

邹谠从全能主义政治的角度肯定了中国共产党对政治发展的贡献。他将中国共产党在革命和建设过程中所建构的政治形态称为“全能主义政治”①。邹谠认为，在20世纪初期，当国家解体和传统制度崩溃之后，中国社会面临着全面的危机，全能主义政治是发动社会革命，克服全面危机的有效手段。全能主义政治首先需要一个强有力的政党，只有借助于这个政党的政治力量和组织方法，才能深入和控制每一个阶层和每一个领域，改造或重建社会国家和各个领域的组织与制度，才能克服中国所面临的全面危机。②

中国共产党经由新民主主义革命的胜利建立了一个人民民主专政的政权，这种全能主义的政权既能够动员广泛的政治参与，又能够通过强大的政治权威和政党组织维持秩序和安定，如果在此基础上加强国家的制度建设，及时通过宪政结构限制全能主义政治的运行范围，将人民在革命过程中所获得的民主权利通过法律和制度加以严格的保障，将会使国家的民主与宪政建设走向良性发展的轨道，社会主义民主政治发展就有可能取得比较大的成就。

四、革命后中国政治激进主义的危害

中国共产党通过革命重建了现代民族国家，为现代化和政治发展提供了统一的权威和秩序，为人民群众提供了广泛的政治参与的途径，但这种参与是动员式政治参与，而不是自主性政治参与，其中内

① “全能主义政治”不是对政权性质的一种评价，而是用来表达政治与社会关系的一种形式，是指政治机构的权力可以随时无限制地侵入和控制社会每一个阶层和每一个领域，不涉及该社会中的政治制度和组织形式。邹谠：《二十世纪中国政治——从宏观历史与微观行动的角度看》，（香港）牛津大学出版社1994年版，第3页。

② 参见邹谠：《二十世纪中国政治——从宏观历史与微观行动的角度看》，（香港）牛津大学出版社1994年版，第3~6页。

含着激进主义的倾向。正如陈明明所指出："革命也会产生路径依赖，即革命式的政治动员与政治运作机制具有一种不可逆转的自我强化的趋势"①。如果不能通过民主与法治的制度建设克服革命的路径依赖，革命时期的激进主义将继续膨胀，异化为建设时期的激进主义，动员式政治参与就会走向反面，破坏国家制度的正常运作，摧毁现有的政治秩序，政治发展就会逆转为政治衰退。

新中国成立初期，中国共产党励精图治，致力于推进国家的现代化事业，确实在短时间内使中国在政治、经济等各方面取得了巨大的进步。与此同时，中国共产党在国家制度建设方面也取得了显著的成就。新中国成立前夕中国共产党召开了全国各个阶层代表人士广泛参加的中国人民政治协商会议。人民政协确立了国家的基本政治机构，使一个领导国家进行现代化建设的权力核心建立起来。1954 年 9 月，第一届全国人民代表大会成功召开。全国人大行使了国家最高权力机关和立法机关的职能，通过并颁布了宪法等国家基本法律。宪法颁布以后，国务院成为中央人民政府，各级地方政权机构也逐步健全，司法机构开始正常运作。新中国所确立的政治制度基本满足了政权建立之初社会、政治发展的需要，初步实现了国家政治生活的正规化，推动了经济发展和社会进步。

新中国成立初期的制度建设也存在一些比较突出的问题，执政党及其领袖的权力缺乏应有的制约，民主成果未能通过法律固定下来。后来，在党的一元化领导的口号下，形成了党政不分、以党代政、高度集权的政治体制。而党的权力又集中于党的主要领导人，尤其是最高领袖，最后导致对领袖的严重的个人崇拜。制度建设的缺失为党内"左"的激进主义的恶性发展打开了大门。新中国成立后不久，中国的政治发展就偏离了制度建设的正确方向。执政党和国家的制度结构及运行机制存在各种弊端，需要通过进一步的制度创新来解决。但遗憾的是这时却寻求通过政治运动、阶级斗争等激进手段来纠正制度弊

---

① 陈明明：《在革命与现代化之间》，载陈明明主编：《革命后社会的政治与现代化》，上海辞书出版社 2002 年第 1 版，第 246 页。

端，推动政治进步，甚至不惜打乱原有的制度体系，重建新的国家权力系统。在政治运作的方式上，执政党仍然沿袭了战争年代的做法，通过大规模的政治运动来征收资源、开展建设、完成各项政治任务。① 从新中国成立开始，政治运动连续不断，先是在初期开展土地改革、抗美援朝、镇压反革命“三大运动”；随后开展“三反”、“五反”运动；1957 年发动“反右”运动；1958 年发动“大跃进”运动；然后是社会主义教育运动；最后就是“文化大革命”。这些政治运动一浪高过一浪，越来越激进，使社会主义民主政治发展误入歧途。

新中国成立以后政治上不断走向激进有一个极为深层的原因，就是全党尤其是党的领袖对于民主的理解过于理想化，带有浓厚的乌托邦色彩。毛泽东心目中民主就是全民直接参与的“大民主”。所谓“大民主”可以理解为人民群众响应党和领袖的号召，力图摆脱法律和秩序的束缚，自觉地以政治运动为媒介直接参与国家政治生活和政治斗争，其典型表现就是人民群众通过“大鸣、大放、大辩论、大字报”的形式对阶级敌人和政治对手进行政治批判和残酷斗争。这种激进民主的最终目的是将政治革命延伸至经济、社会、文化领域，建立一个“一大二公”、绝对平等、人人大公无私的理想社会。

由于我国并没有确立稳定的民主和宪政制度，党和国家的制度和法律无法对领袖形成有效的约束，全党没有防止这种“大民主”全面推行并遏制其危害的机制和能力。在“个人迷信”和“个人崇拜”的气氛中，党的领袖被不断神化，成为享有无限权力的政治权威，不受任何法律和制度的约束。为克服现存制度的约束和秩序的保守性，党的领袖习惯于绕过制度的框架直接通过诉诸群众性政治运动来实现革命理想主义的目标。如果这种激进的政治目标与现有的制度和习惯发生冲突，毛泽东的选择是从思想上解决问题，通过改造人性，张扬无产阶级意识来一劳永逸地扫除通往理想社会的障碍。因此，无产阶

① 参见李国强：《精英决策与中国政治体制改革》，载徐湘林主编：《渐进政治改革中的政党、政府与社会》，中信出版社 2004 年版，第 89 页。

级专政下继续革命采用了“文化革命”的形式，希望借助阶级斗争、群众运动和劳动改造的手段，通过“狠斗私心一闪念”、“灵魂深处爆发革命”来达到“六亿神州尽舜尧”的目的，来实现大同世界的理想。“大民主”其实也就是通往大同世界之路，所谓由“天下大乱”达到“天下大治”。这种“大民主”和“大革命”不是通过制度措施来克服每个人人性中所存在的缺点，而是由党的领袖利用自身的权威和群众运动摧毁了党所建立的一套行之有效的制度，通过“打倒一切”、“踢开党委闹革命”、“砸乱公、检、法”等方式破坏现存的秩序，在张扬群众革命意志的同时也解除了对人性的制度束缚，将人性之恶释放出来，造成了大动荡，大灾难。① “文化大革命”扭曲了革命的价值，是中国近代以来政治激进主义发展的顶峰。毛泽东发动“文革”的本意是为了实现一个崇高的目的，但它的客观后果却使整个社会陷入长期的动乱之中，使整个国家发生了严重的政治衰退。

在近代内忧外患的特定环境下，中国走上激进式政治发展道路或许是不可避免的，也具有历史的正当性。但这种道路也有值得检讨的地方，革命者往往混淆了革命的目的和手段的关系，把激进的手段当成了目的，在革命胜利之后的和平建设时期，仍然迷信激进主义的手段和方法，或者将革命的目标推向极端，使“革命”越来越背离原来的正义目的。检讨激进主义的教训并不是否定激进式政治发展的进步性及其意义，或者认为激进式政治发展根本是不可能的，而是认为，激进式政治发展往往代价太大，欲速则不达。从成本收益的角度看，渐进式政治发展道路应该是优先选择。正如虞崇胜所指出：“在社会主义建设条件下必须破除‘破字当头，立在其中’的反向思维模式和政治发展战略取向，坚持‘立字当头，破在其中’的正向思

① 关于革命与人性改造的关系可参阅朱学勤：《道德理想国的覆灭——从卢梭到罗伯斯庇尔》，上海三联书店 2003 年版；朱学勤：《从文化革命到“文化革命”》，凤凰网“世纪大讲堂”第 158 期，http：//news. phoenixtv. com/phoenixtv/76569994053287936/20041230/478215. shtml.

维模式和政治发展战略取向。"① 中国已经建立了人民当家做主的政权，政治发展的任务是如何改革和完善这个政权，使这个政权的民主承诺能够兑现，因此当代中国的政治发展应该选择渐进式道路。

第二节 现实国情对政治发展的制约

民主在当代世界已经深入人心，成为大多数国家在现代社会生存与发展的制度选择，但民主并不是无条件存在的，民主需要复杂的社会条件的支持。如果一个社会不能满足民主所需要的基本条件，民主就不可能持续存在。在尚不具备多元民主存在条件的国家，通过激进的方式推进民主，就要冒极大的政治风险，可能会造成严重的后果，反过来影响到民主的声誉和人民对民主的信心。从改革初期以至于现在，中国显然不具备立即实行高水平民主的现实条件，大部分地区经济发展水平比较低，公民文化素质不高，民主意识滞后，社会结构缺乏对激进改革的承受能力，这些制约因素决定了当代中国的政治发展只能选择渐进式道路②。

一、经济因素对政治发展的制约

许多政治学者都指出了一个事实，即民主政治与经济发展存在高度的相关性。李普塞特认为，一个国家经济越发展，越富裕，它允许

---

① 虞崇胜：《政治文明论》，武汉大学出版社 2003 年版，第 361～362 页。

② 这里需要补充说明的是，中国存在复杂的民族问题也是中国政治发展的一个重要制约因素。中国是一个庞大的多民族国家，少数民族有 1 亿多人口，少数民族聚集地区的面积总和超过全国总面积的一半。中国历史上遗留下来的民族矛盾依然存在，各民族在经济、文化等方面的差距在短期内也不可能消除，民族关系错综复杂，同时又受到境外各种势力的影响，因而民族问题的解决是一个长期的历史过程。中国在政治发展的过程中，必须审慎地处理民族问题，如果在良好的民族关系尚未建立时，出现激进政治改革的失误，就有可能导致极端民族分离主义势力的扩张，对国家统一和领土完整构成严重威胁。

民主发展的可能性就越大。而民主较多的国家，财富、工业化和城市化程度，以及教育水平的平均值要比非民主国家高得多。① 达尔也有类似的表述："一个国家的社会经济水平越高，就越有可能实行竞争性政治体制……一个国家的政治体制越具有竞争性，这个国家就越有可能处于相对较高的社会经济发展水平。"② 大量统计数据证明，只有经济发展达到一定的水平，才能创造民主政治所需要的众多的社会因素，如中产阶级的壮大、教育的普及、财富分配的相对平均、城市化、信息传播系统的发达以及更为宽容的文化等。经济发展水平已经达到工业化标准的国家不仅有助于向民主的转型，而且有助于民主政权的巩固。③

亨廷顿通过对统计数据的分析证明，向民主化的过渡最可能发生在那些中等或中高等经济发展水平的国家，多数向民主过渡的国家也将在这一经济发展水平上。在第三波民主化国家中，有一半的国家在1976 年人均国民生产总值在 1000 美元到 3000 美元之间。他由此确定 1000 美元到 3000 美元之间是 20 世纪 70 年代中期的民主过渡带。④ 各国经验还表明，经济发展水平越高，尤其是工业化实现之后，向民主的过渡就更为和平，也更为顺利，民主政权的巩固也就更容易。在东亚，韩国的民主转型就比印尼与菲律宾更为顺利，民主也

① 参见［美］西摩·马丁·李普塞特：《政治人——政治的社会基础》，张绍宗译，上海人民出版社 1997 年版，第 27 ~ 28 页。

② ［美］罗伯特·达尔：《多头政体：参与和反对》，谭君久、刘惠荣译，商务印书馆 2003 年版，第 75 页。

③ 关于经济发展与民主政治相关性的统计数据可参阅［美］西摩·马丁·李普塞特：《政治人——政治的社会基础》，张绍宗译，上海人民出版社 1997 年版，第 30 ~ 31 页。另外，这里强调民主需要较高的经济发展水平并不是说达到某种经济发展水平的国家一定会产生民主政治，而是强调在较高的经济发展阶段，才能出现向民主的和平过渡，而且民主更容易巩固。西方民主发展的历史表明，在低水平的经济发展阶段上，民主也可以长期存在，但需要比较复杂的政治与文化条件的支持。

④ 参见［美］塞缪尔·亨廷顿：《第三波：20 世纪后期民主化浪潮》，刘军宁译，上海三联书店 1998 年版，第 70 ~ 72 页。

更为稳固。在中亚、东南亚和东南欧那些低收入的转轨经济国家，“它们的民主化进程要明显滞后于其他转型国家”。①

当代中国的改革是以“文革”对国民经济的严重破坏为起点的。改革以前中国实行重工业优先的发展战略，虽然建立了一个较为完备的工业体系，但由于畸形经济结构的制约以及政治运动的干扰和破坏，整个国家的经济发展水平与人民的生活水平都处于一个极低的水平上。1978 年我国的国内生产总值是 3645.2 亿元人民币，人均国内生产总值 381 元，人均收入才 315 元。② 在这样的经济基础与人均收入的条件下，要建立运作良好的民主政体是很困难的。这正是当代中国选择渐进式政治发展道路的一个基本原因。

中国改革以来经济获得了巨大的发展，人民的物质生活水平也有了很大的提高，但由于中国人口众多，从总体上讲中国还属于发展中国家，直到 2002 年，中国人均国内生产总值才超过 1000 美元，人民生活刚刚在总体上跨越温饱水平。许多人虽然摆脱了贫困状态，但收入低下，仍然处于温饱有余而不够富裕的状态，整日为谋生而奔波劳累。国家还不具备足够的条件来为每一个公民参与政治，充分行使自己的民主权利提供充分的物质基础。许多中下层民众缺乏参与公共事务的精力和闲暇，也没有参与政治的兴趣和能力。这样的公民很难理智地参与政治，缺乏民主政治所需要的宽容和自我约束，非常容易接受不负责任的煽动的呼吁。当多数公民都在为基本的生存而辛勤工作时，要让他们做到对公共事务既有广度又有深度地参与是不现实的。

大量贫困人口以及数量更为庞大的低收入群体的存在是中国民主政治发展的一个重要的制约因素。改革初期，中国社会存在数量众多的贫困人口，1978 年，中国农村贫困人口高达 2.5 亿人，占总人口

① ［波兰］格泽戈尔兹·W. 科勒德克：《从休克到治疗——后社会主义转轨的政治经济》，刘晓勇等译，上海远东出版社 2000 年版，第 296 页。

② 国家统计局编：《中国统计摘要 2007》，中国统计出版社 2007 年版，第 19、20 页；国家统计局编：《中国统计年鉴：1985》，中国统计出版社 1985 年版，第 33 页。

数的30.7%，到1989年，农村贫困人口仍然有1.02亿，占总人口数的11.6%，截至2006年，在经过多年努力之后，中国农村的贫困人口下降到2148万人。① 但据世界银行在2006年发表的一份报告中估计，仍然有1亿多中国人每日生活费不足1美元。②

中国的低收入群体不仅数量庞大，而且生活在一个开放的环境中，人们可以在城乡之间、发达与落后地区之间自由流动，即使最底层的人也可以享有获得资讯的各种手段，不仅可以了解到本国最好的生活方式，也可以了解到最发达国家的生活和流行趋势。在这种情况下，大量的中低收入阶层非常容易产生过高的生活期望，当这种期望不可能实现时又会滋生不满情绪，容易受到政治上极端主义的吸引，孕育激进劳工运动的社会基础。③

中国目前的激进劳工运动处于压抑状态。一旦政治开放，或者政治动荡时期来临，他们就会迸发出巨大的政治能量，使温和的政治改革措施难以付诸实施。民众的期望水平与社会经济水平相适应是国家稳定的重要条件，但中国民众是参照发达国家的生活水平引出其期望水平，当政治参与放开时，广大下层人民要求平等分配和矫正不合理的财产结构的要求就会高涨，从而使政府面临强大的压力并导致严重的政治危机。在政治体系还不能提供高度制度化的政治参与途径时，民众大规模的政治参与通常会对政治体系的稳定造成极大威胁。只有一个具有较强的政治整合能力的权威政府才能应付这种挑战和压力，并维持发展经济所必需的政治秩序。等到经济比较发达时，国家才有足够的财力进行再分配，改善弱势群体的生活状况，而且这种分配不

① 国家统计局编：《中国统计摘要2007》，中国统计出版社2007年版，第116页。

② 引自《参考消息》，2007年6月28日，第15版。

③ 李普塞特指出，下层民众容易接受简单化的政治观点，期望对任何经济、政治问题都一劳永逸地解决，他们所采取的斗争形式也通常更极端，更激进。如果一个社会中存在庞大的下层阶级，就会对民主政治产生极其不利的影响。参见［美］西摩·马丁·李普塞特：《政治人——政治的社会基础》，张绍宗译，上海人民出版社1997年版，第79～94页。

至于对较富裕阶层造成太大的威胁，整个社会才能通过谈判、协商等较为和平的方式解决政治冲突。

中国现有的财产占有结构也会对政治发展产生不利的影响。进入改革时期以后，中国的财产占有结构经历了从绝对平均到严重不平等的转变。改革初期的收入分配是高度平均化的，在这种情况下，社会结构简单，立即实行民主政治是不可能的。随着中国经济的发展，平均化的财产占有结构逐渐被打破，但取而代之的却是一个不公正的财产占有结构。中国目前存在严重的经济不平等，某些方面的不平等是由于市场经济竞争所造成的正常的收入差距，但更多的不平等是由于分配不公所造成的，尤其是政治权力资源分布不均和不当使用所导致的经济资源和机会分配方面的不公正所造成的。在改革过程中，中国的贫富差距不断拉大，某些人通过手中所拥有的权力和优势资源而迅速致富，而劳工阶层的生活状况虽然有较大改善，但社会地位在降低，住房、教育、医疗、养老等方面的巨大支出成为普通公民的沉重负担。中国的城乡收入差距目前比较悬殊，2006 年城镇居民的人均可支配收入为 11759 元，而农村居民的人均纯收入仅为 3587 元。① 根据联合国开发计划署 2005 年的统计数字，中国现在的基尼系数为 0.45，已经超过了国际上公认的警戒线，占总人口 20% 的最贫困人口占收入和消费的份额只有 4.7%，而占人口 20% 的最富裕人口占收入和消费的份额高达 50%。② 中国已经成为世界上较不平等的国家之一，而且这种不平等近似于达尔所说的累积性不平等，富裕者或权势阶层在所有的社会价值占有方面都富裕，而贫困者在所有的社会价值占有方面都贫困。一个人拥有的财富和收入在很大程度上决定了他的社会和政治地位，而一个人所拥有的政治权力资源通常也决定着其经济收入、社会地位以及获取教育、医疗等各种福利的机会。

完全的经济平等固然不可能建立民主，但严重的经济不平等尤其

① 国家统计局编：《中国统计摘要 2007》，中国统计出版社 2007 年版，第 113 页。

② 数据引自《信息时报》，2006 年 10 月 20 日，第 9 版。

是不公正也使中国在发展民主方面处于不利的处境。科恩认为："当经济不平等的情况严重时，也不适于民主……少数人拥有巨量财富而多数人陷于相对贫困之中，这就会使一些人的参与为另一些人操纵乃至控制提供了机会。"① 魏弗尔蒂也认为，在社会极端不公平的条件下，民主很难存在下去，如果通过激进手段强行发展民主，这种不利的社会条件只能使民主发生畸变。②

中国要建立稳定的民主政治需要在社会主要阶层之间能或多或少保持平等，从而避免公民之间在地位、收入和财富方面产生极端差距。这些问题不是短期内能够解决的，也不是发展民主就能够顺利解决的。在比较严重的不平等问题没有解决之前，急于发展民主在政治上面临比较大的政治风险，而且即使民主化偶然成功也不易巩固。在政治开放之前，如果国家致力于发展经济，加强政府的威信和能力，及时解决具有重大分歧性的问题，促进公民之间在经济利益与经济权利方面的平等，缩小贫富差距，将会促进政治上的宽容，为民主转型的顺利实现创造有利条件。

中国既面临着强大的国际竞争，需要加快资本积累、鼓励投资以发展经济，又面临着社会公平、再分配的压力。就目前来看，中国政府做出了很大的努力来解决社会公平问题，比如免收农民农业税，扩大社会保障的对象，提高最低收入者的收入。但从总体上看，公平问题在目前是很难真正解决的。发达国家可以利用其生产剩余，通过提高低收入者的收入水平来缓解经济不平等，中国目前显然无法在不损害富裕阶层利益或国家经济发展的条件下做到这一点。这个复杂难题的解决需要较长的时间做保障，解决贫富悬殊问题、实现社会公正只能是一个长期的渐进的过程。

另外，中国市场经济尚不成熟以及经济发展所面临的一系列挑战

---

① ［美］科恩：《论民主》，聂崇信、朱秀贤译，商务印书馆 1988 年版，第 119 页。

② 弗兰西斯科 · C. 魏弗尔蒂：《何谓"新的民主政权"?》，载中国社会科学杂志社编：《民主的再思考》，社会科学文献出版社 2000 年版，第 62 页。

也都构成了政治发展的制约因素。中国的非公有制经济已经有了比较大的发展，但多元利益集团的组织与表达还远未成熟，而且重要的经济资源和经济领域还控制在政府手中。经济生活尚未具有摆脱政府干预的独立性，政治波动对经济发展的影响比较大，政治发展的失误仍有可能对经济发展造成重大打击。中国正处在经济转轨的过程中，在发展经济方面面临着一系列比较严重的问题，如经济结构不合理、市场运行不规范、失业问题严重、三农问题积弊难改、金融领域蕴藏风险、国有企业效率低下、生态环境恶化等。这些问题的存在不仅影响中国市场经济的成败，也影响到政治发展的方式和路径。为确保经济改革的成功，人们自然会渴望一个强有力的、高效率的政府，政府集权的倾向是很难克服的。① 权威政府在经济转轨时期的存在有其合理性和必要性。

这里强调中国现有的经济条件对民主的制约，并不是说在中国现在的经济条件下，就没有发展民主的任何可能性，而只是强调，在这样的条件下，走激进式民主道路是非常危险的，要实现向民主的和平过渡必须要为民主创造更充分的条件。

二、公民社会的缺陷对政治发展的制约

公民社会的中间阶层与民间组织本是民主政治最重要的社会基础，但在中国改革的初期，公民社会几乎不存在，也没有社会中间层。在改革的过程中，公民社会经历了一个兴起到逐步壮大的发展过程，但它的阶层结构和组织化水平还不能支撑大规模的民主变革。

改革初期中国的阶层结构沿袭计划经济时代，尚不具备中间阶层生长的基础。中国计划经济时代的阶层结构极其简单，它形成于20世纪50年代中期。新中国从1953年开始在经济上推行三大改造，建立起以公有制和计划经济为特征的社会主义经济制度，消灭了私营经

① 参见季卫东：《中国：通过法治迈向民主》，《战略与管理》，1998年第4期，第1~10页。

济和私有产权制度，摧毁了阶层结构多元化的经济基础。社会阶级状况随之发生了根本的变化。原有的地主阶级、民族资产阶级不复存在，其他非劳动阶级或者消失，或者转换成新的社会身份。社会成员的身份变得极其简单，仅有工人、农民、知识分子等几种基本身份。与这种阶层结构相适应的只能是高度集权的政治体制。

一个社会的阶层结构对民主政治发展影响甚大。中国目前的阶层结构相比于计划经济时代显然有了本质性的改变，但还不能说已经具备了实现宪政民主的社会基础。中国市场经济的发展促进了利益的分化，从原来比较简单的利益结构演变成目前比较复杂的多元化的利益结构，形成了不同层次的社会阶层和利益集团。中国中间阶层已经初步形成，在绝对数量上已经相当庞大，在经济、社会生活中的地位和作用越来越重要，但从相对数量上看，中间阶层并未占有主体地位，工人和农民仍然在社会阶层构成中占据数量上的优势。根据中国社会科学院“当代中国社会阶层结构研究”课题组的调查统计，在当代中国已经形成的十大阶层中，社会中间阶层只占约16%，而农业劳动者还占42.9%。① 中国的中间阶层在政治上保守化，他们拥护和支持现行体制和政策，这对于政治稳定来说，无疑具有正面的积极意义。但他们支持现行体制在很大程度上是为了自己的既得利益甚至是某些不合理的利益，而不是基于政治信念对现行体制合法性的认同。总之，中国的中间阶层目前还没有能够为民主政治的发展奠定坚实的社会基础。

少数富裕阶层与人数众多的工农大众并存是当今中国社会的结构性特征。王绍光等人用“失衡”和“断裂”来形容目前的中国社会，虽然有几分偏颇，但也确实有一定道理。“所谓失衡社会是指，在一个社会中，一个利益集团或阶层拥有的各类社会资源（包括获得的公共资源）占社会总资源的比例远高于他们占总人口的比例，另一个利益集团或阶层拥有的各类社会资源（包括获得的公共资源）占

① 陆学艺主编：《当代中国社会流动》，社会科学文献出版社2004年版，第13、275页。

社会总资源的比例远低于他们占总人口的比例。所谓断裂社会是指，在一个社会中，几大板块（利益集团和阶层）并存，彼此之间不仅缺乏有机联系，又不能互换、交易、妥协。”①

在这种社会结构中，精英阶层处于社会的顶端，掌握大部分政治、经济、文化资源。中国的经济精英中许多人是借助于权力资源积累了巨额财富，对政治精英有一定的依附性，政治上的独立性和自主性不强。文化精英因为大多依凭现有体制工作和生活，不具有独立的精神。中国的上层经济精英和文化精英缺乏强烈的责任感和公共精神。他们极少通过批评政府行为促进政治的公正，也没有主动寻求改善下层民众生活处境的办法。目前精英阶层与贫困阶层之间两极分化明显，差距不断扩大，利益对立，彼此之间缺乏沟通。占人口多数的工人和农民处于社会底层，弱势群体被边缘化，他们的利益诉求难以得到有效的回应，对社会的不满情绪在增加。

如果一个社会中产生了利益分化，存在不同的利益集团，而这些集团之间彼此承认对方利益的合理性，各种社会阶层及其代表通过大家所公认的政治游戏规则规范自己的行为，能够通过谈判、妥协、交易的方式解决冲突，就会为民主发展提供良好的条件。但中国目前几大集团和阶层之间没有建立谈判和妥协的机制，矛盾的解决处于无序状态，很难通过和平谈判、妥协的方式解决集团之间的冲突。只有借助于一个强力政府的调控，才能控制冲突，为进一步的改革开辟道路。在中国目前的社会结构下，一旦突然开放政治，就会使社会中的冲突大大增加，一向沉默的人群就开始活跃起来，他们会要求更多的社会和经济平等、更好的受教育条件、更高的福利以及稳定的就业等。而政府在资源有限的情况下，根本无法应付这些要求。当这些要求不能实现时，就会频繁爆发政治冲突，从而使政府陷入危机之中。

新中国成立初期，中国在确立计划经济体制的过程中，追求国家对社会的全面控制，所有的社团组织都被纳入党的一元化领导之下。

---

① 王绍光、胡鞍钢、周建明：《第二代改革战略：积极推进国家制度建设》，《战略与管理》，2003 年第 2 期，第 90 ~95 页。

国家抑制甚至禁止民间社会团体的发展，1949年以前产生的所有民间组织几乎完全消失。在50年代初期，“全国性社团只有44个，1965年不到100个，地方性社团也只有6000个左右”①。计划经济时代全能主义国家对社会的超强控制，破坏了社会的自组织系统，而这个系统很难在短期内恢复和建立。

改革以后，公民社会的组织有了较大的发展②，但其进一步的壮大和扩展在法律层面和实践层面都还面临着一些比较突出的障碍。政府仍在一定程度上对民间组织采取防范和限制的态度，对社团的管理以监控管制为主。国务院1998年10月重新修订颁布的《社会团体登记管理条例》严格限定了社团的成立条件，为社团的合法登记设置了比较高的门槛。在民间组织的实际发展过程中，各级党组织和政府的领导人担心民间组织发展的过多过滥会失去控制，尤其担心一些民间组织在力量壮大后会与政府对立，成为政治稳定的威胁。因此，政府在对民间组织的日常监管工作中，对那些涉及政治、民族、宗教、人权、意识形态问题的民间组织采取严加防范的态度，通过各种措施限制其发展。③

中国民间组织自身也存在一些问题。许多民间组织的内部运作缺乏制度化的机制，民主规则和程序不健全，已经建立的一些机构和制度不能起到应有的作用，管理和决策往往由一个领导人或少数人决定。受法律、财政、资源等各种因素的制约，同时也由于民间组织的治理结构所存在的缺陷，许多民间组织的组织活动能力不强，不能有效地开展活动并发挥社会整合作用，不能为社会提供大量的公共产品

---

① 数据转引自俞可平：《中国公民社会的兴起及其对治理的意义》，俞可平等著：《中国公民社会的兴起与治理的变迁》，社会科学文献出版社2002年版，第196页。

② 详见本书第三章第三节关于公民社会发展的论述。

③ 参见俞可平等：《中国公民社会的制度环境》，北京大学出版社2006年版，第22页。

和公共服务。① 有关统计资料显示，1996年在1810个全国性社团中，能够很好地按其宗旨开展活动的只有400个左右，占社团总量的20%；基本上没有开展活动的也占20%；其余的60%的社团虽然开展了活动，但所起作用有限。②

在当代中国，社会的自组织系统逐步发展起来，但许多重要的民间组织尚未摆脱对政府的依赖，财政上、人事上尚未取得独立的地位，其作为民间组织的自主性、志愿性、非政府性、非赢利性特征还没有真正凸显出来。公民社会民间组织的社会公信度还没有达到应有的水平。公众普遍缺乏对民间组织的信任，对民间组织的活动并不热心，对于民间组织所提供的公共产品和公共服务也大多持怀疑态度。③ 通过民间组织参与公共事务的公民数量较少，公民彼此之间缺少交往和互动，社会被分割为许多碎片，各部分之间互不联系。公民社会尚未实现有效的内部的整合，还不能完全自治，不能为民主运作提供较好的社会支撑，这也是发展民主政治的重要的制约条件。

三、政治文化对政治发展的制约

公民对民主政治的普遍的心理、情感、态度以及价值判断对于民主政治的顺利发展具有重要的影响。政治发展的一个重要内容是政治文化的世俗化和理性化，也就是建设理性的民主政治文化。如果一个国家的政治文化存在严重缺陷，或者说是一种非民主的政治文化，民主的价值没有得到民众普遍的认同，那么民主制度就很难在这样的社会获得深厚的合法性，民主制度的建立及其运作就会变得极其艰难复

① 参见刘培峰：《结社自由及其限制》，社会科学文献出版社2007年版，第267~269页。

② 参见民政部社团管理司管理处编：《社会团体管理工作手册》，第132页，转引自刘培峰：《结社自由及其限制》，社会科学文献出版社2007年版，第268页。

③ 参见龚咏梅：《社团与政府的关系——苏州个案研究》，社会科学文献出版社2007年版，第163页。

杂。如果公民不具有民主的心理特性，即使建立民主政体，也不能成功运作。

公民的文化素质不高是我国政治发展在文化方面的一个最基本的不利因素。改革开放初期，中国公民的平均受教育程度非常低，根据国家统计局的资料，在1982年，中国受过小学教育的人占总人口的比重是35.4%，受过初中教育的人所占比重是17.8%，受过高中教育的人所占比重是6.6%，受过大专及以上教育的人所占比重是0.6%。受过高中及以上教育的人占总人口的比重仅为7.2%，而文盲人口则占到全国人口的三分之一左右。改革时期中国教育有了比较大的发展，基本普及了9年义务教育，大学入学率也有快速提高，但由于中国人口总数庞大，从总体上看中国公民普遍受教育程度仍然较低，公民文化素质不高。截至2006年，中国受过小学教育的人占总人口的比重是31.0%，受过初中教育的人所占比重是36.6%，受过高中教育的人所占比重是12.1%，受过大专及以上教育的人所占比重是5.8%。受过高中及以上教育的人占总人口的比重仍只有17.9%。① 从这里引用的数据可以看出，中国公民的受教育程度及其文化素质经历了一个逐步提高的过程，迄今为止，尽管中国的教育普及率已大大提高，但我们还不能说已经为民主政治的发展准备了非常充分的文化条件。

公民的文化素质是政治素质的基础，也在一定程度上影响着公民对政治的态度、参与政治的能力以及参与政治的积极性。公民的文化素质虽然不能说是发展民主的决定性因素，但能够在一定程度上影响民主政治的顺利转型和民主政治的运行质量。列宁曾明确指出了公民的文化素质与参政能力的关系，他认为文盲是站在国家政治生活之外的，“即使处理最简单的国家事务也必须有文化”②。阿尔蒙德等人的经验分析也证明：“正是那些受过某些较高教育的人最可能表示支

① 数据引自国家统计局编：《中国统计摘要2007》，中国统计出版社2007年版，第38页。

② 《列宁选集》第4卷，人民出版社1972年版，第644页。

持参与的规范；而最不可能说出个人负有某种积极参与其地方社区的义务的则是那些只受过小学教育或更少教育的人。"① 公民平均受教育水平愈低，参政能力愈是低下，愈容易为他人所摆布，而且政治思维容易简单化，无法理解政治生活的复杂性，倾向于用简单化、极端化的方式解决问题，就像恩格斯曾指出的，现代社会冲突"在文化水平低的人那里不可避免地会采取粗暴的野蛮的暴力形式"②。公民只有具有较高的文化素质，才能掌握一定的政治知识和技能，熟悉政治运作的程序，并在参与公共事务中清楚地表达自己的意见，善于与他人沟通，具有解决复杂政治问题的知识和能力。③ 中国渐进式政治发展道路的选择确实是与公民的文化素质相适应的。

与文化素质相比，对政治发展影响更大的是公民的民主政治素质，中国公民尚不具备驾驭复杂民主的政治心理和政治能力。中国传统政治文化在其主要方面是与民主政治相冲突的，传统政治思想关注的中心问题都是治道（治权）而非政道（政权）。治道主要是指治国的策略、方法和技术。政道是"关于政权的道理"，即现代人所讲的合法性。牟宗三先生指出，中国历史上只有治道而无政道，在政治文化中没有政权合法性的观念，君王执掌政权并不需要通过某种程序获得人民的同意，"帝王之取得政权而为帝为王，其始是由德与力，其后之继续则为世袭。"④ 新中国成立后，革命政治文化长期占据主导地位，它所张扬的是人民集体参与政治行动的权利，但忽视公民个体的自由权利，以及程序化的参与民主选举的权利。现代民主教育几十年处于空白状态。公民的民主意识、权利意识淡薄，民主素质不高，更缺乏民主实践的锻炼和熏陶。即使是受过高等教育，文化素质相对

① ［美］加布里埃尔·A. 阿尔蒙德、西德尼·维巴：《公民文化——五国的政治态度和民主》，马殿君等译，浙江人民出版社 1989 年版，第 216 页。

② 《马克思恩格斯全集》第 2 卷，人民出版社 1957 年版，第 608 页。

③ 参见［美］科恩：《论民主》，聂崇信、朱秀贤译，商务印书馆 1988 年版，第 59、158 页。

④ 参见牟宗三：《政道与治道》，广西师范大学出版社 2006 年版，第 1 页。

较高的群体，也有许多人缺乏基本的民主素养。大多数民众尤其是落后的农村地区，普遍缺乏民主的意识和观念，政治素质比较低。

公民政治素质低的突出表现是政治知识缺乏，尤其是对民主的认识存在严重的偏差，不能正确理解现代民主的真正含义。1987年《中国政治手册》编辑部在全国范围内组织了关于中国公民政治心理的调查，其中对公民关于民主认知的调查数据显示，能够正确认识民主的公民所占比例很低，认为民主是“人民有效地参与社会生活管理”的人占被调查人员总数的10.85%，认为民主是“人民能够选举政治领导人”的人仅占总数的6.55%，而从传统民本主义角度理解民主的人则有半数以上，如选择民主是“广泛听取、征求人民意见”的人占被调查人员总数的19.45%，选择“集中指导下的民主”的人占总数的比例高达24.98%，选择“为民做主”的人数也达到了10.92%，三项合计共占被调查人员总数的55.35%（参见表1）。在20世纪80年代，即使受过高中以上教育的人一般也只是知道民主、自由等几个抽象的理念，对于现代民主的真正内涵所知甚少。1989年河南大学的张涛老师在本校搞过一次问卷调查，关于政治认知、情感、评价方面的调查结果表明，大学生对民主、法治的认识是比较含混的，如将民主理解为民本；法治观念不清；偏爱权威人格等。① 中国社科院在同一时期的调查表明，中国公民对于政治改革和政治发展目标的认识与现代民主政治发展的方向还有很大的距离，与建立相关的民主制度相比，建立一个廉洁而有效的政府在人们心中还占有相当的分量。公民在回答“对政治体制改革目标的看法”的问题时，选择“政府廉洁”的人占被调查人员总数的比例高达36.9%，选择“提高人民生活水平”的人也达到17.1%，而选择“逐步建立民主制度”的人只占被调查人员总数的14.5%，选择“保障公民自由和权利”的占5.7%，选择实行“党政分开”的占8%，选择“解决领导

① 参见张涛：《大学生对民主的认识，情感与评价》，《政治学研究》，1989年第4期，第18~22页。

人接班问题”的占1.8%。①

表1　　20世纪80年代中国公民对民主的认知

关于民主，您更同意哪种说法？	同意此种说法的百分比
1. 集中指导下的民主。	24.98%
2. 广泛听取、征求人民意见。	19.45%
3. 人民群众当家做主。	11.58%
4. 少数服从多数。	5.17%
5. 为民做主。	10.92%
6. 人民能够选举政治领导人。	6.55%
7. 人民有效地参与社会生活管理。	10.85%
8. 限权分权。	3.35%
9. 其他。	0.87%
10. 不知道。	6.26%

资料来源：闵琦：《中国政治文化——民主政治难产的社会心理因素》，云南人民出版社1989年版，第181页。

当代中国民众仍然存在对权威的崇拜与依附心理，这对民主发展是极为不利的心理因素。闵琦等人1987年组织的调查表明，在中国公民的人格结构中，有较为严重的权威倾向，有58.48%的公民同意“能忍则忍”的生活哲学。当中国人的自身权利在遭受公共权力侵犯时，许多人不愿意去抗争而是倾向于服从和忍耐。② 在一项1997年进行的对北京市民的调查中，71.4%的被访者表示“国家搞得好不

① 张明澍：《中国“政治人”——中国公民政治素质调查报告》，中国社会科学出版社1994年版，第46页。

② 闵琦：《中国政治文化——民主政治难产的社会心理因素》，云南人民出版社1989年版，第172页。

好，主要靠领导人，一般老百姓起不了什么作用”①。李艳丽的最新调查也发现，受访者中具有权威性依附倾向的人的比例高达57.1%。这些调查表明当前中国政治主体的人格结构中仍然存在对权威的崇拜与依附倾向，这种对权威的崇拜与依附的人格结构即为权威主义人格结构。② 中国民众对权威的依附性倾向带有强烈的非理性特征，即盲目相信一个公正的权威能够给民众带来福祉，建立社会公平与正义。它相信的是人而不是制度，因此解决政治冲突的希望寄托于人治而不是法治，是非制度化的参与而不是程序化的制衡，从而对中国的民主与法治的发展构成了较大障碍。

对权威的依附心理表现在实际行为中，就是公民缺乏通过自己的努力推动政治进步的主动性和积极性。中国公民关心政治、对政治感兴趣，但如果政府行为不直接侵犯自己的利益，很少有人会采取行动影响政府的决定，改善政府的政策和行为。在中国社科院的调查中，即使当政府的某项决定损害了公民的利益时，会想到自己有权利影响政府的决定的只占19.7%，不会想到的占32.9%，说不清的占42.1%。③ 公民对于参与与自身利益无直接联系的民主活动没有强烈的愿望，对推动民主政治进步积极性不高，并不十分珍惜尚不充分的民主权利。中国实行县级人大代表直接选举以来，主动出来表示想当人大代表或者竞选人大代表的人寥寥无几。公民在回答“您曾有过当人民代表的想法吗”这样的调查问题时，回答“多次向往”的占17.3%；“一闪而过”的占15.1%；“从未想过”的占67.4%。在回答“您是否喜欢参加各种类型的选举”这样的问题时，回答“很喜欢”的占8.5%；“比较喜欢”的占25.6%；“说不清”的占20.7%；

① 中国人民大学舆论研究所：《北京人社会政治心态的调查述评——来自〈北京市居民社会政治文化观念〉抽样调查报告》，《民主与科学》，1998年第1期，第6~12页。

② 李艳丽：《影响当前中国政治发展的政治心理因素分析》，《武汉理工大学学报（社会科学版）》，2006年第6期，第769~773页。

③ 张明澍：《中国“政治人”——中国公民政治素质调查报告》，中国社会科学出版社1994年版，第72页。

“不大喜欢”的占37.7%；“很不喜欢”的占7.5%。①

公民之间政治信任度低下是中国政治文化的又一缺陷。中国公民在改革以前被动地接受执政党的政治动员和政治安排，没有建立良好的互动机制，改革以后由于整个社会的规则体系不完善，造假与欺诈盛行，导致人们相互之间信任度很低，对政府的信任度也不高。这种政治信任度很低的社会显然不宜立即推进民主政治。如果公民之间缺乏深度信任，人们就担心失去现有的政治权利和既得利益，就不能通过谈判、协商、妥协的方式解决政治冲突，公正的政治游戏规则难以在短期内确立并得到普遍遵循。只有通过法治建设和公民教育以及公民社会的发展逐渐在公民之间培养相互信任的机制，才能导致政治上宽容、妥协、合作的精神，才可能培养按规则从事政治活动的观念和合作的技术，为政治发展奠定稳定的心理基础。②

法治是民主顺利发展的保障，当代中国社会从政府到普通公民仍然没有确立牢固的法治观念，这使得民主只能渐进而不能骤行。新中国成立之后，受人治传统的影响，并沿袭战争年代的习惯做法，执政党在治理国家方面主要依靠政策治理，长期忽视法治建设，于是导致政府官员与普通公民的法治观念普遍淡薄，没有自觉遵守法律的意识。在《中国政治手册》编辑部组织的调查中，公民在被问到“从事政治活动的人是否应恪守游戏规则而不能不择手段?”时，有57.1%的公民对此持一种肯定的态度，但也有高达42.9%的人认为“搞政治要不择手段”；在回答“公民的日常行为是否有法制观念抑或遵循其他的准则?”时，选择以伦理或人际关系作为行为准则的人高达65.32%，只有32.33%的公民认为自己在日常做事时以法律和政策作为自己的行为准则。③ 改革开放以后，法制逐步确立和恢复，

① 调查数据引自马振清：《中国公民政治社会化问题研究》，黑龙江人民出版社2002年版，第103页。

② 参见李艳丽：《影响当前中国政治发展的政治心理因素分析》，《武汉理工大学学报（社会科学版）》，2006年第6期，第769~773页。

③ 闵琦：《中国政治文化——民主政治难产的社会心理因素》，云南人民出版社1989年版，第164~165页。

人大在立法方面做了大量工作，经济、政治、社会生活领域无法可依的状况有了很大改变，但长期的历史积淀难以在短期内消除，人治的土壤仍然深厚。政府的一些行为经常背离法治的要求，民众在追求自身利益时也往往采取与法律不一致的手段。

选择政治发展道路还必须考虑一个重要的因素是中国政治文化具有两极化的特征。这也是长期支配中国政治生活的动员型政治文化的典型特征。这种政治文化表现为两个极端，公民在通常情况下表现为政治冷漠，即多数人平时对政治不感兴趣，事不关己，高高挂起，不善于通过改良的方式，通过和平的理性的抗议推动政治的进步，只有在忍无可忍时才奋起反抗，以极端的方式参与到政治生活中来。公民在这种政治文化影响之下所表现出的行为特点是，要么沉默，要么做殊死抗争；遭受侵害时不敢通过和平的方式捍卫自己的权利，采取激烈抗争行动奏效之后又不知妥协，导致政治两极化。政治精英阶层持有家长制心态，追求静态的稳定的政治秩序，否认政治竞争的价值，压制民众合法的利益表达和政治诉求，抵制公开的批评和争论。在缺乏合法的批评与反对的政治状态下，精英阶层缺乏改进政治制度的动力，一般不会主动去改善民众的生存状况，保护民众的权利。当民众采取公开的抗争行动之后，不知道适当的妥协和让步，采取强硬的措施平息争端，导致民众长期保持对政府的敌视态度，在沉默中酝酿下一次更大规模的抗争。中国政治文化所具有的这种两极性要求我们对政治发展持一种审慎的态度，如果贸然启动政治多元化进程，人们的政治参与热情就会重新高涨，大批民众就会以极快的速度，极大的规模积极地参与政治生活，出现爆炸性的政治参与，对政治体系的稳定构成极大的威胁。①

中国政治文化所存在的缺陷是中国民主政治发展的一个重要的制约因素，公民民主政治素质的低下决定了民主政治发展需要经历一个长期的渐进的过程。只有随着经济发展和教育水平的提高，当公民的

---

① 参见萧功秦：《新加坡的“选举权威主义”及其启示——兼论中国民主发展的基本路径》，《战略与管理》，2003 年第 1 期，第 67 ~ 74 页。

文化和政治素质通过各种公民教育的途径以及在各种地方政府与社团组织的实践训练有了较大提高时，民主政治发展的成果才能及时得到巩固。

威亚尔达认为："民主并非一项出口商品；它不能像棵玫瑰一样从一片文化土壤移植到另一片文化土壤。它需要得到与当地条件相适应的细心照料和调整。"① 中国国情复杂，面临着许多亟待解决的问题，从经济、社会、文化等各个方面来看，确实还没有为民主政治创造良好的条件，没有做好充分的准备，突然对现存政治体制进行根本性的改革，确实要冒很大的政治风险，不能说是一个明智的政治选择。

第三节 现存政治体制的价值与激进改革的风险

中国现存政治体制存在严重弊端，权力运行经常会突破法律的限制，但现存政治体制已经为人们所适应，具有规定和指引公民行动的重要作用。通过激进方式建立的新体制通常并不能有效运行并保证政治权力受到严格制约，缺乏根基的新体制未必比原有体制能够更好地保护人们的权利。激进的制度转轨通常会破坏制度演进的正常过程，造成政治发展的中断或者倒退。历史证明，民主与法治的确立和巩固通常是一个长期的渐进的过程。

一、现存政治体制的价值

如何客观地评价一个社会现存的政治制度，柏克的有关论述具有重要的参考价值，他说："旧制度的优劣是靠它们的效果来检验的。如果人民幸福、团结、富足而强大，那么，我们对其余的东西就可作

① 霍华德·J. 威亚尔达：《民主与民主化——西方传统的产物抑或普遍现象?》，载［美］霍华德·威亚尔达主编：《民主与民主化比较研究》，榕远译，北京大学出版社 2004 年版，第 7 页。

出推断。什么东西能产生善，我们就能肯定那个东西也是善的。在旧制度中，有各种矫治措施，可以防止各种制度偏离理论。事实上，它们是各种现实需要和便利的产物。"① 经过了三十年改革开放的检验和修正，中国现存的政治体制目前能够顺利运转，执政党和政府具有强大的执政能力和控制能力，这种能力表现为掌控局面的政治技巧、维护权力的成熟机制以及应付突发性挑战和危机的措施与方法。在中国政府的领导下，经济持续快速发展，人民生活稳定，个人财产与权利得到基本保障，文化、教育、卫生等各方面的事业也能够正常发展。尽管现有的政治体制还存在严重的缺陷，但其能够履行必要的政治功能，对社会价值和资源进行权威性的再分配，为社会交往提供基本的行动规则，基本满足了一个转型社会对于法律、制度和秩序的基本需求，对于中国社会各个方面的发展都具有不可替代的重要价值。

中国现存政治体制中存在一个强大的权威政党，这是一个国家现代化进程中重要的政治条件。中国共产党在几十年执政的历程中，虽然犯过严重错误，但由于其始终代表中国先进生产力的发展要求，代表中国先进文化的前进方向，代表中国最广大人民的根本利益，并有着强大的组织力量和自我更新的力量，始终保持了政治统治的稳定性。中国共产党在中国政治格局中的领导地位是任何其他政治组织无法取代的，它通过严密的组织和广大党员干部牢牢控制着国家的政权系统，同时也通过自己的组织和党员实现对整个社会生活的领导和驾驭，具有对整个局势的控制能力。② 由于长期的统治以及其改革以来所展现的出色的政绩，中国共产党仍然享有执政的合法性。中国人民享有现有政权提供和保障的政治、经济权利，也履行作为一个公民的义务。人民基于长期的习惯和现实的需要服从国家法律，维护着执政党的合法性。中国共产党依赖其政治威望和组织力量，在中国建立了

---

① ［英］埃德蒙·柏克：《自由与传统：柏克政治论文选》，蒋庆等译，商务印书馆 2001 年版，第 131 页。

② 参见王邦佐、谢岳：《政党推动：中国政治体制改革的演展逻辑》，《政治与法律》，2001 年第 3 期，第 3 ~ 7 页。

一个强大而有效的政府。中国政府能够有效贯彻自己的政令，目前没有任何群体能够动摇它的根基。① 这个有效的权威政府不仅能够满足国家现代化建设的需要，也为中国民主政治的发展奠定了十分重要的政治基础。没有一个运作良好的政府，国家现代化的任务难以实现，民主的制度建设也不可能取得重要的成就。②

稳定的社会政治环境是政治发展的先决条件。中国现在面临着极大的政治参与的压力，但另一方面政治参与的制度化、理性化水平很低，政治稳定面临挑战。一个强大的政党和有效政府是控制政治参与的关键。中国由于一个强大政党的存在，能够控制政治参与的范围、速度和进程，使其不突破现行法律和制度的框架。同时，执政党庞大而严密的组织体系使其能够满足新旧集团参与政治的要求，在现有体制内有效扩大政治参与，成功同化现代化所造就的具有现代意识的各种新兴社会集团，使其无法对现存政治体制构成威胁。亨廷顿说："一个强有力的政党体制就为同化新集团提供出制度化的组织和程序。这样一种政党制度的形成是处于现代化之中的国家政治稳定的先决条件。"③ 萧功秦称中国现行体制是一种"后全能体制"，在这种体制下，执政党继承了全能主义体制的政治资源，比其他国家的政党具有更强的对社会局势进行宏观控制的能力，具有更有效的对突发事件与危机的处理能力，能够运用政党组织的动员能力和强大的国家机器排除现代化过程中可能出现的政治动荡与危机。④ 中国共产党强大的组织力量使其能够强制执行法律并有效实施政策，维持国家机器的

---

① 康晓光：《未来 10 年中国政治发展策略探讨》，《战略与管理》，2003 年第 1 期，第 75 ~ 81 页。

② 王绍光指出，发展中国家不仅缺乏民主，更缺乏一个紧凑而有效的政府。"没有一个有效的政府，就不可能有民主。"参阅王绍光：《安邦之道：国家转型的目标与途径》，生活 · 读书 · 新知三联书店 2007 年版，第 68 页。

③ ［美］塞缪尔 · P. 亨廷顿：《变化社会中的政治秩序》，王冠华等译，生活 · 读书 · 新知三联书店 1989 年版，第 381 页。

④ 参见萧功秦：《从发展政治学看中国转型体制》，《浙江学刊》，2005 年第 5 期，第 100 ~ 107 页。

正常运转，通过制度化的机制和手段克服转型社会政治方面的种种乱象，克服各种地方势力和社会势力向中央权威发起的挑战，为宪政民主的渐进发展提供稳定的政治秩序。

中国现存政治体制经历了时间的检验，形成了自己独特的制度运作的传统。① 这种政治传统得到了人民的认可和遵从，具有基本的合法性，是政治生活有序展开的基础。李普塞特认为，几代人长期持续的有效性，也可以给予一个政治系统合法性。在现代世界，这种有效性主要是指持续不断的经济发展。② 伊斯顿也指出，长期的有效运行能够赋予制度以合法性，“如果先前的秩序能够维持较长时间的话，那么，成员们就会有一种发展对典则本身的结构和规范的依附的强烈倾向，这种倾向与他们所同样赞同的根本的道义原则是互不相干的”③。

这种政治传统的形成对政治体制的顺利运作有着重要的作用。政治体制的顺利运转依赖于组成政治体制的各个要素在长期互动中形成相互协调的微妙机制，政治行为主体通过这种机制能够达成一种默契，对对方的行为形成稳定的心理预期，政治冲突能够通过这种默契来调节和化解。中国现行政治体制尽管没有达到理想的法治化的目标，但它的运行所依赖的规则和制度已经得到了社会成员的认可和尊重，能够发挥调节政治冲突，维持政治生活正常运转的作用。人们已经熟悉了现存政治体制的规则，在这种规则之下，人们形成并遵循一

---

① 此处的传统是指新传统，即新中国成立以来所形成的政治传统，与之相对的旧传统是指中国在历史上所形成的政治与文化传统，参阅黄宗智：《悖论社会与现代传统》，《读书》，2005 年第 2 期，第 3～14 页；高全喜：《论国家利益——一种基于中国政治社会的理论考察》，载高全喜主编：《大国》第 2 期，北京大学出版社 2004 年版，第 3～56 页；甘阳：《中国道路：三十年与六十年》，《读书》，2007 年第 6 期，第 3～13 页。

② ［美］西摩·马丁·李普塞特：《政治人——政治的社会基础》，张绍宗译，上海人民出版社 1997 年版，第 59～60 页。

③ ［美］戴维·伊斯顿：《政治生活的系统分析》，王浦劬等译，华夏出版社 1989 年版，第 361 页。

些固有的行为模式，具有了某种常规性，形成了特定的习惯和传统。人们并没有明确意识到这些习惯和传统的存在和重要作用，但它对于政治生活非常重要。政治行为主体处在各种政治关系之中，知道自己如何行为，知道如何使彼此的利益损害降低到最低限度。这就是传统的力量和作用，哪怕这种传统形成的历史并不长。这些习惯和传统是社会生活正常运行的必要条件，一旦没有了这些习惯和传统，现有的稳定的秩序就会遭到破坏。柏克认为，传统包含着前人智慧的结晶，应该满怀敬意地加以珍惜。在没有什么经过考验的有效用的模型和样板时，对现存制度的改革要格外审慎。①

中国历经百年战乱形成了现在这一套以人民民主为合法性表述的集权的政治体制，应该承认它在特定历史阶段确实满足了民族生存的特殊需要。这种经历了与环境的长期磨合而形成的制度有其自身的独特价值。毋庸置疑，这种制度是有许多缺陷的，但它的缺陷以及优点是一目了然的，人们了解这些缺陷，可以预先防止出现大的灾难，因此决不可以粗暴地将其全盘舍弃。它的法制系统可以保证基本的正义，至少不会公开地大规模地侵犯人民的生命和财产安全。人民在遭受严重不义的侵害时，可以求助于政府的保护，可以平安生活在法律的规范之下。

从政治发展的角度来看，中国现行政治体制具有进一步发展的基础和条件。中国现有政权是推翻旧的独裁专制制度的结果，中国共产党正是高举民主与自由的旗帜，才团结了最广泛的政治力量，夺得了全国政权。尽管新中国成立以后民主的发展屡遭挫折，但中国共产党始终没有忘记和否认对人民的民主承诺，中国宪法中关于政治制度的设计也处处体现了民主性的要求，具有代议制民主的基本特征。由于传统专制主义的影响和各种现实因素的制约，在实际政治运行中现存体制的民主功能未能充分发挥。中国以往政治体制的实际运行在很多情况下并没有遵循宪法所规定的制度规范。“现行政治制度规范与实

---

① 参阅［英］埃德蒙·柏克：《自由与传统：柏克政治论文选》，蒋庆等译，商务印书馆2001年版，第120～121页。

际政治运作之间存在的较大的差距为中国的渐进政治改革提供了相当大的政治体制改革的合法性制度空间。"① 中国推进政治发展并不需要对现存政治制度的全面否定和"全面替代"，只需要恢复和激活现有制度固有的民主功能，使其制度设计时的民主目的充分实现就能够推动民主政治渐进发展，从而避免制度全面置换带来的振荡。林尚立将这种政治发展策略称为通过制度功能开发来推动政治发展，即通过功能定位、功能复位与功能到位，使宪法所规定的制度功能充分实现，直接培育和发展出制度内的各种民主成分，促进当代中国的政治体制按照宪政的精神有效地运作，从而为政治发展中的民主政治建设直接提供推动力量。②

中国共产党虽然通过自己的党组织和党员全面掌握国家权力，但这种权力经过几十年演变尤其是改革以后的改革和发展，已经不再是一种无限的绝对的权力，而是一种相对有限的权力，受到各种制度与社会因素的制约。在长期执政的过程中，中国政府形成了一些固有的传统和习惯，诸如民主协商的习惯、征求意见的习惯、调查研究的习惯等，这些都对中国政府权力的运行产生了制约，使其不能任意而为。民主党派、新闻媒体、网络舆论以及民间社团等也对国家权力有一定的监督和制约作用。中国国家机构相互之间也建立了分工合作与相互监督的关系，彼此之间也会产生一定的制衡作用。在开放的条件下，国际社会和国际舆论也是对中国执政党和政府的重要制约力量。

中国国家权力受到的最重要的制约还是法律的制约。法律在很大程度上是执政党意志的体现，党通过法定程序把自己的意志变成国家法律。但法律一旦制定出来，执政党一般也会自觉地遵守。执政党和政府能够在一定程度上约束自己的权力，向人民提供基本的安全和权利保障，实行更为公正谨慎的治理。宪法是中国的根本大法，在政治

① 徐湘林：《以政治稳定为基础的中国渐进政治改革》，《战略与管理》，2000 年第 5 期，第 16 ~ 26 页。

② 参见林尚立：《中国政治发展的动力资源》，《探索与争鸣》，2000 年第 2 期，第 4 ~ 7 页。

生活中已经具有相当的权威性。中国政府与民间都把宪法作为判断政治行为正当与否的根本标准。中国宪法吸收了人类社会先进的政治理念，近代以来世界各国所公认的政治价值都在中国宪法中得到确认。重要的是它直接来源于中国的现实政治生活，中国宪法是对中国政治生活中行之有效的基本原则和制度的概括，而且吸收了中国政治生活中的惯例和习俗，凝聚了中国人民和政治家的经验和智慧。它的权威性和现实性可以为中国社会的政治生活提供基本的规则和依据，也为在宪政秩序内推进中国政治发展提供了有利的条件，尊重宪法是中国政治发展、中国政治制度创新的前提和基础。

中国共产党的立党宗旨是实现国家富强，为人民谋取利益，并以始终保持先进性作为自己的政治追求。这就决定了中国共产党不是一个保守的政党而是一个富有革新精神的政党。中国共产党在执政以后犯过严重错误，包括发动“文化大革命”那样的全局性错误。这些严重错误之所以发生，无疑是由于党的领导体制、国家的政治体制存在重大缺陷。以邓小平为代表的执政党领导人对政治改革的重要性和迫切性有着非常清醒的认识。基于防止历史悲剧重演的政治共识，执政党的历届领导人都具有明确的推进政治改革的意图和决心，并且已在许多方面开始主动放弃自己的特权和利益。中国共产党和中国政府也拥有推进政治改革的权力和能力。从改革到现在，中国执政党和政府一直控制着主要的经济、政治和文化资源。在国家与社会的力量对比格局中，执政党和政府处于优势地位。因而执政党和政府有能力推动改革，并且主导改革的进程，改革必然是渐进式的。执政党和政府能够根据自己的切身利益和社会的需要独立地制定并实施改革方案，稳步推进中国制度的变迁。①

戴蒙都罗斯指出，如果已经存在一个强大的权威政府，而且已经在推进现代化建设方面取得了突出的成就，那么在推进政治发展方面就“不需要伴随着与过去的社会、经济、政治、文化、生活和组织

① 参见康晓光：《论合作主义国家》，《战略与管理》，2003 年第 5 期，第 85～95 页。

等方面作激进的和全盘的决裂……只要能将威权体制的措施和结构加以调整以适应新民主体制内异质的逻辑和要求，朝向成功巩固的路途被证明是较为顺利和问题不多的”。① 中国有一个强大的政党和权威政府，现代化建设已经在改革开放中取得了重大进展，政治体制也在逐渐进步，中国领导人权力的交替，中国法律的制定、执行和修改，中国政府的运转，都有一套机制和规则。有了这些机制，政治生活能够正常运行，政治主体的行动能够有章可循。这些都已经奠定了政治渐进发展的重要基础。

二、激进改革的风险

现存政治体制的维持和完善对于中国经济、政治的持续发展意义重大。既然中国现存的政治体制仍然能够对社会与政治生活发挥积极的正面的功能，在现存体制的框架内尚有变革的余地，那么就不宜通过激进改革的方式用新体制替代旧体制，新的体制完全可以通过渐进的方式逐步建立起来。如果在现有体制尚具有自我革新能力的背景下，选择激进政治改革道路，将会给整个国家带来比较大的不必要的政治风险。

所谓激进改革是指“在特定的时间内对政治运行体制进行多方面的、大幅度的调整或改变”②，期望迅速清除政治体制中的缺陷或弊端。激进改革者通常是政治上的浪漫主义者，天真地相信未来一定会比现在更好，热切希望立即摆脱旧制度的束缚。他们将现代制度看做是抽象的绝对的原则，将激进改革看做是解决一切问题的灵丹妙药，主张从根本上摒弃传统政治经济制度，完全照搬一种新的制度模式。他们以为制度转轨之后，一切问题都可以迎刃而解，新的制度将

---

① 尼基佛罗斯·戴蒙都罗斯：《南欧民主化的成功故事》，载刘军宁编：《民主与民主化》，商务印书馆1999年版，第184页。

② 徐湘林主编：《渐进政治改革中的政党、政府与社会》，中信出版社2004年版，“序言”第1页。

给整个社会带来政治民主、社会公正与经济效率。①

其实政治生活是极其复杂的，并非如许多政治浪漫主义者想象的那样简单。政治发展是一个政治要素与政治资源重组的非常复杂的过程，政治发展的进程充满了不确定性，无论是政治发展的主要领导者、推动者，还是政治发展进程中的各种参与力量，都不能完全控制政治发展的进程，其结果往往是难以预料的。激进改革者往往自认为具有左右政治进程的能力，但他们也只能设计一个理性的改革方案，整个政治变革的方向、过程、范围和后果通常是他们所无力控制的。如果改革者在浪漫主义热情的支配下推动中国的制度转轨，走激进式发展道路，那么极有可能出现政治失控的局面，就会扫荡现存社会一切有价值的东西，包括它的制度和文明成果，它的价值观和生活方式，会危害到在现存制度下生活的许多无辜的普通人。

旧体制的衰亡并不等于民主政治体制的自动确立。在每一个政治体系中，它的各个组成部分之间都存在着有机的联系，正是这些不易察觉的内在联系维持着整个政治体系的正常运转。即使这个体系本身存在重大缺陷，但却能够履行基本的政治功能。“在这种背景下，最危险的过渡方式就是与原来的政府彻底决裂。”② 如果采用激进改革的方式，全盘替代现存政治体制就会切断许多不为人知的制度联系，新的制度体系的各个要素尚未经过与现实生活的磨合，很难正常运转。如果民主制度缺少相应的社会环境以及民主文化的支撑，激进的制度变革注定是要失败的。激进式政治发展的结果往往与当初的目标相去甚远，甚至比原有制度运行的结果还要糟糕。

中国长期实行全能主义政治体制，政治体系的民主化、制度化建设比较落后，目前还不具有疏导日益扩大的政治参与的机制和能力，难以将社会转型所激发的政治参与成功纳入到制度化、法治化的框架

---

① 参见黄立：《现代制度浪漫主义》，《读书》，1998 年第 11 期，第 74 ~ 82 页。

② 居伊·埃尔梅：《导论：民主的时代?》，载中国社会科学杂志社编：《民主的再思考》，社会科学文献出版社 2000 年版，第 11 页。

中来。在中国政府的强力控制下，中国社会的矛盾和问题可以控制在一定范围内，如果突然之间放弃政治领导和思想疏导，那么长期积累的矛盾将会转化为激烈的政治冲突，现有政治体制极有可能会因无法应对各种危机而陷入瘫痪状态。不仅如此，长期以来中国国家的统一和完整依赖于一个强大的中央政治权威，中央集权的政府通过强力控制维持社会稳定和政治统一。中国的现代化建设也产生了对权威和秩序的迫切需求。如果采用激进改革方式，极有可能是摧毁了旧的权威模式和政治秩序，却不能创造出新的权威模式和更为稳定的政治秩序，那将会导致中央权威的衰落或瓦解，甚至出现国家分裂的严重后果。

激进民主化不仅会对政治稳定构成极大的威胁，而且会因为严重动乱和政府无效而使民主面临失败的危险。中国人口众多、地域广阔、国情复杂，在改革开放的过程中出现了大量比较严重的社会矛盾和问题。这些问题有的是历史形成的，有的带有普遍性，在短期内彻底解决是不可能的。有些历史积怨很难公正解决，只能等待时间的自然流逝来化解。中国所面临的这些问题无疑需要进一步推动以民主为导向的政治改革来解决，但期望通过激进民主化的方式解决这些问题则是不可能的。民主是政治发展的目标，一般来说是一种更具合法性也更为有效的制度，但民主并不是万能的，并非在任何条件下都是有效的制度。民主并不能自动解决一切经济、社会和政治问题，民主也并不能保证政府所做出的决策一定正确。民主政府同样可能丧失治理能力，同样会出现长时期的经济衰退。① 激进民主化所带来的不一定是政治稳定、社会和平与经济繁荣，而极有可能是经济衰退、腐败盛行与低效政府。② 民主政府的合法性主要依赖于普遍认可的程序，较

① 参见菲利普·施密特、特丽·林恩·卡尔：《民主是什么，不是什么?》，载刘军宁编：《民主与民主化》，商务印书馆 1999 年版，第 34～36 页。

② 史蒂夫·D. 伯拉德：《吹口哨的小虾米：俄罗斯——半路杀出的民主》，载［美］霍华德·威亚尔达主编：《民主与民主化比较研究》，榕远译，北京大学出版社 2004 年版，第 85 页。

少依赖于政绩。但如果民主政府不能有效运作，“长期不能提供福利、繁荣、公平、正义、国内秩序或外部安全，就会慢慢地甚至瓦解民主政府自身的合法性”，使民众对民主产生失望、不满乃至幻灭的情绪，最终将导致民主的失败。①

激进式政治发展超越了制度建设的步伐，造成动荡的环境，使人们产生普遍恐惧和投机的心理，新制度很难顺利建立。政治上愈是激进，新制度的建立愈是艰难。制度演化的连续过程被割裂，旧的制度、规范和习惯被摧毁，道德和信仰被破坏，新的制度规范却不能正常发挥作用。于是，国家就会出现制度真空的局面，从而给政治发展造成难以克服的障碍。“所谓的制度真空，也就是在尚未建立相应的新制度之前，过于激进地摧毁了旧制度。”② 在制度真空的条件下，无论个人、集团还是政府机构都无法依据公认的规范采取正常行动，行为的失范普遍发生。政府就会成为一个软弱无能的衰败的政府。政府不仅不能解决国家所面临的重大问题，而且不能履行最基本的职能，整个社会陷入无政府状态。当新旧规则都不能解决各个政治集团之间的冲突时，人们自然就会求助于暴力，因而会加剧政治对抗，造成严重的社会骚乱和族群、阶级冲突，甚至发生长期的动乱和战争。人们长期生活在政府权威和法律规范的约束之下，一旦放弃领导，就不愿受到任何规则的约束，骤然放大的自由和权利可能转化为暴乱和恶行的借口。于是，社会治安严重恶化，犯罪现象大量涌现，人民的生命财产无法得到基本的保障。追求正义的民主行动将演变成暴力的叛乱和嘈杂的喧嚣。③

---

① ［美］塞缪尔·亨廷顿：《第三波：20世纪后期民主化浪潮》，刘军宁译，上海三联书店1998年版，第356页。

② ［波兰］格泽戈尔兹·W. 科勒德克：《从休克到治疗——后社会主义转轨的政治经济》，刘晓勇等译，上海远东出版社2000年版，第132页。

③ 关于激进政治变革所可能产生的混乱以及对社会秩序的破坏可参阅［英］埃德蒙·柏克：《自由与传统：柏克政治论文选》，蒋庆等译，商务印书馆2001年版，第14页；［法］古斯塔夫·勒庞：《乌合之众：大众心理研究》，冯克利译，中央编译出版社2000年版，第90～91页。

历史与现实中的民主转型给中国所提供的经验是丰富的，其中最重要的就是激进民主化所换来的并不是人们所渴望的民主、自由、公正和繁荣。激进民主化如果失败会使国家陷入战乱或无政府状态，人民的生存与发展受到严重威胁；即使成功也可能会使社会经历长期的动荡。这时，人们普遍渴望稳定和秩序，怀念权威政府时代的安定的生活，权威政府的回归就成为必然的选择。为了恢复秩序和巩固统治，新的权威政府需要比过去的政府更加集权，人民的自由较之以往反而受到了更多的限制。① 康晓光认为，像中国这样国情复杂的国家，立即实行多党制和普选制并不一定能更好地解决中国所面临的一系列严重的问题，即使现政权被置换，新的政体也要受到现有结构的制约，权威政治还会卷土重来。② 唐亮亦指出，当中国的贫富悬殊、国有企业经营不善、大量剩余劳动力的存在等重大经济社会问题尚未解决之前，即便在制度上实现了民主，政治体系在不安定的状况下很难顺利运转并取得最后的成功。像俄罗斯、印尼等国虽然在制度上达到了民主化的最低标准，但民主政治并不稳定，经常会发生侵害公民权利的事件。③

---

① 关于激进民主化导致权威回归的问题可参阅亨廷顿看法："人们常常断定废除独裁会导致民主的确立。不过，事实上，一个非民主的政权更可能被另一个非民主的政权而不是被一个民主的政权所取代。"［美］塞缪尔·亨廷顿：《第三波：20世纪后期民主化浪潮》，刘军宁译，上海三联书店1998年版，第43页；也可以参阅达尔的论述："在世界上的许多地方，基本条件非常不利于多头政体，那里的革命者推翻一个霸权政体后，很可能代之以另一个霸权政体。新的霸权政体可能比旧的霸权政体好，也可能更坏，这对于判断革命行动是否可取是非常重要的"。［美］罗伯特·达尔：《多头政体：参与和反对》，谭君久、刘惠荣译，商务印书馆2003年版，第232页。

② 参见康晓光：《未来10年中国政治发展策略探讨》，《战略与管理》，2003年第1期，第75～81页。

③ 参见唐亮：《渐进·民主——变革中的中国政治》，八方文化企业公司2004年版，"绪论"第7～8页；关于激进政治转型存在的一些问题还可以参阅张树华：《十年剧变——俄罗斯社会与激进主义》，《当代世界与社会主义》，2001年第6期，第113～120页。

现存体制与民主的冲突并非一定要用激进的手段来解决，中国的政治发展需要尊重现存的政治权威，保持政治制度的连续性，对制度转轨采取极其审慎的态度。政治发展的可行性选择就是在不根本改变现行政治制度的条件下对现行政治体制和政治运行机制进行完善和改进，使政治体制逐步过渡到按照民主的原则和程序来运行。王绍光引用其他国家政治发展的经验指出，渐进的、和平的政治发展对中国来说更为可取。他认为，对政府能力破坏程度最小的过渡方式更容易产生巩固的民主制度，“仅就民主强化问题而言，改革派发起的过渡（如西班牙和韩国）要比反对党领导的过渡（如菲律宾）更为可取；而有秩序的和平过渡（如前捷克斯洛伐克）则要比革命战争、种族战争或大规模骚乱（如印度尼西亚）引起的过渡更为可取。从另一个角度来看，凡是在体制过渡过程中未受触动的政府，它就有利于新体制的巩固；凡是过渡过程破坏了政府的凝聚力和机构等级制度的国家，新体制的巩固会更加艰难”①。

历史经验证明，没有一种制度模式能够一劳永逸地解决人类社会所有的苦难和罪恶，一切试图彻底打破制度演进顺序建立理想王国的行动都没有达到最初的目的。在轰轰烈烈的社会变动之后，制度建设还是要一步一步地进行，人民的福利还是要逐渐地改善。在政治发展的进程中，仅仅有一个理想的目标，具有高尚的动机与献身的精神并不能给民众带来福祉，政治发展的根本之道还是要通过扎实的制度创新与制度建设，才能推动政治与社会的进步。制度创新不是要摧毁旧的一切，不是强迫普通的民众改变自己的生活方式，而是创造条件使每一个人都能够维护自己的权利，追求自己的幸福生活。人类的理性程度已经在痛苦与磨难中逐渐提高，不能永远通过激进的手段在付出巨大代价之后获得些微的进步，已经有条件以最小的代价，在尊重人们基本权利和自由的基础上推动制度转型和社会进步。

---

① 王绍光：《安邦之道：国家转型的目标与途径》，生活·读书·新知三联书店2007年版，第75页。

第四节　全球化时代的审慎选择

一、全球化时代激烈的国际竞争

全球化是指人类社会发展的一种走向和过程，即世界各国在全球范围内相互交往、竞争、碰撞、融合，在经济、政治、文化等各个方面联系日益紧密，利益相互依存，彼此兴衰与共，国家之间的关系呈现一种合作和共赢的态势。全球化的进程可以追溯到15世纪新大陆发现后，西方资本主义开始兴起并逐步向全球扩张的时期。现在人们一般所说的全球化主要是指经济全球化，它始于20世纪80年代，90年代进一步趋向深入。在全球化时代，“大部分国家的经济活动过程都越来越多地越出国界，各国的经济发展也在越来越大的程度上成为一个在全球范围内、由多国企业共同协调、组织的过程。”① 当今世界任何一个国家都不可能脱离世界经济和国际市场而获得发展。伴随着经济全球化，在政治、文化方面也出现了全球化的趋势。政治和文化的全球化并不是西方化、同一化，而是表现在各国在政治上相互影响加深，文化交流增多，通过国际组织展开更多的合作，遵守共同的国际政治规则，自由、平等、人权、公正等成为具有普遍性的政治价值，民主政治成为各国在主权独立的基础上自觉的政治选择。

全球化时代的国际竞争非常激烈，世界各国都在调整和制定本国在全球化时代的国家战略。世界上的主要战略力量更是力争在全球竞争中取得优势地位，美国、日本、俄罗斯、中国、欧盟等大国或国家集团都积极参与经济全球化进程，力图通过发展经济、提升国力而谋求在将来的国际格局中占有有利地位。

全球化时代的国家间竞争主要表现为以经济和科技为核心的综合

① 参见［美］程晓农：《全面制度创新　适应经济全球化——二十一世纪中国面临的挑战》，《开放时代》，2001年第1期，第5～16页。

国力的较量，各国都把发展经济和科技，在国际竞争中赢得综合国力的优势作为本国的基本战略。各国政府都积极寻求扩大本国产品在世界市场中的占有份额，通过经济、政治方面的各种手段提升本国企业在国际市场上的竞争力。跨国公司的全球扩张活动是西方国家争夺世界市场的主要途径，各国都不遗余力地支持本国跨国公司的发展和壮大。在近年来美国所发生的跨国公司的兼并浪潮中，美国政府不仅在政策上予以支持，甚至从中穿针引线，推波助澜。其目的就是提升本国企业的竞争力，在世界经济中强化其已有的优势地位。① 在全球竞争中，西方国家跨国公司的全球兼并活动愈演愈烈，规模不断扩张，具有科技研发和产品创新的强大实力，使发展中国家的企业处于极其不利的地位。科技革命是全球化的重要动力，科学技术也已成为全球化时代国际竞争的关键因素，各国都把科学技术作为提高国家实力，巩固国际地位的重要手段。各国为在高科技领域占领制高点，扩大本国高科技产品的市场份额，纷纷推出高科技发展计划。与此同时，各国都把培养和吸引高素质的科技人才作为重要的国策。人才竞争已经取代传统的资源争夺成为国际竞争的新的焦点。

各国之间的竞争同时也是政治制度和政府能力的竞争。在全球化时代，各种生产要素和资源在世界市场自由流动，寻找实现自身价值增值的最佳位置，各国要在竞争中吸引更多的外来投资，吸引更多的人才为本国的建设服务，必须提供稳定的政治秩序、良好的制度环境以及高效的政府管理系统。为适应全球竞争的需要，西方各国兴起了提升政府治理水平的改革运动，各国都在努力改善政府治理结构，提高政府能力与绩效，建设有利于提高本国经济竞争力的制度体系，为国内外企业提供公平的市场环境，提供平等的待遇和法律保护，力争在全球竞争中立于不败之地。

全球化时代国际竞争的实质仍然是国家之间关于利益和权力的竞争。虽然联合国、欧盟、国际法庭等国际组织在和平解决国际冲突方

① 参见余永定：《当前世界经济形势、全球化趋势及对中国的挑战》，《世界经济与政治论坛》，1999 年第 5 期，第 1 ~ 9 页。

面日益发挥着重要的作用，国家之间的各种冲突越来越多地通过国际机制来加以解决；虽然世界多数国家都在尽力维护一个和平的国际秩序，努力通过协商与合作解决人类所面临的一些共同的重大问题，但无可回避的是，国际社会从其本质来说，仍然处于无政府状态之下，因为联合国并不是一个凌驾于所有国家之上的中央政府。① 国家的安全并不能通过国际组织和国家间协商机制获得根本的保障。在这种情况下，主权国家只能依靠自己的实力来维护安全，因而必然要通过一切途径谋求国家利益，争取更多的权力，尽最大可能增加本国的安全系数。就像华尔兹所说："由于存在许多主权国家，由于缺乏能约束这些主权国家的法律体系，加上每个国家都在自己的理智和愿望支配下看待本国的不幸和抱负，所以冲突（有时会导致战争）是必然会发生的。为了在这类冲突中赢得有利的结果，国家必须依靠自身的手段，还必须对这些手段的相对有效性给予不断的关注。"② 正因为如此，各国在全球化时代仍然在为获取更多的权力而展开竞争，虽然这种竞争更多地采取了较为间接的方式，比如主要在经济、科技领域展开，但相互防范的意识始终存在而且非常浓厚。在当代世界的大国关系中始终存在国家实力的较量，一国实力的上升在某种程度上意味着其他国家实力的相对下降，因而会引起其他国家的警惕和防范。中国是一个正在崛起的大国，这种大国地位客观上决定了中国与其他大国之间存在竞争关系，尽管中国一再宣示要走和平发展的道路，中国与其他大国的关系也在平稳发展，但这种战略利益的竞争是无法回避的。

二、全球化下中国政治发展的风险

中国正处于一个全球化的时代，全球化为中国的政治发展提供了

---

① 参见高全喜：《论国家利益——一种基于中国政治社会的理论考察》，载高全喜主编：《大国》第 2 期，北京大学出版社 2004 年版，第 25 页。

② 华尔兹：《人、国家与战争》，倪世雄等译，上海译文出版社 1991 年版，第 137 页。

重要的外部动力。中国要利用全球化带来的发展机遇，必须在国内构建与全球化相适应的政治和法律制度，提升本国制度的竞争力。同时，全球化加深了中国与世界的各国的联系，在对外交往的过程中，中国民众逐渐了解并接受自由、人权、民主等政治价值，有助于民主政治文化的形成。在全球化的推动下，民主化已成为全世界不可抗拒的潮流，中国也将建设更高水平的民主政治作为政治发展的重要目标。何增科精辟地分析了全球化对我国政治发展的重要影响，他指出，全球化要求“我国改革权力过分集中的政治体制，促进国家权力的社会化，要求我国扩大经济政治和社会生活的自由度和增强自主化，要求扩大政治生活公开化，扩大经济政治和社会生活的平等化以及政治过程的程序化和法治化”①。

在看到全球化能对中国政治进步产生积极作用的同时，我们也要清醒地认识到，中国在目前的国际环境中所面临的形势是严峻的，国内政治发展的任务尚未完成，政治体制改革还有待进一步深化，又面临全球化的挑战。政治发展本身就存在极大的政治风险，在全球化时代，如果政治发展出现失误，国家的主权独立、经济安全、政治稳定就会受到严重冲击，中国又将面临国家利益和国际地位遭受重大损害的风险。

在全球化时代，发展中国家面临着更为激烈的国际竞争。过去落后国家相对于发达国家拥有后发优势，如果采取正确的发展战略和策略，就能够抓住赶超先进国家的历史机遇，甚至一个国家可以有多次赶超的机遇。像日本、德国这样的国家在成功实现赶超而后遭到挫败之后，又能够成功地实现第二次赶超。中国在多次失去利用后发优势赶超西方发达国家之后，在20世纪后期又迎来一次重要的发展机遇。与以往不同的是，这次是处于全球化的时代，发达国家在国际竞争中居于优势地位。发达国家拥有资本、技术、信息及科技人才的优势，控制着国际货币基金组织（IMF）、世界贸易组织（WTO）和世界银

---

① 参见何增科等：《中国政治体制改革研究》，中央编译出版社2004年版，第34～35页。

行等主要国际经济组织，主导全球化游戏规则的制定和实施，按照自己的意志构筑国际经济、政治秩序，利用自己的有利地位来谋求更多的国家利益。① 而发展中国家在世界资源配置和国际竞争中则处于明显的弱势。发达国家与落后国家的差距在进一步拉大，后发优势对于落后国家发展的积极效应正在减弱。中国如果选择激进式政治发展道路，可能会损害现有的权威与秩序，无法继续推进经济与政治发展；甚至可能使国家处于动乱和分裂之中，再次错失实现现代化的历史机遇。这种机遇很难再次获得，中国的崛起和复兴将因此而变得遥遥无期。

大国之间的竞争是中国推进政治发展不得不考虑的又一个国际政治维度。中国是一个大国，这就决定了我们不可能通过与世界强国结盟来保障国家的安全，也不可能通过国际组织或国际机制来保障自己的安全与发展，中国只能依赖国家的实力来保护自己。而且，中国具备发展成为世界性强国的潜力，它在世界格局中占有重要的地位，它的崛起和强大势必与西方国家的战略利益发生冲突，因而它的发展与走向受到西方国家尤其是美国的特别的关注。美国国内许多鹰派人士认为，中国的崛起是对国际政治现状的挑战，会对美国的利益构成威胁；其他西方国家对中国的未来走向也抱有深深的疑虑。② 虽然西方国家总的来说，希望看到一个民主的中国，也对推动中国的民主化抱有极大的热情，但中国正在崛起为一个世界性大国，中国无论采取哪种制度模式，都会与美国等西方大国存在战略利益的冲突。因此，即使在中国急剧民主化的情况下，它们也会将中国视为竞争对手，对中国的发展采取一定的防范与遏制措施。如果中国的政治发展遭受挫折，国家的实力就会受到极大的削弱，有可能长期受制于人。

这就意味着中国在国家的民主转型问题上已经没有试错的机会，

---

① 徐道英：《经济全球化的两个时期与国际竞争》，《世界经济与政治》，2001 年第 6 期，第 62 ~ 66 页。

② 参见丁松泉：《试论中国崛起时代的国际环境》，《教学与研究》，2004 年第 3 期，第 66 ~ 73 页。

中国必须建设一个现代民主国家，但中国的民主转型只能成功，不能失败。颠覆国家再重新建设将是整个民族无法承受的灾难性后果。俄罗斯的教训是深刻的，俄罗斯的激进政治改革受到西方的青睐，虽然最后基本实现了民主转型，但仍然是西方国家防范与遏制的对象。俄罗斯在经济、政治等各个方面付出了巨大的代价，国家利益受到重大损害，沦为二流国家，而且在政治发展方面不得不走一些回头路。激进式政治发展风险巨大，即使侥幸能够避免内战和分裂，但也摆脱不了政局动荡和暴力冲突，对国家利益更是会造成重大损失。

三、全球化下中国政治发展的战略选择

中国的历史经验证明，无论是经济发展还是政治发展，都需要一个主权独立和领土完整的统一的国家。没有主权独立，不仅民主与法治国家的目标实现不了，已经取得的政治发展成果也会丧失，国家利益也不能得到切实保障。在全球化的条件下，有效地维护国家主权显然不能像过去一样走闭关锁国、盲目排外的道路，也不是简单的富国强兵的口号就能解决问题，关键是要全面提升国家的政体竞争力，要为国家各个方面的发展创造良好的制度环境。在这方面，一个强大的统一的中央政府对于有效维护国家主权，应对全球化的挑战非常重要。因此，对政治发展不能采取浪漫主义和激进主义的方式，不能简单地认为，只要实现民主化一切问题都可迎刃而解，包括与西方国家战略利益冲突的问题。中国的政治发展应该确立一些条件，即要在确保有一个强有力的中央政府的前提下推进政治发展，政治发展不能导致一个衰弱的政府甚至政府解体；政治发展要在确保国家利益的前提下推进，不能使国家的内外利益受到重大损害。

中国要在全球化进程中实现赶超先进国家的任务，在国际竞争中立于不败之地，必须把发展经济放在最重要的地位。国家的经济发展如果不紧紧跟上，与发达国家的差距就会进一步扩大，在国力严重落后的条件下，国家利益和国际地位更难保障。政治制度的落后会阻碍经济的发展，但如果政治制度变革的失误破坏了国家的政治秩序和政

府的稳定，同样会破坏本国经济发展的政治环境，导致民族工业一蹶不振，外国资本纷纷撤离，有可能使国家失去重要的发展机会。因此，对于中国来说，在全球化时代，政治发展不再是单纯的政治问题，政治发展问题必须与经济发展、与国家利益以及国际竞争结合起来考量，不能干扰和破坏经济建设的国内外政治环境，要保证国家在国际经济竞争中立于不败之地。政治发展模式和道路的选择要适应经济发展的需要，适应国际竞争的需要。

中国经济的市场化程度有限，民族工业的竞争力不强，在经济发展、应对全球化挑战的过程中，需要政府发挥重要作用。如果通过激进的方式发展民主，就可能会削弱政府的能力，使其无法提供重要的公共产品与公共秩序，不能提升本国产业的竞争力以使其成功地介入跨国经济体制或全球市场，因为民主"有可能把国家政策的重心转到再分配和福利问题或族群差异上来，而不注重维护吸引跨国的商业活动并使之有利可图的那些条件"①。因此，政治发展首先要保证一个强大政府的存在，才能为经济起飞创造必要的条件。只有当本国经济已经发展到能够脱离政府的支撑而在国际竞争中立足，政治发展所引发的政治动荡不会对经济发展和国家利益造成重大危害的时候，才适宜于推进民主的转型。"二战"后亚洲政治发展比较顺利的国家都是在政府强力扶持下实现经济起飞，成功实现经济转型，本国经济从容地介入国际竞争之后，才开始推动政治民主化的。而拉美和非洲一些国家在本国经济不具备国际竞争力，或者经济指标虽然够格但依然没有摆脱依附地位的时候，急于推进西方民主制，结果都导致激烈的社会动荡。②

中国应当审慎地推进政治发展和制度建设，一方面中国要适应国际社会的政治、经济规则，满足国内民众对民主的期待，迎合全球化

---

① 詹姆斯·科顿：《东亚民主政体的进步与局限》，载刘军宁编：《民主与民主化》，商务印书馆1999年版，第294页。

② 参见杨建平：《法治民主：后发国家的政治选择》，《战略与管理》，2001年第6期，第86～92页。

时代普遍的民主潮流；另一方面，面对全球化的竞争态势，中国又必须保持政治稳定，建设强大的国家。一个强有力的权威政府对于中国的发展来说是必需的。权威政府需要保持对国内外局势的驾驭能力，对国内经济、政治的调控能力，提高治国水平和执政艺术，积极稳妥地解决社会矛盾和政治冲突，既能在全球化竞争中赢得优势，又能保持政治持续健康发展。中国必须要推进政治发展，提高政治制度的竞争力，但同时一定要在确保国家利益的前提下推进政治发展，政治发展要解决自身所面临的实际经济、政治问题，政治发展目标的选择要与本国的实际结合起来。威亚尔达指出，那些在政治发展方面比较成功的国家，一般都保留自己强势的政治文化，它们在全球化的压力和影响之下，有选择地吸收西方民主政治中好的方面，吸收来自西方的有用事物，同时又继续遵循自己的道路，将“包括民主化在内的外部潮流融入它们自身的现实生活中去”，“通过它们自身社会、文化、历史和政治上的价值观、优先性和思想意识的滤镜来对民主的概念、制度和实践加以筛选”。①

中国作为一个发展中的大国，国家利益应该成为政治发展中不可忽视的因素，考虑政治发展问题必须有国际政治的维度，以确保自身的国家利益与国际地位不受损害。但狭隘的国家利益观也可能导致极端的国家主义，拒绝宪政民主，忽视公民权利的保护和国家的制度建设，最终损害国家利益。在这方面，高全喜先生提出的“自由的国家主义”的政治理念是颇有启发意义的。所谓“自由的国家主义”，就是既保障公民的个人权利，也强化作为现代国家的国家利益，在国内政治中不放弃自由、民主、宪政、法治的政治价值，建立自由政体，增强政治制度的正义性，通过强化国家权威与增强民族凝聚力来保护“公民的自由、安全与追求幸福的权利不受侵犯”；在国际政治

① 霍华德·J. 威亚尔达：《单一或多样的民主》，载［美］霍华德·威亚尔达主编：《民主与民主化比较研究》，榕远译，北京大学出版社 2004 年版，第 181 ~ 182 页。

中，强调国家安全、国家利益是首位的，建设一个强大的国家作为我们的立国之本，但决不称霸，和平的崛起，按照国际规则与秩序同其他国家进行经贸、文化、科技等方面的往来与交流。①

① 参见高全喜：《论国家利益——一种基于中国政治社会的理论考察》，载高全喜主编：《大国》第2期，北京大学出版社2004年版，第46～54页。

第三章　当代中国渐进式政治发展的动力机制

推动渐进式政治发展并取得最终成功是一门复杂艰深的政治艺术，它既需要政治体系自身的变革，也需要来自社会环境的非对抗性的助推力，并取决于政治体系与环境的交互作用。考察中国渐进式政治发展的历程可以看出，政治权威推动的政治改革、政治制度的借鉴与创新、市场经济与公民社会的发展、各种政治力量的良性互动是推动中国渐进式政治发展的基本动力，这几种因素相互作用所形成的合力就构成了中国渐进式政治发展的动力机制。①

① 亨廷顿在《第三波》一书中列举了第三波政治发展的几个方面的动力，其中有些方面如政府反对派的壮大、宗教力量以及外部势力干预等并不适合中国，容易使政治发展走上对抗式道路。何增科综合中国政治发展有关研究成果，将中国民主政治发展的动力机制概括为五个因素，即经济发展、经济转轨、公民社会的健康发展、良性的政治互动以及全球化。这里需要说明的是，全球化确实是中国政治发展的重要动力，本书在第二章对此有相关论述，但全球化的影响会给中国的政治发展带来不确定因素，甚至可能使中国政治发展走向激进，所以这里未将其视为渐进式政治发展的主要动力之一。另外，民主政治文化的传播也是推动政治发展的重要动力，本书在第二章、第五章有相关论述，但考虑到民主政治文化的超前传播通常可能引发民众对政治发展的过高的期待，因此本章未专门论述。制度创新本书列专章探讨，在此亦不赘述。参阅［美］塞缪尔·亨廷顿：《第三波：20 世纪后期民主化浪潮》，刘军宁译，上海三联书店 1998 年版，第 119 页；何增科等：《中国政治体制改革研究》，中央编译出版社 2004 年版，第 27 页。

第一节　权威推动的渐进政治改革

改革开放以来，中国的渐进式政治发展已经有了长足的进展，取得了显著的成就，推动中国政治渐进发展的一个首要的基本的动力就是权威所发动和领导的政治改革。这里的权威是特指政治权威，即在政治生活中依赖威望、功绩等手段能够得到人们自愿支持和服从的政治权力主体。当代中国的政治权威主要表现为三个层次，一是中央政府的权威；二是执政党中央的权威；三是执政党和国家最高领导人的权威。由于中国政治体制的特质，中国的政治权威可以看做是中央政府、执政党以及领导人权威的复合体，但又集中表现为执政党尤其是党的最高领导人的权威。中国共产党及其领导人在推动中国政治改革的过程中发挥了举足轻重的作用。

一、权威推动是渐进政治改革的引导力量

中国共产党是主导中国整个政治体系运转的核心，拥有政治改革的动员和控制能力，它出于维护自己执政地位，成功实现现代化目标的考虑，为规避改革过程中所可能出现的各种风险和不确定因素，选择了一条可以控制的渐进式的政治改革道路。中国共产党所领导和推动的政治改革决定了中国政治发展的目标、方向、方式和路径，正是这种政党驱动的渐进式改革成为整个政治体系渐进发展的基本动力。

党的最高领导人在中国共产党高度集中的权力结构和决策体制中处于核心地位。① 这是一种高度个人化的政治运作模式，党的最高领导人在决策过程中发挥着关键性作用，能够平衡各种政策争论和权力博弈，并享有作出权威性决定的地位和权力。邓小平是中国共产党第二代领导集体的核心，享有独特的地位，他对于改革过程中的重大政

① 徐湘林：《后毛时代的精英转换和依附性技术官僚的兴起》，《战略与管理》，2001 年第 6 期，第 65 ~ 76 页。

治决策握有最后的决定权，一旦各领域出了问题，或者领导人之间产生了矛盾，邓小平能够最后拍板决定。① 在这样一种政治模式下，政治改革如果没有权威领导人的支持和认可是无法启动的。中国的政治改革是由权威领导人发起和领导的。

政治改革是一个复杂而敏感的问题，政治改革要进行权力的重新配置和利益的重新调整，必然要触动各种既得利益，因而就会受到各种特权阶层和既得利益集团或鲜明或隐蔽的反对。同时，中国是一个社会主义国家，政治改革不可避免要受到意识形态方面的种种诘问，遭到是否要改变社会主义制度的质疑。正因为如此，政治改革在中国的推进就不仅要从实际的效用方面向人们陈列政治改革能够带来的种种利益及其必要性，“在具体制度设计上给出变动政治体制的正当理由”，更要克服各种意识形态的挑战，确保改革方向得到多数人的认可。② 在这种背景下，政治权威启动的政治改革对于推动中国的政治发展就具有特殊的意义。邓小平是中国改革的总设计师，他不但发起了中国的政治改革，而且依靠其政治威望和政治智慧能够搁置意识形态方面的争论，克服政治改革的阻力，防止政治改革停滞或倒退，同时又能够排除各种激进主义的干扰，保证政治改革的渐进性和持续性，在保持经济发展所必需的政治、法律秩序的同时，推动制度创新和制度进步。

在改革初期，邓小平鉴于新中国成立以后党所犯的一系列严重错误以及政治体制中所存在的严重弊端，着手推动党和国家领导制度的改革。1980 年 8 月他在中共中央政治局扩大会议上所作的《党和国家领导制度的改革》的重要讲话，详细阐述了中国政治改革的背景、必要性、基本原则和思路。这篇讲话成为指导和推动中国政治改革的

① David Wen-Wei Chang, *China Under Deng Xiaoping: Political and Economic Reform*, Macmillan Press, 1988, pp. 24-25. 转引自李国强：《精英决策与中国政治体制改革》，载徐湘林主编：《渐进政治改革中的政党、政府与社会》，中信出版社 2004 年版，第 87 ~ 88 页。

② 江平：《政治体制改革不能缓行》，载董郁玉、施滨海编：《政治中国》，今日中国出版社 1998 年版，第 1 页。

纲领性文件。邓小平在这篇讲话中明确指出，中国政治体制的“总病根”是权力过分集中，特别是领导者个人高度集权。这个问题也是中国政治发展的关键问题，即中国在保持一个现代化导向权威的同时，如何防止权力走向专制，出现滥用和腐败。他提出中国政治改革的任务就是实行党政分开，加强民主与法制建设，消除党和国家领导制度中普遍存在的官僚主义现象，权力过分集中的现象，家长制现象，干部领导职务终身制现象和形形色色的特权现象等①。

党和政府经过改革初期的政治改革，民主生活制度、集体领导和分工负责相结合的制度得到较好的恢复。权力高度集中的现象、严重的家长制现象有了较大改变，个人专断现象受到遏制，个人崇拜被禁止，领导人不再凌驾于组织之上。党内的民主生活逐步正常化，重新强调少数服从多数的原则，集体领导制度有了进一步的完善。党政不分，政、法不分的领导体制也得到较大的改变，党的领导不再是绝对的、整体的、全面的，党委不再包揽一切行政事务和司法事务，各级政府、司法机关和其他政治组织和团体不再简单地作为党组织的执行机构，而是具有法定的职责和功能，在履行其法定职责方面具有一定的自主性。这一时期的改革改变了全能主义的政治体制，使权威政治初步成型，奠定了现代化建设的政治基础。

到了20世纪80年代中期，随着经济改革深入，政治体制对经济改革和经济发展的阻碍作用愈益表现出来，在这种背景下，邓小平再次把政治改革提上全党的议事日程，他在1986年的多次谈话中谈到政治体制改革问题，政治体制改革成为他此时关注的中心问题。1986年6月，他在与中央负责同志的谈话中指出：“不搞政治体制改革不能适应形势。改革，应该包括政治体制的改革，而且应该把它作为改革向前推进的一个标志。”② 1986年9月，他再次强调，政治体制改革目前不能适应经济体制改革的要求。“经济体制改革每前进一步，都深深感到政治体制改革的必要性。不改革政治体制，就不能保障经

① 《邓小平文选》第2卷，人民出版社1994年版，第327页。

② 《邓小平文选》第3卷，人民出版社1993年版，第160页。

济体制改革的成果，不能使经济体制改革继续前进，就会阻碍生产力的发展，阻碍四个现代化的实现。”① 在邓小平的推动和督促下，党中央专门成立了政治体制改革研讨小组，组织有关人员专门研究政治体制改革相关问题，为党中央推进政治改革提供决策依据。1987年召开的中共十三大全面落实了邓小平的政治体制改革设想，规划了政治体制改革的蓝图。十三大之后，政治体制改革按照既定的方针逐步展开，党政分开、机构改革、法制建设、基层民主都取得了重要进展。

进入90年代以后，邓小平对于中国的政治改革仍然发挥着重要的影响。邓小平在此期间虽然没有再就政治改革发表重要讲话，但对政治改革的目标和必要性的认识并未改变。他曾经强调，党的十三大报告一个字都不能改。这表明他对十三大报告中有关政治改革的内容仍然持一种肯定的态度。但由于国内发生了政治风波，国际上发生了东欧剧变，邓小平关于推进政治改革的时机和方式的看法发生了很大变化，变得更加慎重，不再提倡过快推进政治改革。他此时关注的中心是推动国家经济体制的根本转变，使国家经济发展跃上新台阶。他在南方谈话中以巨大的政治勇气顶住了否定改革开放的逆流，推动经济改革向市场化的方向发展，为政治改革的继续推进提供了根本的动力。为适应市场经济的要求，执政党和政府审慎推动政治、行政体制的改革，使国家与社会关系发生了深刻的变化，政府的权力收缩，公民的权利扩张，中国的法制建设、机构改革、基层民主建设都有了进一步的发展，人民代表大会制度、共产党领导的多党合作和政治协商制度得到进一步完善。

在中共十五大上，江泽民再次提出了推进政治改革的任务。中共十五大在政治改革方面有几个重大突破，一是确认执政党的权力是“人民赋予的”，党和政府要“尊重和保障人权”；二是首次提出建设“社会主义法治国家”的政治目标，为中国政治改革和宪政转型指明了正确的方向；三是提出“城乡基层政权机关和基层群众性自治组

① 《邓小平文选》第3卷，人民出版社1993年版，第176页。

织，都要健全民主选举制度”，为中国基层民主的发展指明了方向；四是从转变政府职能的角度提出了机构改革的任务。十五大之后，各项政治改革的任务取得了一定的成果，特别是机构改革取得了实质性进展，初步确立了适应市场经济要求的政府架构。江泽民在中共十六大报告中又提出了政治改革的新思路，即理论界所总结的通过发展党内民主来推进人民民主。他提出要逐步改革和完善党的领导方式、执政方式、领导体制和工作制度，改革和完善党内选举制度，“以保障党员民主权利为基础，以完善党的代表大会制度和党的委员会制度为重点，从改革体制机制入手，建立健全充分反映党员和党组织意愿的党内民主制度。”① 随后，包括党代会常任制、党委票决制在内的党内民主的试点工作在全国部分地区顺利展开。胡锦涛担任党的最高领导人后，继续坚持了中国既定的政治改革的方向，他强调：“我们进一步扩大农村、城市和企业的基层民主，保证人民群众依法直接行使民主权利，依法管理自己的事情，创造自己的幸福生活。”②

中国政治改革的持续进行推动了中国政治的进步和发展，执政党的领导方式和执政方式、人民代表大会制度、法治建设、政府机构和功能转换、基层民主、公民自由等各个方面都取得了重大进步。

二、权威推动是渐进政治改革的基本保障

权威领导人的政治价值取向对改革中的目标与政策选择、改革的推进模式和改革策略具有非常重要的影响。中国政治改革持续推进的一个非常重要的原因，就是权威领导人务实的政治价值观为中国政治改革提供了正确的指导。所谓政治价值是指人们对政治制度、政治活动和政治现象所作出的价值判断，也指能够满足社会主体政治利益要

① 《江泽民文选》第3卷，人民出版社2006年版，第570页。

② 胡锦涛：《在首都各界纪念中华人民共和国宪法公布施行二十周年大会上的讲话》，《人民日报》，2002年12月5日，第1版。

求的客体的价值。① 邓小平的政治价值观是以人民作为政治价值主体和评价主体，以实际效益、效果、影响作为政治价值标准，判断一国政治体系的价值既要看其政治目的是否符合社会进步和时代发展的要求，是否符合人民的根本利益；又要看其权力结构、运行机制、操作程序是否能使政治体系所追求的价值目标得到保障和实现。这一政治价值观也为后来的领导人所继承。江泽民提出，始终保持先进性，代表最广大人民的根本利益是社会主义国家执政党所追求的政治价值的根本体现，为广大人民谋取实实在在的利益始终是执政党制定政治决策和实施政治行为的出发点和落脚点。胡锦涛提出的“权为民所用，情为民所系，利为民所谋”的执政标准同样生动体现了这种政治价值观。

权威领导人的政治价值观保证了中国的制度变迁与人民的利益需求能够保持一致，因而更容易取得成功。朱学勤认为，正确的制度选择来自于“千百万人的利益觉醒和利益推动”，但它们之间并不是一个简单的逻辑锁定的关系。在人民的利益推动和制度选择之间有一个中间层面，这个中间层面就是参与甚至主导制度选择的政治家，他们可能选择符合大多数人利益要求的制度，也可能做出相反的选择，而他们一旦做出了符合民众利益要求的正确的制度选择，就会得到千百万民众渊源不断的支持，社会就会以较快的速度向前发展。②

中国政治领导人的政治价值观是务实的，现实取向的，而不是激进的和浪漫的。根据这一政治价值观，实现人民的利益是政治改革和政治发展的最高价值原则，能否推动经济发展和生产力的进步成为判断政治改革是否成功的根本标准。这就决定了中国的政治发展在现阶段不是追求抽象的政治价值而是为人民创造更多地更公平地追求利益

① 参见《中国大百科全书：政治学》(图文数据光盘)，中国大百科全书出版社 1999 年版，“政治价值”词条。

② 参见朱学勤：《从文化革命到“文化革命”》，凤凰网“世纪大讲堂”第 158 期，http：//news. phoenixtv. com/phoenixtv/76569994053287936/20041230/478215. shtml.

的机会。在我国现阶段，政治发展的实质就是为现代化建设服务，实现人民最根本的利益。“社会主义现代化建设是我们当前最大的政治，因为它代表着人民的最大的利益、最根本的利益。”①

正因为现代化代表着人民的最根本的利益，所以经济建设就成为国家的中心任务，其他方面的工作都要围绕经济发展来进行。中国改革的领导人也正是从推动和保障经济发展的角度来考虑政治改革和政治发展问题。他们强调，政治发展必须服从和服务于经济发展的需要，必须有利于解放和发展生产力，为经济发展创建稳定的社会政治环境、高效的政府管理系统和法制化的市场体系。政治发展的进度、程序不能脱离经济发展的现实水平，要在保证和促进经济发展的基础上循序渐进。这样才能避免社会动荡，保障经济发展的成果，并为经济的进一步发展扫清障碍，有效促进经济的持续发展。政治改革需要与经济改革相互促进，相互配合。经济发展不断提供政治改革的动力和资源，政治体系通过不断的改革和创新适应经济发展的要求。政治体系一方面根据经济发展的要求不断改进自身，另一方面能够以自身的活力促进经济持续发展。两者形成这种良性互动关系的关键是，改革的领导人能够准确掌握经济发展的要求，并妥善调控政治改革的进度。当经济发展尚未提出政治改革的要求时，政治体系主要是为经济发展提供稳定的秩序和必要的公共服务。当经济发展受到政治体制的阻碍时，改革领导人能够及时认识到经济发展所产生的政治要求，适时展开政治体制改革。

中国的政治改革虽然略显滞后，并对经济发展产生了一定的消极影响，但一般来说改革领导人以及执政党和政府能够顺应经济发展的要求，推动政治体制的变革。20 世纪 80 年代中期，当改革的重点转到城市，经济体制改革愈益深入时，就遇到了政治体制的障碍，提出了改革政治体制的紧迫要求。邓小平敏锐地意识到经济改革所提出的要求，及时提出了政治改革要与经济改革相适应的要求和任务。他指出：“政治体制改革同经济体制改革应该相互依赖，相互配合。只搞

① 《邓小平文选》第 2 卷，人民出版社 1994 年版，第 163 页。

经济体制改革，不搞政治体制改革，经济体制改革也搞不通……我们所有的改革最终能不能成功，还是决定于政治体制的改革。”① 但改革领导人在思考政治改革问题时没有全盘否定现有政治体制的价值，对政治体制进行激进的全面改革，而是顺应经济发展的要求，“首先要改的是与经济发展有直接关系的那部分政治体制，如政府的机构、效率、规模等。”② 因此，政府机构改革首先就成为政治改革的重点内容。与经济发展相配合的政治改革是沿着由表及里逐步深化的路径前行，首先放松政府对经济的控制，转变政府职能，精简政府机构，提高政府效率，下放权力以调动人民的积极性；在此基础上，发展民主，加强国家的法治建设，向宪政民主的方向逐步演进。

现代化建设和经济发展需要稳定的政治环境，这同时也是保障人民权利和利益的重要条件。中国的改革领导人对此有着清醒的认识，始终强调政治改革要在政治稳定的基础上进行。邓小平在改革过程中反复强调保持政治稳定对发展民主的重要性。他说：“我们是要发展社会主义民主，但匆匆忙忙地搞不行，搞西方那一套更不行。……民主是我们的目标，但国家必须保持稳定。”③ “没有安定团结，就没有一切，包括民主，‘双百’方针等等，统统谈不上。过去我们已经吃了十来年的苦头，再乱人民吃不消，人民也不答应。反之，我们在社会主义安定团结的基础上，就一定能够有计划、有步骤地实现可能实现的一切，最大限度地满足人民的要求。”④ 江泽民也强调政治稳定是政治改革的前提条件，政治改革必须有利于政治稳定，他在党的十五大报告中指出：“推进政治体制改革，必须有利于增强党和国家的活力，保持和发挥社会主义制度的特点和优势，维护国家统一、民族团结和社会稳定，充分发挥人民群众的积极性，促进生产力发展和

① 《邓小平文选》第3卷，人民出版社1993年版，第164页。

② 李景鹏：《抓住时机，突破政治体制的障碍》，载刘智峰主编：《中国政治体制改革问题报告》，中国电影出版社1999年版，第43页。

③ 《邓小平文选》第3卷，人民出版社1993年版，第285页。

④ 《邓小平文选》第2卷，人民出版社1994年版，第252页。

社会进步。”① 中国改革领导人利用自身的权威和共产党强大的组织力量在改革过程中合理调控政治稳定与政治改革的比例关系，基本保持国家政局的稳定和政治秩序的连续性，使政治改革稳健地持续地向前推进。这是中国渐进式政治发展取得一定成就的一个基本条件。

政治改革是对现有权力结构和利益格局的调整，也会受到意识形态的质疑和反对，因此会遇到很多障碍。为克服改革的阻力，推动改革顺利前进，中国的权威领导人选择了正确的改革路线、策略和方法，始终坚持政治改革要走一条渐进式道路，通过持续的制度创新推动政治体制的革新和发展。邓小平指出：“政治体制改革很复杂，每一个措施都涉及千千万万人的利益。所以，政治体制改革要分步骤、有领导、有秩序地进行”②。因而政治改革需要审慎从事，不能一下子大干，需要从一两件事上下手，看到成功的可能性后再下决心全面推广。③

在邓小平改革思想的指导下，中国的渐进政治改革采取了灵活的策略，“通过与传统体制的策略性调试来规避改革发展的可能阻力，通过积累式的制度创新来突破旧体制的制约”④，在制度改革和创新的过程中，始终保持了继承和变革的平衡，逐步为关键环节的政治改革创造条件。中国的政治改革不是突然之间对原有体制进行大规模的、根本性的改革，政治改革目标的实现不是一步到位，而是将不断前进与暂时地退却结合起来，通过曲折的方式向前推进，以避免遭到多数人的质疑和反对。改革者随着改革的进程不断调适政治改革方案，在必要时暂时隐藏改革的最终目标，对政治目标进行分解，先从次要的、阻力最小的方面入手推进政治改革，通过一次次阶段性政治改革的成功，逐步趋近政治改革的最终目标。

---

① 《江泽民文选》第2卷，人民出版社2006年版，第29页。

② 《邓小平文选》第3卷，人民出版社1993年版，第252页。

③ 《邓小平文选》第3卷，人民出版社1993年版，第176～178页。

④ 张定淮、涂春光：《当代中国政治发展的战略与策略》，载黄卫平、汪永成主编：《当代中国政治研究报告Ⅲ》，社会科学文献出版社2004年版，第103页。

90年代中国政治改革重点的变化就是这一策略的典型体现。考虑到改革的风险，政治改革的策略有所调整，主要侧重从技术层面推动改革，侧重从外围为政治改革创造更好的经济、社会条件，改革的速度有所放缓。政治改革从“攻坚战”转移到“外围战”，原来政治体制改革是要着重解决权力过分集中的问题，其核心内容是党政分开，当实现这一目标有困难时，就暂时停止，转入其他方面的改革，如推进机构改革、发展基层民主以及完善人民代表大会制度等。原有的政治改革目标并没有放弃，只是转而采用迂回的方式，通过对原有体制的改革和创新来达到最终目的。①

中国政治改革采取了灵活的方法和措施来尽量减少改革过程中的失误和风险。政治改革并不是按照周密完整的计划向一个预定的目标前进，而是一个通过尝试和试错不断解决现实所提出的各种紧迫问题的过程。政治改革的方法论指导是邓小平所说的“摸着石头过河”②。邓小平本人对此有许多深刻的论述，他认为，改革不能怕犯错误，要大胆借鉴别国经验，但必须认识到国家太大，情况太复杂，政治体制改革面临比较大的风险，激进改革容易引起动荡和混乱。因此，政治改革不能搞“破字当头，立在其中”，不能用激进的政治运动的方式，用政治批判的方法，用这些激进的非理性的方法，只能摧毁旧的制度，但不能建立新的制度。③ 制度改革和新制度的建立要用“透彻说理、从容讨论的办法”，“用扎扎实实、稳步前进的办法”，发现问题及时处理，及时总结经验，尽量少犯小错误，避免大错误。政治改革要上下结合，反复试验，逐步推广。“中央在原则上决定以后，还要经过试点，取得经验，集中集体智慧，成熟一个，解决一个，由中央分别作出正式决定，并制定周密的、切实可行的、能够在

① 参见王贵秀：《艰难而漫长的改革——政治改革二十周年反思》，载刘智峰主编：《中国政治体制改革问题报告》，中国电影出版社1999年版，第31页。

② 徐湘林用“摸着石头过河”来概括中国改革的方法论，并作了详细的总结。参阅徐湘林：《“摸着石头过河”与中国渐进政治改革的政策选择》，《天津社会科学》，2002年第3期，第43~46页。

③ 《邓小平文选》第2卷，人民出版社1994年版，第335~336页。

较长时期发挥作用的制度和条例，有步骤地实施。”①

渐进政治改革照顾了当政者和既得利益者的利益，因而阻力较小，成本较小，初期比较容易推行。这种改革的速度、范围与后果是可以预期可以控制的，改革的领导者保留较大的回旋余地，能够根据实际情况对改革的进程和方案进行修正和调整。这是一个经验、知识与制度逐步进化的过程，在局部的小规模的改革中，政府和民众可以获得改革的经验，掌握互动和沟通的技巧，关于改革的信息和知识可以存储起来，在关键的政治转型中发挥重要作用。渐进改革是在承认现有体制作用的前提下展开的，因而能够避免制度真空，避免因社会陷入大的动荡和无序而使任何进步都不可能发生。这样就会创造一个稳定的环境，使新制度从旧制度下生长出来。

以邓小平等权威领导人为核心的执政党所推动的政治改革是中国渐进式政治发展持续与成功的重要保障。萧功秦认为，像邓小平这样的政治家一旦成为改革者，就具有一般的改革家所不具备的优势，他能够把握改革的分寸与底线，降低改革的成本，驾驭改革的进程和范围。他在原有官僚体制内所拥有的政治经验、威望、组织人脉资源，就成为改革最需要的政治稀缺资源，为改革的顺利进行提供了重要保证。② 林毅夫从新制度经济学的角度也提出了类似的看法，他认为，由于制度变迁过程中存在“搭便车”问题，因而“政治或制度企业家”的作用在制度创新中就显得十分重要，他受到普遍的信任或敬畏，能够节约制度变迁的时间和成本，克服“搭便车”问题，他通常能使每一个人的境况更好并使成员们确信新的利益分割与他们自己的意识形态是一致的。③

---

① 《邓小平文选》第2卷，人民出版社1994年版，第341页。

② 参见萧功秦：《从发展政治学看中国转型体制》，《浙江学刊》，2005年第5期，第100～107页。

③ 参见林毅夫：《关于制度变迁的经济学理论：诱致性变迁与强制性变迁》，载［美］R. 科斯、A. 阿尔钦、D. 诺斯等著，刘守英译：《财产权利与制度变迁——产权学派与新制度学派译文集》，三联书店上海分店、上海人民出版社1994年版，第391～392页。

三、权威继续推动中国政治改革的动因分析

中国的执政党及其权威领导人有着追求民主、追求政治进步的愿望，因而将会继续推动政治改革。中国的民主进程现在进展较慢，主要原因在于激进的民主化的确蕴含着巨大的政治风险，任何一个对国家和人民负责任的政治家都不能不考虑这个现实问题。从主观动机来说，中国的政治领导人并不反对中国逐步构建更具有民主特质的政治体制。邓小平在推动中国政治改革的过程中，始终坚持了民主的方向，高度评价民主对于社会主义的重要意义，他郑重指出："没有民主就没有社会主义，就没有社会主义的现代化"①。江泽民也反复强调，发展社会主义民主政治，充分保障人民当家做主的民主权利是我国政权建设和政治体制改革的根本出发点和归宿，是社会主义现代化建设的重要目标。"共产党执政就是领导和支持人民掌握管理国家的权力，实行民主选举、民主决策、民主管理和民主监督，保证人民依法享有广泛的权利和自由，尊重和保障人权。"② 江泽民还表达了执政党继续推进改革的意志和决心，他强调，中国共产党必须根据实践的发展与时俱进，开拓创新，改进党的领导方式和执政方式，对"一切妨碍发展的思想观念都要坚决冲破，一切束缚发展的做法和规定都要坚决改变，一切影响发展的体制弊端都要坚决革除"③。中国最高决策层在江泽民之后继续强调，执政党要"积极稳妥地推进政治体制改革，进一步健全民主制度，丰富民主形式，扩大公民有序的政治参与，不断推进社会主义民主政治的制度化、规范化、程序化"④。

---

① 《邓小平文选》第2卷，人民出版社1994年版，第168页。

② 《江泽民文选》第2卷，人民出版社2006年版，第29页。

③ 《江泽民文选》第3卷，人民出版社2006年版，第539页。

④ 胡锦涛：《在省部级主要领导干部提高构建社会主义和谐社会能力专题研讨班上的讲话》，《人民日报》，2005年6月27日，第1版。

目前世界上民主化国家越来越多，国内民众的民主要求也日益增长，这对中国构成了巨大的民主化的压力。中国的执政党和政府已经能够正视这种压力的存在，通过各种形式肯定民主、法治、自由、人权等普世政治价值的正当性，中国的宪法和法律也已经确认了这些普世的价值。中国还在高层领导人的支持下加入了许多旨在保护人权的国际公约。最近，执政党的高层着重考虑以党内民主的发展来推动国家民主的发展，并且已经开始了党内民主的尝试和实践。执政党勇于面对民主化的压力，当然并不意味着中国要照搬别国的制度形式，但在世界各国都以民主制度来安排政治生活的背景下，中国必须在发展民主事业方面做出更大的努力，在政治改革方面迈出更大的步伐，从而向世界和本国人民证明中国民主的真实性和人民性。可以相信，在国际、国内民主化的压力之下，中国的执政党和政府将会继续推进政治改革，在渐进民主的道路上继续执著探索。

中国国内目前面临着许多重大的挑战和问题，这也将促使执政党及现任领导人继续推进政治改革。在改革初期，对于中国改革领导人来说，推动政治改革的一个重要原因是化解党所面临的合法性危机。党通过人民的支持获得政权，拥有相对稳固的合法性基础。但“文化大革命”把高度集权的旧体制的弊端推向极端，给整个国家带来了巨大的灾难，经济面临崩溃，政治混乱不堪，严重损害了党的威望，使党面临着严重的政治危机。邓小平发动政治改革的目的就是通过制度变革和政策创新来解决党和政府面临的各种危机。由邓小平所发动并为后来的领导人所继承的政治改革适应了经济发展的要求，推动了中国经济的巨大发展，改革开放的成绩重新为中国共产党赢得了威望和执政资源，缓解了党所面临的合法性危机。但由于存在权力腐败以及贫富悬殊等各种严重的问题，执政党的合法性危机并未完全消除。从世界各国的经验来看，执政党的合法性不能完全建立在政绩的基础上，而是要建立在人们所承认的公正的制度的基础上，因此，为获得更为牢固的合法性基础，执政党也需要继续推进政治改革。在今天的中国，执政党必须通过取得更大的改革成果来获取执政的正当性和合法性。① 这使中国政治改革拥有持续的内在动力。

市场经济的深入发展会继续推动政治体制改革。中国原有的政治体制是一种高度集权的政治体制，这种体制是经济发展的重大障碍。改革以后，国家面临着经济发展和政治转型的急迫任务，这种体制已经不适应经济发展的需要，尤其是不能适应市场经济发展的需要。经过几十年的政治改革，中国政治体制发生了很大的变化，政治体制不适应经济发展的状况有了很大改善，但并没有得到根本性的解决。中国现有的政治体制仍在许多方面制约着经济发展，仍然需要进一步的政治改革解决政治体制与经济发展不适应的问题。

许多紧迫的现实问题也需要推进政治改革来解决。中国面临着许多严峻的亟待解决的问题，如腐败问题，参与问题，公平问题，侵权问题，民族矛盾，等等。这些问题用激进民主化的方式并不能较好地解决，但如果拒绝民主，这些问题肯定不能得到妥善解决，只能越积越重，最终导致政治体系出现严重危机。现实中存在的紧迫问题为政治改革提供了实践动力，只有通过渐进地然而是真诚地发展民主，才能在法治秩序的范围内逐步解决中国所面临的诸多复杂的问题。只有发展民主才能继续保持执政党的权威，保持政治稳定，并切实保障人民的各项自由和权利。

推动渐进式政治发展的基本动力不是维护旧体制的点滴的改良，也不是以暴力为主要手段的革命，而是旨在建立新体制的渐进的政治改革。在人民已经享有基本权利和自由的国家，通过和平改革实现政治渐进发展是完全可能的。邓小平说“改革也是一场革命”。他是强调渐进改革也可以带来革命性的变化，可以替代革命的功能。根据中国经济政治改革的经验来看，这种带有革命性质的渐进改革既维护了政治体系的稳定性，又能够促进政治制度、政治体制、政治运行机制不断完善，可以实现政治体系的扬弃、进步与更新。由邓小平发轫，其他领导人继续的政治改革，表面看来没有从根本上触动原有的高度

① 参见唐亮：《渐进·民主——变革中的中国政治》，八方文化企业公司2004年版，“绪论”第6页。

集权的政治体制，但实际上原有政治体制已经发生了极大的变化，它的权力的行使开始受到各种因素的制约，权力运行过程逐渐规范化，制度化成分已经大大增强，而且权威政府已经承认和接纳了人类政治文明的基本价值、理念和要素，并多次承诺要发展民主政治、建设法治国家。可以相信，权威主导的渐进政治改革将继续推动中国政治向前发展。①

第二节　市场经济是政治发展的根本动力

政治发展的动力主要来自于经济生活，一个国家在经济上的发展和变动必然会带来政治上的变化。奥唐奈指出，一个社会的社会经济结构对该社会将实行何种类型的政治制度会产生重要的影响。在既定的社会经济条件下，有些类型的政治制度是绝对不大可能出现的，而其他类型的政治制度出现并得到加强则演变成为一个强大的趋向。②许多政治学者的研究表明，近现代国家的政治发展主要是由经济市场化和现代化所引起的政治变迁的过程。市场经济是现代民主政治发展的前提和动力。有了市场经济，不一定会立即建立民主政治，但没有市场经济就不可能有民主政治，成熟的民主政治一定是建立在市场经济的基础之上。③ 西麦认为："要在一种市场经济——它具有界定明确而透明的财产权、经济权力得到公平而广泛的分布、可以自由地进入和退出，以及一种无歧视的经济竞争体制——出现之前建立自由民

---

① 需要在此指出的是，渐进政治改革要持续进行下去，不仅要求政治权威具有改革的自觉性，还要依赖市场经济和公民社会发挥对政治体系的制衡作用，需要文化公共领域对国家权力承担起批评与监督的功能。

② Guillermo A. O'Donnell. *Modernization and Bureaucratic-Authoritarianism: Studies in South American Politics.* Berkeley: University of California, Institute of International Studies, 1979, pp. 1-2.

③ 参见布公：《为什么民主必须是自由的?》，载刘军宁、王焱编：《直接民主与间接民主》，生活·读书·新知三联书店 1998 年版，第 32～33 页。

主体制，这样的历史事例未尝有过。”①

中国的政治发展是经济驱动的政治发展，因为传统体制是政治经济高度合一的，经济体制的变革必然撼动政治体制，因而中国的经济改革同时也意味着政治改革。中国向市场经济体制的转轨是渐进的，市场经济对于政治体制的要求也是逐步提出来，从而推动政治体系渐进发展。随着中国市场化经济改革逐步走向深入，必然会对原有的政治体制构成越来越大的挑战和冲击。市场经济具有推动政治发展的内在要求，市场经济愈完善，渐进式政治发展成功的条件就愈具备。市场经济是中国渐进式政治发展的根本动力。

一、推动全能政治转变为权威政治

在改革以前，计划经济体制是以强制性命令的方式安排经济活动，安排民众的工作与生活，并强制性地分配资源和利益。国家垄断了全部的经济领域，因而也就能够控制和干预人们的全部社会活动，压抑人们对物质利益的独立追求，不允许社会成员进行自愿的谈判和交易，自然人们也就不享有自主安排经济活动以及个人生活的权利和自由。个人从属于国家和单位，完全处于对整体的依赖关系之中，缺乏独立的人格和自主能力。当人们生存所需要的全部资源都依赖于国家时，社会结构必然是国家对社会的全面管制，独立的社会领域是不可能存在的。

在经济资源完全为国家所控制的计划经济时期，民众基本不拥有私人财产，相对于国家没有任何独立性，要发展出健全的现代民主政治是非常困难的。林茨和斯特潘认为：“如果所有的财产权——以及价格、劳动力、供给和分配的决策权——都在国家手里，一个巩固的

① 米哈利·西麦：《民主化进程和市场》，载［日］猪口孝、［英］爱德华·纽曼、［美］约翰·基恩编：《变动中的民主》，林猛等译，吉林人民出版社 1999 年版，第 144 页。

民主制所需要的政治社会的相对自由性也不可能存在。"① 计划经济必然要求国家高度集权，与计划经济相适应的只能是全能主义政治体制，整个社会具有高度的同质性和整体性，国家生活与社会生活融为一体，经济、政治、文化的权力中心高度集中、重合。

市场经济的本质是通过市场机制进行资源和要素的配置，以市场所反映的价格信号来调节社会生产，自发地调节市场主体之间的利益关系，"一个不受干涉的市场通过个人及其所在的社团之间无数自发的、完全匿名的契约性交易过程来配置社会资源、荣誉、权力以及商品和服务"②。市场通过对总供给和总需求的调控来达到经济运行的平衡状态，不需要国家权力过多地干预。就像达尔所指出的，在市场经济中，"经济中的实体或者是个人，或者是企业（企业，农场和其他），它们被个人或团体而不是政府所拥有……它们可以独立做出决策而不需要中央的指挥。"③

这就要求由市场主体而不是国家来控制主要的社会资源，要求削弱政府权力对经济活动的控制和干预，将经济权力下放给各个分散的、独立的市场主体。经济体系的复杂化也使国家的集中控制面临越来越多的困难。所以，市场经济的发展就意味着国家权力的退出和社会自治领域的扩大。随着中国市场经济的发展，国家权力逐步从经济领域和社会领域退出，政府职能从微观干预和控制经济活动转变为宏观调控。企业享有经营自主权，经济运行中的强制性大为减少，许多领域交给市场的自发力量在调节。随着政府权力的退出，社会领域的自主性不断加强，个人也摆脱了对政府的依附性，个人生活的主要资

---

① 胡安·林茨、阿尔弗雷德·斯特潘：《走向巩固的民主制》，载［日］猪口孝、［英］爱德华·纽曼、［美］约翰·基恩编：《变动中的民主》，林猛等译，吉林人民出版社 1999 年版，第 65 页。

② ［西班牙］萨尔瓦多·吉内尔：《公民社会及其未来》，魏海生译，载何增科主编：《公民社会与第三部门》，社会科学文献出版社 2000 年版，第 156 页。

③ ［美］罗伯特·达尔：《论民主》，李柏光、林猛译，商务印书馆 1999 年版，第 175 页。

源已经不是来自于政府而是来自于市场。①

市场经济最主要的特点之一是肯定个人作为独立的自由的经济主体而存在。为了使商品生产和交换得以进行，市场主体必须摆脱各种限制和束缚，能够根据市场信息独立自主地做出判断和选择。中国市场经济的发展将经济生活中的命令服从关系转变为平等交换的关系，允许经济主体之间自由交易、平等谈判，这样就从根本上改变了人与人之间的关系，也改变了国家与民众的关系。市场为个人自由选择提供了广阔的空间，人们可以自主安排自己的生活、工作与交易活动，从而摆脱了国家的控制和约束，这种经济地位的变化同时也具有深刻的政治意义。随着市场经济的发展，个人不再是国家和单位组织的附属物，而是一个享有权利和自由的独立的个体。

中国市场经济的发展鼓励个人创造和拥有财富，使个人的潜力得到充分发挥，越来越多的人成为合法财产的拥有者。个人的生活不再依赖于国家，国家的财政反而来源于个人，无形中使国家权力受到了约束。财产权的存在和自由交换的扩展是减少政府控制的基本条件。弗里德曼等人认为，经济自由可以缩小运用政治权力的范围，“自由市场通过分散权力，可以防止政治权力的任何集中”②。中国公民个人的财富随着市场经济的发展不断增长，逐渐创造了一个不受国家控制的私人生活领域。在这个领域内，公民能够独立地安排个人生活和家庭事务，自由地选择人生目标和发展道路，政府不再也无力全面干预个人生活。财产的分散占有限制了国家权力的全面扩张，为个人独立与社会自治奠定了牢固的经济基础，又使个人与社会获得了自治的空间和能力。③

随着中国私营经济的快速发展，非国有经济在国民经济中的比重

---

① 参见蔡拓、吴志成：《市场经济与政治发展——转型时期的中国政治》，福建人民出版社 1998 年版，第 178 ~ 179 页。

② ［美］米尔顿·弗里德曼、罗斯·弗里德曼：《自由选择：个人声明》，胡骑、席学媛、安强译，商务印书馆 1982 年版，第 9 页。

③ 参阅刘军宁：《保守主义》，中国社会科学出版社 1998 年版，第 132 ~ 133 页。

逐渐增大。1990年以后，非国有经济在国内生产总值中的比重已经超过国有经济。在此之后，国有经济的比重进一步缩小。非国有经济的渐进发展已经使中国的经济、政治、社会结构发生了根本性的变化。人们的自由领域在不断扩大，自主精神在增强，国家的权力范围在缩小，越来越多的经济活动处于国家的控制之外。经济市场化的发展本身就在塑造一个有限政府的结构。①

市场经济的发展使人们可以从事自由的经济活动，安排自己的生活，逐步冲破了政治强制，缩小了政府控制的范围。市场经济导致了决策和政治资源的分散化，防止权力和资源的过度集中，经济、社会生活不再需要一个无所不能的集权政府，有利于推动政体向自由化和民主化方向演变。② 中国市场化改革最先是从农村开始的，家庭联产承包责任制在农村的产生和发展改变了人民公社政、经、社合一的政治结构，农民获得了独立的经济地位和自治的社会领域，推动了乡村基层政权的重建和村民自治制度的发展。③

市场经济解构了传统的全能主义体制，高度集权的传统体制无法继续存在下去，必须自觉实现向权威政治的转型，权力结构向分散化和多元化的方向发展，为民主政治的发展创造了前提。中国政治体系在经济发展的基础上发生了很大的改变，它的包容性和适应性大为增强，已经形成了自主社会领域与国家并存的格局，国家控制的范围已大大缩小，其作用越来越局限在宏观经济领域和公共秩序领域，国家一般不会干预公民的个人事务、正常的经济活动以及各种社会事务。这种有限的多元主义结构是伴随着市场经济的发展而必然会出现的社会结构，与此相适应，国家政治形态从全能政治过渡到权威政治。

---

① 参见赵成根：《理性威权主义转型的合理性分析》，载徐湘林、［德］格哈德·格勒、赵建民主编：《民主、政治秩序与社会变革》，中信出版社2003年版，第210～211页。

② 参阅达尔的相关论述。［美］罗伯特·A. 达尔：《多元主义民主的困境——自治与控制》，周军华译，吉林人民出版社2006年版，第176页。

③ 参见曹沛霖：《制度纵横谈》，人民出版社2005年版，第218页。

二、奠定民主政治的坚实基础

在计划经济时代，当政府控制全部的交易活动时，由于政府的活动是强制性的，政府规定了经济活动中所有行为主体的利益界线，并且不允许社会成员之间进行自愿的谈判和交易，因而人们所享有的自由程度很低①；而且由于计划经济是自上而下的命令服从式经济，因而除经济上低水平的平等之外，人们的政治权利也是不平等的。

中国市场化的经济改革逐渐承认了人们自由从事经济活动的权利。等价交换成为人们开展商品交易活动必须遵循的基本原则，等价交换的正常进行要求具备两个前提条件，一是交易活动的双方必须享有平等的权利和地位；二是交易活动的双方都有支配财产或所有物的自由。只有承认了市场主体之间的全面平等和自由，每一个人都享有同等的受法律保护的权利，能够在同一规则之下与他人进行平等竞争和平等交易，商品生产和交换才能顺利进行。这种以交易主体的自由和平等为前提的市场活动必然在发展过程中孕育公民平等、自由的观念，并在事实上使公民相互之间确立起以自由和平等为内核的契约关系。马克思曾有过深刻的论述，他说："商品是天生的平等派。"②"平等和自由不仅在以交换价值为基础的交换中受到尊重，而且交换价值的交换是一切平等和自由的生产的、现实的基础。作为纯粹观念，平等和自由仅仅是交换价值的交换的一种理想化的表现；作为在法律的、政治的、社会的关系上发展了的东西，平等和自由不过是另一次方的这种基础而已。"③

尽管我国民主政治文化的发育总体上较为迟缓，但随着市场经济

---

① 参见张军：《中央计划经济下的产权和制度变迁理论》，《经济研究》，1993 年第 5 期，第 72 ~ 80 页。

② 《马克思恩格斯全集》第 23 卷，人民出版社 1972 年版，第 103 页。

③ 《马克思恩格斯全集》第 46 卷（上），人民出版社 1979 年版，第 197 页。

的发展，已经有越来越多的人认可了平等和自由的价值。而且这种在市场中产生的平等和自由意识与计划经济时代有很大不同，它是建立在利益的自由追求和权利的平等保护的基础之上的。而这恰恰是现代民主政治的心理基础。这种从市场经济中产生的平等和自由的观念是对权力垄断和特权制度的否定。建立在平等和自由基础之上的契约关系在中国的发展不仅逐步冲破了计划经济体制对人们经济方面的束缚，而且日益冲破高度集权的政治体制对人们政治方面的束缚。市场经济的发展正在逐步清除人际关系中存在的先天的、人为的、权力的因素。通过市场化改革，许多人失去了计划经济时代的权力、地位和特权，而更多的人获得相对平等的经济机会和从事经济活动的权利。公民逐渐摆脱对政府的依附性，权利意识已经觉醒。越来越多的公民开始主张和实践自己的政治权利，如政治参与的权利、知晓政务运作的权利、消费公共产品、享受公共服务的权利以及要求政府平等对待的权利。公民不再盲目接受既定的权力关系模式，要求将政府权力的使用建立在人民同意和约定的基础之上，通过民主选举和法定程序来表达公共意志，监督公共权力，并要求政府能够高效地为社会提供公共产品和公共服务。

在改革以前中国是一种整体性的利益结构，虽然有不同利益群体之间的利益差别，但这种利益差别在国家强制性的制度安排下，利益关系是固定的，个人以及社会群体在利益分配方面没有发言的机会和权利，也没有通过影响政府政策来追求自身利益的动机和愿望。在每一个利益群体内部，个人之间在利益分配方面平均化，个人没有明确的利益意识。在这种利益分配关系中，个人形成了对政府的高度依赖，缺乏自治的能力和意愿，① 人们即使在执政党的动员之下广泛参与政治，也只会对政治发展产生消极的影响。

改革以后，党和政府实行允许一部分人先富起来的政策，个人可以公开地、合法地追求自己的利益，逐渐打破了平均主义的分配体

① 参见李景鹏：《中国政治发展的理论研究纲要》，黑龙江人民出版社2000年版，第140页。

制，人们获得利益的方式也从主要依赖于国家转向市场和社会。市场经济为人们追求物质和精神利益的满足提供了广阔的空间和机会，也提供了足够的动力。市场经济以物质利益作为其内在驱动力，鼓励人们采取经济行动谋取物质财富，并以此为标准衡量各个市场主体的业绩，确认其社会地位。“这种利益机制和利益评价体系，必然会激活人们对物质利益的欲求，改变人们在自然经济和计划经济中淡漠物质利益的现象”①，最大限度地激发人们追求物质财富的创造力，使每一个市场主体都成为追求利益最大化的经济人。

在市场经济活动中，各个市场主体为追求最大的利益，彼此之间展开着激烈的竞争。在自由竞争、劳动分工、市场运气等因素的作用下，人们在生产和交换过程中形成了利益分化和等级差别。另外，中国政府仍然控制着主要的经济资源，主导着社会价值的再分配，影响甚至决定不同群体的利益满足程度。因此，在利益不均衡的状态下，人们为了追求和获取更多利益，必然会把利益诉求的主要对象转向政府，通过参与公共权力的运作过程来影响社会价值（资源）的再分配。在20世纪90年代之后，中国经济持续快速发展，新社会阶层的队伍日渐庞大，利益主体数量增多，利益分化不断加剧，不同的利益群体追求利益表达、参与政治运行的愿望大大增强。这样，利益相近和社会地位相同的群体逐渐倾向于通过集体行动的方式追求和维护自己的利益，利益集团在中国已初步形成并开始对政府的政策和行为施加影响。利益集团团体意识的强化和政治行动的增多可能在加剧利益冲突方面产生一定的负面影响，但另一方面如果国家及时提供利益集团进行利益博弈的制度平台，利益集团的政治参与将为民主政治奠定比较坚实的基础。②

① 蔡拓：《市场经济与市民社会》，《天津社会科学》，1997年第3期，第18～25页。

② 参见《社会利益集团的形成与中国的政治发展》，载黄卫平、汪永成主编：《当代中国政治研究报告Ⅱ》，社会科学文献出版社2004年版，第60～61页。

随着市场经济的发展，人们所拥有的私人财产越来越多，保护财产和捍卫自身利益的意识日益增强，许多人会产生现代公民意识和纳税人意识，人们不仅关心政府征税的多少以及自己的利益是否受损害，而且还要关心税收的正当性以及税收如何使用，这样就会促进现代公共财政制度的产生，促进政府向责任政府转变。这种纳税人意识及政治要求对中国政府已经构成了一定的压力，因为随着国有经济的萎缩，政府的财政越来越依赖于公民的纳税。如果政府不能通过制度化的方式证明税收用途的正当性，满足公民的知情权和监督权，征税可能出现困难，或者要付出极高的征税成本。事实上，公民的这种纳税人意识及其权利要求，已经在改善政府行为及治理方式方面产生了积极的作用，有许多地方的人大代表已经在通过质询和询问的形式对政府的预算以及预算使用情况表示强烈关注，对行政部门产生了一定的压力。

这种建立在公民正当利益基础上并通过合法的方式表现出来的政治参与，才能促进民主政治的健康发展。民主政治只有与公民维护自己利益的要求结合起来，才能有持续的动力和稳固的基础。良好的政治制度的形成正是来自于民众的利益觉醒和利益推动，市场经济是最适合人们追求自己利益的经济制度，而建立在市场经济基础上的宪政民主制度则是最能够保护人们利益的政治制度。适应市场经济的政治变革，因为符合人们的利益，能够得到民众的广泛支持，制度演进具有持续的动力而且制度演进的成果能够及时得到巩固。市场经济是民主政治的基础，市场制度越完善，民主政治发展就越顺利。政治发展在某种意义上就是指公共权力的确认、配置、运行向着更加适合市场经济社会需要并能够更有效地推动其发展的方向演进与更新。事实上，中国市场经济的发展已经对民主政治发展产生了巨大的推动作用，中国政治体制的权力结构和运行机制已经向民主化的方向大大迈进。

中国的市场化改革促进了经济发展和财富增长，初步奠定了民主政治的物质基础。市场经济从根本上推动了中国社会的现代化转型，使中国从一个传统的农业社会逐步转变为一个现代工业社会。如今，中国的工业化取得了重要进展，城市化水平明显提高，① 教育的普及和传播媒介的发达使普通民众可以快速地获取各种信息，交通通信工具的发展则使人们之间的联系和沟通更加方便、快捷。在经济发展的基础上，中国绝大多数人民的生活水平都有了很大提高，贫困人口数量急剧减少，人们的政治信念和价值观也发生了重大变化，变得更为务实，更加世俗化，意识形态色彩大为淡化，采取极端立场的人越来越少。在社会财富迅速增长的同时，中国政府的财政收入增长很快，2006 年中央和地方财政收入合计达到 38730.6 亿元。② 这为政府解决地区差距问题、贫困问题、三农问题、社会保障问题等一系列棘手的问题提供了财力保障，为和平解决各种政治冲突奠定了经济基础。这里强调市场经济对民主的积极作用，只是想指出，与改革初期相比，正是市场经济的发展为民主政治创造了较好的条件并将继续创造更好的条件，但这并不等于说中国应该马上大规模地发展民主。正如前文已经指出的，中国的经济、社会、文化等方面都还存在着各种深刻的矛盾和问题，并不具备立即实行普选式民主的条件。

三、促进依法治国方略的实现

科思曾指出，市场交换表面看来是物品的交换，实质上是一种权利的交换，市场主体彼此之间所交换的是个人所拥有的由法律体系所

---

① 据《当代中国社会流动》一书提供的资料，1978 年中国的城市化水平是 17.9%，2002 年中国的城市化水平达到了 39.1%。参见陆学艺主编：《当代中国社会流动》，社会科学文献出版社 2004 年版，第 273 页。另外，根据国家统计局资料，在 2006 年国内生产总值的构成中，第二产业和第三产业分别占 48.7% 和 39.5%，第一产业已下降到 11.8%；2006 年中国城镇人口占总人口的比重是 43.9%，乡村人口占总人口的比重是 56.1%，而 1978 年两者的比重分别是 17.9% 和 82.1%。与改革初期相比，中国城市化水平有了显著提高。参见国家统计局编：《中国统计摘要 2007》，中国统计出版社 2007 年版，第 21、14 页。

② 国家统计局编：《中国统计摘要 2007》，中国统计出版社 2007 年版，第 66 页。

创立的权利。① 这种权利也就是公民拥有和支配财产的权利。发展市场经济要求有稳固的产权，市场主体只有确信在交易过程中，自己的财产不受侵犯，才有动力去创造财富，积极从事交易活动，交易规模才能逐步扩大，经济才能持续繁荣。没有财产权，就没有公正的交易，也没有交易的动力。如果市场主体预期未来所获得的财产是不安全的，始终存在财产被侵犯或没收的担心和恐惧，就会阻碍市场交易活动，抑制投资的扩张和分工的发展，市场经济就发展不起来。中国选择了市场经济的道路，也就意味着无论是在法律上还是在政府实际工作中，都会逐步确立保护财产权的制度。

公民个人的财产权有赖于公正的国家法律的保护。市场经济要求确立法律的统治，即通过宪政和法治的制度框架确立对国家行为的有效约束。科尔奈认为，建立现代市场经济必须为之确立相应的法治基础，使私有产权得到保证，私人合约的遵守得到保障，企业与公民免于遭受官僚的任意干预。如果没有一个必要的法律基础结构和实施，市场经济是不可能运行的。② 诺思与温格斯特也指出，保护产权的公正规则是长期经济增长的基本条件，这些规则是否得到严格遵循取决于国家执行规则的能力以及其自身遵守规则的可信承诺。确保国家承诺可信的关键是使国家或统治者严格服从一套宪法规则的约束，使任何权力当事人，无论是最高统治者还是一个代议机构，都没有违反承诺的回旋余地。只有法治才能保证国家承诺的可信性，使与国家行为相联系的经济风险相当程度地下降，使经济主体对未来行动有明确的预期，促进自由市场的发展和经济的繁荣。③

---

① 参见罗纳德·科思：《论生产制度的结构》，盛洪、陈郁译，上海三联书店 1994 年版，第 358 页。

② 参见［匈］雅诺什·科尔奈：《后社会主义转轨的思索》，肖梦编译，吉林人民出版社 2003 年版，第 61 页。

③ 参见道格拉斯·C. 诺思、巴里·R. 温格斯特：《宪法与承诺：17 世纪英格兰治理公共选择制度的演进》，载［美］道格拉斯·C. 诺思、张五常等著，［美］李·J. 阿尔斯通、［冰］思拉恩·埃格特森等编：《制度变革的经验研究》，罗仲伟译，经济科学出版社 2003 年版，第 160、177～184 页。

市场经济不仅提出了法治的要求，而且其自身的发展也为法治创造了必备的条件。市场经济通过市场来配置社会经济资源，由市场主体根据市场信息独立经营，自主发展，通过中介组织和契约关系来处理彼此之间的关系。市场经济有其自身的运行规律，可以自我调节，在许多领域不需要国家的干预。这种自主运行的特性表现在政治上，就是要求国家对经济的干预间接化，即国家的权力不能是无限的，不能随便扩张到社会经济生活的各个领域。国家的权力应如何行使，应该受到法律明确的限定，以免干扰市场经济的正常运行。国家的作用是保护产权并对经济运行进行宏观上的调节，处理市场主体无法自己解决的经济纠纷。这为国家权力收缩，为建立权力受到严格约束的法治政府创造了根本的条件。市场经济是有限政府的基础，也是法治的基础。

现代市场经济是契约经济。在市场经济活动中，由于每一个经济人都想极大限度地获取利润，在经济交往过程中，就不可避免地发生矛盾乃至出现欺诈和暴力的行为，并导致商品交换秩序的混乱，也使每一个经济人的利益都受到损害。要解决这种经济利益冲突，必须保持一种交往关系的平衡，即很多各自推进他们自己利益的人相互让步，并以其让步在自愿的贸易者之间形成一种经济契约。对每个人来说，这种契约是他通过自由交换所能达到的最好状态，能够得到他们最想要的回报。① 人们一旦确立了契约关系，也就意味着双方不仅做出了一项自由选择，而且都知道这种选择的意义，要承担各自的权利义务。契约就是市场主体在交换过程中所产生的权利与义务相一致的平等关系，在这种契约关系的规范和约束下，市场主体的利益才能得到最大程度的实现。② 因为符合交易双方的自身利益，所以契约规则在一般情况下能够得到市场主体的自觉遵守，并逐渐在市场主体心中

---

① 参阅［美］罗尔斯：《正义论》，何怀宏等译，中国社会科学出版社1988年版，第114页。

② 参见蒋先福：《从身份社会向契约社会的转化及社会条件》，《湖南师范大学学报》1995年第1期，第10～13页。

培养起规则意识和守法的精神，从而为法治奠定坚实的心理基础。但市场并不能保证所有的契约都能够得到有效履行，必须要借助法律的强制力才能保证契约的公平和完全兑现，因而法治就成为市场经济的内在要求。

市场经济已经内在地规定了中国必须成为一个法治社会，要求执政党推行依法治国的方略。中国的市场化改革使绝大多数公民都拥有了一定数量的财产，对财产的法律保护已经成为一种普遍的政治要求，市场活动的自主性也要求政府的权力受到严格的约束。同时，中国从计划经济向市场经济转型使经济关系和利益关系空前复杂，各种经济矛盾和纠纷层出不穷。市场主体的权利和地位需要法律的确认和保障，市场经济中的大量纠纷需要通过法律来解决，市场经济的有效运行需要法律的保障和规范。传统的人治的方式已经不能适应经济生活的要求，如果不实行依法治国和依法行政，执政党和政府将不堪重负。

在这种治理的压力之下，执政党和政府也倾向于主要通过法律来调节经济生活，用法律手段纠正和约束那些阻碍市场机制有效运行的行为，维持经济秩序和社会稳定。中国市场化的改革需要法律规范市场主体的交易行为，维持市场秩序，约束政府权力，因而促进了国家法制的发展。于是，依法治国就成为中国政治发展的一种必然的趋势，正是在市场经济的推动下，中国法制有了长足的进步。1978 年以来尤其是 1992 年建设社会主义市场经济体制的目标确立以来，中国的法治建设有了重要进展，1993 年中共中央就在十四届三中全会通过的《建设社会主义市场经济体制若干问题的决议》中明确提出要高度重视社会主义市场经济中的法制建设，强调市场经济的发展必须要有法制的规范和保障。随后，适应市场经济要求的法律、法规逐步制定和完善，社会主义市场经济的法律体系初步建立，司法制度和执法机制逐步完善。1997 年党的十五大又把依法治国，建设社会主义法治国家作为中国政治发展的主要目标之一。2004 年全国人大通过的宪法修正案确认公民合法的私人财产不受侵犯，可以看做是中国改革开放以来在法治进步方面取得的最大成就。2007 年全国人大通过了《物权法》这样一部重要的法律，为市场经济的进一步发展提供了重要的权利方面的保障。

四、推动行政体制改革的发展

市场经济的发展推动着中国的政治体系逐步发生全面的变革，但首先推动了中国行政体制的改革，就目前而言，中国政治改革也是在行政体制改革方面取得的成就最大。

在原有体制中，行政体制是与经济发展联系最直接、最紧密的部分。但中国的行政权力运行缺乏制度的规范和法治的约束，“行政权力的不合理的随意性和强制性破坏了市场经济有效运行的秩序。政府（主要是各级的地方政府）为了追逐自己的地方利益和部门利益，在很多时候既是裁判员又是运动员，破坏了市场竞争秩序的公平性，导致市场的严重扭曲”①。由于政府职能没有转换，政府机构与企业之间旧的行政隶属关系没有完全打破，在权力下放的过程中，有的主管部门虽然换成公司的牌号，但依然以行政手段直接经营管理企业，与企业争权夺利，承担本应属于企业的事务，结果阻碍了政企职责分开，束缚了企业的活力和积极性的发挥。② 中国的经济改革和经济发展一开始就面临着政治上的阻力，这种阻力首先来自于原来的行政体制，如行政效率低下，官僚主义严重，政府对经济活动的限制和控制，经济体制和人事制度束缚了企业和工人的创造性等。③ 这就决定了中国政治改革的重点首先是行政体制改革，即精简机构，下放权力，政企分开，以促进政府职能的转变，提高行政效率，克服官僚主义。

① 夏宇宁：《中国渐进式政治经济体制改革的制度分析》，载徐湘林主编：《渐进政治改革中的政党、政府与社会》，中信出版社 2004 年版，第 40 页。

② 姜淑萍：《邓小平启动政治体制改革》，载董郁玉、施滨海编：《政治中国》，今日中国出版社 1998 年版，第 5 页。

③ 参见陈庭忠《理性选择与中国的渐进政治改革》，载徐湘林主编：《渐进政治改革中的政党、政府与社会》，中信出版社 2004 年版，第 22 页。

行政改革能够直接推动经济改革和经济发展，但又是风险最小的改革。市场经济要求建立结构合理、分工明确、相互制衡、廉洁高效的政府结构。而原有中国政府的机构设置不合理，效率低下，不能适应市场经济发展的要求。1984 年党的十二届三中全会通过的《关于经济体制改革的决定》，强调把政企职责分开、简政放权作为改革的原则。同时，为了适应市场经济不断发展的要求，实现政企分开、政经分离，中国先后进行了五次规模较大的行政机构改革，大量裁减冗员，精简机构。经过几次机构改革之后，基本上实现了政企分开的目的，有些计划经济时代延续下来的政府机构被裁撤，适应管理现代市场经济要求的机构被建立起来，一个分工明确、结构合理、适应市场经济要求的现代政府体系初步建立起来。

市场经济要求市场主体自主决策、自由经营，随着市场经济的发展，我国原有的行政审批制度的缺陷不断凸显出来，妨碍了经济的发展。在市场经济的推动下，我国行政审批制度改革也取得了重大进展。自 1998 年开始，以国务院为首，全国各地相继开展行政审批制度改革，截至目前，国务院各部门共取消和调整行政审批项目 1806 项，占总数的 50.1%，各省、自治区、直辖市也陆续取消和调整了半数以上的审批项目。①

综上所述，市场经济具有发展民主政治的内在要求，也在实践层面推动了中国政治的进步。但是市场经济自身并不能直接导致民主政治体制的建立，从世界各国政治发展的历程来看，一个规律性的经验是，要真正实现民主政治发展，必须要形成一个公民社会。公民社会是市场经济与政治发展之间的联系纽带，它不仅是市场经济走向成熟和社会自我管理的必要条件，而且是市场经济的政治发展要求转化为现实的中介。

---

① 李亚杰：《全国行政审批制度改革取得重要进展：国务院部门取消和调整行政审批项目 1806 项》，《人民日报》，2007 年 6 月 20 日，第 9 版。

第三节 公民社会是政治渐进发展的社会基础

公民社会研究在中国刚刚兴起时，学术界一般从广义的角度界定公民社会的含义，公民社会是指独立于政治国家的一切私人领域和非官方公共领域。它包括了处在政治国家之外的一切社会生活领域和过程，私人领域、市场经济、社团组织、公共领域、多元文化和社会运动是公民社会的主要构成要素。进入世纪之交，更多的学者开始从狭义的角度理解公民社会，公民社会主要是指介于经济生活与国家之间的一个社会生活领域，包括所有民间组织和民间关系的总和，民间组织、公共领域、社会运动成为其主要构成要素。① 笔者认为，第一种公民社会的含义在中国目前的社会情境中仍然有着重要的意义，毕竟中国的市场经济和公民社会都尚未成熟，独立性也有限。② 但鉴于前面已经专门阐述了市场经济对中国政治发展的推动作用，笔者在本节着重从民间组织和公共领域的角度阐述公民社会对中国渐进式政治发展的重要意义，着眼于强调公民社会的公共性的内涵及作用。

国外众多政治学者都已经指出，公民社会是民主政治发展不可或缺的重要条件。戴蒙德认为，一个充满活力的公民社会提高了民主政治的生命力，发展中国家民主的巩固在"很大程度上可归功于这些

① 参阅俞可平：《增量民主与善治——中国人对民主与治理的一种理解》，载徐湘林、[德] 格哈德·格勒、赵建民主编：《民主、政治秩序与社会变革》，中信出版社 2003 年版，第 66 页；何增科：《公民社会与第三部门研究引论》，《马克思主义与现实》，2000 年第 1 期，第 27～32 页。

② 邓正来仍然从广义的角度使用公民社会，他将中国的公民社会界定为："社会成员按照契约性规则，以自愿为前提和以自治为基础进行经济活动、社会活动的私域，以及进行议政参政活动的非官方公域"。邓正来：《市民社会与国家知识治理制度的重构：民间传播机制的生长与作用》，《开放时代》，2000 年第 3 期，第 5～18 页。

国家自治的自愿结社之间的繁密网络以及大众传媒”①。怀特将公民社会作为国家和社会之间的一种媒介物，“公民社会可以通过传送民众中各个不同部分的需要和表达他们的利益而有利于改善民主政体的运作。”② 李普塞特也指出，公民社会广泛存在的民间组织，多元化的社会结构，以及制度化的互动和交往方式，都是民主巩固极其有利的条件。民间组织对政府有约束作用，也是人民参与政治的主渠道，并且能够产生和维持民主社会所需之政治共识，因此，广泛存在的社会组织和团体是民主政治巩固的社会基础。③

中国政治学者一般也承认公民社会与民主政治存在重要的关联性，并且对公民社会之于民主政治发展的积极作用持一种乐观的期待。中国公民社会在改革以后初步形成，并且对政治发展已经产生了积极的影响，随着公民社会的进一步成熟和力量的不断壮大，公民社会将继续推动中国的政治发展，并对政治发展的稳定性和渐进性产生深远的有益的影响。

一、中国公民社会的兴起和发展

1978 年以来，改革开放使公民社会赖以存在和发展的经济、政治和文化环境发生了根本变化。中国开始实行市场导向的经济体制改革，变原来单一的公有制结构为多种所有制形式并存。经济市场化推动了中国社会的转型，催生了中国公民社会的成长。公民社会是市场经济发展的必然产物，市场经济要求公民社会必须从政治国家中独立出来。多种所有制经济的发展创造了相对独立的经济领域和私人生活

---

① 拉里·戴蒙德：《民主政治的三个悖论》，载刘军宁编：《民主与民主化》，商务印书馆 1999 年版，第 130 页。

② ［英］戈登·怀特：《公民社会、民主化和发展：廓清分析的范围》，何增科译，载何增科主编：《公民社会与第三部门》，社会科学文献出版社 2000 年版，第 71 页。

③ 参见［美］西摩·马丁·李普塞特：《政治人——政治的社会基础》，张绍宗译，上海人民出版社 1997 年版，第 6、25 页。

领域，推动全能国家转变为权力相对有限的权威政府。国家向着宽容、开放、文明的方向演变，政府活动的范围不断缩小，社会自治的领域逐步扩大。各种社会经济组织获得了较大的自由活动空间，能够对社会经济生活进行自我管理，并享有很大的自主权。①

经济生活的多样化、社会分工的复杂化及职业的分化导致社会结构发生显著的分化。新的就业机会的出现，使人们获得了更多的自由选择的机会，出现了许多独立于政府组织和单位组织之外的自由职业者，更多的人靠自己的能力谋取生存。这些新兴的社会阶层享有不受政府任意干涉的行动自由。各个社会阶层的自由度也大为增加，自由流动的机会不断增多。中国目前已经分化出国家与社会管理者、经理人员、私营企业主、专业技术人员、商业服务业员工、产业工人、农业劳动者等十大社会阶层。② 中国城市化的进程在不断加快，国民的受教育程度逐渐提高，农民大量向城镇转移，越来越多的人通过公平的市场竞争或勤奋工作，成为拥有一定财产、有固定职业和住所、受过良好教育的中间阶层。其中的主导力量是企业家、学者、律师以及专业技术人员。中间阶层是公民社会生存与发展的主体力量。据统战部有关负责人估计，我国的新社会阶层大约有5000万人，主要由非公有制经济人士和自由择业知识分子组成，他们掌握或管理着10万亿元左右的资本，使用着全国半数以上的技术专利，并直接或间接贡献着全国近三分之一的税收。③

经济市场化推动着文化产品的商品化，报刊、杂志、电视网络等大众传媒也越来越普及，普通民众成为文化产品的主要消费者。国家对非政治性文化生活的控制也逐步放松，从而使中国的民间公共领

① 参见何增科：《民主化：政治发展的中国模式与道路》，《中共宁波市委党校学报》，2004年第2期，第22~29页。

② 陆学艺：《如何认识新型社会阶层》，《前进》，2002年第5期，第44~45页。

③ 叶晓楠、纪雅林：《新社会阶层 身影日渐清晰》，《人民日报》，2007年6月11日，第10版。

域①逐渐发展起来，平等性、开放性和广泛的参与性成为公共领域的基本特征。大众传媒虽然必须坚持正确的舆论导向，但已经获得了越来越多的独立性。在经济上不依赖于政府、具有相当独立性的报纸和杂志大量出现。这些媒体在传播信息、表达意见、批评监督、公共讨论等方面逐步拓展了比较广泛的相对独立于政府的舆论空间。同时，网络的迅猛发展为大众提供了更加平等、自由、开放的表达媒介，使公民社会拥有了新的公共信息平台和舆论监督机制。公众通过这些媒体传播政治信息，表达政治见解，对政治社会问题进行讨论和批评，促进了国家政治的清明和进步。另外，许多民间组织如学会、研究会、联合会等也成为交流思想、传播政治信息、发表政策建议的重要媒介。在不违背国家法律的情况下，公众在文化领域已经拥有了一定的自由空间②，可以就涉及普遍利益的问题展开批判性的讨论，这种公开的讨论打破了国家对公共问题解释的垄断权，越来越多的普通民

① “公共领域”思想主要源自哈贝马斯。他认为，近代公共领域形成于18世纪，其原因在于市场的扩张使个人从封建桎梏下解放出来，人们的社会政治热情空前高涨，开始普遍关注公共事务，于是促进了公共领域的形成。参阅哈贝马斯：《公共领域的结构转型》，学林出版社1999年版，第14～25页。

② 中国公共领域自由讨论、多元竞争的局面初步形成，自由主义、民族主义、保守派、新左派等各种持不同立场和观点的思想派别基本可以不受限制的公开争论，党和政府不再轻易介入，尽量避免对具体的思想观点作出是非判断或采取惩罚性措施。例如，2004年8月，香港经济学家郎咸平在上海公开发表《格林柯尔：在“国退民进”的盛宴中狂欢》的演讲，引发了关于国有企业改革的大讨论，甚至出现了对改革方向和路线的质疑。党和政府并没有直接干预争论，中央领导人只是在适当的场合表示，中国的改革要继续推进，没有对各方所争论的具体问题的是非作出评判。再如，中国人民大学原副校长谢韬在《炎黄春秋》杂志2007年第2期发表的一篇文章引发国内思想界关于民主社会主义的争论，中国社科院、中国人民大学、浙江和上海部分学者先后召开了4场讨论会批评谢韬的观点。党中央机关报《人民日报》先是通过回答读者来信的方式作了一个间接的回应，后来通过发表理论文章强调只有坚持走中国特色社会主义道路，才能发展中国。一个半月之后，中央领导人在一次讲话中重申，中国要坚定不移地走中国特色社会主义道路。近些年来，党和政府越来越倾向于以比较克制的方式和态度来应对思想界的争论。

众成为公共问题的评判者。

市场经济的发展促进了社会流动和利益分化，使得家庭、单位的社会整合功能逐渐收缩，具有共同利益的人们为了维护自己的利益通过各种方式组织起来，社会利益集团越来越多，组织化程度越来越高。80年代后中国的民间组织①数量开始快速增长，到1989年，全国性社团增加到1600个，地方性社团达到20多万个。1989年政治风波后，民间组织的数量急剧减少，但到1992年，民间组织的数量就有很大恢复，全国性社团有1200个，地方性社团约18万个。1997年，民间组织的数量达到一个高峰，全国县级以上的社团组织达到18万多个，其中全国性社团组织1848个，省级社团组织21404个。②1997年中共十五大之后民间组织的发展有了较为宽松的政治氛围和制度环境，中共十五大政治报告强调要大力发展社会中介组织，党和政府的领导人开始肯定社会团体和中介组织在社会管理中的重要作用。国务院于1998年10月发布了《民办非企业单位登记管理暂行条例》和修订的《社会团体登记管理条例》，随后又出台了关于民间组织管理的一系列法律法规，尽管其中有许多限制性措施，但从总体上看，民间组织发展的制度环境正在逐渐改善。在此期间，民政部开展了对社团的清理整顿工作，注销了一部分非法、违规的社团组织，1998年、1999年民间组织的数量有所下降，2000年以后民间组织的数量进入到一个持续增长的时期（如图1所示）。截至2008年9月，全国民间组织总数已达38.1万个，其中各类社会团体20.7万个，民

---

① 公民社会的民间组织是由具有共同兴趣、利益偏好和价值取向的人们所组成的介于政治组织、行政组织同社会成员之间的各种非赢利性组织。民间组织具有民间性、自治性、志愿性和公益性等特征，主要包括各种公益组织、公民的维权组织、行业协会、社区组织、利益团体、同人团体、互助组织、兴趣组织和公民的各种自发组合等。参见俞可平等：《中国公民社会的制度环境》，北京大学出版社2006年版，第2、5页。

② 民政部编：《中国民政工作年鉴·1999》，中国社会出版社2000年版，转引自俞可平等著：《中国公民社会的制度环境》，北京大学出版社2006年版，第12页。

办非企业单位 17.3 万个，基金会 1361 个。① 我国民间组织不仅在数量上增长很快，而且结构不断优化，其活动范围涉及科技、教育、文化、卫生、劳动、民政、体育、环境保护、法律服务、社会中介服务、农村专业经济等社会生活的各个领域。民间组织的独立性也在不断增强，一些由公民自发组建的民间组织，在内部运作方面已经完全摆脱政府的干预；那些原来由政府所建立的民间组织，其行政化色彩也正在淡化。

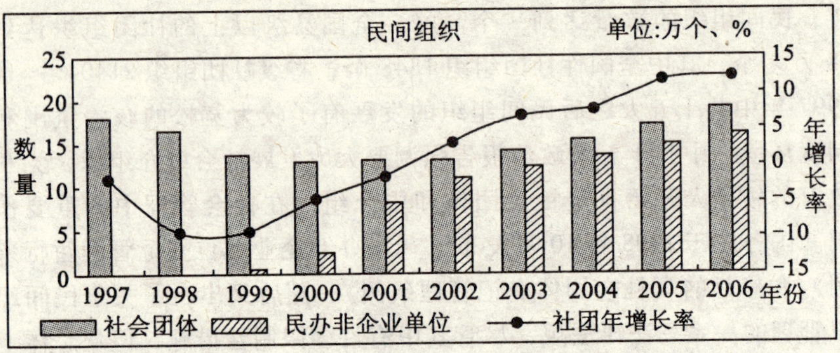

图 1　1997—2006 年民间组织数量增长曲线图

资料来源：《2006 年民政事业发展统计报告》，民政部网站：http：//cws.mca. gov. cn/accessory/200712/1198139083975. doc.

在上述各种因素的推动下，一个相对独立的公民社会不可阻挡地在中国成长起来，并且在社会生活的各个领域开始发挥重要作用，产生了广泛的政治参与的要求。中国的领导层已经正视公民社会兴起这一事实，开始在政治体系的某些层面对公民社会的政治要求予以回应，并通过法律、政策等方式对公民社会的组织和活动进行规范，同时采取积极的措施引导公民社会与国家开展良好的合作。

① 数据引自“2008 年 3 季度全国民政事业统计数据”，民政部网站：http：//cws. mca. gov. cn/accessory/200810/1225069378523. htm.

二、公民社会是推动中国政治进步的重要力量

公民社会是一个自我管理的社会。随着政府从社会领域的逐步退出，中国各种民间组织开始在社会生活的各个领域参与管理社会公共事务，在公共治理方面发挥了重要的替代作用。民间组织为公民建立了相互联系的人际网络，逐步培养公民合作、团结与自我管理的习惯和能力，增强了公民对公共事务的兴趣和热情。许多公民开始积极参加各种社团，参与对社区事务、经济生活以及各种社会公共事务的管理。福利院、慈善会、基金会等民间公益组织在社会福利领域发挥了重要作用。而“地球村”、“自然之友”、“绿色家园”等志愿组织在环境保护领域积极行动，为环保事业作出了重要贡献。村民委员会、社区居委会在基层社会民主治理方面日益发挥着不可或缺的作用。①

民间组织的独立性、自主性不断增强，越来越多的民间组织自己解决组织的活动经费，它们不仅在组织上独立于政府机构，而且力图通过影响国家法律或政府政策的制定过程来注重维护本组织的合法权益。② 民间组织在公民的利益表达方面日益发挥着重要的作用。目前中国的消费者协会、私营企业主协会、工商联等组织在维护公民权利方面发挥了重要作用。它们一方面维护行业利益，另一方面从不同方面参与政治事务，对政府决策能够产生一定程度的影响，促使政府部门能够尊重公众的合法权益，满足其正当的利益要求。在民间组织的推动下，政府通过开展协商对话，合理调控社会公众之间的利益冲突，自觉矫正自身的不良行为，逐步向责任政府的方向发展。

在国家的法律和政策的范围内，民间组织已经拥有了相当大的自

---

① 村民委员会与居民委员会从法律上看属于民间自治组织，但从实际运行来看，带有准政府组织色彩。

② 参见俞可平：《中国公民社会的兴起及其对治理的意义》，载俞可平等：《中国公民社会的兴起与治理的变迁》，社会科学文献出版社 2002 年版，第 212～213 页。

由活动空间。民间组织在社会政治生活中的影响力越来越大，开始广泛参与国家和地方事务，在不对国家的安全与稳定构成威胁的条件下，民间组织通过有组织的政治参与对国家的政治进步能够产生一定的促进作用。像天则研究所这样的民办非企业单位，在专业方面具有自己的优势，但又站在民间的立场，是学术界参与公共事务的重要途径，能够在推动政治进步方面发挥独特的作用。该组织延请各个方面的专家学者研究各种经济、政治问题，通过研究报告和政策倡议等形式影响政府决策，收到了较好的参与效果，对国家政策产生了重要影响。民间组织对政治的关注和参与促进了国家决策的科学化、民主化。

中国公共领域也在推动着政治的进步。民间公共领域的形成为公众参与批评、监督公共权力的运用提供了机会和场所。民间公共领域在关注社会公共问题，捍卫公民的权利和利益，制约国家权力扩张方面的作用日益突出。政府的政策制定和施政行为已经进入公众讨论的范围，并经常成为人们讨论和批评的主题。知识阶层、学术界开始借助报纸、杂志、网络就公共事务乃至国家政治事务发表意见，提出批评，各种不同的意见甚至严重对立的观点基本上都能够在公共媒体上发表出来。公共领域的讨论所形成的意见代表着公共利益，拥有广大民众的支持，能够对政府构成一定程度的政治压力，发挥对国家权力的监督和制衡的功能。虽然人们在公共领域发表意见还受到许多自觉非自觉的约束，但这些批评还是能够起到建言献策的作用，一般也能够得到政府的尊重，促进了许多热点问题与重大事件的解决。2003年3月，在广州某公司工作的孙志刚被广州黄村街派出所收容后在广州收容人员救治站被殴打致死。此事被《南方都市报》率先报道后，许多重要的报纸接着进行连续报道，在互联网上引发了热烈的讨论和持续的关注，许多学者和知名的知识分子也纷纷撰文并上书全国人大，要求有关部门彻查案情，惩治凶手，修改或废除不合理的收容遣送制度。报刊和网络的讨论形成了强大的舆论声势，最终导致国务院废除了《城市流浪乞讨人员收容遣送办法》(详细过程参见表2)。公共领域的讨论和批评促进了公民对公共政治问题的关注和参与，推动了中国法治的进步，标志着公共领域在推动中国政治进步方面已经开始发挥着重要作用。

表 2　2003 年“孙志刚事件”中公共领域的重要行动及其影响

时间	报刊、网站、网民、学者所采取的行动
4 月 25 日	《南方都市报》发表《被收容者孙志刚之死》一文，率先报道了孙志刚事件。
4 月 25 日	人民网以《谁为一个公民的非正常死亡负责》为题转载《南方都市报》的报道。新浪网转载关于孙志刚的新闻后，几小时内跟帖达到上万条。不久在 Google 简体中文网站上可以检索到 4 万多条与“孙志刚”相关的信息。4 月 25 日晚，孙志刚纪念网站建立，几天之内有 25 万人次浏览。中新网、新华网、搜狐网等各大网站也迅速追踪报道事件进程，形成声势浩大的舆论浪潮。
4—6 月	《人民日报》、《中国青年报》、《南方周末》、《法制日报》、《工人日报》、《北京青年报》等重要报纸相继对“孙志刚事件”作了报道，呼吁有关部门严厉查处此次事件，并质疑收容制度的合理性；《新闻周刊》和《瞭望》周刊对事件作了详细报道和深度分析；中央电视台《经济半小时》节目专门组织法学等各方面的专家探讨收容制度的违宪问题。国内著名媒体的参与对相关政府部门构成了极大的舆论压力。
5 月 14 日	俞江、腾彪、许志永三位法学博士向全国人大常委会法制工作委员会提交《关于审查〈城市流浪乞讨人员收容遣送办法〉的建议书》。
5 月 21 日	江平、秦晖、何光沪等八位知名学者对收容遣送制度进行研讨，发表意见。

续表

时间	报刊、网站、网民、学者所采取的行动
5月23日	贺卫方、盛洪、沈岿、萧瀚、何海波五位法学专家联合上书全国人大常委会，就孙志刚案件及收容遣送制度实施状况提请启动特别调查程序。
事件结果	6月9日，广州市中级人民法院对孙志刚被故意伤害致死案作出一审判决，主犯被判处死刑；第二主犯被判处死刑，缓期2年执行；其他10名被告分别被判处3年有期徒刑至无期徒刑。另有6名涉案人因玩忽职守罪被有关法院判处2年至3年有期徒刑。
	6月18日，国务院常务会议审议并原则通过了《城市生活无着的流浪乞讨人员救助管理办法（草案）》，同时废止《城市流浪乞讨人员收容遣送办法》。

资料来源：袁华明：《孙志刚事件回放》，《观察与思考》，2003年第7期，第27页；丁建军：《网络民意对中国民主政治的影响》，《广西社会科学》，2004年第11期，第32~34页；笔者根据报纸和网站的相关报道整理部分资料。

中间阶层一般被认为是民主政治发展的社会基础。① 中国中间阶

① 本书中的“中间阶层”与“中产阶级”的含义基本一致。关于中产阶级与民主政治的关系，亚里士多德曾指出，大量中产阶级的存在是政体稳定和完善运行的基础。中产阶级更多地参与管理，能够成为各个阶级的平衡力量，使民主制度更为安全和长久。参见［古希腊］亚里士多德：《政治学》，吴寿彭译，商务印书馆1965年版，第210~211页；穆迪也认为：“民主必须建立在一个强大的中产阶级基础之上”。小彼得·J. 穆迪：《东亚：自上而下的民主》，载［美］霍华德·威亚尔达主编：《民主与民主化比较研究》，榕远译，北京大学出版社2004年版，第104页；另外还可以参阅晓龙：《民主制度的社会基础——有关中间阶层的政治社会学》，载《市场社会与公共秩序》，生活·读书·新知三联书店1998年版，第132~148页。

层的队伍日渐壮大。与其他阶层相比，他们更具有世俗的、科学的、理性的世界观，比较容易接受民主、自由、人权等现代政治价值，要求更多的政治自由和政治参与，是民主政治的重要推动力和支持者，并且具有参加民主政治所必需的政治素质和能力。另一方面，中国市场经济的发展导致商业化、技术化的中间阶层的数量逐渐增多，他们为维护安定的生活和现有利益，拥护法治和秩序，不支持激进的民主运动，愿意推动民主向理性、健康的方向发展。许多国家政治发展的经验表明，在中产阶级强大的国家，民主化转型的方式较为和平，转型之后的民主政权也较为稳定。中产阶级的壮大有助于确立良好的社会和政治秩序。随着中国中间阶层的形成和壮大，激进的民主运动已经失去了吸引力，中国民主化的风险已经大大降低。

从总体来看，中国的中间阶层在政治上尚未成熟，中间阶层的数量和力量都还有待发展。他们目前并没有成为一个具有独立的政治要求和政治组织的政治集团，① 不足以支撑大规模的民主转型。但中间阶层已经成为中国社会与政治生活中不可忽视的力量，他们具有现代意识，有独立见解，参与意识较强，比较关心政府政策的制定和执行，必然会为争取和维护自己的利益而争取政治权利，支持进一步推进民主化的政治改革。中间阶层的某些公民已经开始以自荐或民荐候选人的身份参加市（县）、区人大代表选举，以自己的实际行动在推动民主进步方面发挥了重要的作用。2003 年北京、深圳等地参加竞选人大代表的公民在身份上基本上都属于社会的中间阶层。在北京以自荐方式寻求候选人提名的选民中，高校学子有 10 人，“有产阶级”业主有 6 人，学者和律师等专业人士有 6 人。深圳参加竞选区级人大代表的 12 名选民均为大学以上文化程度和中等收入以上人士，他们

① 胡鞍钢：《旨在促进经济发展的中国政治改革》，《改革》，1999 年第 3 期，第 58 ~ 64 页。

的身份要么是民营企业主，要么就是工程师或其他专业人士。①

三、公民社会为政治持续发展奠定良好的基础

当代中国公民社会目前还存在许多缺陷，公民社会的许多组织在经济上、人事上对国家有所依赖，它的发展还受到国家的种种限制，并且它的活动范围、方式还在国家的影响和控制之中。公民社会尚未完全独立于国家，在政治生活中的作用还较为有限，面对一些国家公务人员的不法行为，公民社会还缺乏有效手段加以抗衡，对国家的制衡作用尚不强大。但中国公民社会正在进一步走向成熟，公民社会势必要求更多地参与公共权力的产生和运行，对政治体系形成一种强大的压力，需要政治体系通过某种方式对之给予充分的回应，这种回应的常规化运作就会导致政治制度的变迁和发展。中国公民社会必将继续以其自身的力量推动政治体系的渐进发展，并为民主转型奠定良好的基础。

中国公民社会的民间组织近些年来发展迅速，随着民间组织数量的扩大和制度化程度的提高，公民社会对社会的整合能力将进一步提高，更多的社会矛盾可以通过公民社会的自组织体系加以解决。施密特和卡尔指出："在最好的情况下，市民社会提供了一种介于个人和国家间的中间管理阶层，它可以无需公共强制力就能解决冲突，控制成员的行为。它并不会让决策者承载起更多的要求而使整个体制难以管理，一个行之有效的市民社会本身就能够缓解冲突"②，无需非得

① 2003 年湖北潜江市参加竞选人大代表的 41 位选民，其身份构成比较多样化，其中在职和退休教师 11 人，村委会主任 5 人、法律工作者 4 人、工人 9 人、农民 12 人。潜江市有 21 名工人、农民参与竞选人大代表，表明公民社会的其他阶层也可以在推动民主进步方面发挥重要作用。参阅邓飞、竹本、邹树彬：《大陆 2003 民选波澜》，《凤凰周刊》，2003 年第 34 期；黄卫平：《群体效应的启示》，《南方周末》，2003 年 5 月 29 日。

② 菲利普·施密特、特丽·林恩·卡尔：《民主是什么，不是什么？》，载刘军宁编：《民主与民主化》，商务印书馆 1999 年版，第 27 页。

依靠政府的管制不可。中国公民社会组织的成熟为社会矛盾提供了协商解决的渠道，公民可以在民间组织的调解下以和平、理性的方式解决分歧和冲突，促进经济活动和社会生活的规范化、秩序化。社会矛盾将在公民社会内部消解，不再转化为政治冲突，不再随时冲击政府的稳定；反之，政治冲突对社会生活的影响亦将减小到最低限度，政治上的波动不再对社会造成破坏性的影响。

只要存在独立的民间组织和私人领域，就不可能存在国家对社会的全面控制。中国公民社会逐渐获得了独立于国家的身份和地位，国家自身的职责和权力边界逐渐明晰。个人事务以及社会组织和团体内部事务属于私人生活领域或民间公共领域，由个人或民间组织自主管理，原则上国家不能再随便干涉。国家的权力变得相对有限，国家的职责在于维持社会秩序，保护公民的自由权利不受侵犯，为社会成员从事自由的经济活动和社会交往创造条件。社会组织愈发达，社会就愈多地管理和调整自身的事务，也就愈少地留有机会和空间给国家。① 同时，公民社会的发展壮大将使其成为制衡国家的一种力量。孤立的个体在强大的国家面前总是无力抗争，难以制约国家权力的滥用和扩张。公民社会“把人们组织在各种纵横交错的社会结构中，使社会成员在与国家权威的‘讨价还价’中摆脱了‘孤立无援’的境地，避免了作为个体来直面国家权威的压力，从而为抵抗强权政治、保护个人自由筑起了一道必要的防线。”② 公民社会对国家的防范和制衡有助于国家的稳定和发展，既能够防止公众因受到国家权力的严重侵犯而反抗国家，又能够促使国家更加守法，更加负责地运用自己的权力，推动政治制度向着宪政的方向不断演进。

公民社会不仅是中国宪政牢固的社会基础，而且也是民主政治健康、稳定发展的根本保障。在我国社会转型的过程中，由于政府权力

---

① 参见邓正来：《国家与社会——中国市民社会研究》，四川人民出版社1997年版，第29~31页。

② 燕继荣：《市民社会与民主化的“双边进程”——论民主政治的社会基础》，《东方论坛》，1997年第2期，第35~39页。

缺乏有效制约，侵犯公民权益的事件大量出现。在政治参与的过程中存在许多较难解决的问题，如参与渠道不畅通、参与质量不高、参与效果不显著、非制度化参与比例过高等，从而对我国的社会稳定和政治健康发展造成了不良影响。但我国政治体系的民主化和开放性难以一步到位，政治参与机制有待逐步健全。在公民意识尚未成熟，公民政治行为有待规范，民主制度还不能稳定运作之前，公民社会的民间组织和公共领域能够为公民提供一种制度化、组织化的政治参与途径，能够把公民分散的、单个的政治参与聚合起来，遴选、集中各种利益和要求，通过特定渠道传递给政治体系。① 这可以引导公民通过合法的方式维护自己的利益，促使公民的政治参与趋向规范化、程序化、理性化，从而避免公众非理性地参与政治导致政治动乱的出现。由于公民社会具有组织优势，能够对国家的各种决策予以重大影响，具有向政治体系输入社会信息的功能，因此能够形成对政府的强大的监督制约力量，增强政府决策的公共性、民主性和科学性，并促使政府部门自觉矫正自身的不良行为，尊重和维护公众的合法权益，及时、准确地把握社会发展过程中出现的种种矛盾，将各种社会力量纳入到政治体系的调控之下。公民社会还可以把政治体系的各种政策、价值理念以及政府形象通过社团组织和大众传媒输送到社会机体中去，使社会公众对政治体系的目的、意向有一个宏观的了解，并使政治体系的形象逐渐得到改善，从而加深了政治体系与社会的沟通与融合，促进了公众对政治体系的认同和信任。②

公民社会作为政治体系输入与输出的中介，有利于促进政治体系

---

① 可参阅戈登·怀特的论述，他认为公民社会组织“可以节约民主的交易成本，就像它以往所作的那样。这是通过识别、‘集中’和转达政治要求来实现的，否则的话政治要求就会处于蛰伏状态或以分散的或无效的方式表达出来。”［英］戈登·怀特：《公民社会、民主化和发展：廓清分析的范围》，何增科译，载何增科主编：《公民社会与第三部门》，社会科学文献出版社 2000 年版，第 71 页。

② 杨志祥、刘剑军：《论当代中国政治体系的稳定机制》，《政治与法律》，1996 年第 4 期，第 10 ~ 13 页。

的生态化，使政治体系具有一种自我发展与更新的机制，能够不断吸收新的政治资源，通过与环境的信息与能量交换形成一种良性互动的关系，实现政治输入与输出的动态平衡，达到一种持续稳定的状态。

公民社会能够实现社会内部的有效整合与自我治理，社会自身的运行和稳定不再依赖于国家，社会能够承受政治变革偶然的失误，不至于陷入混乱瘫痪状态，造成灾难性的后果。公民社会作为社会利益群体与政府之间的中间缓冲环节，可以大大减轻政治体系所承受的非制度化政治参与所带来的直接压力，避免因政府陷入冲突的漩涡而破坏政治稳定。公众与政府之间所形成的相互信任关系，为国家提供了持续的合法性资源。国家领导层可以渐进地、有步骤地推动政治发展和政治文明建设。政治发展不再是政治冒险，狂飙激进，也不是安于现状、因循守旧，而是宽容开放、锐意革新。政治改革和政治发展成为一个可选择、可实验、可重复的过程，政治领导层可以在吸收公民社会所表达的公共意见的同时，从容地改革，大胆地试验，最终探索出一种适合本国国情的政治制度模式。

公民社会对中国政治发展的重要意义在于，中国有可能以最小的代价，通过和平地持续地政治改革来建立宪政民主。在公民意识尚未成熟，公民政治行为有待规范，民主制度还不能稳定运作之前，公民社会的民间组织和公共领域能够为公民提供一种制度化、组织化的政治参与途径，公民社会的政治整合可以为国家政治改革渐进有序地推进提供稳定的社会环境，并给予适度的压力和动力来促使国家推动政治发展。当公民社会走向成熟，公民文化逐渐普及，国家的制度建设取得一定成就，确立了稳定的宪政架构以后，执政党再逐步开放政治空间，适时地推动全国范围内的民主政治，民主政治的成果就能及时得到巩固，宪政民主就能在和平、法治的轨道内良性运行。①

---

① 关于公民社会对民主政治健康发展的重要作用可对比参阅霍淑红：《俄罗斯民主进程中的市民社会》，《当代世界社会主义问题》，2005 年第 1 期，第 69 ~ 74 页；王来法：《市民社会兴起下的韩国政治变迁》，《国际论坛》，2004 年第 1 期，第 69 ~ 81 页。

公民社会在中国的兴起和壮大是一个不可逆转的趋势。一般来说，公民社会有利于民主政治的健康发展，但公民社会追求自主性、独立性，倾向于抵制国家的非正当干预，有可能产生与国家的疏离甚至对抗国家。国家如果主动支持公民社会的发展，创造条件加强与公民社会的联系和互动，就会使公民社会从国家的潜在反对者，变成国家的合作者和建设性力量。公民社会作为联系国家与民众的中介，可以创造妥协和宽容的政治氛围，使公民社会与国家由相互疏离走向对公共生活的合作管理，为政治渐进发展奠定牢固的政治与社会基础。

第四节 推进各种政治力量的良性互动

政治发展是追求不同利益的各种政治力量相互作用的政治过程。社会中的各个利益群体或政治集团都会通过直接或间接的方式参与政治过程，影响政治决策，它们的价值观、行动模式与策略选择不可避免地会对政治发展的模式和路径产生重要影响。民主政治发展不仅取决于推动政治发展的各种客观条件是否成熟，也在很大程度上依赖于政治发展进程中各种政治主体的主观选择。奥唐奈和施密特在《有关不确定民主的暂时结论》一书中指出，政体转型的政治过程是一个高度不确定的过程，包含了许多机遇、意外与矛盾，“政治行动者”（political actors）的策略选择往往能影响这一不确定过程的最终结果。各种政治力量之间的“合纵连横或策略互动直接发生在政治过程中而决定民主化的方向与结局。”① 在当代中国，各种政治力量之间的良性互动是推动渐进式政治发展取得初步成就的重要动力，也是确保将来民主转型顺利过渡的重要保障。

---

① Guillermo A O'Donnell and Philippe C. Schmitter, *Transition from Authoritarian Rule: Tentative Conchusions about Uncertain Democracies.* Baltimore: The Johns Hopkins University Press, 1986, pp. 3-18. 转引自孙代尧：《威权政体及其转型：理论模型和研究途径》，《文史哲》，2003 年第 5 期，第 144 ~ 150 页。

一、各种政治力量良性互动对于渐进式政治发展的意义

现代民主政治需要各种政治力量展开公开的竞争，也需要各种政治力量进行恰当的合作。只有参与政治的各方力量互相尊重对方的利益，善于妥协，才能维持民主政体的平衡和顺利运转。如果说民主本身需要各种政治力量之间的妥协与合作，那么在向民主转型的过程中，各种政治力量的良性互动就具有更为重要的意义。民主政治的推进需要各种力量良性互动所形成的民主合力，民主转型过程中各种政治力量的力量对比关系及其竞争与合作的态势决定着改革的速度、形式与路径。

政治发展是一个各种社会力量相互作用、相互冲突的互动过程。如果一个社会中的各个阶层、集团、各种政治力量都相信自己的价值和原则是绝对正确的，不可动摇的，彼此都不承认对方存在的合理性，认为宽容对方就是毁灭自身，不愿为了政治的进步在原则和利益方面做出各种让步；各个集团在每一次冲突中都力图赢得一切，各自视对方为实现自身利益的最大障碍，一定要消灭对方，社会就不可能形成必要的共识以有效推进政治进步。正如科恩所说："如此针锋相对的原则、如此势不两立的各方，甚至毫不考虑妥协，对民主的破坏力是无可比拟的。"① 在这种互不信任的政治环境中，集团之间处于严重冲突之中，不能通过谈判、妥协、合作的方式解决冲突，政治发展过程就变成了对立的政治集团之间的直接对抗和殊死较量。各种体制外的政治力量为了彻底摧毁政府，单方面夺取政权，就会奉行对抗性的策略，抵制政府的一切改革政策和有助于缓解危机的措施，加剧政局的动荡和政府的危机。在这种情况下，任何好的改革措施也不能推行。国家只有两种前途，要么退回到高压的权威政治时代，要么陷入无政府状态或者出现长期的动荡局面。没有各种政治力量的信任与

① 参见［美］科恩：《论民主》，聂崇信、朱秀贤译，商务印书馆 1988 年版，第 184 ~ 185 页。

合作，政治转型的过程不仅很难启动，而且即使启动也将是一个成本很高，会付出巨大代价的过程。

政治领导人之间、各种政治力量之间的相互信任与相互合作对于民主的发展和巩固意义重大。参与推进政治发展的各种政治力量如果能够相互承认各自利益的正当性，抛弃绝对主义的原则和毫不妥协的立场，不再将彼此之间的关系看做是绝对冲突、不可调和的，不再将政治游戏看做是零和博弈关系，将竞争、冲突与合作看做政治生活中的正常现象，那么，政治对手之间就能够过协商达成互利的妥协。①政治妥协有利于促进政治发展。各种政治力量如果能够就政治发展的目标、方式、路径达成共识，共同接受渐进式政治发展的目标和策略，就会为各种政治力量的安全和利益提供保证，使那些惧怕民主转型的人也不会使用极端的手段阻止改革。政治发展过程中的冲突能够通过谈判和讨价还价来解决，冲突各方都能够接受折中的解决方案，而不是追求绝对的胜利，向民主的过渡就可以采取温和而不是与现存体制彻底决裂的方式；民主的程序和规则就能够得到竞争参与者的尊重，无论胜负如何，无论力量强弱，人们都自觉服从根据民主规则所产生的结果。稳健派政治家会居于改革的领导地位，政治发展的风险会大大降低，温和而渐进的过渡方式将保证民主转型平稳实现以及转型之后的巩固。

推动渐进式政治发展需要一个具有民主取向的强有力的政治权威或者权威政府。在各种政治力量相互作用的过程中，政治权威需要发挥主导性作用，尽量维持各种社会、政治集团之间的利益平衡。任何制度革新都包含着利益分配格局的重新调整，不同阶层或集团的利益在变革过程中增减程度各不相同，有的增加，有的受损。各个集团都将尽力在新的利益配置格局中谋求有利的位置，希望建立对自身有利的制度安排，冲突难以避免。政府在推进制度变革的过程中需要对不同的社会阶层平等对待，对强势利益集团所获得的过多的利益进行矫

① 参阅［美］罗伯特·A. 达尔：《民主及其批评者》，曹海军、佟德志译，吉林人民出版社2006年版，第349页。

正，对弱势的利益集团给予补偿，通过折中的解决办法使利益冲突的各方都得到一定程度的满意，在照顾现有利益结构的基础上，逐步建立更为公正的利益结构，不使任何一个阶层因为感到明显的不公而动摇对现存制度的信心。“任何一种制度选择或变革道路的选择，都可能不单单取决于当时的统治集团的偏好，而是社会各种利益集团‘公共选择’的结果，取决于各种利益集团的相对势力及其‘合力’”。① 只有当新的制度安排能够给多数社会成员带来利益增加，或者能够更好地保护社会成员的安全、自由和权利时，多数社会成员才会支持和推动新的制度的建立。② 因此，在制度变迁的过程中，协调和平衡各种不同利益冲突对于新制度顺利实施非常重要。各方的利益在政治变迁的过程中都得到一定程度的满足，或者至少受到比较少的损害，就能够缓和政治变迁过程中严重的紧张局面，新的权力结构和政治关系的合法性就能得到政治集团、社会个体的认同和维护，顺利渡过制度转轨的难关。

权威政府与民间力量之间建立良性互动机制对于渐进式政治发展的持续进行至关重要。这种良性互动机制表现在，政府与民间力量能够通过制度化的渠道进行谈判和协商，和平解决双方之间的冲突。公民社会的各种民间力量能够自我克制，承认政府的权威地位和在民主转型中的主导地位，不以暴力对抗现存的体制，服从政府的法律和决策，主动寻求与政府达成谅解，弥合历史上的分野，培育与政府的良好的合作关系，限制过高的民主期望值，不提出无法为当局所接受的激进的政治要求。③ 公民社会中的民间精英积极展开联盟与合作，能够向政府施加适度的压力，促使权威领导人和政府能顺应形势推进民

① 樊纲：《公共选择与改革过程》，载盛洪主编：《中国的过渡经济学》，上海三联书店、上海人民出版社 2006 年版，第 182 页。

② 参见胡汝银：《中国改革的政治经济学》，载盛洪主编：《中国的过渡经济学》，上海三联书店、上海人民出版社 2006 年版，第 86 ~ 88 页。

③ 参见拉里·戴蒙德：《民主政治的三个悖论》，载刘军宁编：《民主与民主化》，商务印书馆 1999 年版，第 138 页。

主改革，改善自己的行为，能够与民间力量就政治转型的方式、途径等问题进行协商、谈判，达成妥协。同时，政治权威能有效驾驭改革的进程，尽力抑制民间的激进政治力量，扩大支持民主改革的温和的政治力量，使温和的民主力量和改革力量在政治格局中占据优势地位。埃尔梅认为，执政精英中的改革派与民间的民主力量中的稳健派如果能够良好的互动和合作，就会在政治家和民间力量之间，创造一种彼此信任的气氛，彼此相信合作、共存的价值高于敌对和相互消灭的价值。如果在参与政治生活的政治集团中出现各自的稳健派的联合，则向民主的过渡便很有成功的希望。① 如果体制内的精英愿意与体制外力量协商和谈判，让所有的政治力量能够参与民主的游戏，权力的延续和交接便可以和平而不中断地进行。政府与民间力量的合作有助于民主政治的顺利运作和制度化，也有利于民主政治的长期巩固。②

总之，如果权威政府与民间各种政治力量能够进行良好的合作，就会"使改革决策者和大多数社会成员之间的共同利益大于冲突性利益，进而使改革过程中他们之间的博弈成为一种合作博弈"③。新旧制度体系的过渡就不会发生断裂，政治冲突将和平解决，政治体系能够保持连续性，民主转型就会较为平稳。渐进式政治发展成为一个接近"帕累托改进"的过程，改革的领导人能够获得广泛的政治支持和巩固的合法性，民众则获得相对于以前更多的利益，更好的权利保护和更多的自由。

---

① 居伊·埃尔梅：《导论：民主的时代?》，载中国社会科学杂志社编：《民主的再思考》，社会科学文献出版社 2000 年版，第 11、14 页。

② 参见戴蒙都罗斯关于西班牙和希腊民主转型的论述。尼基佛罗斯·戴蒙都罗斯：《南欧民主化的成功故事》，载刘军宁编：《民主与民主化》，商务印书馆 1999 年版，第 186 页。

③ 胡汝银：《中国改革的政治经济学》，载盛洪主编：《中国的过渡经济学》，上海三联书店、上海人民出版社 2006 年版，第 86 页。

二、当代中国各种政治力量的互动历程与政治发展

在20世纪80年代初期的政治发展进程中，尽管中国政治生活中始终存在激烈的政治争论，存在着激进与保守、前进与退步的较量，但各种政治力量之间基本能够维持良性互动的态势。在促进政治改革的各种力量中，中国共产党始终是中国政治改革和政治发展的主导力量。邓小平作为改革的主要领导者和设计师，在其中发挥了关键作用。他具有比较高的驾驭改革的能力，始终握有政策调整的空间和回旋的余地，力图在激进和保守的力量之间保持平衡，妥善而又不失果断地应对来自"左"的或是右的政治挑战，坚定不移地走渐进式的政治改革道路，使政治改革基本上在平稳的政治环境中前进。

高层领导之间的合作是政治稳定发展的一个重要因素。在改革以后，高层领导之间关于改革的方式、速度之间也会发生政策分歧，但这种政策分歧不再通过你死我活的政治运动、政治斗争来解决，而是通过领导人之间的沟通、协商、妥协来解决，有时则搁置争论，通过实践来解决，也就是邓小平所说的不争论，多试验，让事实说话。即使是对在无法避免的权力斗争中失势的领导人，也不搞打击报复和人身迫害，不扩大到整个政治生活和社会层面，使其对政治发展的影响降到最低限度。邓小平在做出重大决策时通常会征求并尊重其他领导人的意见，在高层领导人之间维持基本的改革共识，调动各方面力量共同推动和支持改革。虽然这种追求权力内部妥协和平衡的努力会造成改革早期的政策出现一些反复，但这种党内力量的协调和互动保证了政治体制和权力结构的稳定性，避免了高层的权力斗争冲击政治体制而引起政治衰退。

从1978年到80年代中期，中国的政治改革基本上是在各种力量的平衡中推进。改革领导层与社会各界形成良好的互动，一些改革派知识分子积极参与改革政策的制定，领导层能够及时采纳民众的改革建议并转化为政府的政策。在团结各种力量推进改革的同时，领导人也能够有效抑制各种干扰或阻挠改革的政治意图。在改革之初，某些

知识分子提出激进的民主化要求，邓小平及时提出了“四项基本原则”，限定了民主政治改革的范围，即政治改革一定要坚持共产党的领导，同时采取措施禁止了体制外的民主活动。另一方面，当党内保守力量试图扩大政治大批判的级别和范围时，改革派领导人总是尽量将其限定在一定的范围内，使其很快结束，不对改革进程产生坏的影响。这样，改革虽然有波折但总是能够在各种力量的良性互动中平稳地向前推进。从80年代初期到中期，在党政分开、机构改革、民主与法制建设和干部年轻化、专业化等方面，政治改革都取得了一定的进展。

80年代中期以后，在邓小平的倡导下，中国共产党开始考虑以渐进的方式推动政治改革，发展社会主义民主。1987年10月召开的中共十三大规划了政治改革的蓝图，提出了详细的政治改革计划。但是，政府与民间改革力量的合作却在此时逐渐遭到破坏，其中一个重要原因是一些民间政治力量开始走向激进，提出了过激的民主要求和民主目标，而且坚持毫不妥协的立场，走向与政府对抗的方向。政府与民间力量没有能够形成良性的互动，因而使渐进式政治发展遭受重大挫折。当时中国的公民社会还没有成长起来，人们对民主的规则和程序都还比较陌生，因此激进的民主理想并不具有实践的可能性。激进民主运动引发政府的反弹，抑制了政治发展的良好势头，在一定程度上推迟了政治发展的进程。原来领导人倡导多时，已经形成改革共识的政治改革主张不再提起，搁置下来，原来已经有所改进的制度又恢复原样。① 1989—1992年期间，出于抑制激进势力的需要，左翼保守的政治力量比较活跃，对中国政治生活产生了比较大的影响，许多重要的改革措施不能推行，整个改革事业处于停滞徘徊状态。

1992年邓小平南方谈话之后，随着改革的深入和市场经济的发展，中国的社会阶层出现了进一步的分化，其中主要的阶层大致可以分为政治精英、经济精英、知识分子、中间阶层、工农大众五大群

① 参见唐亮：《渐进 · 民主——变革中的中国政治》，八方文化企业公司2004年版，第27页。

体。执政党和政府试图取得社会中各个主要的社会阶层的支持，其方针政策开始兼顾各个社会阶层的利益，努力与各种政治力量都保持良好的互动关系，把各种政治力量都吸纳到体制中来。为此，执政党在理论上做出了重大创新，其主要理论成果就是“三个代表”重要思想与和谐社会理论。

“三个代表”重要思想为执政党整合新兴社会阶层提供了理论基础，它一方面继续肯定中国工人阶级在国家政治生活中的领导地位，强调执政党要全心全意依靠工人阶级，始终代表工农大众的利益；另一方面强调中国共产党要代表最广大人民的根本利益，要兼顾不同阶层、不同方面群众的利益要求，这其中自然也包括代表新兴社会阶层的利益。“三个代表”理论还强调，新社会阶层的广大从业人员也是“中国特色社会主义事业的建设者”①，使新社会阶层在政治上获得了与其他阶层同等的身份，在中国政治生活中的地位大大提高。2002年中共十六大修改了党章中关于入党条件的规定，同意符合入党条件的新社会阶层的先进分子加入中国共产党。这个新的理论巩固了执政党的传统阶级基础，同时对新兴社会阶层采用了体制内吸收和整合的办法。在“三个代表”重要思想提出之后，有大批的新社会阶层的人员尤其是私营企业主加入中国共产党，扩大了执政党的社会基础，巩固了政治精英与经济精英的合作，展现了执政党与新兴经济力量的良好互动。

江泽民之后的中国新一届领导人从另外的层面做出了巩固党的执政基础的努力，执政政策更加注重向工农大众的利益倾斜。胡锦涛提出要在中国构建“和谐社会”，并强调和谐社会是一个“民主法治、公平正义、诚信友爱、充满活力、安定有序、人与自然和谐相处的社会”②。在具体的施政方针中，新一届政府比较注重维护社会弱势群体的利益，关注“三农”问题，改革和完善社会保障制度，力图将

---

① 《江泽民文选》第3卷，人民出版社2006年版，第286页。

② 胡锦涛：《在省部级主要领导干部提高构建社会主义和谐社会能力专题研讨班上的讲话》，《人民日报》，2005年6月27日，第1版。

这一部分利益受到损害的社会力量纳入到政治体系中来，使其不至于走向反抗现存社会的道路。

在维持各种力量平衡以及与各种利益群体互动的过程中，执政党始终处于主导地位。权威政府开放了一系列通道，使各个阶层、各种力量中的精英人物都有机会参与国家的政治决策，各种政治力量的要求和愿望能够通过一定的渠道上达国家决策层。政府与社会各界定期进行政策沟通，信息交流渠道畅通。① 在与公民社会各种力量的博弈中，执政党采取种种措施限制激进政治力量的发展，并尽量采用法律化、制度化的方式对激进的政治行动进行约束，同时容忍、甚至支持民间温和民主力量的发展，容忍那些提出建设性意见的学者和民间人士，鼓励他们对政府提出善意的批评和建议，使其在政治上享有发言的机会，对政府的决策保持一定程度的影响。这些对政府提出批评性意见的体制内或体制外的学者一般都能保持立场的独立性，除部分极端言论外，能不受干涉地发表自己的意见。目前各个群体的代言人都可以在公共领域发出自己的声音，并期望借助公共舆论影响政府的政策和改革的走向，初步在公共领域形成了公开争论的格局，而执政党和政府则成为举足轻重的平衡力量。

在各种力量互动发展的过程中，中国开始逐渐形成新的力量平衡结构。执政党与政府在各种政治力量互动中保持强势地位。政府为经济精英提供经商致富的各种机会，通过人大、政协等机构给予经济精英中的头面人物相应的政治地位和象征身份，使其认同现行体制。经济精英一般都承认现行体制的必要性，不对政治精英的地位构成威胁和挑战。与此同时，政府为知识分子的发展创造了较好的机会和条件，一部分知识分子下海经商，一部分知识分子在高校和研究机构做专家、学者，共同为四化建设贡献力量，承认了政府权威的合法

① 参阅赵成根：《理性威权主义转型的合理性分析》，载徐湘林、［德］格哈德·格勒、赵建民主编：《民主、政治秩序与社会变革》，中信出版社 2003 年版，第 211～212 页。

性。① 中间阶层是中国社会基本的稳定力量，他们虽然也对社会各种问题产生不满，但基于其稳定的工作和生活，不会在政治上走向激进，他们有民主的要求，但目前还没有积极地采取行动，他们一般会对政府政策和行为采取合作与容忍的态度。城乡工农大众的生活在改革过程中得到较大改善，虽然在改革深入的过程中，工农大众的相对利益受到损害，但尚未引起普遍的不满，只是在局部地区有干群矛盾激化的现象。

三、创设各种政治力量良性互动的制度机制

毋庸置疑，中国政治的继续发展仍然有赖于各种政治力量良性互动。前面肯定了执政党在平衡各种利益关系方面所作的努力，也指出现有社会结构在一定程度上有助于维持社会稳定。但并不等于说现有社会集团的互动结构就不存在问题，现有的结构具有暂时性和脆弱性，因为它是建立在严重的利益不均衡的基础之上的，各种公开的或潜在的政治力量之间利益分配严重失衡。在中国利益结构重新调整以及新增利益分配的过程中，不同的社会阶层和利益集团所获得的利益是明显不均衡的。五大阶层作为基本的潜在的政治力量其所拥有的政治资源和社会地位、话语资源也是严重不平等的，某些阶层始终被排除在政治过程之外。社会成员之间收入差距日益拉大，少数精英与暴富阶层垄断了经济资源和财富增长的机会，广大民众的利益受到过多的损害。普通民众还受到教育、医疗、住房以及拖欠工资、房屋拆迁

① 关于中国政府与经济精英、知识精英的关系，康晓光等一些学者提出了“精英联盟”说，认为中国的政治精英、经济精英和知识精英在90年代以来由于共同的利益均沾关系而形成了相当稳定的统治精英联盟。笔者认为，精英联盟具有两重性，一方面精英联盟为政治发展提供了一个稳定的上层结构；另一方面，如果精英联盟过度掠夺大众的利益，将会使中国形成两极化并具有对抗性的社会结构，埋下激进政治运动的隐患。参见康晓光：《未来3~5年中国大陆政治稳定性分析》，《战略与管理》，2002年第3期，第1~15页；另参甘阳：《中国道路：三十年与六十年》，《读书》，2007年第6期，第3~13页。

等各种问题的困扰，怨愤情绪在不断滋长。中国还存在大批的下岗或失业人员，他们生活艰难，徘徊在社会的边缘。这种利益失衡的状况显然不利于政治稳定，也不利于政治发展。在制度变迁的过程中，如果旧的集团的地位受到严重的威胁，或者新兴的群体被剥夺了参与政治的机会，那么新的制度很难获得长期的稳定。

各种政治力量互动关系中存在的最突出的问题是缺乏制度化的利益平衡机制，各种政治力量只能在权威政府的调控下实现相对的平衡。执政高层已经认识到利益不均衡问题的严重性，在当前的政策方针中已经开始考虑照顾弱势群体的利益，抑制特权利益集团的利益，在资源分配中更多地照顾大多数人的利益，保障社会大多数人的权利，将追求公平正义作为目前主要的政策方向。这些政策倾向有助于实现社会各种经济、政治力量之间的利益均衡，也收到了一定的效果。但是目前中国各个阶层、利益集团的利益平衡主要通过党和政府的政策来体现，对各个阶层主要采用党内吸纳而不是制度容纳的方式。尽管执政党也通过人大、政协等机构为各个阶层提供了参政的制度渠道，这些制度渠道的优点是利用了现有制度的优势，显然也能在某种程度上表达各方的利益，但这种主要依靠党内吸纳而不是制度化竞争的方式不利于国家制度的发展，不利于民主政治参与的制度化。由于缺乏各种政治力量良性互动的公正的制度平台，各种利益群体所拥有的对国家政策的影响渠道和影响力是不均等的，利益冲突通常要采取非制度化的方式解决。拥有权力和经济资源的利益团体可能通过行贿、裙带关系等非法的方式牟取利益，缺乏政治资源的群体在利益受到严重损害时可能通过暴力方式发泄不满情绪。工农大众尤其是弱势群体的权利和利益不是靠制度来维护，而是靠党和政府的政策、媒体申冤、上访告状来维护。一旦这些方式也不能有效维护他们的利益时，弱势群体不得不通过制度外的集体行动如上访、静坐、冲击政府机关等方式来向政府施加压力，对政治稳定造成威胁。

对于推进现代化的中国政治权威来说，不仅要通过公平的政策和娴熟的政治技巧保持各种政治力量的利益平衡，更重要的是要通过多种制度渠道（比如代议制、协商民主制度、公正的司法制度等）调和、化解社会各种政治力量之间的利益冲突，为各种政治力量提供表达、谈判、协商、竞争的制度化平台，把各种政治力量整合进政府所主导的决策或谈判过程。为各种政治力量互动提供制度化的平台有助于减少政治行动者之间的分歧。制度创造了可预测的规律性的行为，政治行动者可以预见到其他行动者所可能采取的行动，这对于和平解决政治冲突是至关重要的。如果各种力量和团体都服从这种制度化的规则，各种利益群体的利益能够通过合法的制度化的渠道表达和维护其利益，就不会通过非法的乃至暴力的方式谋取利益、发泄不满，①而是习惯于通过体制内的渠道去解决冲突，不再试图通过体制外的途径反抗现存体制和政府政策。

一个能够使各种政治力量展开谈判，进行制度化互动的体制，有利于增强各种政治力量对现行体制的认同感，有利于政治参与和政治竞争的发展。各种政治力量借助于合法的制度能够进行公平的利益博弈和理性竞争，彼此之间建立良性互动的关系，善于宽容和妥协，按照理性化、程序化的规则来达成价值共识和利益平衡。当各种政治力量都在既定的制度框架内行动，遵守公认的游戏规则时，就会为民主的发展和巩固奠定坚实的基础。

① 参见《社会利益集团的形成与中国的政治发展》，载黄卫平、汪永成主编：《当代中国政治研究报告Ⅱ》，社会科学文献出版社 2004 年版，第 49 ~ 50 页。

第四章　当代中国渐进式政治发展的制度创新

制度创新是渐进式政治发展取得成功的重要保障。只有通过制度创新安排好新制度运行的各项细节，才能推动新旧制度的顺利衔接，使政治体制转轨平稳实现。当代中国在保持制度结构稳定的前提下，借鉴别国制度创新的经验，充分调动相关制度主体的积极性，采用逐步扩大试点范围的方法检验和推广新的制度，在制度创新方面取得了相当的成功，推动了政治体系的进步。中国今后的制度创新需要以政治双轨制为中介，对现有政治体制进行持续的民主化改造，同时，继续扩大对外开放，引导和激励地方和民间的制度创新活动，为社会各界参与制度创新创造自由、开放、宽松的政治环境。

第一节　制度创新与渐进式政治发展

政治发展的实质是新制度取代旧制度的过程。关于政治制度是自发生长的还是人为建构的有着很大争议。曹沛霖先生的看法是比较公允的，他认为："任何政治制度都是一定历史和环境条件下的产物，同时，它还有一个被选择的问题，因此，它既是生成的，也是创造的。"① 从人类历史上政治发展的经验来看，原创型的政治制度一般来说是在自生秩序的基础上自然生长的结果，如代议制民主制度就是最早在英国自然演进成熟的。现代议会制度、政党制度、内阁制度、选举制度等政治制度都发源于英国，英国的政治制度是人类的原创性

---

① 曹沛霖：《制度纵横谈》，人民出版社 2005 年版，第 11 页。

制度，英国政治制度是经历了各种制度的实践积累而形成的，“其制度变迁采用‘旧瓶装新酒’的渐进形式，基本上是‘生成的’，而不是人为打造的”①。而模仿型或移植型的政治制度则是制度移植、制度创新与本土自生秩序相结合的产物。

在制度演进理论中，哈耶克和诺思的制度演进思想比较具有代表性。哈耶克认为，人类生活中的各种制度、道德、法律等秩序化的系统和结构，是以一种累积性发展的方式透过长期的试错演化而逐渐形成的。这些制度与规则的生成，既不是设计的结果，也不是发明的结果，而是产生于诸多并未明确意识到其所做所为会有如此结果的人的各自行动，因而是一个自生演化的过程。② 在人类社会自生秩序演进的过程中，随着文明的扩展，在市场自生秩序的基础上逐渐产生一种自由的政治体系，其核心要素便是政府组织结构及其治理方式。这种政治体系是经过长期的演化而逐渐形成的，其进一步发展也同样应该是一个渐进的过程，而且由于自由政制所遵循的规则是一种抽象的一般性规则，因而为制度变革留下了广阔的空间。哈耶克指出：“在那个恒久的法律框架内，有着足够大的空间，可供进行试验与改进；而正是这样一种可不断改进的法律框架的存在，有可能使自由社会发挥更为有效的作用……的确，在自由制度的基本条件得到确立以后，一切进一步的制度上的改进，都必定是缓慢且渐进的。”③ 诺思也认为，制度虽然是人类的一种创造，能够为人类所改变，但“制度变迁一般是渐进的，而非不连续的”。“在历史进程中，无效的制度会被扬弃，有效的制度会存活下来……更为有效的经济、政治与社会组织形式是逐渐演进来的。”制度始终处于演进之中，制度变迁在边际上是

---

① 曹沛霖：《制度纵横谈》，人民出版社 2005 年版，第 24 页。

② 参见［英］弗里德利希·冯·哈耶克：《自由秩序原理》（上），邓正来译，生活·读书·新知三联书店 1997 年版，第 65 ~ 67 页。

③ ［英］弗里德利希·冯·哈耶克：《自由秩序原理》（上），邓正来译，生活·读书·新知三联书店 1997 年版，第 292 页。

十分缓慢的，“犹如历史的长河”。①

承认制度是生长的，并不是完全否认人为因素的作用，并不意味着人们就无法对制度进行改革、选择和创新。经过演化而形成的制度体系自然也是不完善的，存在各种缺陷，因而必须对其加以改进方能适应人类生活进步的需要。哈耶克也认为经过演化而形成的制度是可以改进的，就像布坎南所说的那样，哈耶克作为一个“制度进化论者”同时又是一个基础立宪改革的热情倡导者，他也为制度和宪法改革提出过十分具体的改革建议。哈耶克实际上是把制度进化的观点同立宪改革观点结合起来了。② 但哈耶克又强调，对原有制度的改进不得破坏社会自生的自由秩序，不能从整体上对原有的制度框架做彻底的重新建构，必须在尊重现有社会的基本规则、习惯的基础上进行制度改革和制度创新。他说：“我们在行动中预设并运用的许多‘纯粹习惯’(mere habits) 和所谓‘无意义的制度’(meaningless institutions)，却是我们实现目的的基本条件；当然，它们也是社会做出的成功调适的一部分，它们一方面经常为人们所改进，而另一方面它们又是人们能够实现多少成就所赖以为据的基本条件。发现它们的缺陷固然重要，但是我们的发展却一刻也不能不以它们为基础。”③ 布坎南则区分了文化规则与制度结构。他认为，文化进化形成的规则明显地对制度结构施加限制，但它们并不必然地只规定一个唯一的和特定的制度结构，还有许多人们在其中行动的可能的制度结构，人们可以通过相互对比，对这些结构（几套制度）进行规范估价。因此，制度结构是可以选择和改进的。但他也特别指出，制度改进必须在尊重文化进化所形成的各种规则的基础上进行。文化进化所形成的规则是

① ［美］道格拉斯·C. 诺思：《制度、制度变迁与经济绩效》，刘守英译，上海三联书店 1994 年版，第 6～7、124 页。

② ［美］詹姆斯·M. 布坎南：《自由、市场和国家——20 世纪 80 年代的政治经济学》，吴良健、桑伍、曾获译，北京经济学院出版社 1988 年版，第 61 页。

③ ［英］弗里德利希·冯·哈耶克：《自由秩序原理》(上)，邓正来译，生活·读书·新知三联书店 1997 年版，第 35 页。

我们不能理解也不能（在结构上）明确地加以修改的，它们是对我们行动能力的永远存在的限制。①

由于政府组织以强制性公共权力为后盾，带有很强的建构性，因而在人类进入文明社会以后的大部分历史时期，自由政制及其渐进演变只是西方某些国家的一种特殊的政治现象。除少数国家之外，大部分国家在发展过程中并没有建立自由政制，反而建立起凌驾于社会之上的专制政体。这就是人类政治发展进程中普遍存在的政治权力的异化现象。正如恩格斯所指出的，国家作为一种公共权力来自于社会，国家的产生是社会自身发展的要求，是控制和调节社会利益冲突的需要，但是国家从社会中产生之后又自居于社会之上，成为凌驾于社会之上的力量。② 在发展中国家，政治制度体系对社会自生秩序的背离是一种客观存在。从这个意义上讲，哈耶克的自生秩序理论是有局限性的，并不能涵盖一切国家和地区的政治制度的演变过程。因此，我们在分析非西方国家尤其是中国的政治发展时，不能完全套用西方国家的政治经验及其制度演进模式。这一点，哈耶克本人也有过明确的论述："并不是西方历史发展的所有成就都能够或都应当被移植于其他文化基础之上的；更进一步看，如果人们容许那些受西方影响的地区所生发出来的文明自由生长，而非自上而下地迫使其生长，那么它们就可能以一种更为快捷的方式获致适当的发展形式。"③

尽管许多发展中国家在历史上并没有建立自由政制，但是在这些国家同样存在一种自生的社会与政治秩序。根据哈耶克对秩序的界定，每个社会都必定拥有一种秩序，而且这种秩序也往往是在未经刻意创造的情况下存在的。"即便是那种以人造的规则为基础的秩序，

① 布坎南这里所说的"制度结构"与学术界一般所使用的"制度结构"的含义不同，它既包括一个社会基本的宪政架构，也包括具体的制度安排。参见［美］詹姆斯·M. 布坎南：《自由、市场和国家——20世纪80年代的政治经济学》，吴良健、桑伍、曾获译，北京经济学院出版社1988年版，第82页。

② 《马克思恩格斯选集》第4卷，人民出版社1995年版，第170页。

③ ［英］弗里德利希·冯·哈耶克：《自由秩序原理》(上)，邓正来译，生活·读书·新知三联书店1997年版，"导论"第3页。

也可能会具有自生自发的特征。这可以见之于下述事实，即这种秩序的特定表现形式将始终取决于诸多情势，而这些情势则是那些规则的设计者所不知道也不可能知道的。"① 即使是在专制社会，政府本身不是由社会自生秩序中产生，政府所拥有的强力使其能够对社会秩序造成侵扰和破坏，但是，专制政府的权力通常并不是无限权力，在特定条件下也可以和社会的自由秩序并存。正如哈耶克所说："一个享有专制权力的统治者，如果不制定一些一般性规则去处理细小且具体的事务，也是不可能以那种事无巨细的方式统揽一切的……统治者的权力范围通常来讲并不是无限的，而是由人们就他的权力所持有的普遍意见决定的。"② 除极少数情况外，如政权崩溃和更替时期，社会规则是基本稳定的，也会形成一种能够维持基本统治的政治与社会秩序，虽然这种秩序可能背离人类一般的政治价值，但它也具有了特殊的政治功能和价值。这种秩序在很大程度上掺入了统治者的主观意志，但统治者也会在具体的统治过程中对制度进行趋向于实际情况的修正，最后所形成的秩序并不完全取决于统治者的主观意愿，而是社会成员的自发行动与规则系统在互动过程中所形成的一种并非完全人为的秩序。

在非自由政制的变革和发展问题上，许多思想家、政治家提出了激进革命的主张，通行的理由是不采取激进的暴力的手段，专制统治者不会放弃自己的权力，自由政制无从产生。诺思虽然认为制度变迁一般是渐进的，但他又指出，如果制度演进一开始就选择了错误的方向，就会形成一种路径依赖，制度沿着错误的方向不断自我强化，直至陷入制度锁定状态。这种制度的锁定状态不能靠制度的自发演进来改变，只能通过革命等激进的手段才能突破。③ 这种看法无疑是有一

① ［英］弗里德利希·冯·哈耶克：《法律、立法与自由》（第一卷），邓正来、张守东、李静冰译，中国大百科全书出版社 2000 年版，第 67 页。

② ［英］弗里德利希·冯·哈耶克：《法律、立法与自由》（第一卷），邓正来、张守东、李静冰译，中国大百科全书出版社 2000 年版，第 200 页。

③ 参阅［美］道格拉斯·C. 诺思：《制度、制度变迁与经济绩效》，刘守英译，上海三联书店 1994 年版，第 128 ~ 129、133 ~ 137 页。

定道理的，而且在近代以来的世界民主化进程中，许多国家是通过激进的方式完成了政治转型的任务。然而，笔者认为，激进革命虽然具有合理性但并不是政治发展的唯一道路，打破制度锁定状态并非一定要用激进的手段。打破制度的锁定状态的确不能靠制度的自发演进，需要人为的外在的力量，但这种打破也可以在观念改变的深刻影响之下，通过渐进的制度创新来实现。在推动制度变迁的复杂的各种合力的作用下，如外部环境的压力、观念的改变、领导人的理性选择、原有制度弊端的充分暴露、人民的自发行动等，制度锁定的状态有可能通过和平的渐进的方式被打破，从而改变制度演进的方向，使之向好的方向演变。① 中国 1978 年以来的制度创新就改变了之前逐渐恶化的制度变迁路径，使中国的经济、政治制度向着好的方向继续演进。这种改变并不能说完全是理性建构或人为设计的，因为能够成功改变制度变迁的方向在很大程度上是因为恢复了社会自身原有的秩序，以及对别国制度演进成果的有效模仿和创新，并使这种模仿同本国的具体情况相结合。

在自由秩序的基础上发生的制度演进与制度创新并不是一种普遍的情况。发展中国家一般并不具备制度自发演进的条件，但自生秩序与制度演进的理论对发展中国家仍然具有重要的意义。发展中国家现代政治制度的形成不是一个完全自发的过程，带有比较突出的人为的建构的特征，但这种制度建构不是凭借人类理性无中生有地建立新的制度，而是一个复杂的学习、借鉴、创造、再生的过程，是将人类社会制度演进的先进成果与本国原生秩序和既有制度相融合的过程。制度移植是发展中国家政治发展的重要途径，但制度移植必须选择那些在自生秩序基础上演化生成的制度，选择经过长期人类生活检验的更有助于保护公民权利的制度。制度移植只有经过制度创新的环节才能与本国的国情相结合，才能生长出比较好的制度模式。制度创新是发展中国家政治渐进发展的基本动力和途径。这种制度创新要想取得成

① 参阅杨光斌：《制度变迁与国家治理——中国政治发展研究》，人民出版社 2006 年版，第 76 ~ 83 页。

功，同样不能违背制度生长的一般规律。制度移植与制度创新必须与原有制度相衔接，与当下的社会环境和秩序相契合，必须由外来的变成本土的，由理论的变成实践的。即使是人为设计的制度，也要来源于实践，经过实践的检验，并在实践中进一步改进。新制度的确立将是一个与本土自生秩序的恢复和发展互动契合的长期的过程。

发展中国家原有的政治体系在不同程度上背离或者破坏了社会自生秩序，或多或少都会侵犯人民的权利和自由，但在政治统治稳定的时期这有可能是一种有限的破坏或侵犯，与此同时它也对社会秩序与人民的权利提供了基本的保护。在社会进步的过程中，这种制度体系是必须要改变的，但取而代之的制度体系要想成功确立并顺利运转仍然要以现存的制度体系为重要的前提性条件。原有的政治体系在政治发展的过程中可以也应该发挥重要作用。对于制度演进来说，原有的政治体系需要承担两项职能，一是要主动创设制度创新与自发演进的社会环境；二是要凭借自身的强制力保证新的制度得到普遍遵守。如果政治体系突然被摧毁，将会对社会自生秩序造成更大的破坏，甚至是毁灭性的破坏。在激进变革之下产生的政治体系，不管是民主的，还是新的专制形式，由于旧的政治规则失效了，新的规则不可能在短期内确立并得到有效遵守，其权力运行受到严格约束的可能性很小，因而更容易对社会自生秩序造成破坏，中断和阻碍社会进步的过程。而且，由于人性的局限以及制度设计与现实环境的差异，未经检验的新制度未必比原来的制度更好、更有效。因此，旧政治体系的改变、新政治体系的确立只能是一个渐进的过程。政治体系进步的方向就是向更好地维护社会自生秩序，更好地保护个人自由和权利的方向演变。政治体系的变革应该在其能够履行最低限度政治功能的前提下，即在提供基本的社会秩序，对公民权利提供最低限度保护的条件下进行。

成功的渐进式政治发展关键是要通过逐步的制度创新来实现制度转轨。政治制度创新就是指用新的能够更好地履行政治功能，更有效率，更好地保护公民权利的规则体系逐步取代旧的规则体系的过程。制度创新是渐进式政治发展的保障，只有在制度创新的基础上，政治体系才能通过渐进的方式实现更新和转型。如果在实质性的转型之前，有了长期的渐进的持续的制度创新，政治转型往往是渐进的、和平的，政治转型之后的民主化成果也容易得到巩固。反之，如果在政治发展的过程中仅仅有一个坚定的民主信念，有为了民主不怕牺牲的精神，并不能导致一个良好政体的诞生，也不能确保民主政体的稳定运行。创造民主所需的良好的社会环境和相应的制度基础是顺利实现民主化的根本前提。如果没有好的相关制度支撑，社会资本不支持，即使侥幸建立了民主制度，即使民主制度本身的设计是好的，民主制度也不可能成为一种有效的受到人们广泛拥护的制度，民主夭折的可能性非常之大。如果没有制度创新，政治发展往往是激进的、剧烈的制度转轨过程，即使有政治进步，代价也往往是巨大的，而且新、旧制度的废立会经过多次反复。事实上，在没有制度创新的情况下，政治转型一般只能导致简单的政权更迭，不可能取得实质性的政治进步。另需强调的是，这里的制度创新不是制度重构，而是通过逐步的制度改进和完善促进旧制度的逐步淘汰和新制度逐步生长。制度重构是从根本上推翻原有的制度，通过激进的手段，甚至是暴力的手段建立全新的制度体系，这种凭空建立的制度只是空中楼阁，因为没有根基和土壤，因而必然运行不良，导致失败或变异。因而制度重构不能成为政治发展意义上的制度创新，只是制度颠覆或者导致制度崩溃。

渐进式政治发展的目的就是要通过制度创新建立宪政民主的制度体系。良好的制度体系都是在自生秩序的基础上逐步演化形成，只有符合社会自生秩序要求的政治体系，才能有效保障人民的自由、平等权利，也只有这样的政治体系才能渐进发展。宪政民主制度是公民权利与社会自生秩序最有效的制度保障。宪政民主的实现是一个长期的渐进的制度创新的过程。奥唐奈指出：“有效的制度及相似的惯例不可能在一天之内建成。正如稳固的民主制所表明的，这些惯例和制度的出现、加强和合法化都需要假以时日，在这个过程中，会出现一个实实在在的、复杂的学习过程。”① 在大规模的民主化之前，必须通

① 基尔摩·奥唐奈：《论委任制民主》，载刘军宁编：《民主与民主化》，商务印书馆 1999 年版，第 65～66 页。

过制度创新和反复实践使民主的规则和程序制度化，使人们习惯于用民主的方式解决问题，使民主的功能和价值充分彰显，人们才能认同民主制度的价值，实现向民主政体的自然过渡。制度创新的关键就是要在各国经验的基础上，创造适合本国需要的具体制度形式，使宪政民主能够从内部生长起来并顺利地运转。

从以上论述可以看出，良好的政治制度既是生成的，也是创造的，但都需要经过一个长期的渐进的过程。制度创新在现代政治制度形成过程中起着十分关键的作用。政治发展实际上就是一个政治制度不断创新的过程。制度创新对于中国的政治发展具有特别重要的意义。由于现实国情、意识形态等各种因素的制约，中国不可能照搬西方国家的政治制度模式来推动政治发展，但现有政治体系又不能完全适应市场经济和公民社会的民主要求，只有在现有制度基础上通过制度创新来推动政治发展，才能在一个国情特殊的大国完成建设现代宪政民主国家的任务，也只有制度创新才能确保渐进式政治发展的最终成功。

从总体上看，当代中国具备渐进式政治发展的基本条件。中国现有政治制度本身是以民主为价值取向建构起来的，从来都没有否认民主的价值和必要性，只是由于具体制度设计的缺陷，使整个政治体系没有按民主的方式运行。现存的政治秩序并不是完美的自由秩序，但是如果它已经赋予了人们基本的自由，仍然在追求政治上的进步，那么它仍然是制度创新的必要条件，不可轻易毁弃。现存政治制度不仅对于保持制度建设和创新的和平环境十分重要，同时也具有极大的政治改革的空间。推动现有制度的调整和创新，使其更具有包容性和开放性，同时在稳定的秩序下创建民主制度转轨所需要的各项条件，对于实现权威政治向民主政治的平稳过渡具有极其重要的意义。

其实，中国的改革领导人已经充分认识到制度建设与制度创新的重要性，强调要从制度上解决国家权力滥用和执政党出现严重失误的问题。邓小平对此认识最为深刻，他指出，正是由于没有在实际上解决领导制度问题，所以导致了“文化大革命”的十年浩劫。领导制度、组织制度问题带有根本性、全局性、稳定性和长期性，“制度好可以使坏人无法任意横行，制度不好可以使好人无法充分做好事，甚至会走向反面"①。因此，政治改革的重点是加强制度建设和制度创新，对原有的个人高度集权的政治体制从根本上进行有计划、有步骤而又坚决彻底的改革，制度发展的目的是"从制度上保证党和国家政治生活的民主化、经济管理的民主化、整个社会生活的民主化，促进现代化建设事业的顺利发展"②。

第二节　当代中国政治制度创新的基本经验

一、制度创新在保持制度结构稳定的前提下进行

国家是制度变迁的主要行为主体，在很大程度上决定着制度变迁的命运。因此，能否维护国家基本制度结构的稳定，就成为制度变迁成败的决定性因素。③ 如果一个国家在制度变迁的过程中首先破坏了政治稳定，动摇了制度变革赖以进行的制度结构的合法性，国家或改革的领导人就不能维护基本的政府能力，也就不能完成建立现代国家

① 《邓小平文选》第 2 卷，人民出版社 1994 年版，第 333 页。

② 《邓小平文选》第 2 卷，人民出版社 1994 年版，第 336 页。

③ 杨光斌：《制度变迁与国家治理——中国政治发展研究》，人民出版社 2006 年版，第 75 页。新制度经济学将制度区分为制度结构和制度安排。制度结构是指宪法所规定的国家的根本的政治制度和经济制度。参见杨光斌：《制度的形式与国家的兴衰——比较政治发展的理论与经验研究》，北京大学出版社 2005 年版，第 17 页。制度安排主要是指组织之间的交易方式，政府与经济组织的关系以及约束特定行动模型和关系的一套行为规则。企业、工会、政府体制、期货市场等属于正式的制度安排；而价值、习惯和意识形态等就是非正式的制度安排。政治方面的制度安排是指权力的结构形式、运行方式以及政治主体的行为方式。参见林毅夫：《关于制度变迁的经济学理论：诱致性变迁与强制性变迁》，载［美］R. 科斯、A. 阿尔钦、D. 诺思等：《财产权利与制度变迁——产权学派与新制度学派译文集》，刘守英译，三联书店上海分店、上海人民出版社 1994 年版，第 377 页。

制度和促进经济增长的任务。① 制度结构的稳定是顺利推进政治发展的前提条件。只有在基本制度稳定的基础上，新的制度安排才能得到有效遵守，人们的行为才具有稳定性和可预期性，政治冲突才能在法律的范围内展开，整个社会才能拥有基本的安全和秩序。

当代中国的制度创新是在国家基本制度结构稳定的基础上进行的。在近三十年改革开放的历程中，尽管发生了短暂的政治风波，发生了各种争论，但中国的政局在总体上保持了高度的稳定，中国共产党的领导，人民代表大会制度，多党合作和政治协商制度等基本政治制度的框架保持不变，政治制度变迁始终在执政党可以控制的范围内有序地进行。“中国的渐进政治改革是在现行政治制度的框架下，对作为制度外在表现形式的政治体制以及体制内权力结构进行逐渐的、适度的调整。渐进政治改革的实质是在不改变基本政治制度的性质的前提下，对制度的运行进行逐步的改良。”② 制度创新以政治稳定为前提，在现有制度正常运转的基础上实现新制度的创新，使新制度在旧制度可以允许的限度内尽快发展，制度创新的成果又进一步提升政治稳定的层次和水平，这是中国政治制度创新的一个重要特征。黄立对比中、俄两国制度变迁的经验后指出，中国的制度变迁之所以成功，是因为中国立足于国情进行了成功的制度创新。中国在改革的过程中充分尊重原有的制度体系，肯定、发扬其中的合理内核，同时又批判吸收现代制度的精华，通过制度创新和改造来建设市场经济和民主政治体制③。

---

① 参阅［美］阿尔蒙德：《发展中的政治经济》，载塞缪尔·亨廷顿等著，罗荣渠主编：《现代化：理论与历史经验的再探讨》，上海译文出版社 1993 年版，第 358～373 页。

② 徐湘林：《八十年代以来的中国渐进政治改革》，载徐湘林、［德］格哈德·格勒、赵建民主编：《民主、政治秩序与社会变革》，中信出版社 2003 年版，第 144 页。

③ 参见黄立：《现代制度浪漫主义》，《读书》，1998 年第 11 期，第 74～82 页。

保持基本制度的稳定并不排斥比较大的改革。中国改革的领导人多次指出，改革不是对原有体制的细枝末节的修补，而是对原有体制的根本性变革。1992 年 6 月 9 日，江泽民在中央党校的讲话中强调要积极推进政治体制改革，并指出改革“是对存在弊端的原有体制的革命”①。这就是说，政治体制改革也是具有革命性质的改革。中国现有政治制度的基本原则是符合民主与共和精神的，但是它的运行机制却不能保证它的民主精神得到实现。基本制度在非民主的体制内运行，在人治的轨道内运行，它的基本原则必然会扭曲，违背建立这种制度的初衷。现在进行革命性的政治体制改革，就是在制度结构不变的条件下推动政治制度创新，要让基本制度在民主、法治的轨道内运行。此时，政治发展并不是简单表现为一种新的政治体系取代另一种旧的政治体系，而是在同一种政治体系之下，通过制度创新实现政治体制的创造性转化，由旧质转变为新质，使一种在集权的基础上运行的政治体制，以较小的制度成本不知不觉转变为一种在民主的基础上运行的政治体制。

通过改革以来连续的制度创新，在具体制度安排的层次上，党的领导方式、人大的运行机制、行政管理体制都发生了较大的变化，使这些延续下来的政治制度能够基本满足现代化建设的制度需求。中国在政治发展的过程中，始终保持了制度结构的稳定，通过制度安排层次的制度创新推动了经济、政治体制的转换与更新，不仅取得了显著的经济绩效，也取得了显著的政治绩效。中国政府的财政汲取能力、政治控制能力以及对社会的渗透能力都得到了增强，执政党和政府能够将自己的意志和政策贯彻于整个中国社会。

党政不分是中国原有政治体制一个比较突出的问题。实行党政分

---

① 中央党校王贵秀教授据此将改革的性质概括为：“改革是通过对存在弊端的原有体制的‘革命’来使社会主义制度更加‘完善’”。他还认为：“经济体制改革是革命，政治体制改革也是革命”。参见王贵秀：《“优选之路”：政治体制改革必须与经济体制改革相适应》，载董郁玉、施滨海编：《政治中国》，今日中国出版社 1998 年版，第 304 页。

开，合理分工是中国政治改革的既定方向，但如果突然放弃目前的党政体制，显然也会出现一些预想不到的问题。中国目前在调整党、政关系方面做了一些有效的探索，在尊重现有制度运作模式的基础上，开始推行各级党委主要负责人担任人大常委会主任的制度。经过法定程序，许多地方的党委书记当选为同级人大常委会主任。这是一种重要的制度创新，有可能为党的执政方式开辟出新的路径和模式，就是从过去的党委直接领导和监督政府，转变为党委通过人大间接领导和监督政府，党委不再直接对政府发布命令，不再干预政府工作，政府直接对人大负责。这是一种更趋近于现代法治国家的执政方式。①

近年来，在村民自治的推动下，各地先后出现了乡镇长选举制度的重大创新。这些制度创新基本上是在尊重现有基本制度的基础上进行的，不仅取得了显著的成效，而且得到了执政党和政府的默许和肯定。深圳市龙岗区大鹏镇1999年创造了“两票制”选举镇长的新的选举制度。全镇选民先通过一人一票的“推荐票”直接推荐镇长预备人选，全镇选民代表再对得票最高的5位初步候选人进行民意测评投票。然后，镇党委根据有关法律规定和民意测评投票情况，确定镇长候选人推荐人选，并上报区委审批。经批准后，以大鹏镇党委名义将拟推荐人选正式提交给新一届镇人大主席团，镇人大主席团将其提名为正式镇长候选人，由镇人大代表通过正式“选举票”选举镇长。② 在乡镇长选举制度改革中，四川省遂宁市市中区区委于1998年底推出了由选民直接选举乡长的重大制度创新。选举分为提名（报名）、预选、竞选和正式选举四个阶段。参选者只要获得30位选

① 当然，也有可能出现一种相反的情况，即党委既直接干预人大事务，又直接干预政府事务，这样就会退回到过去立法、行政、党委权力高度合一的局面。参见林尚立等：《制度创新与国家成长——中国的探索》，天津人民出版社2005年版，第94页。

② 参见金杜、毛哲：《深圳大鹏镇选民直接推荐预备人选——“两票制”选镇长令人瞩目》，《南方日报》，1999年4月28日。

民联合推荐就可以被提名为乡长候选人，步云乡由选民提名的初步候选人一共有15名。由村民代表、村民小组组长和乡、村干部组成的选区联席会议在听完15名候选人的竞选演讲后，通过投票选出前2名候选人，与政党提名的1名候选人一起成为正式候选人。在选委会组织的竞选活动结束之后，全乡选民于12月31日进行正式投票选举，政党提名的候选人谭晓秋获得了50.19%的选票，当选为步云乡第十二届人民政府乡长。在2001年的乡长选举中，步云乡对乡长选举做了重大修改，将原来的选民直选乡长改为选民直接选举1名乡长候选人，由乡人大主席团提名为正式乡长候选人，最后由乡人大代表投票选举乡长。①

大鹏镇的选举制度创新符合现行的法律规定，选举是在党组织的领导下进行的，党组织推荐的候选人也顺利当选。与此同时，大鹏镇也对原有的选举制度进行了重大改进，使全镇的选民都参与到选举中来，选民的意见在选举过程中具有十分重要的作用，选举不再是走过场，例行公事，确实做到了尊重选民的意见和选择。步云乡的乡长直选模式尽管与现行法律规定有不符之处，但应该说还是符合中国宪政制度的基本精神，也坚持了党的领导的原则，党所推荐的候选人也顺利当选。步云乡后来对选举程序的修正使其完全符合现有法律的规定，保持了制度创新的连续性，民主改革得以持续进行。许多学者比较肯定大鹏镇的选举改革，笔者认为，步云乡的选举模式反而是一种更值得肯定的探索。步云乡的改革肯定了执政党党组织有直接提名乡长候选人的权利，这是执政党法定执政地位的一种体现，与现行制度相衔接。同时，步云乡选举中出现了有组织的竞选活动，执政党提名的候选人与选民提名的候选人有公平的竞争，选民的意见得到充分尊重，比较符合现代民主政治的通行做法。步云乡展示了乡镇选举改革的好的方向，但目前这个阶段只能采用变通的方式，由选民选举乡长候选人，然后由人大正式选举为乡长。

---

① 参见唐建光：《直选乡长》，《南方周末》，1999年1月15日。

二、强制性制度变迁与诱致性制度变迁相结合

在转轨过程中，新的社会关系需要制度的规范和调整，但旧的制度已不能满足社会的制度需求，因而会出现制度短缺，导致制度不均衡。当制度不均衡出现时，就需要进行制度创新来实现制度供给，对新的社会关系进行有效的约束和引导。根据制度供给主体的不同，制度变迁可以划分为诱致性制度变迁和强制性制度变迁两种模式，诱致性制度变迁是由个人或团体在响应获利机会时自发倡导、组织和实行的制度变迁；强制性制度变迁则由国家通过命令和法律强制性推进，制度创新和供给的主体是国家。①

国家实施的强制性制度变迁能够降低制度创新的成本，具有一定的“规模效益”，在较短的时间内提供大批的新制度满足社会的需求，矫正制度安排的供给不足。国家的力量能够赋予新制度以权威和公信力，克服原有制度体系的巨大惯性，克服搭便车的行为，降低制度执行的成本，使其在全社会普遍推广并得到有效遵守。② 强制性制度变迁的缺陷是经常会出现制度创新的动力不足。国家在推进制度变迁时经常面临着是追求社会财富最大化还是追求统治者的福利最大化的两难选择，只有在这两个目标一致的限度内，国家才有激励创造和规定有效的制度。③ 但这两个目标经常是相互冲突的，“如果制度变迁会降低统治者可获得的效用或威胁到统治者的生存，那么国家可能仍然会维持某种无效率的不均衡。……没有人可以保证效用最大化的

---

① 参见林毅夫：《关于制度变迁的经济学理论：诱致性变迁与强制性变迁》，载［美］R. 科斯、A. 阿尔钦、D. 诺思等：《财产权利与制度变迁——产权学派与新制度学派译文集》，刘守英译，三联书店上海分店、上海人民出版社1994年版，第384页。

② 参见董海军：《转轨与国家制度能力》，上海人民出版社2007年版，第52页。

③ 参见［美］诺思：《经济史上的结构和变革》，厉以平译，商务印书馆1992年版，第41页。

统治者会有激励去履行那些增进制度安排供给的政策，以达到使作为整体的社会财富最大化。"① 国家往往为了增加统治者的直接利益而放弃最优的制度选择。国家所强制推行的新制度有可能不符合社会的实际和民众的需要，从而使社会学习和适应政府所供给的制度付出比较大的制度成本。②

诱致性制度变迁是民间自发的制度创新行为，创新主体的多样性促进了各种新制度的产生，在制度竞争的过程中，更有生命力的制度会保存下来。这种新制度是在长期的实践活动中创造或转化而来，更适应各种利益群体追求其利益最大化的需要，一般能够为民众自觉认同和遵守，运行的成本较低。但诱致性制度创新通常需要较长的自发演变的过程，所以难以产生大量的制度供给，无法及时满足社会的制度需求；而且由于制度是一种公共用品，因而在制度创新的过程中会存在"搭便车"的问题，诱致性制度变迁由于缺乏强制性力量的支持，因而难以克服"搭便车"问题，也不能保证制度得到充分的遵守。诺思认为选民始终面临着"搭便车"的问题，而统治者则不存在这样的问题，只有国家统治者的普遍强制力才可以克服搭便车的问题，有效地推动制度创新和普及。③ 国家的干预还可以克服集体行动的困境，在社会成员不能取得一致同意的情况下推进制度变迁。

可见，如果没有民间个人或团体的自发的制度创新，新的更有竞争力的制度形式很难大量产生；但如果没有国家的支持和推广，制度创新成果的普及过程则会相当的漫长。制度变革成功推进的最好的方式是将强制性制度变迁与诱致性制度变迁结合起来。国家有意识地放

---

① 林毅夫：《关于制度变迁的经济学理论：诱致性变迁与强制性变迁》，载［美］R. 科斯、A. 阿尔钦、D. 诺思等：《财产权利与制度变迁——产权学派与新制度学派译文集》，刘守英译，三联书店上海分店、上海人民出版社 1994 年版，第 396～397 页。

② 参见黄德发：《政府治理范式的制度选择》，广东人民出版社 2005 年版，第 180～181 页。

③ ［美］诺思：《经济史上的结构和变革》，厉以平译，商务印书馆 1992 年版，第 38 页。

松约束来降低诱致性制度变迁的交易成本，并与有关的制度主体建立长期的契约关系。① 民间的个人或团体支持国家实施的制度变迁，国家则积极推广民间所产生的制度创新成果。如果一个社会能够将两种制度变迁方式妥当地结合起来，那么不仅有利于新制度的发现和创造，而且有利于新制度的推广和普及。

从总体上看，中国的经济、政治改革可以说是在国家主导下的一种强制性的制度变迁。“国家在制度变迁的路径选择、制度变迁推进的次序与时机的权衡中起到决定性作用，扮演着‘制度决定者’的角色，是制度供给的主要来源。”② 国家的权威性与组织性能够克服制度变迁过程中的讨价还价行为，减少摩擦和阻力，降低制度变迁过程中的实施成本和交易成本，使新制度能够较快地予以推行，并且保持整个政治和社会的稳定。③ 但国家并没有全面限制民间的自主性制度变迁，而是对民间或基层所产生的于自身有利的制度创新的成果及时予以肯定，并赋予其合法性。这使中国的制度变迁在某些方面又表现出诱致性制度变迁的特征。在村民自治和乡镇长选举等民主制度发展过程中，农民和基层政治精英都在其中发挥了重要作用，在某种程度上开启、推动了这些重大的制度创新。将国家强制性制度变迁与民间和基层的诱致性制度变迁结合起来，是中国制度转轨的基本特征和成功的经验之一。中国改革过程中组织、制度的创新是国家与地方、民间双向互动的过程，制度创新既有中央自上而下推行的改革措施，也有地方、民间自主的制度创新。制度变迁既出于国家领导人的需要，也符合人民的愿望，因而能够成功地推进。在地方自主创新与国家的强制推广两种力量的互动作用下，新的制度形式在全国传播很

---

① 参见苗壮：《制度变迁中的改革战略选择问题》，载盛洪主编：《中国的过渡经济学》，上海三联书店、上海人民出版社 2006 年版，第 100、107 页。

② 王曙光：《转轨经济的路径选择：渐进式变迁与激进主义》，《马克思主义与现实》，2002 年第 6 期，第 70 ~ 74 页。

③ 参见夏宇宁：《中国渐进式政治经济体制改革的制度分析》，载徐湘林主编：《渐进政治改革中的政党、政府与社会》，中信出版社 2004 年版，第 38 ~ 39 页。

快，提高了制度创新和传播的速度和效率。①

村民自治的制度创新可以说是强制性制度变迁与诱致性制度变迁相结合的一种典型形式。村民委员会作为农民自治的组织形式是在20世纪80年代初期由广西等地的农民首先创立的。1980年春，广西宜州市屏南乡合寨村的农民通过无记名推选产生了我国第一个“村民委员会”，作为村里的自治组织，负责管理全村的公共事务。广大农民出于维护自身利益的需要推动着村民自治制度的发展和完善。农民在村委会选举中，创造了村委会直选、以“海选”的方式直接提名候选人、正式候选人发表竞选演说、设立秘密划票间等制度形式。这些由农民和基层干部所创造的制度很快得到了国家的认可，并在国家的支持下通过法律和行政的力量向全国推广。就村民自治这种制度形式的产生、完善来说，农民和农村精英是制度创新的主体，无疑属于一种诱致性制度变迁；就村民自治制度在全国的推广和普及来说，国家是主导力量，中央各部委与国家民政部在推广村民自治制度方面做了大量的组织实施和示范推广工作。国家的强制力和法律的权威性在村民自治普及的过程中起着主要作用，因而又可以说是一种强制性制度变迁。在国家和民间两种力量的共同推动下，村民自治逐渐在全国推广，目前已经成为全国普遍实行的制度形式。

三、通过学习和借鉴展开开放式的制度创新

现代政治制度文明反映和代表了人类政治生活的进步状态，是人类政治智慧的结晶，具有普遍性的特点和可资借鉴的意义。因而各国在建设现代制度的过程中需要相互借鉴，需要吸收人类现代制度文明的优秀成果推进本民族的制度创新。② 社会主义政治制度具有自己的

① 参阅林尚立等：《制度创新与国家成长——中国的探索》，天津人民出版社2005年版，第88~92页。

② 参见虞崇胜：《论政治文明的普遍性和特殊性》，《武汉大学学报（社会科学版）》，2003年第5期，第619~624页。

优势；其他国家包括西方国家的具体的制度形式经历了时间的检验，在应对现代化挑战方面也有其优点和长处。改革开放以来，中国在坚持自身的制度优势的同时，也大量吸收和借鉴了其他国家制度创新的经验和好的制度形式。

邓小平等中国领导人在推动政治发展的过程中，没有拘泥于意识形态的束缚，在制度建设方面展现了宽阔的胸怀和较强的学习能力。邓小平作为改革的总设计师，在肯定中国政治体制优点的同时，也能够实事求是地评价西方国家的政治制度，承认西方国家在某些民主形式、法制建设、人事制度等很多方面比中国做得好。中国在民主和法治建设方面，过去做得不够，同西方国家相比还存在一定差距。他说："我们说资本主义社会不好，但它在发现人才、使用人才方面是非常大胆的。它有个特点，不论资排辈，凡是合格的人就使用，并且认为这是理所当然的。从这方面来看，我们选拔干部的制度是落后的。"① 他还指出："经济管理、行政管理的效率，资本主义国家在许多方面比我们好一些。我们的官僚主义确实多得很。……所以，我们必须进行政治体制改革。"②

正是由于认识到中国在制度建设方面与发达国家存在的差距，所以邓小平强调中国的改革一定要向西方先进国家学习，并且提出了最具思想解放意义的判断改革是非的"三个有利于"标准，鼓励人们打破意识形态的束缚，大胆学习和借鉴其他国家的政治经验和政治制度，使中国的政治制度成为世界上最好的制度。他精辟地指出："社会主义要赢得与资本主义相比较的优势，就必须大胆吸收和借鉴人类社会创造的一切文明成果，吸收和借鉴当今世界各国包括资本主义发达国家的一切反映现代社会化生产规律的先进经营方式、管理方法。"③ 政治体制的改革和完善需要从世界各国吸收进步的因素，"需要认真调查研究，比较各国的经验，集思广益，提出切实可行的

① 《邓小平文选》第 2 卷，人民出版社 1994 年版，第 225 页。

② 《邓小平文选》第 3 卷，人民出版社 1993 年版，第 240 页。

③ 《邓小平文选》第 3 卷，人民出版社 1993 年版，第 373 页。

方案和措施”①。

在改革领导人的推动下，中国的制度创新是开放的而不是封闭的，在坚持本国基本制度的前提下，也吸收了其他国家和地区在制度建设方面好的成果和经验。比如，中国在立足本国实际的基础上，对于发达国家已经比较成熟的选举制度、权力制衡制度、任期制度、公务员制度、司法制度、政务公开制度等都有许多借鉴。其中，在具体的制度运作方面，我国人民代表大会制度借鉴了西方国家议会制度的一些经验，使代议机构的一些基本制度如代表选举制度、预算审议制度、质询制度等逐步完善起来。在学习和借鉴的基础上，中国也结合实际产生了一些对今后政治发展具有重要意义的制度创新成果，如协商民主、行政三分、党内三分等制度形式。

吸收别国制度建设的有益成果，并不意味着简单照搬别国的政治制度。任何一个国家的政治制度，在该国是有效的好的政治制度，照搬到另一个国家未必会成为有效的好的政治制度，有时可能还会适得其反。因为一个有效的制度安排需要其他相关制度安排的支持。简单照搬别国的政治制度不可能成为适合本国国情的制度，也不可能获得政治发展的成功，只有结合本国情况进行创造性转换的制度，才是最好的制度。② 中国的改革领导人坚决反对完全照搬别国的制度模式，反复强调发展民主要根据中国的实际情况，要根据自己的特点来决定自己的制度和管理方式。③ 中国改革开放以来的制度创新是在借鉴其他国家制度变革经验的基础上，结合中国国情所进行的制度创新活动，在制度借鉴时采取了批判吸收的态度，使之与中国的具体实际相结合，因而并未改变中国政治制度的总体性质，但促进了整个制度体系的完善。

民主化成功的关键是结合本国的传统进行具体的制度创新，使所借鉴的制度转换为本土化的形式，使支持民主的各种制度与文化条件

① 《邓小平文选》第 2 卷，人民出版社 1994 年版，第 336 页。

② 参见曹沛霖：《制度纵横谈》，人民出版社 2005 年版，第 5 ~ 6 页。

③ 《邓小平文选》第 3 卷，人民出版社 1993 年版，第 221 页。

逐步生长起来，使民主具备自身生长所需要的土壤，将外生的民主制度转换成本国的、本民族的制度。中国渐进式政治发展取得初步成功的一个重要原因就在于中国进行制度创新始终从实际出发，在学习和借鉴别国的制度经验时，克服了简单照搬和完全拒绝两种错误倾向，既没有顽固地坚持旧的制度，也没有采取“全盘西化”式的制度移植，而是批判继承本民族在历史上和现代化进程中所取得的制度成就，也借鉴世界各国包括西方国家所创造的制度文明成果，包括具体的制度形式和运行机制，力求做到使外国制度建设经验与中国现有制度模式的有机契合，尽量以本国国情能够容纳的形式表现出来。①

四、在制度试验的基础上推动渐进式制度变迁

改革者的理性是有限的，任何一项制度创新，在实施之前都会遇到信息不足的问题，制度创新主体无法预见到制度实施过程中的全部问题，制度实施的结果也带有很多不确定性。林毅夫认为，新制度的确立是一个花费时间、努力和资源的过程，因此制度创新不可能是同时设计所有最佳的制度安排，并使这些制度安排得到遵守。制度变迁过程类似于一种进化的过程，当制度不均衡发生时，“制度变迁过程最大可能是从一个制度安排开始，并只能是渐渐地传到其他制度安排上去。”同时，原有的制度结构保持稳定，大量制度安排都可以从原有的制度结构中继承下来。② 中国的改革领导人对于制度变迁的复杂性、长期性有深刻的认识，因而在改革中比较重视保持制度的连续

---

① 参阅胡鞍钢的相关论述：“国家制度现代化是一个过程，即在充分学习吸收和借鉴人类现代化国家经验与知识的情况下，根据中国国情进行的制度创新、制度建设、制度实施的长期历史过程。”胡鞍钢、王绍光、周建明主编：《第二次转型：国家制度建设》，清华大学出版社 2003 年版，“前言”第 5 页。

② 参见林毅夫：《关于制度变迁的经济学理论：诱致性变迁与强制性变迁》，载［美］R. 科斯、A. 阿尔钦、D. 诺思等：《财产权利与制度变迁——产权学派与新制度学派译文集》，刘守英译，三联书店上海分店、上海人民出版社 1994 年版，第 389～390 页。

性，在新制度未经实践检验并有效发挥作用之前，决不轻率抛弃旧的制度，以防止出现制度真空，引发政治动荡。民主体制的建立成为一个通过试验不断发现和创造新制度的过程。

通过制度试验来推动制度创新是当代中国制度变迁的一个突出的特征。在制度变迁方面，中国并不是由政治精英设计一种整体性的完美的制度，按照一个理想的路线和严格时间表在全国大规模地全面地推行新制度。无论是经济改革还是政治改革，重大的改革措施一般都不是在全国范围内同时推开。国家在推动一个全国范围的制度变迁之前，一般的程序是先在某些地方、某些部门进行试点，在试点的过程中，对原有的制度设计进行修正和调适，使制度更加完善。制度试验取得成功经验之后先在部分地区推广，在制度实践中经过再次修正之后，再逐步向全国推广，在推广的过程中，也不搞一刀切，不搞强迫命令。萧功秦将当代中国的制度演进称为“试错型的制度创新”模式，即改革领导人针对中国出现的具体问题、矛盾与困境，“通过不断地‘试错反弹’来修正决策，并在试错中进行制度创设，以解决面对的各种问题，逐渐自然地演化出一种新的体制。”①

试验性的制度创新具有典型示范的意义，能够将新制度的不足暴露出来，以便人们去改进；将新制度优点充分彰显，以使新制度更容易为人们所接受，便于新制度的推广和实施，减少新制度推广和实施的阻力。试验性的制度创新是一种增量改革，在尊重既有合法利益的基础上实现社会整体利益的增加，在发挥现有政治制度功能的同时推行新的制度。制度变迁因为能够实现利益递增因而得到多数人的支持，使其自身前进的动力不断强化。这是一种从局部到整体的渐进的制度创新过程，各地相对独立的制度试验丰富了人们有关制度运行的知识，使其在推广的过程中更能适应全国广大范围内复杂的制度环境。新制度主义认为：“制度通过学习积累历史经验。过去经验的结

① 参见萧功秦：《从发展政治学看中国转型体制》，《浙江学刊》，2005年第5期，第100~107页。

果和结论嵌入了规范操作程序、职业规则以及实践者基本行动规则之中。”① 这些凝结在规则和程序之中的制度知识是无数个体智慧的积累和载体，包含了制度成功与失败的经验，整个社会在此基础上有更多的机会选择和建立较好的制度形式。

以制度试点来作为制度变迁的重要环节，能够规避整体性制度变迁所面临的全面制度失败的风险，使制度变迁过程具有可控性和稳定性，也可以节约制度创新和实施的成本。这种制度创新模式既是建构式的，同时也可以说是演进式的，因为最后推广实施的制度并不完全是理性设计的制度，而是经过实践所发展了的制度，其中包含了来自于制度实践主体的经验、知识和智慧，并且融入了社会生活的实际情况，更加容易推广和实施。

干部任前公示制这种新的制度形式就是通过制度试验、模仿创新、逐步推广的方式而成为全国普遍实行的制度。1997 年 8 月，江苏省宿迁市在全国率先采用党政领导干部任前公示制。该市在选拔任用党政领导干部时将拟提拔干部的基本情况和拟任命的职务向社会公开，广泛听取各方面意见。对于公示后各界群众所反映的线索清晰、有据可查的问题，组织部门组织专人认真调查核实，党委根据调查核实后的情况和各界群众的意见再正式决定干部的任用。截至 1999 年 3 月，宿迁市已经公示拟担任科、处级职务的干部 528 人，任用了 508 人，另有 20 人未被提拔任用或暂缓任用。② 江苏省委及时肯定了这一做法，迅速将干部任前公示制扩大到全省 50 多个市、县(市、区)。黑龙江省也于 1997 年 12 月开始公示制试点工作，1999 年 8 月在试点之一的大庆市召开座谈会，总结推广大庆市的经验，制定了《黑龙江省党政领导干部任前公示制暂行办法》。1999 年 6 月，

---

① ［美］詹姆斯·G. 马奇、约翰·P. 奥尔森：《新制度主义：政治生活中的组织因素》，孙艳红编译，载薛晓源、陈家刚主编：《全球化与新制度主义》，社会科学文献出版社 2004 年版，第 191 页。

② 参见《江苏宿迁市推出领导干部任前公示制》，《领导决策信息》，1999 年第 19 期，第 24 页。

中组部在深入调研后，开始在全国范围内推广大庆市和江苏宿迁市实行干部任前公示制的经验，要求各省、市、自治区选择有条件的市、县进行试点。1999年11月，海南省委提高了公示制的级别，在省报头版对3名厅级干部的任命进行了任前公示，接受群众监督。在此期间，四川、湖北、河南、福建、河北等省也在试点工作的基础上，制定了相应的规章制度，逐步推广了这一做法。① 各地所进行的任前公示制度的试点和创新工作得到了中央的重视和认可，2000年8月，中共中央办公厅下发的《深化干部人事制度改革纲要》规定："在3至5年内，地厅级以下领导干部（特殊岗位除外）的选拔任用，普遍实行任前公示制。"2001年1月，中组部又制定了《关于推行党政领导干部任前公示制的意见》，对党政领导干部任前公示的对象、范围、内容、方式、时间和程序做出了明确规定。此后，干部任前公示制度逐步在全国范围内推广，成为各级干部选拔任用中普遍采用的制度。干部任前公示制度是执政党干部任命方面的重大制度创新，它虽然不是一般意义上的民主，但增加了干部任用的透明度，在一定程度上落实了公民的知情权，扩大了公民的政治参与。

第三节　继续推动制度创新的途径与条件

一、通过改造现存制度以实现制度更新

中国现存的政治体制尽管民主化水平不高，存在许多弊端，需要进一步改进，但现存体制包含着许多成功与失败的经验，它的许多功能我们并不是完全了解，突然抛弃现存体制的后果我们也难以预料，所以我们推动政治发展时，不能凭理性的设计来重构一种新的政治体制，改造现存体制的最好的方式是在原来的基础上进行部分的修正或

---

① 参见单向前：《减少用人上的失察失误（深化干部人事制度改革）——领导干部任前公示制度述评》，《人民日报》，2000年8月4日，第3版。

改进。政治发展是一个长期的过程，并不是新旧两种政治体制的突然转换。新旧两种体制并不是截然对立的，通过某种相关制度安排的创新，可以实现两种体制的兼容和并存。制度创新需要在现有制度的基础上进行，利用旧制度提供的稳定和秩序建立新制度，始终保持政治制度演进的连续性。新的制度安排只有与现有的制度结构相适应，才能有效发挥作用，才能确保新旧两种体制在非对抗的状态下实现和平过渡。中国政治发展的关键就是要通过一系列的制度创新对现存体制进行改造，通过制度创新成果的不断积累来逐步淘汰旧制度，突破旧的体制。

政治双轨制①是民主体制与非民主体制并存的一种制度形态，是对现存体制进行民主化改造以推动制度转轨的过渡性的制度安排。利用双轨制推进政治发展就是在既定制度的约束下，在不抛弃旧制度、不对现有各种群体的利益造成重大损害的条件下推进政治制度的创新和发展，推进政治体制的民主化。政治双轨制不仅表现为新旧两种体制并存，而且表现为不同地区政治发展进度并不一致。这不仅是中国经济体制转轨的一条成功的经验，也是中国政治发展的现实状况。各地在民主发展方面梯次前进是中国政治发展比较合理而现实的选择。

在一个政治体系中，总是存在着核心制度与非核心制度。执政者对中央政府与各级政府的控制权属于核心制度，而控制方式则属于非核心制度，与公共权力具体运行相关的各种规则、程序与惯例也属于非核心制度。核心制度与非核心制度就其重要性而言都可以分为不同的层次，执政者对中央政府的控制权属于最核心的制度。核心制度关系到政权之存废和执政者的根本利益，而非核心制度一般并不会威胁到执政者的地位及其根本利益。中国政治制度中的核心制度是指保障执政党的领导地位与执政权力的制度，非核心制度是指并不影响党的

---

① 中国通过双轨制顺利推进经济改革的成功经验给中国政治发展提供了有益的启示。何增科提出，兼有新旧体制特征的权威主义政治体制作为一种双轨政治体制是全能体制向民主体制转型的一种必要的过渡形式。参阅何增科等：《中国政治体制改革研究》，中央编译出版社2004年版，第56~59页。

执政地位的制度、体制及权力运行方式。具体来说，在政党制度方面，坚持中国共产党的领导是核心制度，至于党的具体的领导方式和执政方式则属于非核心制度；在行政制度方面，保持党对行政权力的控制即各级政府的领导人主要由中共党员担任是核心制度，而党控制行政权力的方式或者说各级政府领导人的产生方式则是非核心制度；在代议制度方面，保持党对代议机构的多数控制权是核心制度，至于党如何控制、代议机构的代表如何产生、代表如何履行职责则是非核心制度；在司法制度方面，核心制度主要是指执政党的立法控制权，司法机关领导人的任命权，以及主要法官的任命权，至于司法机关行使审判权的方式、法官对于具体案件的裁决等则属于非核心制度；另外，党对军队的控制权也是属于核心制度，但党对军队的控制方式则属于非核心制度。

制度转轨一开始就从核心制度入手，会使执政当局的根本利益受到威胁，所有的社会成员也都将面临不确定的风险，改革不能获得广泛的支持，最后往往导致改革失败。中国的制度转轨可以借鉴经济改革的经验，采用双轨制的方式来向民主政治过渡，先保持核心制度不变，同时分步实现非核心制度的民主化，等到非核心制度民主化基本完成之后，再推进核心制度的民主化，就会水到渠成，不会出现大的政治动荡。经验证明，当由现任执政者所推动或支持的非核心制度的民主化完成之后再来推动核心制度的民主化，不会对原有执政阶层的利益构成比较大的威胁。越是在非核心制度没有民主化的地方，民主化对执政阶层的威胁最大。一个政治体系中与人民的权利、利益直接相关的是非核心制度部分，对人民的权利和利益构成损害的往往是统治者的代理人，即官僚阶层。非核心制度的民主化就是要使官僚阶层受到来自最高统治者与选民的双重约束。这样，即使最核心的制度不实现民主化，而非核心制度完全实现民主化，那么人民的权利也会得到较好的保护，国家的治理水平也会显著提高，不会出现诸如合法性危机、腐败蔓延、政府效率低下等比较严重的政治问题。

非核心制度的民主化之所以具有可行性，是因为根据诺思的看法，国家统治者可以通过两种方式来获取利益最大化，一种方式是国家确立某种产权结构，使统治者的所得租金最大化；另一种方式是国家确定有效的产权，制定公正的规则减少交易费用，促进社会产出的最大化，从而增加国家的税收。同时，国家统治者为规定和实施一组产权的基础结构，需要授权于代理人，但代理人的效用函数与统治者的效用函数不完全相同。当统治权力扩散到一定程度时，代理人可能不完全受规章的约束。① 而统治者监督代理人的成本太高，在缺乏民主和法治的条件下，统治者对代理人的监督可能是无效的。因此，在现代社会，国家统治者为实现利益最大化，可能选择第二种方式即建立有效保护产权的制度来追求自己的利益，对于不威胁其地位的非核心制度的民主化是可以接受的，在保障其统治地位的前提下，也可以在一定程度上接受核心制度的民主化。

政治双轨制能够减少政治改革的成本和风险。政治双轨制的本质特征是在核心制度不变的前提下，在国家制度结构稳定的基础上对非核心制度进行民主化改造，使民主制度从旧体制的旁边或缝隙中培育和生长出来，通过非核心制度的民主化运行，为政治发展提供制度示范，实现政治体制和政治运行机制的民主化，带动整个社会的权力运行、政策制定和执行、公民行为、思想观念发生民主化的转型。人们可以有时间和机会逐步适应新的制度，形成稳定的心理预期并规范自己的行为，这样就大大减少人们对新体制的不适应和过渡时期的混乱，降低改革的代价和风险，使人们逐步养成民主所需要的行为和习惯，学会在民主体制下如何行为，如何谈判和妥协，如何讨价还价。同时，人们在双轨制下可以学到更多的关于民主的经验、知识和智慧，使旧体制的其他部分向民主体制的过渡更为顺利。等到非核心制度民主化实现之后，再逐步实现核心制度的民主化，这样，民主体制就能够以较为和平的方式建立起来。

将核心制度改革向后延迟是一种明智的政治选择，但这种延迟可能会出现两种局面，如果核心制度改革延迟的同时，非核心制度的改

---

① 参见［美］诺思：《经济史上的结构和变革》，厉以平译，商务印书馆1992年版，第29~31页。

革取得重大突破，基本实现民主化，那么就会不断改变现有政治力量的对比关系，不断拓展新体制的基础，为核心制度的改革创造条件。核心制度改革的成本和风险就会大大降低，改革的阻力也会降到最小，核心制度的改革就会在阻力和摩擦最小的情况下进行，整个政治体系的渐进式发展就会取得成功。如果核心制度改革延迟的同时，非核心制度的改革也陷入停滞，那么就会进一步增大核心制度改革的风险，使改革变得更为艰难，渐进式政治发展就很难实现。

中国通过政治双轨制推进制度创新，既能够发展出符合现代民主要求的民主制度，也能够更好地坚持党的领导。中国目前的领导干部选拔任命制度实行“下管一级”① 的原则，即上级党委任命下一级党委负责人，考察、推荐下一级政府主要领导人人选并提交下一级人大表决通过。在向民主体制转换过程中，可以尊重现有的制度，保留上级党委对下一级党政领导人的影响、控制权，由上级党委通过票决制的形式提名下级政府正职领导人的人选，但同时引入民主竞争机制，允许中共党员在获得一定选民或人大代表支持后自由报名参选。同级党组织的任务是组织公平的选举，尽量通过民主程序争取上级党组织所提名的候选人当选。同时，各级人大代表由竞争性选举产生，但竞争的方式、程序、经费等要通过法律严格予以规范，通过周密的制度设计保证党员代表占到半数以上。同级党委主要通过对人大的多数控制权来领导和监督政府，不再直接干涉政府事务。这种制度设计保证了执政党对核心政府权力的控制，也能够成功避免民主化后地方政府领导人对中央的离心倾向和其他有组织的力量对执政党的挑战。为最大限度减少改革的风险，这种民主改革应首先在乡镇政权这个层次推行，等到乡镇政权的民主改革取得成功的经验，党组织对选举机制的驾驭比较熟练以后，再逐级向上级政权推广。

村民自治可以在政治双轨制的基础上进一步完善。村委会实行真正的直接选举之后，村民选举的村委会与上级党委任命的党支部的冲

① 参阅朱光磊：《当代中国政府过程》，天津人民出版社 2002 年版，第 336 页。

突时有发生。为解决“两委”矛盾，各地进行了一些重要的制度创新，如让村党支部书记经过村民直接选举后担任村委会主任；通过“两票制”选举村党支部书记；由党组织提名具有党员身份的村委会主任当选为党支部书记等。笔者认为，“两票制”是一种符合政治双轨制特征的制度设计，在“两票制”的基础上进行制度创新，进一步改进村民自治制度是克服当前“两委”矛盾的现实途径。在目前这个阶段，可以考虑村民委员会选举之前，由村民参与推荐村党支部书记候选人，获得最高推荐票的人成为正式党支部书记候选人，经党员选举后成为村党支部书记。党组织在取得一定数量选民同意之后，推荐党支部书记为村委会主任正式候选人，与其他由选民联合推荐的候选人公平竞选。① 因为村党支部书记是在取得多数村民支持后当选为支部书记的，因而当选为村委会主任的可能性很大。党组织一般情况下应推荐村党支部书记参加村委会主任竞选，但如果其他党员比党支部书记更能获得多数选民的支持，党组织应优先予以提名。党组织的主要职责和使命就是帮助党员候选人当选，可以在法律的范围内为其提供政治资源和组织支持，以促使其当选，但并不是通过破坏民主规则和程序，操纵选举来使其当选，而是在严格遵循民主程序，保证公平竞争的前提下使其当选。保证具有党员身份的候选人当选，能够更好地化解农村两个权力体系的矛盾，这时以村委会为村民自治的中心就不与党的领导相冲突了，因为村民委员会自治权的实现就是党的领导的充分体现。乡镇党委和政府应该充分尊重和支持村委会的自治权力，村委会成为村庄事务的主要决策者和组织实施者，村党支部的职责就是政治领导、思想领导和帮助获得最高民意支持的党员候选人成功当选为村委会主任、副主任或委员。

---

① 有学者提出，村委会选举制度还需要进一步改进，即正式候选人在由选民联合推荐或预选产生的同时，允许拥有被选举权的村民在得到一定数量选民支持后报名参选。参阅唐亮：《渐进·民主——变革中的中国政治》，八方文化企业公司2004年版，第224～236页。

二、通过扩大对外开放借鉴别国制度创新经验

在开放的制度环境中，各种制度之间会出现制度比较和制度竞争，绩效差的制度就会逐步被淘汰，绩效好的制度就会得到模仿、改进和推广。因此，对外开放能够提高一个国家的制度学习能力和制度创新能力。一个国家越是开放，与其他国家交往越多，对制度竞争的反应就会越敏感越迅速，反应能力也会得到更大的提高，国家也更容易接受有竞争力的制度。对外开放是推动后发国家制度转轨的重要推动力量，不仅可以促进一个国家经济体制的模仿和创新，也可以推动政治体制的模仿和创新。一个国家的政治体制、政府能力与经济绩效存在紧密的相关性。世界各国现代化的经验表明，长期的经济增长不仅需要良好的市场制度，而且需要宪政和法治对政府权力的有效制衡并提供对个人权利的有效保护。诺思认为，国家要促进经济增长，必须确保产权是有效的，因此必须建立一套宪政规则来保护产权的稳定性。国家需要提供一组宪法章程即公共产品并加以实施，以期降低交易费用。其中包括鼓励生产和贸易的产权制度，解决争端的司法制度和履行合同的实施程序以及统一的度量衡规格等。① 宪政是影响长期经济发展的最根本的制度核心。后起的国家之所以在一定时间内获得较快的经济增长，是因为其直接模仿了先进国家宪政制度所带来的经济与技术创新成果，如新技术、分工体系以及新经济发展模式等。但是只改进经济制度，不改进政治体制最终会使经济的竞争力下降，从而使后起国家面临着改进政治体制的压力。外在的竞争压力会迫使这些国家推进政治体制的创新。后起国家对先进国家的制度模仿一般表现为一个由浅入深的过程，沿着经济制度、法律制度、宪政体制的顺

① 参见［美］诺思：《经济史上的结构和变革》，厉以平译，商务印书馆1992年版，第51页。

序不断向制度核心推进。①

中国社会的不断开放在促进经济繁荣的同时，也为中国的制度变革和制度创新提供了强大的压力和动力。中国已经成为一个经济上比较开放的社会，在国际上面临着西方发达国家以及新兴工业化国家的经济竞争，而经济竞争从某种意义上就是制度绩效的竞争。制度绩效决定着一种制度体系的合法性和正当性。中国的政治体制在开放的时代面临着越来越大的制度竞争压力和民主示范压力，促使中国寻求以民主化的方式获得合法性，并在民主化方面迈出实质性的或者象征性的步伐。参与全球化时代的国际经济交往也要求中国加大制度变革和创新的力度，使政府与企业的行为与国际通行的规则接轨。② 与此同时，人们在参与对外交往或了解国外信息的过程中广泛接触到发达国家的先进制度与价值观念，认识到中国各方面的制度水平以及与发达国家存在的差距，在思想观念上逐渐产生制度变革的要求。

对外开放为中国提供了学习先进制度的机会，也节约了中国制度创新的成本。开放的国际环境使“转轨国家增长了制度知识，扩大了制度选择集合，降低了制度设计和创新的成本和风险”③。中国实行对外开放的一大好处是可以接触、比较和学习其他国家已经被证明比较有效的制度，并结合本国的实际需要进行制度创新。创造性的引进宪政规则和制度安排可以节约制度创造的时间和成本，参照别国的经验，可以规避政治发展进程中的不可预测的风险，是成本最低的制度演进的途径。④ 萨托利曾十分肯定地指出：“一旦一种政治形式在一个地方被创设并进行试验，那么其他地方模仿这种形式只需花费较

---

① 参见杰夫雷·萨克斯、胡永泰、杨小凯：《经济改革与宪政转型》，《开放时代》，2000 年第 7 期，第 4 ~ 25 页。

② 康晓光：《论合作主义国家》，《战略与管理》，2003 年第 5 期，第 85 ~ 95 页。

③ 董海军：《转轨与国家制度能力》，上海人民出版社 2007 年版，第 85 页。

④ 秋风：《中国制度创新的源泉》，http：//ywtd. 3322. net/wenxuepinglun/pinglun43. htm.

少的时间。原则上我们也同意，‘通过模仿’来创设一种民主是一桩相对容易做的事。”① 比如，协商民主制度、福利国家制度是西方国家在比较成熟的阶段才发展起来的制度，而中国则可以直接借鉴这些制度，来克服民主发展过程中的不利因素。

通过对外开放促进制度创新是中国制度变迁的一条成功的经验。中国市场经济的许多重要的制度都是借鉴发达国家制度形式进行制度创新的成果。随着中国对外开放程度的加深，中国已经从管理和技术的模仿转变到法律的学习和借鉴。2001 年 12 月 11 日中国加入世界贸易组织（WTO）是中国对外开放的一个里程碑，也是中国利用开放促进国内改革的一次成功尝试。WTO 的规则体系为中国提供了丰富的制度知识，便于中国更好地借鉴世界各国的制度经验，推动国内的制度创新。WTO 作为一个政府间国际组织，其规则的实施带有权威性和强制性，为中国的制度改革提供了一种强有力的外部监督机制。国际社会的竞争压力也在很大程度上能够帮助中国政府排除国内的制度变革的阻力。入世要求中国按照世贸组织规则来规范政府和企业行为，严格执行契约，有力地刺激了制度的演进和创新，使中国的对外开放从政策层面上升到制度层面。②

入世对中国的制度发展产生了重大影响，适应入世的要求，中国的政务公开已有初步进展，政府职能在进一步转变。中国的法制水平有了显著提高，公开公布的法律正在取代政府的文件成为调节经济活动的主要依据。一些不适应市场经济要求，不符合 WTO 规则的法律法规被废止，一些新的法律逐步公布并实施。据统计，截至 2004 年上半年，国务院有关部门根据 WTO 有关规则和经济体制改革的需要，共清理各种法律法规和部门规章 2300 多件，全国人大、国务院和各部门修订了 325 件，废止 830 件。地方政府共清理出 19 万多件

---

① 乔万尼·萨托利：《自由民主可以移植吗?》，载刘军宁编：《民主与民主化》，商务印书馆 1999 年版，第 147 页。

② 参见董海军：《转轨与国家制度能力》，上海人民出版社 2007 年版，第 97 ~ 102 页。

地方性法规、地方政府规章和其他政策，分别进行了修改或废止处理。2004年4月6日，十届全国人大常委会通过了修订后的《外贸法》，实行了50年的外贸权审批制改成了登记制。国务院还作出规定，各级政府部门制定与贸易、投资有关的规章和政策，必须在指定刊物予以公布，否则不能执行。①

对外开放对中国公共行政管理体制的改革产生了直接的推动作用，苏州工业园区的公共行政体制创新就是一个典型的案例。苏州工业园区在与新加坡合作开发、管理工业园区的过程中，借鉴新加坡经验对公共行政体制进行重大改革。开发区管理委员会只设10个机构，定编120人，与市一级80个部门对接。除少数干部外，所有工作人员对全国公开招聘，经过严格考试后择优录取，副局级以下行政职务全部实行聘任制。苏州工业园区实行行政管理与开发管理分开的体制，苏州市工业园区管理委员会承担公共行政管理职能，中新苏州工业园区开发有限公司（CSSD）承担开发管理职能。苏州工业园区借鉴新加坡经验，政府授权成立承担某些行政性事务职能的企业，把传统的事业单位变成政府订单承包商。这项改革简化了政府机构，减轻了财政负担，提高了服务水平。②

为促进国内的制度创新，中国需要继续扩大对外开放，创造条件使中国经济进一步走向国际化、全球化，实现国内市场与国际市场的对接，在不损害国家主权的前提下，使国内的制度和规则与国际通行的规则和惯例相符合。同时，在文化、政治领域也要进行有选择、有限度的开放，加深与世界各国在政治上的交往与互动，使中国更深地融入国际社会。这种融入不是也不可能改变中国的独立自主的地位。中国是一个大国，在国际事务中发挥着重要的作用，其独立性已经经受了国际政治风云变幻的考验。中国扩大政治、文化领域的开放，更

① 参见张向晨：《中国加入WTO两年半的回顾和思考》，《战略与管理》，2004年第3期，第11～23页。

② 参见林尚立等：《制度创新与国家成长——中国的探索》，天津人民出版社2005年版，第251页。

多地参与国际事务，有助于树立负责任的大国形象，提升中国的国际地位。政治、文化方面的开放将使世界更深入地了解中国在文化、政治进步方面取得的成就，改善中国的国际环境，也使中国有更多的机会能够借鉴别国发展民主的经验，汲取制度转轨遭受挫折或失败的教训，促进政治体制的进一步开放和公开，更加稳妥地推动制度创新和体制转轨。

三、激励和引导地方政府制度创新

在当代中国制度变迁的过程中，地方政府的制度创新是制度演进的重要动力。中国在改革过程中形成了中央政府与地方政府适度分权的制度，中国初期改革的主要内容是中央政府简政放权，1980 年实行财政的“分灶吃饭”，来自税收和国有企业利润的政府收入依据一定的分配规则在中央和省级政府之间划分。中央在财政、税收、投资、收入分配、对外贸易等领域陆续向地方分权，逐步扩大地方在资源分配、人事安排、项目审批、财政与税收优惠等方面的权限，同时在企业的利润分配上向地方让利，逐步扩大地方自治权。① 在此期间，中央政府还容许各级政府实行层层财政包干。1994 年实行分税制，中央政府的税收与地方政府的税收分别征收，出现了中国式的财政联邦主义，省级政府有了自己合法的财政来源，中央与地方政府的财政关系得以制度化。② 中央政府主动下放经济管理权力，尤其是通过分税制实行财政分权之后，使地方政府获得了独自组织经济社会发展的许多权力，享有资源分配、投资决策、优惠政策、公共品生产以及制度供给方面的自主决定权，在本地经济发展中发挥主导作用，极大地调动了地方政府制度创新的积极性和主动性。

---

① 参见蔡拓、吴志成：《市场经济与政治发展——转型时期的中国政治》，福建人民出版社 1998 年版，第 178 页。

② 杨小凯：《百年中国经济史笔记》，天益网：http：//www. tecn. cn/data/detail. php？ id = 3686.

中央向地方适度分权使地方政府成为相对独立的利益主体，中央政府通过一整套政绩考评制度约束干部也给各地政府官员施加了很大的发展经济的压力。地方官员为创造政绩，提升地方经济实力，在发展经济方面展开了激烈的竞争，在某些相近的省份之间尤为激烈。比较初级的竞争就是围绕中央调配的资源、外来投资以及其他流动要素展开的竞争，各地主要通过政府公关来争取资源，通过政策优惠吸引外资，但这方面不可能是无度的，会受到中央权威与国家法律的限制，并且在优惠政策方面各地会逐渐趋同。各地政府为了吸引投资，不仅需要提供优惠的投资条件，还需要优化投资环境，在管理效率和服务水平方面超越其他地方，才能更快更多地吸引投资。这样各地之间的竞争势必转入更高层次的制度竞争，比服务水平，比制度效率。这种经济领域的竞争推动着地方政府的改革，地方政府在制度创新和制度供给方面发挥了十分重要的作用。在激烈竞争的市场环境中，为提高制度绩效和政府的管理水平，地方政府积极推行有利于地方经济发展的制度。有利于提高政府绩效，提高竞争力的制度能够及时被创造出来，并很快被其他地区所模仿和采用。而且地方政府对于现有体制的弊端及其严重性，对于改革给自身给整个社会带来的利益比中央政府更清楚，因而改革可以做到有的放矢，在制度供给方面效率更高。①

改革以来，地方政府在各个领域广泛展开了制度改革的试验和探索，一些新的制度形式被创造出来，并逐步在全国推广。包产到户、乡镇企业、价格双轨制、村民自治、民主恳谈、政务公开等制度形式都是先在个别地方出现，当其效益在本地显现后，迅速被其他地区所模仿并加以改进。中国改革以来地方层次的竞争主要是经济发展绩效的竞争，因而地方竞争对直接影响经济绩效的政府管理体制的创新的推动作用比较明显。比如，各地为在吸引投资的竞争中赢得优势，竞

① 参见林毅夫、蔡昉、李周：《论中国经济改革的渐进式道路》，载盛洪主编：《中国的过渡经济学》，上海三联书店、上海人民出版社 2006 年版，第 207 页。

相对行政审批制度进行改革和创新，窗口办文、联合审批、网上审批、定期会审会签、行政服务中心等新的制度形式先后被创造出来。2003年，天津市南开区开发的“超时默许”机制是一个比较典型的案例。所谓“超时默许”是指申请人向行政部门提交行政许可的申请之后，如果行政许可审批部门在公开承诺的时限内，既不批准又不批驳，又没有法定事由准许延长期限，超期未回复申请人的，则由事先授权的微机网络系统自动生成并打印出许可证，超时默许即告完成。“超时默许”机制的创立提高了行政效率，优化了投资环境，招商引资的效果非常明显。2002年至2005年，南开区招商引资高达217亿元，2004年引进的外资是前五年的总和，达到88亿元。① 这一制度一经诞生就吸引了各方人士前来参观学习，并被一些省市应用到本地的政府管理活动中。

中国要继续推动政治制度创新，中央政府需要在不损害中央权威和政令统一的前提下，重新划定中央和地方政府的权限，在经济权力下放的基础上，进一步向地方下放政治权力，如人事权、自治权、参政权等，开放地方选举，逐步做到地方政府实现自主治理、自主发展，并将这种分权用法律化的方式确定下来，充分调动地方推动现代化和制度创新的主动性和积极性。② 在赋予地方政府更大的自治权的同时，中央政府还要为地方政府之间的制度创新创造更好的经济、法律和政治条件。

全国市场的统一性对于促进地方政府的制度创新有很重要的意义。当要素的流动性受到限制时，地方政府不能顺畅地通过制度创新吸引资源和要素的流入，于是就会出现恶性竞争，各地可能会通过行政或司法途径限制本地的要素流出，从而导致地方保护主义。市场化

① 参见包雅钧：《从天津市南开区“超时默许”机制看行政审批创新》，载俞可平主编：《中国地方政府创新案例研究报告（2005—2006）》，北京大学出版社2007年版，第36~45页。

② 参见谢庆奎：《政治改革与政府创新》，中信出版社2003年版，第195页。

程度越高，市场秩序越是统一和开放，地方政府间的竞争就会向着规范、有序的方向发展。① 国家要通过宪法和法律保障国内市场的统一和开放，禁止不规范的竞争，维护国家内部的商品、人才、劳务和资本自由流通，使地方政府之间争夺市场和资源的竞争转变到制度模仿和创新上来，鼓励地方政府通过学习和创设新的制度来提升竞争力。

中国应进一步改革户籍制度，使居民能够自由地迁徙，用脚投票。更为宽松、自由的迁徙制度能够加大地方之间制度创新的压力，使政府治理、政治制度能够较快的创新和发展。当居民和资源可以自由流动时，只有那些提供了最优公共产品和服务的政府才能够吸引更多的人才和资源。地方政府追求经济绩效的竞争只能围绕技术和制度供给展开，通过基础设施建设、技术平台准备、面向服务的制度体系的构建等来创造良好的政府绩效，使地方竞争转变成一个发现、学习、模仿、扩散以及创造适宜制度的过程。市场的开放性和居民的流动性可以促进制度的模仿和传播。那些拥有竞争优势的地区，其制度就会很快被其他地区模仿，好的制度就可以得到较快的传播和复制。②

中央政府需要建立良好的地方政府竞争秩序，用法律来规范地方政府权力的行使，防止地方挑战中央的权威，使地方政府之间的竞争建立在法治的基础之上。为此，刘亚平建议，我国应建立中央层面的对地方政府间竞争的裁决机关，突破我国司法机构设置及人员属地化现象，“当发现地方政府在竞争中采取的行为导致了恶性竞争时，通过裁决设立禁令与标准来引导竞争向有益的方向发展”③，使地方政府的竞争转化为良性的制度创新方面的竞争。与此同时，国家要进一步落实地方人大的权力，增强地方人大对政府行为的制约性，加大地

① 刘亚平：《当代中国地方政府间竞争》，社会科学文献出版社 2007 年版，第 242～246 页。

② 参见周业安、冯兴元、赵坚毅：《地方政府竞争与市场秩序的重构》，《中国社会科学》，2004 年第 1 期，第 56～65 页。

③ 刘亚平：《当代中国地方政府间竞争》，社会科学文献出版社 2007 年版，第 254～256 页。

方政府官员选拔方面的民意考量，建立地方政府与地方选民之间的委托代理机制，增加选民和市场主体对地方政府的压力，促使地方政府官员对选民承担责任，并确保这种承诺可信。这种用人制度的设计将迫使地方政府向着改良制度和提高公共服务水平的方向发展，使地方政府在参与市场竞争时追求地方的公共利益。地方政府必须增强其公共物品的供给能力，提高其服务水平，创造更好的制度环境和市场环境，才能获得稳定的权力来源和更多选民的支持。①

在不违背现行法律基本精神的前提下，中央政府要激励、引导地方政府的市场竞争活动向制度创新的方向发展，变消极竞争为积极竞争，允许地方进行各种有益的制度试验和制度创新。在制度创新的过程中，某些试验会突破法律的规定，但是可能并不违背宪政精神和基本法律原则，不会对国家体制造成大的冲击和危害，不会损害公民的权利和利益，反而在制度创新中进一步落实和扩大了公民权利。这种制度创新可能并不具有法律意义上的合法性，但却具有政治学意义上的合法性，② 因为这些制度创新与中国的宪政精神和中国人民民主国家的性质是一致的，中央政府对地方政府的这种制度创新要给予容忍和支持，并及时通过法定程序修改法律使这些制度创新从政治学意义上的合法性转变为法律意义上的合法性。③

四、创造自由、开放、宽松的制度创新环境

发展民主的道路充满了各种风险。前文已述，中国国情复杂，社

① 参见周业安、冯兴元、赵坚毅：《地方政府竞争与市场秩序的重构》，《中国社会科学》，2004 年第 1 期，第 56 ~ 65 页。

② 关于法律意义上的合法性与政治学意义上的合法性的区分可参阅俞可平：《民主与陀螺》，北京大学出版社 2006 年版，第 318 ~ 319 页。

③ 在规范地方政府的制度创新活动的同时，中央政府应创造条件推进大陆各级政府与香港、澳门之间更为紧密的经济联系、政治互动和文化交流，推行更为开放的政策，使大陆的各级政府能够对制度竞争的压力做出迅速的强有力的反应，使市场竞争所引发的制度创新效应充分释放出来。

会问题层出不穷，推进全国范围内的民主更是面临着不可避免的风险。其他国家的民主化尽管给中国提供了丰富的经验，但无论已有的哪一种民主化路线对于中国这样的大国都未必合适。中国必须结合自己的国情进行民主制度的创新，通过渐进的制度演进，最终完成民主转型。对于中国来说，全国层次的民主制度创新受到许多因素的制约，动辄牵动全局，几乎没有试错、尝试的机会。为化解中国这样超大社会的民主化难题，国家需要为公民社会创造宽松的制度创新环境，使无数个人或团体能够自发地进行制度创新，不断产生优秀的制度创新成果，从技术层面一个一个解决民主化的障碍，最终实现民主转型的软着陆。这样的制度转轨之路，既符合制度创新的一般规律，也符合改革以来中国制度进步的实践。

国家在制度供给方面有其独特的优势，但国家通常只能提供正式的形诸文字的规则，在经济、政治生活中还存在更多非正式的规则，这些规则在某种意义上甚至比正式规则更有约束力，也在一定程度上决定着民主政治的成败。但这些规则并不是立法者主观设计的产物，而是通过长期的试错演化而逐渐形成的，普通民众的经验和智慧在规则演进的过程中发挥着重要的作用。哈耶克指出："在实践中，恰恰是平凡大众在面对变化不定的环境处理其日常事务的过程中所采取的无数微不足道且平实一般的小措施，产生了种种为人们所普遍接受的范例。这些小措施的重要性并不亚于得到明确公认并以明确的方式传播于社会的重大的智识创新。"①

从中国制度创新的实际来看，中国经济、政治制度演进的一个有利条件是国家改革以来逐步放松了对社会的控制，民间或基层的制度创新能够在较为宽松的政治环境中展开。中国市场经济的许多制度都是自下而上发展起来，而不是政府自上而下强制推行的。当民间或基层产生了重要的制度创新时，国家没有粗暴地干涉，而是采取默许的态度，当新的制度形式经过实践的检验能够带来更大经济效益之后，

① ［英］弗里德利希·冯·哈耶克：《自由秩序原理》(上)，邓正来译，生活·读书·新知三联书店1997年版，第27页。

国家及时对制度创新成果予以认可，并使之制度化、法律化，形成正式的制度。① 乡镇政权取代人民公社制度就是在宽松的政治环境中，农民自发的制度创新所造成的结果。“文革”之后，关于真理标准的讨论和十一届三中全会的召开在全国创造了宽松的政治气氛。正是在这种背景下，由安徽省凤阳县小岗村农民率先实行的包产到户这种制度形式，才能在开明的改革领导人的支持下，很快被其他地区的农民所模仿，并逐渐在全国普及。包产到户（家庭联产承包责任制）既是一项重要的经济制度的创新，同时也具有重要的政治意义，它打破了政、经、社合一的人民公社体制，并在事实上导致了人民公社的解体，使基层政府还原为一级政权组织，虽然它还担负着管理、监督、服务等多种经济职能，但它主要履行的是政治职能。这也就意味着全能主义政权首先在农村被打破了，政府过度延伸的权力出现了大范围的收缩，国家与社会、个人的关系由此得以重塑。在此之后，农民和基层政治精英又进行了村民自治、“两票制”选举村支书等一系列重大创新，基本都得到了国家的支持或者默许。中国乡镇领导民主选举的制度创新也是得益于这种宽松的政治环境。

在目前全国性的民主改革风险较大的情况下，国家要主动为民间的制度创新创造宽松的制度创新环境，使好的制度能够从本土社会生长出来。国家需要主动从经济与社会的微观领域退出，鼓励公民社会参与公共治理，鼓励个人和民间组织参与制度创新。个人或民间组织能够不受控制地自由地进行制度创新活动，政府（或任何其他组织）不再对此进行强制性干预，制度创新主体之间能够自由地学习、交流和模仿，并且能够向外部世界学习先进的经验，由个人或民间组织之间的竞争来决定哪一种制度形式更有效。② “在一个自主和平等的环境中，微观主体能够及时感知和捕捉到获利的机会，并在自愿和一致

① 参见秋风：《中国制度创新的源泉》，http：//ywtd. 3322. net/wenxuepinglun/pinglun43. htm.

② 参见秋风：《中国制度创新的源泉》，http：//ywtd. 3322. net/wenxuepinglun/pinglun43. htm.

的基础上，通过排除外部性和搭便车等问题，最终完成制度创新。”① 在宽松、自由的环境中，个人或民间组织尝试和试验不同的制度形式，各种不同效能的制度就会出现，不好的制度形式会在竞争中被淘汰，好的制度形式从竞争中胜出，在经过实践检验之后被广泛推广。公民广泛参与的制度创新是一种小范围的局部试错，可以使制度的效能和风险得到检验。制度变迁通过地方和局部的试错来进行，可以规避大范围制度变迁的风险，节约制度变迁的成本。对于民间的制度创新成果，国家要及时在规范上予以认可，通过法律的修改和创新赋予其合法性。

---

① 陈天祥：《产权、制度化和范式选择——对中国地方政府制度创新路向的分析》，《中山大学学报（社会科学版）》，2003 年第 1 期，第 91 ~97 页。

第五章　当代中国渐进式政治发展的路径选择

各种政治关系、政治力量的平衡发展是政治体系渐进发展的重要条件。中国改革以来较好地处理了权威与民主、国家与社会、法治建设与民主发展、制度转轨与文化变迁等几种政治关系，因而政治发展过程较为平稳。中国民主转型的顺利实现需要进一步保持这几种政治关系的平衡，在法治的基础上寻求权威与民主、国家与社会的平衡发展，建立均衡的政治权力结构以应付现代化进程中的多重挑战，通过培育宽容、妥协的政治文化为民主转型奠定良好的心理基础。

第一节　寻求权威与民主的平衡

在中国政治发展的过程中，权威是必需的，民主也是不可缺少的。从国家现代化与政治发展的大局考虑，中国必须尽量寻求权威与民主的平衡发展。受客观条件的制约和主观认识的影响，在现代化发展的不同阶段改革领导人对两者会有所偏重。一般来说，在现代化的起步阶段和初期，权威的发展重于民主，而在现代化的中期阶段以后，则民主的发展重于权威。但这并不等于说，在偏重权威的时期可以忽视民主，在偏重民主的时期可以不要权威。如果偏重权威的时期不致力于逐步发展民主，并为民主创造各种经济、社会、文化和制度条件，权威的合法性与稳定性都会受到威胁，并且为将来的民主化转型带来严重隐患；同样，如果在民主转型的时期，不重视权威的重要性，则民主化也很难成功，而且很难巩固并顺利运行。权威与民主需要相互配合，相互支持，共同发展。

一、权威与民主在发展中国家同等重要

权威普遍存在于人类社会生活之中，是政治体系正常运行的必要条件。伊斯顿指出，如果政府没有权威，就不能为社会进行权威性的价值分配，或者即使政府当局做出了决策，也不会正规地被作为义务予以接受。如果政府完全失去了处理公共事务的能力，无法制定和实施必要的日常决策，就不足以承担管理国家事务的重任，就会失去人们的信任，整个政治系统将因此而陷入瘫痪。只有存在一个权威政府，它拥有领导、命令或是指挥的特殊权力，才能采取合适的措施对付来自社会中的各种压力，保证最低限度而又切实有效的秩序的正常运行。①

发展中国家在追求现代化的过程中更需要一个强大的政治权威。在发展中国家，现代化带来了社会的剧烈变动，利益分化加剧，不平等程度扩大。民众在国内外各种因素的刺激下，产生了各种期望和要求，向政治体系输入的要求的数量和内容急剧增加，其期望水平往往高于社会经济水平，政治参与的要求高于政治制度化的水平。平等、秩序、福利、安全和自由都是民众要求政治体系急需提供的政治产品。新兴国家必须把发达国家在几个世纪中完成的目标在一个较短的时期内完成。如果政府在短时间内不能实现这些目标，民众很容易产生对政治体系的不满。因而，发展中国家在处理发展和稳定的平衡方面处于不利地位，往往同时面临着许多挑战和危机，政治稳定面临着极大的威胁。② 此外，在一个转型社会中，通常历史积怨甚多，现实矛盾复杂，人们不习惯通过公认的游戏规则和程序来解决冲突，不善于也不愿意通过妥协来化解矛盾。在这样的社会中，只有经济的持续

① 参见［美］戴维·伊斯顿：《政治生活的系统分析》，王浦劬等译，华夏出版社 1989 年版，第 67、250～257 页。

② 参见［美］西摩·马丁·李普塞特：《政治人——政治的社会基础》，张绍宗译，上海人民出版社 1997 年版，第 420～421 页。

发展带来财富的不断增长，才能使政府有能力给予曾经受到伤害的群体以合理的补偿，顺利化解各种历史遗留的和现实存在的矛盾；只有现代化所带来的民众文明素质的提高才能使全社会接受制度化的解决冲突的机制。

发展中国家的政府通常并不能在短期内有效解决各种历史与现实矛盾，充分满足民众的期望水平和政治参与要求，如果没有一个权威政府来规范民众的政治参与，抑制各种不能实现的要求，就不能为现代化建设提供必要的政治秩序，各种不稳定因素以及各种挑战现行秩序的力量就会扩大。在权威缺失的情况下，就会出现日益加剧的政治紧张局势，出现接连不断的经济危机、族群冲突乃至国内战争、领土分裂等严重后果。发展中国家如果要解决面临的种种挑战和危机，必须要建立一个强大的权威政府，需要集中必要的政治权力来提供稳定的秩序，为民族国家建设和经济增长创造先决条件，在扩大政治参与和普遍的福利分配之前使国家制度建设和经济建设取得突出的进展。① 只有建立权威政府才能进行有效的统治，推迟或抑制各种冲突的爆发，抵挡各种利益集团的压力，有效地提取资源、积累资本，推动重要的制度和结构变革，执行有利于国家发展的社会、经济政策，促进经济和财富的增长，为解决复杂的矛盾，为更为公正的分配以及民主政治的发展创造条件。

从民主转型的角度来看，大多数发展中国家并不具备民主政治必需的经济、政治和文化条件。在发展中国家，市场经济本身的发展还需要政府的调控和引导；中产阶级不成熟，社会自身并不具备自我治理的能力，公民参与管理国家事务方面的能力更是欠缺；政治制度化并没有取得相应的成就，民主的政治制度和运作程序还没有获得民众内心的认可而成为一种普遍价值。民主政体在条件不具备的环境中是很难生存的，即使建立了民主政体，也只能带来动荡和无序，无法真正履行民主政体的功能，体现其保护人民权利，增进人民福利的民主

---

① 参见［美］G. A. 阿尔蒙德、小 G. 宾厄姆·鲍威尔：《比较政治学：体系、过程和政策》，曹沛霖等译，上海译文出版社 1987 年版，第 435～436 页。

本质。权衡轻重，只能是先形成一个现代化的权威。权威政府是民主政治发展的重要前提。现代化导向的权威政体能够在一定程度上引导公民参与政治事务，培养公民个人与社会组织的参与和治理能力，使社会的自发力量能够渐进有序的生长，为民主化的发展创造条件。

权威政体在发展中国家的普遍出现表明，这种政体在发展中国家现代化的进程中具有一定的合理性和必要性，而且也的确发挥了一定的历史作用。可以说，如果没有权威主义时期打下的基础，使工业化快速发展，公民社会逐步走向成熟，许多国家的民主转型不可能顺利实现并很快使民主化成果得以巩固。强调权威的重要性并不意味着发展中国家在现代化过程中就可以完全排斥民主，由于权威政体的固有缺陷，民主也应该是发展中国家政治发展进程中必不可少的重要向度。

权威政府能够履行政府的基本功能，创制政策，做出权威性的决策和分配，并具有较强的动员能力应付现代化过程中的各种挑战。但现代化转型时期的权威的合法性一般是建立在民族主义或者发展绩效的基础之上，在没有民主选举的情况下，这种合法性显然不能持久，一旦这两个方面的任务基本完成或出现危机，就会损害到权威政权的合法性。不仅如此，权威政治的一个固有缺陷在于，权威政权总是容易过度集权，偏信暴力的力量，过多地采用压制性的手段来对付民众的政治参与，完全取消民众的有组织的政治活动，限制公民的政治权利和个人自由，牺牲司法公正。随着现代化的发展，越来越多的人参与到现代经济生活中来，出现了新的多元化的利益集团，它们参与政治的要求日趋强烈。如果政治体系不能及时通过合法的政治机构吸纳新兴的集团和组织，使它们能够接近和参与政治生活，以便赢得它们对政治体系的忠诚，新兴集团就会怀疑政治体系的合法性，从而危及政治体系的稳定。①

合法性是一种长期有效的政治统治的必然要求。政治合法性意味

---

① 参见［美］西摩·马丁·李普塞特：《政治人——政治的社会基础》，张绍宗译，上海人民出版社1997年版，第58页。

着被统治者对统治者的内心认同和自愿服从。“任何政治统治要想得以维持，不仅需要通过暴力恐怖所带来的强制性服从，还需要社会成员起码限度的自愿服从，即：起码得有足够数量的人在心里觉得这种统治是‘适当的’、‘正当的’从而是‘应该服从的’，政治统治才能维持下去。”① 从合法性这个角度来看，权威政权如果只注重权威的镇制力而不注重发展民主的程序以获得更为稳固的合法性，那么权威政权将难以长期应付合法性的挑战，统治的成本将会大为增强，整个政治体系就会存在潜在的危险。如果民众的利益要求无法通过制度化渠道得到正常表达，民众正当的利益受到持续的伤害，就会对政治体系产生强烈的不满情绪，政治体系的合法性基础会严重受损，压制参与将会付出越来越大的代价。当合法性受到严重挑战时，政治体系的结构会失去相关的功能，极有可能导致政治体系的崩溃。伊斯顿指出：“倘若一旦大多数的系统成员认为他们已无法影响当局并由此来达到自己的目的，那么，他们就很可能感到有必要转而诉诸严厉手段，努力从根本上改变现存典则，甚至摧毁现存的政治共同体。”②

权威政治的最大危险是使政治发展偏离民主化的方向，刻意限制乃至消灭社会中存在的民主化的健康因素，忽视制度建设，在民主化的制度准备方面无所作为。政治精英与社会中的垄断经济集团结盟，既反对民主，又抵制社会公正，压制弱势群体，在保护公民权利与矫正利益分配两个方面都软弱无力，最终会形成僵化的畸形的经济结构与政治结构，使国家在制度上丧失渐进发展的条件和机会。在政治权威的片面压制下，民主力量非常弱小，组织化和理性化程度严重不足，权威政治的民主化转型缺乏健康的理性的动力。过度压制民众政治参与的后果就是，民众没有能够及时得到民主的训练，不习惯于在制度化和合法的渠道内参与政治和解决矛盾，要么不能参与，要么就

① 张星久：《论合法性研究的依据、学术价值及其存在的问题》，《法学评论》，2000 年第 3 期，第 26 ~ 35 页。

② ［美］戴维·伊斯顿：《政治生活的系统分析》，王浦劬等译，华夏出版社 1989 年版，第 278 页。

是非理性的参与。在这种背景下，民众很难接受合理的民主主张，反而容易受到各种激进主义的蛊惑和吸引，极有可能使民主发展走向歧途。如果权威政治的合法性资源流失，而公民社会却毫无自主的力量，无法提供有效的社会整合，无法与国家形成有效的互动，那么公民社会非理性的反抗力量将给民主政治的健康发展带来严重的负面影响，不仅导致权威政治的失败，而且也使民主难以确立，即使能够置换权威政体，民主政治也不能顺利运转，最后导致专制的复归，现代国家制度的建设陷入恶性循环的怪圈。

权威政治一般趋向于强化权力的人格化，使领导人缺乏宪法和法律的有效制约，权力的行使具有很大的主观随意性。在缺乏有效制约的情况下，权威政体容易滋生大量的权力腐败现象，出现政企不分，官商勾结，金融恶化，盲目投资，畸形发展等严重危害国家经济、政治稳定的现象。政治腐败为市场经济的发展埋下了严重的隐患，同时也会损害权威领导人的道德形象，动摇了权威政权的合法性。没有法治与民主的适度发展，势必造成矛盾的淤积，就会使后来的政治开放蕴藏着极大的政治风险，一旦开放政治，多年淤积的矛盾可能会冲垮政治体系。这就会造成恶性循环，越是不开放，矛盾淤积得越多；矛盾淤积的越多，越是不敢开放，直到有一天政治体系的合法性基础消耗殆尽之后，导致整个政治体系的崩溃。

权威政体只能定性为一种过渡政体，不是一种长期稳定的政体形式，也不是发展中国家政治发展的最终目的。因此，权威政权必须为自己的顺利退出做好准备，培育民主所需的各种条件，使必将到来的民主尽量温和地到来。民主是现代国家获得稳固合法性的唯一途径。在权威政权仍然能够得到民众的普遍支持，并在推进现代化建设方面取得相应成就时，要适时地通过渐进民主和制度建设来实现合法性基础的转换。发展民主并非简单地意味着不分时间和地点地推行普选。民主是一种在政府治理的不同层次上存在的管理体制，从基层到中央的各个层次的民主选举都有助于巩固政府的合法性基础。如果在基层政权和民间社会发展各种形式的民主，民众将由于亲自参与了各种公共事务的决策和管理，参与了法律和政策执行的过程，因而能够由被动服从转变为主动协作，从而增强权威政权的合法性。

随着经济现代化的发展，向民主政体过渡是必然要发生的，如果为民主做好充分的准备，那么向民主的过渡就会比较顺利；如果始终采取压制和抵制民主的态度，那么向民主的转型就会导致激烈的政治冲突，现代化的成果也会丧失。发展中国家的权威政权通常是在完全排斥民主的条件下片面追求经济发展，既没有追求民主的价值取向，也不为民主做好基础性工作，训练民众。权威政权的统治者通常都是在出现严重的经济、政治危机时，“在反对派和群众的强大压力下才开启民主化进程”，往往导致被迫下台的结局。① 许多国家政治转型的经验表明，只有那些为民主做好充分准备的国家，民主转型才会比较顺利，经济也能得到持续的发展。

发展民主无疑是有风险的，民主未必能够进行有效的统治和管理。盲目地发展民主可能会产生一个无效的政府，缺乏有效的政治机构，政策难以执行，经济发展缓慢，无法维持足够的政治支持，政治参与爆炸，政治冲突日趋激化。戴蒙德指出，民主产生的政府也可能受制于社会中的强势利益集团，“假如选举产生的政府不能超脱、协调，并且随时抵制利益团体的压力，那么，政府可能没有能力制定出可行的政策。这种软弱可能会产生一种威胁到政权的信任危机。”② 阿尔蒙德与鲍威尔也指出：“有许多这样的平民主义政权，都因无法处理和解决经济增长与分配之间或秩序与参与之间的权衡交换关系而崩溃。”③ 因此发展民主必须要慎重，民主需要权威的引导和规制，使经民主产生的政府具有足够的“能量”，能够随时随地、坚决迅速地采取行动。政府既能够回应利益团体的需要，同时能够抵制它们的过分要求，而不是被它们所控制，成为强势利益集团的工具。发展民

① 李济时：《二战后东亚的权威主义政体评析》，《山东大学学报（哲学社会科学版）》，2004 年第 6 期，第 149 ~ 154 页。

② 拉里·戴蒙德：《民主政治的三个悖论》，载刘军宁编：《民主与民主化》，商务印书馆 1999 年版，第 130 ~ 131 页。

③ ［美］G. A. 阿尔蒙德、小 G. 宾厄姆·鲍威尔：《比较政治学：体系、过程和政策》，曹沛霖等译，上海译文出版社 1987 年版，第 492 页。

主必须寻找到一条民主与权威协调发展的渐进路线，使民主政府能够有能力创制和实施政策，确保民主转型不损害经济发展，而且不会造成大的政治动荡和流血冲突。

事实上，无论是权威政体还是民主政体都存在品质问题。权威政体的品质直接影响着取而代之的民主政体的品质。凡是权威政体理性化程度比较高，能够较好地约束自己的行为，推动经济发展取得明显成效，并致力于民主制度建设的国家，民主化转型就比较平稳，而且转型后的民主政体很快就能得到巩固。而那些权威政体本身理性化程度不够，经济发展绩效不理想的国家，或者说，权威政权并未为民主政治创造良好制度基础的国家，民主转型就伴随着比较激烈的冲突和暴力，而且民主的巩固也比较艰难，历经反复。权威与民主对于发展中国家的政治持续发展具有同等重要的意义，两者缺一不可。在政治发展的过程中，片面地强调权威或者片面地强调民主都是极为有害的。没有民主，权威政体会趋向衰败；没有权威，民主政治也会遭遇挫折。发展中国家的政治发展需要将权威与民主巧妙地结合起来，在权威的引导下发展民主，在民主的基础上增强权威的合法性，促进政治体系和平渐进地实现向民主的过渡。

二、中国改革以来权威与民主的相互促进及其缺失

中国民主政治发展只能走渐进式道路，在改革过程中依然保持国家权威的控制力，在权威的引导下发展民主。中国政治发展选择了权威与民主相结合、同时进步的策略，一方面维护、建设强大的政治权威；另一方面逐步发展民主。总的说来，中国政治发展在宏观层面侧重权威，在微观层面侧重民主，力图做到权威与民主恰当结合，中央与地方齐头并进。权威的转型为发展更大范围、更高层次的民主创造各种条件，而基层民主的发展则重新塑造权威的合法性基础，推动着权威的进一步理性化。

邓小平作为改革的领导人和发动者，在推进政治改革的过程中力图保持权威与民主之间的平衡，在他对政治改革的相关论述中，权威

转型与发展民主两者都非常重要，缺一不可。邓小平反复强调："中央要有权威，改革要成功，就必须有领导有秩序地进行。"① 中国的事情，关键在领导核心，要有意识地维护一个领导核心。党中央的权威必须加强，该集中的要集中，没有中央的权威，就不能解决改革中出现的复杂的问题。② 同时，邓小平也强调要在权威的领导下发展民主，大力主张发展基层民主，调动人民的积极性。他强调："我们要精兵简政，真正下放权力，扩大社会主义民主，把人民群众和基层组织的积极性调动起来。"③"把权力下放给基层和人民，在农村就是下放给农民，这就是最大的民主。"④

邓小平之后的中国领导人始终主张要在党的领导下，在维护中央权威的前提下推进民主政治发展。江泽民强调，改革要发挥中央与地方两个积极性，一方面要加强中央的统一领导，维护中央权威；另一方面要赋予地方必要的权力，发展基层民主。中央与地方的权力与责任要实现规范化、法制化。⑤ 江泽民对于民主尤其是基层民主给予高度重视，他在十五大报告中指出："城乡基层政权机关和基层群众性自治组织，都要健全民主选举制度，实行政务和财务公开，让群众参与讨论和决定基层公共事务和公益事业，对干部实行民主监督。"⑥

在权威与民主的互动中，国家权威自身的理性化有了很大进步。个人化的政治权威逐步向政党权威、国家制度权威的方向转变。领导人个人权威虽然在改革过程中仍然起到十分重要的作用，但执政党与中央政府的权威在不断上升，领导人的权威影响力更多地通过制度化的运作来体现。国家领导人之间的权力交接初步实现了制度化、规范化。中国共产党已经完成了从"革命党"向"执政党"的转变，魅

① 《邓小平文选》第3卷，人民出版社1993年版，第277页。
② 《邓小平文选》第3卷，人民出版社1993年版，第319页。
③ 《邓小平文选》第3卷，人民出版社1993年版，第160页。
④ 《邓小平文选》第3卷，人民出版社1993年版，第252页。
⑤ 《江泽民文选》第1卷，人民出版社2006年版，第472页。
⑥ 《江泽民文选》第2卷，人民出版社2006年版，第30页。

力型政治权威转变为具有现代化导向的理性化的政治权威，其合法性基础从诉诸革命和激进意识形态转变为诉诸国家治理和经济发展的成就。经过长期的改革和完善，中国的全能主义政权顺利转型为权威主义政权，转变为“一套技术专家治国的权威主义政治体制”，“初步形成了从权力一元走向有限多元的政治格局”。① 从现代化建设的角度来看，中国的权威政治是相当成功的。权威政权依赖其强大的组织能力和动员能力有效化解了现代化进程中所出现的各种挑战和危机，长期保持稳定的经济秩序与政治环境，动员和集中各种经济与政治资源致力于国家的经济建设，使国民经济长期保持快速增长的良好态势，② 极大地改善了人民的生活水平。

在权威转型的同时，民主也在有步骤、有秩序地推进。人民代表大会制度得到恢复和发展，宪法所赋予人大的权力逐步落实，人大在国家政治生活中的作用越来越重要。各级人大的运作走向规范化和制度化，都能够按照宪法和法律所规定的时间和程序定时召开。人大作为权力机关的地位得到了保障，各级政府和司法机关的重要人事任命都需经过人大的审议和通过。人大的立法功能得到充分发挥，规范国家政治与经济生活的重要法律都由全国人大或全国人大常委会讨论通过，中国共产党的重要政策和主张都要按照法定程序经人大通过之后才能变成国家的法律和政策。人大制度运作中的民主程度不断提高，1979 年通过的《选举法》把直接选举人大代表的范围扩大到县级，并规定在由选民直接选举的代表选举中实行差额选举，为引入竞争机制创造了条件。中国的基层民主在全国范围内全面推行。农村村委会采取直接选举的方式产生，极大地调动了村民的政治参与积极性，农民踊跃参与，并且创造了多种民主选举形式，推动了基层民主政治的

① 何增科：《渐进政治改革与民主的转型》，《北京行政学院学报》，2004 年第 3 期，第 10～14 页；2004 年第 4 期，第 1～5 页。

② 从 1979 年到 2006 年，中国国内生产总值平均每年的增长速度高达 9.7%。国家统计局编：《中国统计摘要 2007》，中国统计出版社 2007 年版，第 12 页。

发展。在村民自治的推动下，一些地方开始尝试通过公推公选或者直选的方式选举乡镇党政领导，取得了初步的成功。农村的民主选举经验也随即推广到城市，城市社区管理组织也普遍采用民主选举的形式产生。执政党在干部选拔和任命方面的民主性、公开性和透明度有了很大程度的提高。

经过近三十年的努力，中国已初步在中央权威与基层民主之间形成了一种近似动态的平衡，权威与民主两个方面也都获得了很大的进步，但中国政治体系中权威重于民主的状况并没有得到根本的改变，尚未真正形成权威与民主的平衡关系，在权威与民主两个方面都存在许多亟待解决的问题。

中国政治权威对权力的控制仍然是高度集中的，不能充分满足民众利益表达和参与政治的要求，政治体系的制度化和开放性还不到位。各级政府在对待民众政治参与的问题上，偏重于压制而不是疏导。责任政府的意识还比较淡薄，对于民众急迫的政治要求和亟待解决的问题不能做出及时、有效的回应。在权威体制下，由于各级政府权力缺乏有效的制度化的约束，政府缺乏依法行政的自觉性，政府领导人的施政行为中主观随意性很强，知法犯法、滥用权力、决策失误的现象比较普遍。权威政权所固有的一些问题，如以权谋私、贪污受贿、官商勾结、贫富分化、国企垄断等，在中国都有比较突出的表现。面临着这些危机和困难，一旦出现经济危机，经济领域出现增长缓慢、停滞乃至大幅度滑坡的情况，就会严重动摇政权的合法性基础，使权威政权面临严峻的挑战。

中国在发展民主方面同样存在一些比较突出的问题，如民众仍然缺乏比较有效的制度化的利益表达和参与政治的途径；公民社会缺乏理性的推动民主化的有组织的力量；除县乡人大代表实行直接选举之外，直接民主选举还停留在村庄这一层次等。中国在民主政治发展方面最突出的问题是在民主运行过程中缺乏竞争，虽然民主的制度设计完全符合公认的民主标准，但由于缺乏竞争，民众失去了选择权，因而会产生民主只不过是走形式的看法，政治参与的积极性不高，导致政治冷漠。中国当前政治发展的要害并不是宪法制度不民主的问题，而是要通过具体的制度创新和制度设计激活民主，使民主运转起来，使公民行动起来。否则，即使存在民主制度，民众也不会选择正式的制度化渠道参与政治，而宁愿选择非制度化的方式参与政治，对政治体系的稳定造成冲击和破坏。

三、进一步推动权威与民主在中国的平衡发展

1. 在民主的基础上推动权威的转型

中国执政党法定的领导地位和执政地位是历史形成的，早已为人民所承认，人们对政治权威的尊重和服从已经形成为一种习惯，成为一个具有中国特色的宪政惯例。现有的政治权威是强大而有效的，权威政府能够推动经济、社会的持续发展，而且具有强制执行法律的公信力，能够维持有效的统治。因此，中国的政治转型不是取消和反对现有的政治权威，而是在民主的基础上强化和改善政治权威，将现有的国家机器民主化、制度化和程序化，建设一个高效的有良治能力的政府。① 对待政治权威的态度应如休谟所说，权威应具有相对于自由的优先地位，“权威这种为文明社会之生存所必需的事物，必须经常自维生存，较之自由，更需要人们多加维护，少怀嫉妒”②。对权威的尊重有利于执政党放手推进政治改革，也有利于公民社会兴起的民主力量转化为民主政治发展的建设性力量。

在中国政治发展的关键阶段，一个稳定而强大的政治权威是不可缺少的。其他国家政治转型的经验表明，执政集团内部的分化虽然有助于启动民主化进程，但却不利于民主化的巩固，而且容易造成比较大的政治动荡，使政治斗争异常激烈，甚至引发内战。中国要保证政治的渐进、持续发展，必须保持执政党内部的统一和团结。这样即使

---

① 参见王绍光、胡鞍钢、周建明：《第二代改革战略：积极推进国家制度建设》，《战略与管理》，2003 年第 2 期，第 90 ~ 95 页。

② ［英］休谟：《休谟政治论文选》，张若衡译，商务印书馆 1993 年版，第 26 页。

实现民主化，普及了竞争性选举，也不会出现执政权的轮替，不会威胁到党的执政地位，就会出现一党长期连续执政的民主政治形态。

执政党与其他国家机构的关系需要进一步转变，执政党要处在一个更为超然的地位，避免成为矛盾的中心。中国共产党是中国唯一的执政党，本来就承担着重大的政治责任，如果党政不分，党与立法、司法、监察不分，那么所有的政治责任就由执政党来承担，一旦政府行为失效，或者某一领域出现重大事故，人们自然就会把责任都归咎于执政党，执政党的权威就会受到严重削弱。因此，权威理性化的一个重要方面就是推动党政结构分化和专门化，将规则的制定者、执行者和仲裁者分离，代议机构制定规则，行政机构执行规则，司法机构担任仲裁者，而政府本身不再直接参与经济本身的运作。国家各个权力机构的权力和职能，权力机构之间的相互关系，以及中央政府和地方政府的关系都由法律明确规定，合理划分职责和权限，并增加相互制约的成分。立法、行政、司法各个权力机构独立行使政治职能，独立承担政治责任。党的功能就是推荐党员掌握这些部门的权力，一旦出现重大失误，党的责任就是纠正失误，在民意的基础上，通过法定程序弹劾、罢免各个领域的具体责任人。

强大的权威如果不受约束，也会对民主的发展构成威胁。中国的执政党是一个具有高度组织性和纪律性的政党，它的自我约束力很强，在改革的过程中主要依赖自我监督，但这种自我监督不能避免腐败现象的出现。因此，中国的政治权威需要进一步向法理型权威转化。政治权威从依赖道德自律转向注重制度约束，权力运行的方式和范围受到宪法的严格限制，法律没有授予的权力党和政府绝对不能行使。附着于政治权威之上的人格性因素进一步淡化，权力的转移和运用不再依赖于权威领导人的个人意志。国家核心领导层已经形成的权力博弈规则、行为习惯如非终身制、任期制、协商制等要及时制度化，并进一步建立和完善政治家人人信守的公平的权力游戏规则，①

① 参阅杨小凯：《杨小凯谈经济》，中国社会科学出版社 2004 年版，第 110～114 页。

使国家高层政治权力的运作和交替实现制度化、程序化，严格按照法律规定的程序产生和更换领导人。

容忍合法的批评是权威政治趋向成熟的重要标志。中国政府需要逐步扩大人民的自由，在一定范围内容忍出现体制外的合法的批判力量。中国当前所出现的批判力量实际上以体制内学者和部分民间人士为主，他们大多在大学和研究机构就职，大部分人主要依靠政府提供的薪资和经费生活并从事学术研究，承担知识分子的道义责任和批判角色。他们的政治立场和观点具有相对于政府的独立性，但他们承认执政党领导的必要性和重要性，希望通过批评和建言推动政府的政治改革，通过渐进的方式实现中国的民主化。他们的批评和建言能够推动政治的进步，而且成为激进反对派的替代力量，对于中国的政治博弈趋向温和化起到良好的作用。因此，政府需要在一定程度上容忍体制内与体制外的各种批评和公共性活动，尊重言论自由和学术自由，通过适当途径与体制外的批判力量形成良性互动，同时注意控制其激进化的倾向。

中国政治权威的合法性需要逐步转移到民主的基础上，借助于竞争性民主的提供的压力和动力，推动自身的完善和发展。如果没有民主提供的合法性的支持，权威就缺乏足够的能力和资源。中国政治权威的强化需要和民主结合起来，通过有序扩大公民的政治参与增强权威政府的合法性和正当性。在权威与民主的协调发展方面，新加坡的权威政治是一个比较成功的范例。萧功秦将新加坡的政治模式称为“柔性一党优位制”。其基本特点是，执政党通过对政治资源、经济财政资源与社会资源近乎垄断的控制，精心设计民主竞选的规则和程序，采取灵活巧妙的选战策略，始终能够遵循合法的程序在公开竞选中取得稳定的压倒性多数，从而在多元竞争体制下成功地保持着一党权威体制的长期优势地位。这种体制既可以实行世界所公认的民主程序，又能够长期保持一党执政的地位。①

---

① 参见萧功秦：《新加坡的“选举权威主义”及其启示——兼论中国民主发展的基本路径》，《战略与管理》，2003 年第 1 期，第 67 ~ 74 页。

新加坡政治模式对中国最大的启示是，权威政治与竞争性民主并不冲突，开展公开竞争的选举并不一定影响执政党的地位，反而会增强党的活力，有利于遏制腐败，提高党执政与治理的能力和水平。在中国开展竞争性选举，当然不是鼓励在野党和执政党竞争，而是执政党党员以国家制度为媒介所展开的竞争；不是人民对执政权的选择，而是人民对执政党党员掌握具体国家权力的选择。容忍甚至培植比较小的认同现存体制的竞争力量对党的执政地位的巩固，对政治制度的和平演进是有好处的。力量比较弱小的分散化的竞争性力量对执政党的地位不能构成威胁和挑战，不会危害到政治发展进程中的政治秩序，反而会弥补原有政治体系缺乏竞争的不足。政治竞争能够推动责任政府的建立，能够有效扩大政治参与，让民众有信心通过合法的方式维护和表达自己的利益，把政治参与转移到制度化方面来，不会走上反对现存体制的道路。

中国政治发展的最终趋势是在全民参与的竞争性民主的基础上产生政府，但这个通过民主选举所产生的政府必须是一个强大的政府，它一经产生之后只服从宪法和法律，既尊重民意又不为某些利益集团所支配。它拥有丰富的权威资源，能够控制政治转型过程中产生的动荡和混乱，能够推行有利于国家发展的政策。民主的作用是为政府的和平更换提供规则和程序，为政府提供合法性基础，并通过法定程序制约和监督政府，但民主的发展应以不损害政府的权威为前提。

2. 在权威的引导下继续发展民主

民主政治的继续发展仍然需要一个强大的政治权威。在中国现阶段，公民社会的力量还没有成长到能够对社会生活进行有效的控制和管理，社会资本尚不足以支持高度自治的民主模式。如果在民主化的过程中，权威突然撤出，就会留下权力的真空，社会的力量不能有序治理，必将陷入混乱状态。因此，中国民主政治发展始终需要权威政党的引导、控制和修正，防止民主偏离理性、健康的轨道。发展民主不是简单地拒绝权威，而是在创设制度化的手段约束权威的同时，发挥权威的正面价值，借助权威的力量保证民主化过程的规范、有序。中国共产党是一个享有很高威望、具有强大的组织和控制能力，同时又认同民主价值的政党，它在长期统治的过程中已经掌握了丰富的治理国家的技术，积累了一定的组织民主选举的经验，因而是中国渐进式政治发展过程中不可替代的力量。强大的政党和政府才能够在推动民主发展的同时将民主竞争严格限定在一定范围内，并通过制度性的安排使相互冲突的集团通过协商来解决分歧。强大的政党和政府不仅能回应社会中竞争的团体和利益，而且能够抵制它们的过分要求，具有超然的中立地位，能够在全社会形成政治共识和强大的民族凝聚力，能够"有效地处理社会和经济问题，并达到适度的秩序和公正"①。执政党的权威和能力能够降低民主化过程中的风险，在中国发展出有效的民主，增强民主政治的合法性，增强人民对民主政治的信心。②

选择一条稳妥的政治发展路线有助于保持民主转型过程中权威与民主的平衡。政治发展过程通常包含自由化和民主化两个方面，在中国的特殊语境中，自由化主要是指政治上公开争论，并容许政治反对派存在；民主化是指竞争性选举的开展，但限制反对派的参与。③中国已经在政治上和法律上确认了公民普遍参与政治的正当性，如果在竞争性民主规则成为人们的习惯并被严格遵守之前，实现政治自由化和全国范围内的普选将是一条比较危险的政治发展道路。中国的历史

① 参见拉里·戴蒙德：《民主政治的三个悖论》，载刘军宁编：《民主与民主化》，商务印书馆1999年版，第122～123页。

② 关于权威政府在民主化过程中的作用可参阅胡安·林茨、阿尔弗雷德·斯特潘：《走向巩固的民主制》，载［日］猪口孝、［英］爱德华·纽曼、［美］约翰·基恩编：《变动中的民主》，林猛等译，吉林人民出版社1999年版，第67页。

③ 达尔在《多头政体——参与和反对》一书中提出了衡量政体民主化程度的两个重要标准，即自由化和包容性，自由化是指一个政体允许在政治生活中存在自由表达、公开争论、政治竞争和反对派活动；包容性是指有权参与政治或者享有选举权的居民在总人口中所占的比例。本书对达尔的两条标准进行了修正，将政治竞争与自由化分离而与包容性相结合，提出了自由化和民主化两条新的衡量标准。参见［美］罗伯特·达尔：《多头政体：参与和反对》，谭君久、刘惠荣译，商务印书馆2003年版，第14～18页。

积怨与现实矛盾都过于复杂深重，在民主的程序和规则确立并成为习惯之前，允许公开争论会刺激人们参与政治的愿望并不断提出激进的政治要求，出现参与扩大和舆论爆炸的局面，迅速激化现有的政治冲突。公开化、自由化足以冲垮一个强大的权威政治体系，使渐进的制度变迁难以进行，具有建设性的改革措施也无法付诸实践。要确保中国制度转轨过程的安全性和稳定性，必须先在政治生活中确立竞争性的政治规则，然后逐步扩大竞争性选举的范围，同时不允许出现政治上的公开争论和有组织的反对派。从中国政治发展的特殊性来看，民主化先于自由化是一条比较稳妥的渐进式政治发展道路。① 这条道路能够将权威政治与民主政治结合起来。在权威政府的主导下，限制政治争论，允许公开竞争，逐步在各级地方政权开展竞争性选举，待政治参与制度化取得明显成果，民主的规则和程序已经在政治生活中牢固确立，民众已经习惯通过制度化的渠道解决问题时，再推进全国范围的竞争性选举，然后逐步扩大公开争论的范围，政治体系就能够承受和抵御政治开放所带来的冲击。民主化优先的实质就是制度建设优先，首先在政治竞争者之间确立保障共同安全的规则和程序，并使这些规则和程序被普遍接受和熟悉，这样的民主化过程才是和平的，民主体制才能长期巩固。

---

① 达尔总结历史上的民主化经验，提出了通向多头政体的三条道路：第一条道路是自由化先于包容性，即先实现有反对派参与的竞争性政治而后扩大参与；第二条道路是包容性先于自由化，一个封闭的霸权政体先变得有包容性，然后通过增加公开争论的机会而变为多头政体；第三条道路是同时实现自由化和包容性，即一个霸权政体由于短期内迅速赋予普选权和公开争论权而发生突变成为多头政体。达尔认为第一条道路是三条道路中最安全的，第二条和第三条道路都比较危险。参见［美］罗伯特·达尔：《多头政体：参与和反对》，谭君久、刘惠荣译，商务印书馆 2003 年版，第 45 ~ 50 页。笔者认为，中国作为一个确认了普选权的人民民主国家，已经不可能通过自由化首先在上层政治精英之间确立政治竞争的游戏规则，然后推广到下层民众的方式发展民主政治。因此，本书在综合与修正达尔所总结的民主化道路后提出，中国在权威政体已经具有形式上包容性的基础上应通过先民主化后自由化的道路实现权威政治向民主政治的转型。

中国现有的民主制度及其运作程序符合代议制民主的一般要求，它所存在的主要问题是民主运行机制缺乏竞争性。所谓民主化优先也就是通过增加竞争性而激活现有的民主制度。竞争性选举是民主的必然要求和主要标志，① 开展竞争性选举就是要保证人民有自由参选的权利、自由提名候选人的权利以及自由选择的权利。在政治发展的过程中，没有制度化的竞争，就会出现对抗式竞争，执政党如果主动推行制度化竞争，就可以防止体制外对抗式竞争的出现。因此，执政党的各级干部要主动参加竞争性的选举来接受人民的选择。党推荐干部，人民选择干部，这是党的领导与人民民主的最佳结合点。各级党组织必须主动学习如何组织选举，深入探讨选举政治的内在逻辑，研究竞争性选举的技术性问题，勇于接受选举政治的挑战和洗礼。② 选举结果往往与特定的选举方式和程序密切相关，执政党需要研究和设计如何既能够落实人民的参与权和选择权，又能够保持党的执政地位，保持政治稳定的选举程序和选举制度。目前开展竞争性选举的关键是要在保证党组织法定提名权的前提下，允许符合一定条件的公民自由报名参选，但对参与竞选的资格、方式、程序、经费等用法律予以严格的限制。竞争性选举会对执政党的各级组织和干部造成一定的压力，但只要在党的领导下开展有组织的竞争性选举，就不会影响到党的执政地位。开展竞争性选举能够使党和政府逐步积累组织和控制选举的经验，有利于提高党的免疫力，竞争力及驾驭政治发展进程的能力，为将来组织更大范围更大规模的竞争性选举做好组织、制度以及人力资源方面的准备。民主竞争和民主选举既是一项民主权利和制

① 竞选作为一种操作性的制度，是民主所内含的技术和方法，是民主存在和运行的基本条件。王帮佐教授认为："竞争机制只是一种民主技术，它既不是政治制度性质的标志，也不会因采用它而改变政治制度的性质，资本主义可以利用的这类工具社会主义同样可以加以利用。"王邦佐、谢岳：《政党推动：中国政治体制改革的演展逻辑》，《政治与法律》，2001 年第 3 期，第 3 ~ 7 页。

② 参见《社会利益集团的形成与中国的政治发展》，载黄卫平、汪永成主编：《当代中国政治研究报告 Ⅱ》，社会科学文献出版社 2004 年版，第 65 ~ 66 页。

度，也是治国的技术和方法，掌握这项治国的技艺，执政党不仅能够赢得经济发展的巨大成功，也能够成功地在中国建立一个现代民主政体。①

中国目前开放地方选举的时机已经成熟。在中国现代化的早期阶段，由于国家是现代化的主导力量，资本积累在很大程度上依赖于国家从地方汲取资源的能力，于是地方政府就必须要承担国家所下达的税收和资源提取的任务，也肩负着为地方经济发展进行资本积累的责任。国家需要自上而下高度集中的权力体制来保证资本积累的需要。如果在此时推行地方自治和民主选举，地方官员就会倾向于优先考虑民众和地方的利益，势必与国家的现代化目标相冲突。目前，我国已进入现代化的中期阶段，以国家为主的资本积累阶段已经完成，进入到民间资本积累成为经济发展主要推动力的时代。地方政府所承担的资本积累和资源汲取的使命已经基本完成。中央政府已经决定免征农业税，并在落后地区实行财政转移支付政策，为地方发展提供各种形式的财政补贴。地方政府的主要职能已由积累资本、发展经济转变为服务于民众，为地方经济发展创造良好的环境。地方的民主治理只要不违反国家法律，不拒绝执行上级政府的合法的政令，就不会影响到国家法律、政令之统一，反而由于实行良好的民主治理，减轻了中央政府的压力和负担。这就为地方分权和自治确立了基础，开放地方选举需要抓住时机顺势展开。

逐步开放地方选举对于中国的渐进式政治发展具有重要的意义。

---

① 中国政治发展需要澄清的一个误区是：民主化就是多党制。其实，从理论上看，多党制固然有利于民主，但并不等于说，民主一定需要多党制，否则就不可能发展民主。民主的制度条件是自由、开放、竞争性的选举，只要满足这个条件，就可以说是真实的民主政治。民主化并不等于多党制，一党制条件下同样可以发展民主，形成这样一个政治共识对于推进竞争性民主是极为有利的。参阅王长江：《辨析关于民主问题的几个疑虑》，《北京日报》，2007 年 5 月 21 日，第 18 版。

科恩说："民主要在大范围内取得成效，必须先在小范围内实行。"①基层民主的发展具有民主的示范效应并可以对政治精英和普通公民进行民主的训练，反复进行的选举、候选人的竞选文宣以及政治竞争的各种惯例为公民学习民主运作提供了不可替代的框架。② 公民在参与地方民主的实践中可以逐渐形成民主的习惯，遵守民主的秩序和规则，服从多数做出的决定，使自己参与政治事务的能力得到锻炼和提高。公民的成长为民主的进一步发展奠定了坚实的基础，而且使民主的规则和程序逐步获得普遍的认可，民主就可以在权威与民众的良好合作中顺利地向前推进。如果通过开放地方民主选举实现了地方的善治，那么国家层次所面临的民主化压力就会大大减轻。执政党的合法性就会巩固，就会有更充裕的时间来进行国家制度建设。地方民主化可以看作是一种民主的试验，失败了可以有退路，对于政治稳定的威胁较小。因为地方选举的组织、舆论等资源在执政党控制之下，不可能构成重大威胁，即使个别地方会出现意外的选举结果，也是对执政党有利，而不是相反。

执政党和政府所引导和规范的村委会直接选举是真正符合民主政治一般要求的竞争性选举活动，村委会选举在全国的普遍推行已经对中国的民主政治发展产生了重要的有益的影响。村委会选举还存在一些具体的技术性问题，需要在实践中进一步完善。目前，竞争性选举急需在乡镇政权展开，待乡镇长直选取得成功经验之后再逐级向上推进，成熟一级再往上推一级。20 世纪 90 年代末以来，在乡镇党政领导选举中出现了选民直选、"公推公选"、"公推直选"、"两票制"选举等多种新的民主形式。这些制度创新都在不同程度上增加了选举的竞争性，使好的干部更容易脱颖而出。经过选举产生的乡镇长以及

---

① ［美］科恩：《论民主》，聂崇信、朱秀贤译，商务印书馆 1988 年版，第 194 页。

② 居伊·埃尔梅：《导论：民主的时代?》，载中国社会科学杂志社编：《民主的再思考》，社会科学文献出版社 2000 年版，第 5 页。

党委书记都比较廉洁、勤政，素质较高，很快改善了乡镇的治理状况，缓解了基层存在的严重的干群矛盾及其他各种复杂的矛盾。乡镇领导选举的改革符合人民民主的基本精神和民主政治的基本原则，充分体现了选民意志，有望推动中国民主政治发展取得重大突破。其中最具竞争性的是四川步云乡直选乡长的改革试验，在步云乡的选举程序设计中，增加了选举的竞争性，真正落实了选民的选择权，同时又较好地坚持了党的领导。虽然步云乡为了与现行法律相一致，在后来的改革中将选民直选乡长改为选民直选乡长候选人，但是乡长直选毕竟体现了真正的民主方向。中央有关部门需要充分认识到乡镇长直选尝试的重大政治意义，进一步扩大乡镇长直选的试点范围，同时全国人大应尽快修改宪法和选举法有关乡镇长产生办法的规定，为乡镇长直选的全面推开创造条件。①

在开放地方民主选举的同时，要进一步改革和完善人民代表大会制度。执政党要自觉维护人大作为国家权力机关的地位，使人大成为国家权力运作的中心舞台，将人大转变成一个名副其实的代议机构。党的一切执政活动，包括立法、行政、司法活动都通过代议制的民主机制来进行，人民代表大会按照其法定程序行使国家权力。党的政策和主张要经过人大转变为国家法律和政府的政令，党按照法定程序提名各级国家和地方机关的领导人选，由人大通过和任命。党组织的主要职能是确保党的主张转变成国家意志，确保党提名的候选人成为人大、政府、司法部门的领导人，同时遵循法定程序指导和监督他们的领导工作，确保党的主张和政策得到贯彻和执行。人大自身的制度体系也需要进一步改进，要完善人大运行的各项规则、程序和操作方法，落实人大的立法权、人事任免权、质询权、监督权等各项法定权力，使人大制度按照宪法规范运转起来，为扩大竞争性民主的范围和

① 据报道，全国人大代表姜彦秋已向全国人大提出建议，早日修改宪法和选举法的有关条文，为全面推行乡镇长直选创造条件。参阅《人大代表姜彦秋建议修法全面推广乡镇直选》，《新京报》，2006年3月13日。

层级做好制度方面的铺垫。①

在竞争性民主尚不能在全国范围内推行的情况下，发展协商民主可以作为选举民主的暂时替代，缓解因缺乏民主而导致政府权力行使和政策实施的正当性不足的问题。因此，中国各级政府应该积极发展协商民主，通过决策咨询、公开听证、协商对话、媒体讨论等多种形式，就经济、政治生活中存在的热点问题进行讨论和协商，使政府决策因为吸收公共意见而增加公正性和可行性。② 各级人民政协组织应该成为发展协商民主的重要途径。国家需要改革和完善人民政协的各项具体制度，实现政协工作的制度化、程序化、法律化，使政协的政治协商和参政活动能够对政府产生实质性的影响力，提高政协在国家政治生活中的地位和作用。人民政协发展成一个实践协商民主的政治公共领域，能够为公民参与政治事务、影响政府决策提供一个重要的制度化的渠道，能够增加公众对公共政策的认同，有利于政策的输出和执行，将会成为国家权威通过非选举方式获得合法性的重要途径。

权威与民主其实是不可分的，存在相互依存，相互制约，相互促进的关系。民主受到权威的引导和节制，权威受到民主的规范和制约，才能确保民主理性、渐进地发展。片面的权威取向或是民主取向都不能推动中国政治持续健康发展，都会蕴藏比较大的潜在的政治风险，中国只能走一条权威与民主平衡发展的道路。

第二节　建构协作式国家与社会关系

推进中国渐进式政治发展需要建构协作式国家与社会关系，所谓

---

① 关于中国人大制度的改革和完善可以参阅田必耀：《对人大质询制度设计和实践的审视》，《人大研究》，2005 年第 11 期，第 11 ~ 14 页；蔡定剑：《论人民代表大会制度的改革和完善》，《政法论坛》，2004 年第 6 期，第 8 ~ 18 页。

② 参见何增科等：《中国政治体制改革研究》，中央编译出版社 2004 年版，第 40 ~ 41 页。

协作式国家与社会关系，是指在国家与社会之间形成既相互合作又相互制衡的良性互动的结构关系，国家与公民社会合作实现对政治和社会领域的良好治理。国家与社会形成两个相对独立的领域，各自明确自己的权力界限。公民社会具有相对于国家的独立性和自主性，通过民间组织和契约关系网络实现自我治理，同时，公民社会能够实现对国家政治事务有效但有节制的参与，既给国家以合法性的支持，也防止国家权力侵犯公民的权利和利益；国家自觉从社会领域中退出，同时支持公民社会的发展和自治，为公民社会提供规则、秩序和公共服务，为公民社会的政治参与提供制度化的渠道。① 在民主政治建立之前，公民社会实现社会内部整合，逐步推动国家政治进步，在民主转型的过程中，公民社会能够规范政治参与，遏制政治激进主义并防止国家政治制度的倒退，使政治发展平稳有序地前进。政治发展成为国家与社会各方之间相互协商、相互妥协的过程。

一、民主政治发展需要建构协作式国家与社会关系

国家与社会之间确立协作式关系对于政治体系的渐进发展至关重要。赫尔德认为："没有稳固而独立的市民社会，自治原则就不可能实现。但没有负责提供坚强有力的再分配手段（当然还有其他手段）的民主国家，市民社会的民主化也不大可能成功。"② 然而，如果国家过于强大，公民社会处于依附地位，那么民主进程无从启动，政治发展会陷入停滞或者徘徊状态；如果公民社会力量强大，并走向激进，虽然能够推动政治发展，但也有可能颠覆政治秩序，破坏政治体系的连续性，反而不利于政治发展，甚至可能出现政治衰退。因此，

---

① 参见邓正来：《国家与社会——中国市民社会研究》，四川人民出版社 1997 年版，第 12 ~ 13 页。

② 大卫·赫尔德：《民主：一种双向进程》，梁治平译，载邓正来、J. C. 亚历山大编：《国家与市民社会——一种社会理论的研究路径》，中央编译出版社 1999 年版，第 321 页。

“民主化必须寻求在国家和公民社会之间取得制度上的平衡”①，在国家与公民社会之间形成协作式关系。协作式关系不是只讲合作，不讲斗争，而是又合作，又斗争，既相互支持又相互制衡。按照林茨和斯特潘的看法，就是要建立国家与社会之间的仲裁机制，使国家与社会之间的妥协制度化、常规化、结构化。国家从公民社会那里接受信息、压力和周期性的更新，并与公民社会就民主权利的构造与运作的种种方式达成可行的协议。②

在协作式关系的架构下，一方面公民社会的发展，公民社会民主力量的强大给国家造成强大的政治压力，提供政治发展的强有力的推动力，迫使国家加快政治改革的步伐，但同时公民社会又严格服从法律，支持国家为维持公共秩序、推动经济发展所采取的各种重大行动；另一方面国家能够顺应公民社会的民主要求，持续推动政治制度的变革和创新，在关键时刻愿意与公民社会就重大宪政问题（如修宪、言论自由、公民权利、政府权限、选举方式等）通过协商达成妥协，但同时执政者能够牢牢掌握政权，控制民主政治发展的方向、进程和步骤。国家与社会之间建构协作式关系的重要意义就是能够保证政治体系的连续性，保证政治秩序的稳定，不仅有利于民主转型过程的平稳，而且也有利于民主转型后的巩固。民主政治发展能够走一条和平的渐进式道路，不会出现自下而上的革命或政治动乱。

中国的政治发展既需要强大的国家，也需要独立的公民社会，国家与社会之间有必要建构一种协作式的关系。美国学者伯恩哈德认为，民主体制下唯一良好的权力配置是强国家与强公民社会和谐共存。在这种格局下，国家有足够的能力履行其职责，公民社会的力量

---

① 布斯罗斯·布斯罗斯-加利：《联合国与民主化》，载刘军宁编：《民主与民主化》，商务印书馆 1999 年版，第 312～313 页。

② 胡安·林茨、阿尔弗雷德·斯特潘：《走向巩固的民主制》，载［日］猪口孝、［英］爱德华·纽曼、［美］约翰·基恩编：《变动中的民主》，林猛等译，吉林人民出版社 1999 年版，第 61～62 页。

也强大到足以防止国家过分自主而不对社会的要求作出反应。① 中国正处于社会转型时期，如果公民社会过于弱小，显然不能克服权力腐败问题，从而阻碍经济增长与政治发展；如果国家过于弱小，那就不能提供现代化所必需的政治秩序，经济发展和政治发展都会遭受严重挫折。就目前来说，国家领导层需要理性的变革，在某些领域主动放弃一些既得权力和利益，但在另一些领域还需要强化公共权威的职能，比如在法律执行、公共安全、宏观调控等领域；公民社会需要采取积极的理性的行动，敢于争取权利和自由，进一步扩大自治的范围，利用改革的有利条件和契机，逐渐进入公共政治领域，参与影响国家的决策，但公民社会追求自主性的努力，并不是要压倒国家的力量，使其变得软弱不堪。公民社会仍然需要一个强大的国家，但这个强大的国家权力必须受到有效的制约，必须遵守宪政游戏规则。公民社会需要有足够的力量抵御国家的不当侵犯。国家与社会之间只有建立大致的力量均衡并明确了彼此的权力边界，才能促进双方更好地发展，才能使中国的渐进式政治发展顺利向前推进。

二、当代中国国家与社会关系的演变及存在问题

改革以前，国家在农村通过人民公社，在城市通过各种单位全面控制了公民社会的各个领域，国家与社会实现了高度一体化。国家机构的规模急剧扩张，社会组织严重萎缩，国家高度控制社会，公民社会没有任何独立的空间，国家控制之外的独立的社会领域是不存在的。自主产生的民间组织几乎消失，而新成立的社团组织大多依附于政府，社会无法进行自我调节和治理。

1978 年以来的改革扭转了国家权力日益深入社会的趋势，经济

① ［美］迈克尔·伯恩哈德：《第一次转轨之后的公民社会：波兰及其他后共产主义国家民主化的困境》，《共产主义和后共产主义研究》，第 309 ~ 327 页。转引自何增科主编：《公民社会与第三部门》，社会科学文献出版社 2000 年版，第 7 页。

改革所导致的国家与社会关系的变化，实际上是一个“去国家化”的过程，国家逐步松动了对社会的控制，国家与社会的关系发生了显著的变化。改革以前国家与社会高度融合的状况不复存在，国家逐渐从社会领域中退出，直接控制的部门不断减少；社会从国家的全面控制中摆脱出来，获得了相对的自主权。纯粹的私人领域已基本获得独立地位，人民可以自主安排自己的生活，在经济上不再依赖于国家。某些民间组织开始在各个领域发挥联系和沟通的重要作用。尽管社会对于国家的制约能力还相对弱小，但一个相对独立的社会领域已经形成。公民社会的独立性和自主性不断增强，社会与国家之间不再是原来那种简单的命令服从的关系，而更多地体现为国家法律规制下的一种协商谈判与讨价还价的关系。①

国家与社会关系的变化突出地表现在经济领域。中国经济的市场化导致非公有制经济不断发展壮大，国有经济的规模不断缩小。广大农民首先获得了经济上的自主权。家庭联产承包制的推行使农民获得了土地的长期使用权，从而使农民可以做到自主经营，自负盈亏。农民还获得了从事农业之外的打工、经商等经济活动的自由。除了交给国家和集体的税费任务之外，农民完全支配自己的生产和生活。与此同时，个体经济、私营经济、乡镇企业②、外资经济也迅速发展，在总量上很快就超过了国有经济。国有经济在国民经济中的比重日益下降，国有企业在工业生产中所占比重从1978年的80.8%下降到1991年56.2%，到1997年又降到25.5%。到2004年，国有及国有控股企业的产值在工业总产值中所占的比重有29.7%，但全部由国家出资的国有企业在工业生产中的比重已经下降到10.6%（参见表3）。1999年9月，中共中央决定对国有企业进行战略性的改组。到目前

① 参阅黄宗智：《中国的“公共领域”与“市民社会”？——国家与社会间的第三领域》，程农译，载邓正来、J.C. 亚历山大编：《国家与市民社会——一种社会理论的研究路径》，中央编译出版社1999年版，第439～440页。

② 许多乡镇企业是集体所有制，但并不处于国家的严格控制之下，也有很多乡镇企业是戴“红帽子”的民营企业，出资方主要是私人。20世纪90年代中期，乡镇企业开始了民营化改造，现已基本完成。

为止，大中型国有企业的股份制改造已基本完成，国有经济在国民经济的关键领域和关系到经济发展的命脉行业继续占主导地位，在其他领域，各级政府通过破产、拍卖、租赁、转制等方式实现了对中小型国有企业的民营化改造。随着私营经济的继续壮大，预计国有经济的比重将会进一步减少。

表 3　各种所有制企业在工业总产值中所占的比重及其变化（%）

年度	国有企业	国有控股企业	集体企业	私营及其他企业	合计
1978 年	80.8		19.2		100
1980 年	78.7		20.7	0.6	100
1986 年	68.7		29.2	2.1	100
1991 年	56.2		33	10.8	100
1993 年	47		34	19	100
1995 年	34		36.6	29.4	100
1997 年	25.5		38.1	36.4	100
2000 年	23.5	23.8	13.9	38.8	100
2004 年	10.6	19.1	4.4	65.9	100

说明：1. 本表中 2000 年的数据是根据国有及规模以上非国有工业企业的统计数据计算出来，其余年份是根据全部工业企业的统计数据计算出来；2. 自 1999 年开始，国家统计局将国有控股企业作为国有经济的部分加以计算；3. 本表中的私营及其他企业中包括私营企业、外商投资企业、港澳台商投资企业以及其他各种形式的企业；4. 本表中的数据是笔者根据《中国统计年鉴》(1987 年、1996 年、1998 年、2001 年、2006 年）整理，参见国家统计局网站：http：//www.stats.gov.cn/tjsj/ndsj.

在国有企业改革的同时，国家事业单位的改革也逐步深化。在 20 世纪 80 年代，国家在对事业单位的管理方面主要进行了一些“放权”、“让利”式的改革，通过扩大自主权以调动事业单位职工的积极性，鼓励事业单位创收以弥补国家财政拨款的不足。90 年代以后，国家开始对科研院所、文艺团体、医疗机构、媒体、社会中介组织实行企业化管理，许多事业单位逐步从原来隶属的政府部门分离出去，成为独立的法人，自负盈亏。企业化改革使事业单位扩大了经营、管理、人事、财政等方面的自主权，在处理自身事务方面获得了相对的独立性。① 与此同时，在国有体制之外出现了许多承担社会事业、从事公共服务的民间机构，私立医院、民间研究机构、民办教育机构以及各种社会中介服务机构大量兴起。民办教育机构的发展尤为引人注目，截至2006年，我国民办高等教育机构已经达到1590所，其中民办高校有278所，独立学院有318所；民办中学和职业学校达到10366所。民办高校的在校生人数达到280.5万人；民办中学和职业学校的在校生人数达到了844.7万人（参见表4）。民办教育机构已经成为我国国民教育的重要组成部分，在某些领域发挥着不可替代的作用。

表4　　**2006年各级各类民办教育基本情况**

民办教育机构类别	学校数(所)	在校生数(万人)	教职工数(万人)
民办高校和其他高等教育机构	1590	280.5	27.6
民办中学和职业学校	10366	844.7	56.2
民办普通小学	6161	412.1	24.7
民办幼儿园	75426	775.7	63.7
合计	93543	2313	172.2

资料来源：笔者根据国家统计局统计资料整理。参见国家统计局编：《中国统计摘要2007》，中国统计出版社2007年版，第196页。本表教职工数的统计中不包括民办普通初中和职业初中的教职工人数。

---

① 参阅唐亮：《渐进·民主——变革中的中国政治》，八方文化企业公司2004年版，第60~72页。

经济领域、社会领域从国有体制中独立出来促进了国家与社会的分离。国家逐渐还原成一个公共权力机构，直接控制和管理经济、直接控制社会领域与民众生活不再是国家的主要职能，国家更具有公共性的特征，它的职能就是向社会提供安全、秩序等公共产品并提供公共服务。社会逐渐成为一个主要依赖于市场规律和人们的自愿交往与合作的自主管理、自主发展的独立领域。中国的私营经济部门逐步获得了相对于国家的自主性，不再直接受到国家的行政控制，“经济经营组织越来越多地在没有官僚行政渠道的垂直性居间调停下进行相互间的交换往来。”①

中国的国家与社会关系在改革以来发生了重大的具有进步意义的变化，但目前也存在许多比较突出的问题，国家与社会之间还没有形成制度化的结构关系。中国公民社会已经提出了国家民主化和全面参与政治的要求，但中国现行政治体系本质上仍是一个权力高度集中的政治体系，国家对关系到安全与稳定的领域以及社会生活的重要领域仍实行严密的控制，因而难以充分满足公民社会的政治要求，不能为公民社会的全面政治参与提供畅通的渠道。国家权力还过于集中和强大，仍然没有受到严格限制，国家行为的约束在许多领域是自我约束，还没有转换成制度约束和社会力量的约束。公民社会在某些领域已经享有了与国家进行对等谈判的地位，能够通过讨价还价来维护自身利益，但社会还没有获得法治所保障的独立地位。政府在对待民间组织方面，依然存在限制和控制的情况，未能积极引导民间组织发挥作用，充分发挥其社会整合的功能。

公民社会自身也存在一些问题，公民社会的中坚力量如企业家阶层、中间阶层还不够强大，组织化程度不高，尚未达到能够有效影响和制约国家权力的程度。公民还不习惯于通过正式的、合法组织的形式来表达和维护自身的利益要求。公民社会的组织体系也不够完善，

① 魏斐德：《市民社会和公共领域问题的论争——西方人对当代中国政治文化的思考》，张小劲、常欣欣译，载邓正来、J. C. 亚历山大编：《国家与市民社会——一种社会理论的研究路径》，中央编译出版社 1999 年版，第 374 页。

缺乏自治的能力。原属政府创办的社团组织独立性有限，无法取得民众的信任，不能发挥应有的利益维护和表达的作用，不能有效发挥其整合社会、沟通政府与民间的作用。① 在政府之外自发产生的民间组织，其人员数量、组织和行动能力还十分有限，加上其他各种因素的制约，不能有效发挥其应有的作用。公民社会还不能完全实行自治，不能承担政府退出之后留下的权力空间，在许多政府退出之后的领域，出现无序和混乱状态。公民社会还没有形成“一股自下而上的、与行政权力形成博弈状态的社会权力”。②

国家与社会关系存在的问题必然会影响到政治体系的健康发展。要改变这种现状，需要国家与公民社会各自付出积极的努力，国家更为主动地引导、规范公民社会参与公共事务，公民社会则以理性的有节制的行动参与和制衡国家。国家与社会之间形成良性互动的协作式关系，将为渐进式政治发展奠定良好的结构性基础。

三、国家引导、规范公民社会参与公共事务

中国公民社会的兴起是国家主动改革、下放权力的产物，公民社会的进一步发展仍然需要国家发挥重要的作用。控制社会资源的国家及其各级行政组织既是社会变革的对象，又握有决定事物发展命运的大权，是公民社会发展中难以替代的动力。③ 国家和政府要有意识地推进公民社会的发展，使公民社会尽快走向成熟，引导公民社会参与政治过程，使公民社会与国家形成相互分离又相互合作的结构关系。国家要主动向社会下放权力，同时国家在下放权力的过程中还需要培育公民社会的自治和管理的能力，使公民社会组织能够接收国家放松

---

① 参阅李国强：《精英决策与中国政治体制改革》，载徐湘林主编：《渐进政治改革中的政党、政府与社会》，中信出版社 2004 年版，第 86 页。

② 参见李景鹏：《中国政治发展的理论研究纲要》，黑龙江人民出版社 2000 年版，第 210 页。

③ 参阅邓正来：《国家与社会——中国市民社会研究》，四川人民出版社 1997 年版，第 129～130 页。

规制所释放的权力和利益。

国家要主动推动公民社会的组织化的过程，从政策、法律上肯定民间组织在社会政治生活中的地位和作用，保障民间组织的合法权益和地位，为民间组织的发展创造宽松的环境。对于公民社会中自发成立的民间组织，国家予以登记和必要的管理，同时规范民间组织的活动，培养民间组织的社会责任感，提高其管理社会事务的能力，使公民社会能够通过这些自愿的、合法的、自治的组织的建立，实现自主管理和自主发展，不断增强公民社会中理性的集体行动的力量。

中国现有的民间组织往往偏重于执行政府指令，忽略组织成员利益的表达和维护，不能真正充任民间利益的代言人，因而对公众缺乏足够的吸引力和凝聚力，很难发挥民间组织所应有的调节冲突、整合矛盾的功能。因此，国家应该改变对民间组织的管理方式，尽量减少或者不用直接行政手段进行干预，防止行政部门侵犯民间组织正当的、合法的权益，使社会民间组织具有独立性和自主性，能够切实代表和维护公众利益。某些政府直接领导和影响的政治性社团组织如工会、妇联等也需要准确定位，不能将其简单看做是政府管理的某种工具，要改变这些社团行政化、机关化的现象，使社团组织真正代表和维护组织成员的利益。① 政府要转变观念和职能，减少对社会生活的干预，通过经费、人事等各个方面的支持帮助社会组织的建立和完善，逐步将责任、权威和资源转移到公民社会的大量民间组织②；尽量让民间组织参与公共事务的管理，将国家机关和政府组织管不了也管不好的社会政治事务交由民间组织管理，尊重和保障社会组织的自治权，充分发挥民间组织的社会整合功能和政治参与功能。民间组织在国家的引导下广泛参与公共事务的治理，才能逐渐成熟起来，自觉规范组织成员的行为，采取负责任的行动展开与国家在各个领域的

① 参见《社会利益集团的形成与中国的政治发展》，载黄卫平、汪永成主编：《当代中国政治研究报告Ⅱ》，社会科学文献出版社 2004 年版，第 59 页。

② 参阅艾德加多·波宁哥：《拉丁美洲民主的前景与挑战》，载刘军宁编：《民主与民主化》，商务印书馆 1999 年版，第 255 页。

合作。

为防止公民社会的无序行动以及国家自身权力的滥用，国家与社会的关系应当纳入制度化、法律化的轨道。国家需要健全和完善决策听证制度、政务公开制度以及社会协商和对话制度等各种制度形式，为公民社会的利益表达提供制度化、法律化的机制和程序，以此规范公民社会的利益表达行为，“支持合法、正当、富有建设性的制度性表达，控制、疏导非制度性表达，防止和化解抗议性表达”①，使民间组织在维护组织利益和公众利益的同时，与政府的发展目标趋向一致。国家通过制度化、法律化的方式回应公民社会的要求，通过制度化的机制协调公民社会各个阶层、组织之间的矛盾，以及公民社会与国家的矛盾，可以为公民社会树立守法和民主的典范，培养公民社会的法律意识，引导公民社会通过合法的渠道表达和维护自己的合法利益。这种制度化的机制既约束公民社会，也约束国家，有助于双方建立良好的协作式关系，彼此将采取更加负责的行动，逐渐习惯通过谈判和妥协的方式解决冲突，避免零和博弈的出现。

建构协作式国家与社会关系可以借鉴合作主义的一些合理的主张，由国家从公民社会中选定一些有行业代表性的功能性社团进行较为固定的合作以处理公共事务。公民社会对国家的这种协作式参与可以分两个阶段次第展开。第一个阶段主要是国家权力体系中的行政机构与公民社会组织合作，这种合作的主要方式是咨询、协商和谈判。中国现有的代表各个主要阶层的功能性社团如工会、工商联、私企协会等都是由国家创立的，与国家本来就有密切的联系。现在的关键是要改变这些组织的官办性质，使这些组织主要代表社会，而不是代表政府，但它们又是与政府合作的，而不是对抗的。在功能性社团取得民众信任的基础上，国家鼓励“这些功能性团体与政府共同制定公共政策，作为对决策参与权的回报，它们要协助政府实施共同制定的

---

① 《社会利益集团的形成与中国的政治发展》，载黄卫平、汪永成主编：《当代中国政治研究报告Ⅱ》，社会科学文献出版社2004年版，第60～61页。

公共政策，主要表现为主动约束自己的成员遵守协议”①。

第二阶段主要是国家权力体系中的立法机构与公民社会组织合作，这种合作的主要方式是游说、辩论和表决，发展的方向是代议制民主。人民代表大会作为代议机构是实现国家整合公民社会的主要途径。国家要在时机成熟时，真正落实宪法赋予人大的权力，使人大对于国家事务发挥决定性的影响力；同时完善人民代表大会的代议功能，充分发挥其利益表达、利益聚合和监督制衡的作用，加强与公民社会的制度化联系。国家允许公民社会自由结社，并允许民间组织通过各种形式参与立法过程，使那些具有代表性并与国家合作的功能性社团在立法过程中发挥重要作用。国家与公民社会经过这种阶段式的合作，一方面可以促进代议制民主的发展，使其符合现代民主的一般要求，另一方面可以防止在政治发展的过程中出现公民社会与国家激烈对抗的局面。

在协作式国家与社会关系的框架下，公民社会的政治参与成为国家通过非选举方式获得合法性的重要途径。当代西方协商民主理论认为，政治决策的合法性不仅仅来源于多数的决定，而且还来源于所有人的参与。公民通过功能性社团参与公共协商，完善了决策根据，使论证充分的决策更具有合法性。“与非协商形式的决策相比，通过协商做出的决策能够获得更广泛的公共支持。”② 国家引导公民社会参与公共事务，在广泛参与的基础上寻求共识，使各个阶层、行业的利益要求都能够在政策中得到体现，扩大了国家权力的合法性基础。这种协作式参与还有利于的政策的输出和执行。公民社会的组织以及公民代表能够参加政策的讨论和协商，公众就会感到决策的程序是比较公正的，讨论参与者就会倾向于支持并自觉遵行这个决策的实施。公

① 康晓光：《论合作主义国家》，《战略与管理》，2003 年第 5 期，第 85 ~ 95 页。

② ［美］克里斯蒂安 · 亨诺德：《法团主义、多元主义与民主：走向协商的官僚责任理论》，载陈家刚选编：《协商民主》，上海三联书店 2004 年版，第 300 页。

众参与的讨论不仅“改善了集体决策的质量，而且作为改善集体决策的副产品，更多的团体成员会达成一致，因此，更多的成员将会一起正确地实施这个决策，或情愿地服从……通过全民讨论，大量民众可以明白政策变化的原因，所以，更便于实施和执行政策。”①

国家与公民社会建立良好的合作关系，可以实现对公共事务的良好治理，即善治。公民社会在改善社会的治理水平方面能够发挥重要作用，大有可为。“善治的本质特征，就在于它是政府与公民对公共生活的合作管理，是政治国家与市民社会的一种新颖关系，是两者的最佳状态。”② 一个长期稳定的社会不仅需要良好的统治，也需要良好的治理，即不仅需要善政，也需要善治。对于中国来说，善治具有特殊的意义。善治与善政不同，它虽然以权力民主化为基础，但并非一定以国家层次的民主为前提，社会生活领域的民主化就可以为其提供发展的基础。也就是说，善治可以先于国家民主而发展，在国家与社会良性互动的基础上创建良好的公共秩序，为渐进式民主转型创造坚实的政治与社会基础。

四、公民社会在与国家的合作中发挥制衡功能

中国公民社会存在着许多其自身无力解决的问题，只有借助于国家的强制力量才能抑制强势集团过分的利益要求，实现公民社会内部各个集团之间的利益平衡。公民社会的自我整合与调节能力还比较弱小，它的组织程度和自治能力还没有提高到能够承担非政治领域公共事务的程度，还不能完全接收国家退出后留下的权力空间。国家的帮助和扶持是公民社会顺利发展并最终成熟的重要条件。因此，公民社会在发展过程中要主动与国家沟通，寻求与国家的合作，与国家相互支持，共同发展，借助于国家的力量来克服自身发展中遇到的阻力和

---

① ［美］詹姆斯·D. 费伦：《作为讨论的协商》，载陈家刚选编：《协商民主》，上海三联书店 2004 年版，第 14 页。

② 俞可平：《民主与陀螺》，北京大学出版社 2006 年版，第 84 页。

困难。

公民社会要在合法的范围内尽快成长起来，中国现有的政治体制与法律体系虽然对公民社会的发展不无限制，但也为公民社会的壮大提供了很大的合法的空间。公民社会还没有发展到现有体制允许其发展的程度。公民社会中的个人、精英以及民间组织需要更加积极的行动，扩大民间组织的数量和活动质量，协助政府治理公共事务，依靠自身的力量对经济、文化、社会生活进行调整和规范，填补国家权力退出后留下的空间，形成一种高度稳定的社会秩序。公民社会要积极承担社会管理职能，履行国家权力撤出之后的公共治理责任，引导公民参与政治事务，促使公民认可现存政治秩序的价值。公民社会对国家的配合与支持，将有助于推动国家自身的改革以及政治制度的持续演进。

在与国家合作的同时，公民社会还需要发挥对国家的制衡功能。公民社会目前需要遵循法律的途径，进一步争取独立性和自主权，在本属于公民社会自治的领域摆脱国家的干预，抵制国家权力的过分扩张。公民社会的各种力量需要加强沟通，增进团结，形成各种合作与互动的组织与机制，改变在国家面前的弱势地位，妥善利用公民社会的各种物质和精神的资源对政府的政策和行为施加影响，争取更大的自由空间，扩大公民社会的自治范围，并进而争取获得与政府协商和谈判的权利，使政府在制定政策，处理涉及公民社会事务的问题时，能够主动听取公民社会组织和代表的意见。公民社会还要依赖民间组织和公共舆论的力量，对国家事务进行批评和监督，通过合法的方式捍卫公民的权利和自由，用法律来限制国家权力的范围并矫正其非法行为，通过法律范围内的维权行动促进国家法治的进步。公民社会作为一种平衡的力量存在，对于国家自身的发展也是有利的，它能够防止国家权力因过分扩张而损及自身，防止已经取得的制度改革成就发生倒退。当然，公民社会对国家权力的规范和制衡，不能急于求成，不能采取激进的方式，而是应该围绕权力的运行和使用，逐步限制权力，一步一步壮大公民社会的力量。

在目前的政治发展进程中，国家无疑处于主导地位，政治发展过程中的制度供给主要来自于国家，这有利于在政治发展过程中保持政治稳定，但国家也可能缺乏足够的动力推动政治发展。公民社会利用体制内的制度安排开展协作式政治参与，能够激活国家原有的民主制度，为民主发展提供基本的动力。它将增加现有民主的竞争性，给权威政府施加压力，但它并不谋求改变现存的制度，只是促进国家制度的自我改进和更新。公民社会通过各种形式参与政治事务的讨论和协商，对各种政策方案进行审视、检查和批判，准确地表达社会成员的意见和要求，并借助公共讨论和协商的力量，说服政府接受公民和公民团体的建议，能够对政府决策产生比较大的影响力。公民社会的建言献策无疑会改善决策质量，促进执政党以及政府决策的民主化、科学化，使其更加符合公民社会各个阶层的利益要求，更能够得到公民社会各种力量的合作和支持。

公民社会的积极参与可以促进中国人大制度的发展和完善。人民代表大会制度是中国民主制度体系的核心，它的基本原则是符合代议制民主的基本要求的。虽然在人大代表选举的过程中，各级地方选举单位有一些不规范的操作，但总体上看，它的各种运作还是按照民主程序在运行，各级党政领导并不能完全掌控人大代表的产生。在选举时，个人意志的表达、公民独自参选的权利和机会都能够得到尊重。如果每一个公民都积极使用自己投票的权利，如果每一个选区都出现公民个人独立参选人大代表，那么就会激活现有的人大制度。① 现在的问题是人大代表正式候选人的产生主要由选区行政机构操作，选民缺乏足够的动力去竞选，也对参加投票没有多大兴趣。公民社会可以利用民间组织的力量参与并激活人大选举的运作。当公民有意参选人大代表之后，能够及时从公民社会获得组织和舆论的支持。公民社会的社团可以在公民争取成为正式候选人，以及宣传参选人为选民所了

---

① 这里主要指县区一级直接选举人大代表的选区，恰恰是这一级人大代表的选举与公民社会联系密切，并且公民社会大有可为的空间。近年来在北京、深圳等地已经出现一些公民个人参选人大代表的事例，并且已有成功的例子，但是参与竞选的人数太少，竞选成功的案例更少。

解方面提供重要帮助。在这里，公民社会可以在合法的范围内大有作为，这一方面是对政府的合作与支持，因为政府把参选率看做是提高民主化水平和获得合法性支持的主要标志；另一方面也是对政府的制衡，公民社会发挥在人大选举中的作用，可以推选公民代表进入权力机构，代表公民社会的利益，监督政府的运作。

公民社会对国家的参与和制衡并不是要反抗国家，也不能要求实行完全摆脱国家的自治，由公民社会接掌所有的权力。国家对于公民社会的存在和发展是必需的。托克维尔指出，公民的自由和平等不能通过废除国家机构或将它们减少到最低限度的方式而得到保障。积极的且强大的政治机构是保障自由和平等的重要条件。一起生活在一种民主制度中的公民有义务服从于一个政治权威。如果没有一个强有力的政府机构，就不能使公民的共同利益得到有效的维护。① 如果公民社会不恪守自身的边界，不将自身与行使公共权力的国家区分开来，社会自组织就会卷入同国家的无休止的、暴力的冲突，或者就会如科恩和阿拉托所说，公民社会如果攫取过多的权力，就“意味着将自己置于主权者的地位上并因此剥夺了社会的自组织和自我防御的能力”。② 因此，公民社会必须自我克制，不对国家的安全构成威胁。只有如此，公民社会的行动才能不招致国家的疑忌和反对，反而主动放松控制并支持公民社会的组织和力量的成长。

公民社会的行动者必须避免出现两种极端的态度，一种是犬儒主义，即当公民社会处于压制状态时，消极忍让，不敢维护和争取自己的权利；一种是激进主义，即一旦政治气氛宽松时，又走向激进，坚持毫不妥协的立场。这两种极端的态度既不利于巩固和维护公民社会自治的领域和空间，也不利于公民社会与国家建构协作式的互动关

① 转引自约翰·基恩：《市民社会与国家权力形态》，邓正来、周勇译，载邓正来、J.C. 亚历山大编：《国家与市民社会——一种社会理论的研究路径》，中央编译出版社 1999 年版，第 118 页。

② 转引自［英］吉迪恩·贝克：《公民社会和民主：理论和可能性之间的差距》，何增科译，载何增科主编：《公民社会与第三部门》，社会科学文献出版社 2000 年版，第 183～184 页。

系，对民主政治发展是极其有害的。公民社会必须努力培育出负责任的民间组织和社会力量，才能为国家制度的发展提供持续的动力。他们能够采取理性的负责任的行动，约束组织成员的极端行为，知道积极地争取权利，也善于收缩、忍让和妥协。他们向往并追求自由，同时也能够自觉遵守法律，维护公共秩序。当国家权力过度扩张，政府违法行政时，公民和社团能够敢于捍卫自身的权利，批评政府的非法行为，并通过持续的韧性的和平抗争来推动国家制度的革新和行为的转变；但当国家走向开明和开放时，公民社会不提出过分的激进的政治要求，不向国家权威提出挑战，以高度自律自觉的行为配合国家制度的进步和转型。公民社会这种自我约束的行为才能防止国家的政治进步在面临公民社会激进势力挑战时出现倒退，避免国家重新走向对公民社会的全面压制。

公民社会与国家之间并不一定是一种零和博弈的关系，只能出现"一方全失，一方全得"这一种结果。邹谠指出，公民社会与国家的冲突也可以"在对话与谈判中，采取议价、讨价还价的方法，了解彼此的愿望与困难，经过深思熟虑，发现新的妥协方法，提出新的政治蓝图，找寻超越于过去旧原则的新的更高一层的原则，去实现政治再进一步的发展"①。公民社会作为弱势的一方，需要主动与国家建立一种协作式的关系，与国家达成一种默契。国家不再谋求全面压制公民社会，公民社会也不要试图颠覆国家所提供的宪政秩序。这种相互竞争又相互信任的关系构成了国家稳定的基础和制度演进的持续的动力。公民社会为国家民主化提供足够的推动力，但国家在民主政治发展的过程中占据主导地位，国家主动对原有体制的弊端进行改革，保证政治发展的有序性，保证向民主政体的平稳过渡。经验证明，公民社会的中坚力量与激进主义的分离是和平的民主转型的一个重要条件。当公民社会的民主运动趋向温和，主要采用非暴力的方式争取权利，推动政治民主化时，公民社会反而会得到更快的发展，政府也能

---

① 邹谠：《二十世纪中国政治——从宏观历史与微观行动的角度看》，（香港）牛津大学出版社 1994 年版，第 232～233 页。

够以渐进的方式推动民主转型，政治发展的进程更加平稳，也更容易以和平的方式实现。

第三节 通过法治保障民主政治健康发展

法治是民主政治顺利发展的根本保障。在政治发展的过程中，新的制度结构以及国家权力机构内部的分工及其相互关系，权力冲突的解决，都需要法治来规范和约束。法治通过明确限定国家机构的权力范围及运行方式，使其成为有限的权力，使桀骜不驯的政治权力不能损害制度的权威，不能冲破制度的束缚。法治在政治发展中的一个重要作用就是确立制度的价值和稳定性，确保制度得到严格的遵守，使各种权力能够恪守职责，不逾越制度所确定的界限。在法治的基础上，政治制度的演进才能成为一个渐进的和平的过程，民主制度的成果才能够及时得到巩固并在秩序稳定的基础上顺利运行。当代中国正是以法治为保障才取得了民主制度建设的重要成就，今后，民主制度的进一步发展仍然需要在法治的基础上有序进行。

一、法治是渐进式政治发展的制度基础

许多学者结合西方国家以及发展中国家政治发展的经验，提出法治对于一个国家民主政治的健康发展具有关键性的作用。林茨和斯特潘指出："事实上，国家的全部机构越是按照法治国家的原则运行，民主的品质就越高，社会越健康。"① 布莱克认为法治是政治现代化的重要标志，而且是现代政府有效运作的基础。他说："由一种法律体系代替个人专断行政是现代化在政治领域的一块界碑，承担着诸多任务的现代行政机关若不依靠法制而依靠其他基础，便不可能有效地

① 胡安·林茨、阿尔弗雷德·斯特潘：《走向巩固的民主制》，载［日］猪口孝、［英］爱德华·纽曼、［美］约翰·基恩编：《变动中的民主》，林猛等译，吉林人民出版社1999年版，第63页。

发挥作用。”①

发展民主是政治发展的核心内容，但如果采取民主先行的发展路线，往往会导致参与爆炸、秩序混乱和专制复归。法治是民主政治的重要前提，而且法治对国家权力的限制本身就是政治发展的重要内容。法治代表着政治文明进步的方向，休谟曾指出：“法定的权力，即使很大，总是有限度的。这就限制了享权之人的希冀和奢望。”②斯克拉顿同样精辟地指出：“只要法律代表了一种拥有权威的权力，一个国家就不会是专制的。”③ 法治建设优先是一条成本和风险都比较低的政治发展道路，可以为政治发展奠定一个良好的开端和继续推进的基础。法治最基本的含义就是用宪法和法律来约束国家权力，保护个人的权利和自由。确立法治的关键是限制国家权力，只要通过科学、合理的制度设计使国家权力相互制衡，实现国家权力更替和运行的法律化、制度化，使其成为有限的权力，就有可能成功。这是一种有限的政治改革，范围有限，参与的人数有限，不需要社会大规模的政治参与，不会对社会造成大的震荡和不可挽回的影响。

法治在政治发展过程中具有极为重要的作用。它为政治发展以及制度的演进提供了稳定的秩序。在政治转型时期，社会的凝聚力下降，各种矛盾容易爆发出来，造成政局的动荡。法治对政府的限制使人们对政府的行动产生一定的预见性，相信自己的私人空间能够免受政府的任意干预，从而自觉采取理性的行动，有助于形成稳定的社会秩序。法治降低了因为政府滥用权力而激化政治冲突的可能性，为人们提供基本的安全，民众相信自己的合法权利得到了宪法保障，并在权利和利益受到侵害后能通过公正的程序得到司法救济，就不会通过非法的非理性的途径来追求自己的利益，更不会通过民粹式的暴力反

① ［美］C. E. 布莱克：《现代化的动力》，段小光译，四川人民出版社 1988 年版，第 21 页。

② ［英］休谟：《休谟政治论文选》，张若衡译，商务印书馆 1993 年版，第 34 页。

③ ［英］罗杰·斯克拉顿：《保守主义的含义》，王皖强译，中央编译出版社 2005 年版，第 68 页。

抗来颠覆社会秩序。萨维尼在强调法律的功用时曾指出，法律就是划定每个人自由范围和行动界限的规则，它的作用就是保证每个人的生活和劳作享有一定的自由空间，让他们各自在发展中相互支持而不是相互妨碍，从而形成一种自由而稳定的社会秩序。① 法治所生成的稳定的秩序为政治发展提供了良好的社会环境，使制度转轨可以有条不紊地展开。

通过法治建设来推动政治发展，能够确立各方公认的解决冲突的规则和程序，使政治发展进程中的政治冲突能够和平解决。法治确立了宪法的权威，使其在国家政治生活中具有至高无上的地位，具有足够的公信力，为政治博弈提供了公正的规则。这种规则符合布坎南所说"模糊面纱"的原则，即一个人无论在社会中处于任何位置，他都会认为游戏规则是公正的。宪政和法治是一种公平、透明、非歧视的分配和转移权力的游戏规则，使选举胜负变得像随机事件，政治竞争的输赢不可能由个人努力来控制，而是无数选民根据程序进行选择的结果。这种公平的游戏规则减少了政治运行中寻租的投入，使内生交易费用下降，减少了政治斗争的成本，提高了公平和效率。② 法治能够保障参与政治竞争的各种政治集团必须遵守规则，尤其是执政集团必须履行遵守规则的宪政承诺，使人们确信这些规则将得到严格执行。诺思与温格斯特在分析 17 世纪英国宪政制度确立时指出，法院在限制政府违反协议，确保其履行承诺方面起到了中心的作用，"政治上独立的司法体系的创建，大大地扩大了政府可信地许诺遵守其协议的能力，也就是说，政府要约束自身"③。

---

① 引自［英］弗里德利希·冯·哈耶克：《致命的自负》，冯克利等译，中国社会科学出版社 2000 年版，第 35 页。

② 参见杨小凯：《杨小凯谈经济》，中国社会科学出版社 2004 年版，第 110～114 页。

③ 道格拉斯·C. 诺思、巴里·R. 温格斯特：《宪法与承诺：17 世纪英格兰治理公共选择制度的演进》，载［美］道格拉斯·C. 诺思、张五常等著，［美］李·J. 阿尔斯通、［冰］思拉恩·埃格特森等编：《制度变革的经验研究》，罗仲伟译，经济科学出版社 2003 年版，第 178 页。

公正的规则和程序将政治冲突纳入有序轨道，使争端各方对政治过程和结果的公正有充分的信心，从而建立起通过司法解决分歧的期望值，倾向于接受通过司法来解决适合于裁决程序的分歧。司法裁决程序能够把政治争端从公开的政治舞台上转移，通过特殊的渠道将之吸出，使政治问题法律化，非政治化，即使不能完全做到通过法律的方式解决政治冲突，但也使问题的性质发生了重要变化，将冲突限定在非常严格的界限之内，阻碍导致政治体系分裂的冲突的发展和加剧，使政治冲突减至最低程度。① 法治使政治权力运行制度化、程序化，使民主政治中围绕权力的竞争被限定于人们可预测、可接受的范围之内，减少了政治生活中不确定性的风险，增加了冲突各方的相互信任。虽然民主竞争的结果是不可预测的，但参与政治过程的个人或集团的生命、自由以及正当的政治、经济利益是可以得到确切保障的。人们愿意参与民主政治的竞争体系，自觉遵循宪政规则和平竞逐政治权力，能够尊重在公正的游戏规则之下和平竞争的结果。在竞争中获胜的一方自觉保护失败一方的正当权利，失败者愿意接受竞争结果，并服从获胜一方的统治，承认其执掌权力的正当性。任何政治集团都不敢挑战和破坏宪法权威，不再用武力来攫取政治权力，只能通过合法的和平的方式来达到自己的政治目的。政治权力的和平转移由此得到根本保障，政治发展成为各种政治力量在公正规则的约束下和平博弈的持续过程。

民主政治制度的顺利运转需要法治的保障。民主依赖规则方可运行，规则和程序赋予民主以生命。公民集体只有遵循一定的规则才能做出共同行动的决策，没有规则民主就会因为缺乏操作性而不能运作。在民主运行的过程中涉及许多规则和程序问题，如选民资格的确认及候选人的产生办法、组织选举的规则、选举结果的确认方式、出现选举纠纷之后如何裁决以及官员的任免程序、公民权利的保护和救济程序等。只有法治才能使民主所需的这些规则和程序得到严格的遵

---

① 参见［美］戴维·伊斯顿：《政治生活的系统分析》，王浦劬等译，华夏出版社 1989 年版，第 316 ~ 319 页。

守，使民主得以正常运行。法治通过宪法文件确立民主政治的成果，并使之不经严格的程序而不能被更改，使民主政体的决策和执行建立在既定的宪法安排的基础上，从而产生一个依赖宪法规则行事的政府。法治还具有对民主的“驯化”功能，能够克服民主的内在缺陷。法治保障了公民对政治的参与权和监督权，但也阻止了公民的无序参与对政治体系的威胁。公正的法律严格保护每一位公民的权利，既能够有效防止少数压迫多数，也能够使民主所蕴含的对少数权利的威胁受到控制。法治使民主恪守自身的限度，避免产生多数无限的权力对社会造成过度的伤害和破坏，反过来危及民主本身。①

民主政治发展也可能是一个新旧势力反复较量、博弈，曲线前进的过程。在民主化的过程中，政治权力失去了传统和习惯的限制，新制度的有效性尚未建立，政治权力更容易演变为专断的权力，突破制度的约束，侵犯公民的权利和自由。因此，民主发展的每一步都需要法律的规范，需要通过法治限制、监督政治权力，及时巩固民主的成果。法治的原则就是一切权力必须来源于宪法和法律，法不授权不能行使，经过法律确认和认可的权力才是合法的权力，凡是通过非法途径获取和行使政治权力都不具有正当性，因而也是无效的。法治保证任何一个国家机构都不会集中无限的权力，保证政府不偏离宪法的规定以及个人权利不受侵犯，② 因而可以防止政治发展过程中权力失去控制而造成比较大的危害。

二、中国法治与政治关系的曲折历程

新中国成立时，中国共产党在各阶层人民的支持下，建立了各民主党派、各阶层广泛参与的民主联合政府，推动中国的政治发展达到

---

① 参见佟怀志：《民主与法治的冲突及其均衡——现代西方政治文明的演进模式初探》，《中国特色社会主义研究》，2004 年第 5 期，第 39～46 页。

② 参见［美］路易斯·亨金：《宪政·民主·对外事务》，邓正来译，生活·读书·新知三联书店 1996 年版，第 11 页。

了一个新的高度。新中国成立初期，法制建设也取得一定进展，《共同纲领》起到了临时宪法的作用，为国家政治生活提供了基本依据，工会法、婚姻法等一批法律法令的制定使中国社会从长期动荡中恢复安定。1954 年，全国人大制定并颁布了第一部宪法，将新中国民主政治发展的成就用根本法的形式确定下来，同期制定的法律还有《国务院组织法》、《人民法院组织法》、《人民检察院组织法》等。

遗憾的是，党的领导人并没有利用当时良好的政治基础全面推进制度建设和法治建设。现代国家制度的框架初步确立后，未能及时实现法律化、制度化、程序化。党组织与其他国家机构的职能及相互关系没有合理的区分。国家政治体系中存在党的组织与国家组织两个平行的权力系统，但党组织通过什么方式来领导政权及国家事务没有得到法律的严格规范。公民的民主权利如何保障，公民通过什么方式行使自己的权利，也没有在法制层面予以解决。就像徐勇所说："政党的领导地位是以其政治理想、政治主张和政治行为而获得的，政治领袖地位来源于领袖个人超凡魅力和民众的激情，均没有条件通过一系列建立在理性基础上的法定民主规则和程序加以认可。"① 当时的法制观念也存在重大误区，领导人基本上是"把法制作为专政的工具，把法制与专政联系在一起"②，忽视了法制对于民主发展的重要作用，忽视了法律规范权力运行与规制社会秩序的功能，到后来几乎完全否定了法治的独立的价值和地位，片面强调党的领导和党的政策的作用，没有意识到法治缺失可能带来的危险。

从 1957 年到"文化大革命"结束，国家法制不断遭到破坏，立法工作几乎是一片空白。全国人大的立法权被严重虚化，立法职能基本无法行使，在近二十年的时间内只通过了一部《宪法》(1975) 和一部法律文件（《1958 年到 1961 年全国农业发展纲要》）。全国人大

---

① 徐勇：《中国民主之路：从形式到实体——对村民自治价值的再发掘》，《开放时代》，2000 年第 11 期，第 57 ~ 61 页。

② 王惠岩：《论民主与法制》，《政治学研究》，2000 年第 3 期，第 1 ~ 11 页。

常委会也只制定了《户口登记条例》等几个法令。国家基本的法律体系没有建立起来，国民生活中最基本的法律如民法、刑法、民事诉讼法等都没有制定，社会生活缺乏基本的法律规范。司法工作也受到严重干扰，1958 年之后，法制机构纷纷被合并或撤销。“从县级开始，公检法三机关被合并成公安政法部。后来，中央政法三机关也合署办公”。司法部和监察部于 1959 年由全国人大根据国务院提案撤销。至“文化大革命”时期，公、检、法机关被彻底“砸烂”，无法履行正常职能，人民检察院于 1969 年被撤销。① 在此期间，国家的宪法基本被废弃，党的政策和领袖个人意志取代了法律，国家的政治生活在以领袖权威为基础的人治的基础上运行。法律成为权力和政策的附属物，司法完全沦为政治的工具，从属于当时政治斗争的需要。法律的作用就是打击敌人，惩治反革命，法律体现出鲜明的斗争性和工具性，而法律对于权力的制约，对于公民权利的保护则没有体现出来。整个社会生活与政治生活中都普遍存在无法可依、以权代法的状况，政治运动连续不断，社会秩序长期动荡。

法制的破坏严重影响到政治发展。新中国成立初期民主发展的良好势头很快就遭遇挫折。联合政府的政治格局只存在很短的时间。党的一元化领导的政治模式，在新中国成立以后得到延续，党委领导一切，指挥一切，领导人的指示和党委的文件取代法律成为政治生活的基本依据。没有法治的约束，政治权力不能受到有效制约，尤其是权威领导人的权力不受制约，党的组织和纪律不能约束领导人的行为，个人崇拜、个人迷信、个人专断畸形发展，政治生活中的民主集中制原则名存实亡。政治权力无所顾忌地向社会全面扩张，将社会自治领域、公民的私人领域吞噬殆尽。政治斗争失去了法律的约束和规范，完全在无序的范围内进行，导致政治失误和冤假错案不断发生。执政党所犯的一些重大错误，如“反右扩大化”、“大跃进”、“文化大革

① 参见蔡定剑：《历史与变革：新中国法制建设的历程》，中国政法大学出版社 1999 年版，第 95、96、109 页。

命”等，都是权力僭越法律的严重后果。①

没有法治的保障，国家的政治制度被严重虚化，不能按照制度建立的初衷顺利运行。在国家权力结构中，宪法规定的各个机构的权力得不到落实，人大的立法权、监督权不能正常行使，国务院的行政权也处于从属的地位，变成一个负责具体事务的执行机构。一个突出表现是，作为中国根本政治制度的人民代表大会制度无法正常运转，任期完全取决于政治需要，往往超过宪法规定的任期，开会也不能正常保证，宪法规定全国人大每年应举行一次代表大会，但第三届全国人大 10 年间仅开过一次会议。② 国家权力向党的机构尤其党的领导人个人严重倾斜。一旦党的领导人出现失误，或者党的领导出现失误，政治体系缺乏纠偏机制，政治体系功能就无法正常履行。“文革”时期，由于法制被彻底破坏，政治上极端混乱，整个国家一度陷入无政府状态。各级人民代表大会陷入瘫痪，政协停止活动；各级政府的职权被严重削弱，国务院只剩下不到 20 个机构；中国共产党的各级党组织也一度瘫痪，一切权力都集中于党的领袖和中央“文革”小组。中国的政治发展和制度演进至此被完全打断，发生了严重的政治衰退。③

在国家的法制体系被摧毁之后，社会生活失去了基本的秩序，经济、文化等各个领域的建设都无法正常开展。人民的民主权利也不能得到保障。不仅普通公民的各种权利轻而易举就被剥夺，掌握政治权力的政治精英的权利也得不到有效保护。虽然在历次政治运动中都有民众的广泛参与，但民众自觉的政治参与受到很大的限制。绝大多数

---

① 参阅张晋藩：《从崎岖走向辉煌的中国法制五十年》，《现代法学》，1999 年第 6 期，第 9 ~ 11 页；周旺生：《中国法制理论四十年检讨》，《法学评论》，1989 年第 5 期，第 1 ~ 7 页；胡鞍钢：《中国政治经济史论（1949—1976）》，清华大学出版社 2007 年版，第 490 ~ 494 页。

② 参见安群、李浩：《五十年法治建设的教训与经验》，《法学评论》，2000 年第 1 期，第 42 ~ 49 页。

③ 参见谢庆奎：《政治改革与政府创新》，中信出版社 2003 年版，第 109 页。

政治参与属于动员式政治参与，而且在政治参与偏离了领导人设定的方向或者领导人改变了主意之后，参与者在政治上都要付出沉重的代价。“文化大革命”时期的群众运动式的“大民主”，严重侵犯了无数干部和群众的基本权利。

基于历史的教训，改革开放以后，中国的改革领导人开始强调把民主与法治结合起来，政治改革要在法治与秩序的范围内进行，通过法治来保障政治发展的稳定性和民主制度演进的成果。邓小平指出：“为了保障人民民主，必须加强法制，必须使民主制度化、法律化，使这种制度和法律不因领导人的改变而改变，不因领导人的看法和注意力的改变而改变。”① “要加强民主就要加强法制。没有广泛的民主是不行的，没有健全的法制也是不行的。”② 之后，江泽民提出，执政党要实行依法治国，实现社会主义民主政治的制度化、规范化和程序化。党领导人民制定宪法和法律，但党自身也要在宪法和法律范围内活动。国家各项工作都必须依法进行。广大人民群众则依照宪法和法律规定，通过各种途径和形式管理国家与社会事务。③ 依法治国的实质就是要求执政党必须接受宪法和法律的制约，接受人民的选择和监督，用严格的规则和程序防止政治权力蜕化变质，保证人民的自由和民主权利不再受到任意侵犯和剥夺。

在改革开放以后的政治发展过程中，中国走了一条民主与法治相互促进，相互保障的道路。每一次重大的政治改革的成果都及时通过修改宪法和法律确定下来，使之成为人民认可的行为规则，能够自觉地接受它的约束。村民自治的发展、政府机构改革、选举制度的创新等都是通过法治来确认和巩固。村民自治这一制度产生不久，全国人大就在1982年通过的《宪法》中确认了这一制度形式，并在1987年制定了《村民委员会组织法（试行）》在全国推广村民自治。1998年，修订后的《村民委员会组织法》在全国正式实行。在政府机构

① 《邓小平文选》第2卷，人民出版社1994年版，第146页。
② 《邓小平文选》第2卷，人民出版社1994年版，第189页。
③ 《江泽民文选》第2卷，人民出版社2006年版，第28～29页。

改革的过程中，通常是由全国人大先通过关于机构改革的《决定》，然后再由国务院付诸实施，由于《决定》具有立法的性质，机构改革比较容易推进，“人大的配套立法为制度创新提供了可靠的法律保障”①。虽然1982年以来的机构改革有几次反复，但政府机构演变总的趋势是直接管理企业经济活动的部门逐渐被淘汰，适应市场经济要求的部门逐渐强化，尤其是1998年机构改革之后，政府机构获得了较大的稳定性。

法治建设取得了显著成就，对政治发展也产生了积极的影响。国家治理的各种法律制度基本建立，国家领导层的权力交接基本实现了制度化，国家机关也转变了过去任意专断的行事作风，开始依照法律制度和规范化程序履行其职能，“逐渐实现了程序化的权力运作，从国家宏观决策，到微观的管理性决定的形成，制度规则和制度程序正在逐步取代领导者的个人意志，成为决定性的因素”。② 政治发展成果的法律化、制度化防止了政治发展的倒退，又为进一步的政治发展创造了条件。

但中国的法治目前所存在的一些问题，也对今后的政治发展产生了不利影响。宪法和法律的权威地位尚未真正确立。违宪审查机制尚未健全，司法机关不能审查违背宪法的立法，不能审理行政机关制定的法规和规章是否违宪的案件。而宪法所规定的宪法监督机构全国人民代表大会及其常务委员会由于缺乏具体的程序和规定不能启动违宪审查。国家法律仍然不能得到严格执行，党的政策、决议以及各级党组织的指示、命令仍不时超越于法律之上，享有更大的权威。司法机关并没有取得完全的独立地位。地方各级司法机关仍受制于地方党政机关，不能完全独立地行使审判、监督等司法职能。由于司法缺乏公

① 林尚立等：《制度创新与国家成长——中国的探索》，天津人民出版社2005年版，第272页。

② 赵成根：《理性威权主义转型的合理性分析》，载徐湘林、［德］格哈德·格勒、赵建民主编：《民主、政治秩序与社会变革》，中信出版社2003年版，第208页。

正性，人们没有信心通过司法途径保护自身权益，总是寄希望于政府来解决问题，导致社会冲突政治化。当政治冲突发生时，无法通过和平的途径解决，人们容易采取极端的对抗性的行动，对政治稳定和政治健康发展构成了威胁。法律对执政党和政府权力的制约还没有完全落实。政府与民众以及各种社会力量还没有习惯通过司法解决问题的方式，不尊重法律规则和政治游戏规则，各种社会力量之间缺乏信任。公民的权利尚未得到严格保障。公民的财产、人身等各种权利仍不时受到公共权力部门的侵犯，又不能及时得到纠正，因而使社会不满情绪在积聚。这些问题都是制约渐进式政治发展顺利推进的不利因素。

三、在法治的基础上继续推进政治发展

中国今后的民主政治发展需要在法治的基础上进行，这已经是中国政治学与法学界所形成的基本共识。童之伟较早地提出：我国政治发展应当适应现阶段的基本情况，“切实推进社会主义法治民主”①。顾肃也认为，法治基础较好的国家民主化进程才能做到平衡有序。中国在推行更大规模的民主化之前，必须先厉行法治和宪政主义。② 考虑到中国的各种实际问题，中国在法治的基础上推进政治发展需要从以下几个方面进行。

第一，执政党和政府在宪法的范围内行使权力。中国共产党是中国法定的唯一的执政党，党是否守法、是否坚持依法执政是发展宪政

① 童之伟：《论法治民主》，《法律科学——西北政法学院学报》，1998 年第 6 期，第 18 ~ 24 页。

② 顾肃：《论法治基础上的民主》，《学术界》，2000 年第 3 期，第 20 ~ 30 页；另外可以参阅秦前红、刘高林：《论民主与法治的关系》，《武汉大学学报（社会科学版）》，2003 年第 2 期，第 147 ~ 153 页；佟德志：《法治民主——近年来中国学术界关于政治体制改革方向的探讨》，《文史哲》，2005 年第 2 期，第 162 ~ 166 页；杨建平：《法治民主：后发国家的政治选择》，《战略与管理》，2001 年第 6 期，第 86 ~ 92 页。

民主的关键。推进政治发展首先需要用宪法和法律制约党的权力，规范党的行为。党组织必须在宪法和法律的范围内活动，不得在法律规定之外拥有大量的自由裁量权。党组织的决议、政策和指示均不得违背宪法和法律，党的人事、组织、财政方面的各项权力都要以法律的形式确定下来，并允许公民依照法定程序进行监督和制约。

依法执政的关键是要将执政党的领导权和执政权加以区分，将党的法定领导地位与党在国家机构具体代表的权力、责任和行为加以区分。党的领导权主要通过政治、组织、思想方面的影响力和控制力来体现，而执政权则主要通过党所推荐的各级政府机构的负责人来体现。党的领导权是统一的，但党的执政权可以合理地分解。党的领导权并非公共权力的直接运用，具有一定的弹性，党的意见、政策和主张可以在实现党的领导权方面发挥比较大的作用；而党的执政权是公共权力的直接运用，所以必须严格执行法律。

党的执政权主要通过党的代表在国家立法机构、行政机构、司法机构的活动来体现。在立法机构，党组织通过说服、动员甚至纪律控制的方式督促党员代表按照党组织的意志去投票，去贯彻执行党的意志；同时，党在人大中的党员个人和组织通过法定程序行使对政府和司法部门的质询、弹劾和罢免的权力。党对行政、司法部门的领导转移到法治的轨道上来，党组织不再干预具体的行政事务和司法事务，不再直接给行政、司法部门下达必须执行的指示。党组织推荐党员经人大任命为政府和司法部门的领导人，一旦任命之后，政府和司法部门的负责人根据法律和党的政策独立行使权力，党组织不再直接干预。执政党的党组织由直接行使立法、行政、司法权力转变为在控制代议机构的基础上间接领导立法、行政和司法事务。

目前推动依法执政的当务之急是将党的领导权从具体的权力运用中分离出来，并使之在现阶段保留一定的自由度；但党的执政权要受到法律的严格限制，并且具有宪政意义上的可诉性，然后再通过执政权的合法运用，通过渐进的方式消除党的“超法活动”，将党的领导权逐步归并到代议机构的“依法活动”中来，逐步过渡到党的领导权也要完全受宪法和法律的制约，实现党的领导权与执政权在宪政范畴内的合一，逐步实现党的领导权的法治化。①

执政党通过法治的方式执政，党和政府成为守法的典范，为依法解决政治纠纷创造了重要条件，对于整个社会在法治的基础上推进民主政治发展具有重要的意义。

第二，通过司法途径解决政治争端。通过司法途径解决冲突是政治法治化的主要内容。执政党和政府需要自觉确立通过公正的司法途径解决争端的范例，尽量少用领导批示的手段或者非法制手段解决问题，逐步将立法争议、执法争议、民众与地方政府的冲突等各种社会矛盾、政治矛盾，以及民主政治发展过程中所出现的重大纠纷，都纳入司法程序来解决，实现政治司法化，使司法裁决成为各种法律与政治争端最权威也最有约束力的解决方式。

政治司法化的关键是确立宪法的权威。宪法在国家政治生活和社会生活中具有至上地位，作为一种根本的行为规范在最高的、终极的意义上规制政府和公民的行为，禁止政府滥用权力和公民滥用权利与自由。宪法和法律高于一切权力，法律未授予的权力，属于非法权力，任何一个国家机构都不能行使。② 宪法权威的确立为政治行动提供了根本的准则，使政治家和公民以及公民集团的行为都在法治的框架内进行，限定了政治冲突的方式、手段和范围，保证了政治制度演进的稳定性和连续性。参与政治过程的各种政治集团也将由此树立对通过法律公正解决争端的信心，不会再采用体制外的非法的方式表达政治诉求。

要树立宪法权威，一个较为可行的改革方案是在全国人大内设置与全国人大常委会平行的宪政委员会来统一行使违宪审查权，③ 同时通过对司法行政、人事、财务以及办案程序的改革，使各级司法机关

---

① 参见季卫东：《中国：通过法治迈向民主》，《战略与管理》，1998 年第 4 期，第 1 ~ 10 页。

② 参见王人博、程燎原：《法治论》，山东人民出版社 1989 年版，第 169 ~ 179 页。

③ 季卫东：《合宪性审查与司法权的强化》，《中国社会科学》，2002 年第 2 期，第 4 ~ 16 页。

摆脱党、政部门的干预和影响，使法官只服从法律，不受任何外在影响，真正实现司法独立。① 违宪审查制度的确立将在国家政治体系中建立一个中立的权威的裁决机构，对于涉及宪法的争端具有最高的解释权和仲裁权。当国家机构发生权力纷争时，以及公民与政府发生涉及宪法的纠纷时能够诉诸宪政委员会，最大限度地保证政治冲突和权力斗争通过理性的和平的方式来解决。建立违宪审查制度并确立各级司法机关的独立地位，不仅会加快中国的法治进程，而且能够将中国的政治发展转移到法治的轨道上来，使司法机关成为各种力量进行政治博弈的重要场所。许多国家在政治转型过程中出现的街头抗议、暴力冲突等各种乱象将不会在中国出现。

政治司法化为政治纠纷提供了一个公正、中立、客观的解决途径，使政治发展能够在现行宪法的框架内展开，一切政治行动都在法律的范围内进行，能够大大减轻执政党各级组织以及各级政府所面临的连绵不断的群体性冲突所造成的压力。通过司法途径来解决政治冲突，能够逐步培养人民遵守法律的习惯，培养人民对法律的公正的信心，使遵守法律成为人民的内心信念。各种政治力量都将习惯于在法律的范围内行动，通过合法的方式参与政治。

第三，在法治的框架内构建民主制度。在法治的基础上构建民主制度，或者说通过法治来推进民主政治发展，就是要求民主尽量在现行宪法和法律的框架内展开，在政治体系稳定的基础上循序渐进的向前发展，通过一次次小幅度政治变革，推动旧体制向新体制转变，既不断扩大人民的自由权利，也使已有的自由权利更加巩固。如果确实需要突破现行法律，要按照严格的程序进行修改。

法治是民主政治有序化的保障。推进民主政治的改革措施要注重可行性与可操作性，使民主的进步建立在严格的规则与程序的基础上，通过法律严格规定权力结构关系、权力运行的规则以及民主选举的程序，防止在民主化的过程中产生新的集权突破制度的约束，使民主遭受挫折。民主的每一次推进，每一项制度创新的成果都及时通过

① 参见汪进元：《良宪论》，山东人民出版社 2005 年版，第 194 ~ 195 页。

法律固定下来，使民主政治的成果能够迅速制度化。民主政治制度化一定要走在政治参与的前面，要“以法律来促进公民政治参与的扩展，保证公民的政治参与依法按一定程序进行操作，使公民在行使参政权利时有法可依，有章可循，做到有理性，有秩序”①，不对政治体系的稳定造成大的冲击。

法治确立了民主政体稳定的基础。民主政治在法治的基础上运作，制度能够不断演进并及时得到巩固。法治迫使参与政治过程的各方行动者克制自己的行为，自觉按照民主的规则参与政治，不再使用非民主的不合法的方式来实现自己的政治目标，不再以暴力的方式反对现行政治体制。如果在民主化之前先确立法律的统治，不管权力主体如何变动，法律都将独立于政治权力而发挥对社会的规制作用，政治权力也将始终在法治的范围内运行，人民的权利不会受侵犯，各种政治行动者的利益能够得到保障，政治发展过程就能以和平的渐进的方式展开。民主化的实现就会比较顺利而自然，不会引发政治体系的剧烈变动。

第四，确保个人自由权利不受侵犯。发展民主的目的是要保护和实现公民的权利，但在民主化过程中经常出现的动乱、暴力以及多数的集权又很容易侵害个人权利。这种侵害普遍发生的结果就是公民再也无权参与政治，使民主走向反面，得而复失。权利之确切保障、自由之不可侵犯是民主政体稳定的真正基石。没有个人权利和自由的保障，政治斗争就没有底线。国家容易侵犯个人的利益，个人或集团也容易相互侵犯对方的利益。阶层和集团之间的利益平衡很容易被破坏。只有确立个人权利和自由的神圣不可侵犯性，才能为每一种政府权力确立一个根本界限，使分立的权力稳定运作，既防止某种政府权力侵犯公民的合法权利，走向专制和暴政；又防止政治集团恶性竞争，发生政治动乱，使权力斗争始终局限在一定范围内。在个人权利保障的基础上，政治行动者才能尊重彼此的权利和利益，才能相互和

① 常桂祥：《法治政治论》，山东大学出版社 2007 年版，第 141 页。

解、宽容与妥协，多数不会牺牲少数的权利和利益，少数在权利得到保障时也会尊重和服从多数的合法决定，遵从社会整体利益。因此，发展民主需要法治对个人权利的严格保障。法律只有首先保护公民不受侵犯的权利，才能实现公民积极参与的权利，民主政治参与才能有序地发展起来。

在中国目前的条件下，保护个人权利需要走一条渐进式路线，先从根本上保障个人在私人领域自由活动的权利，再逐步创造条件确立个人在公共领域参与政治事务的权利；先保障公民产权交易和经济活动的自由，再保障公民言论结社及政治活动的自由；先实现公民在地方事务上的自治权，再实现公民对国家事务的决定权。中国现有的宪法和法律在个人权利的保障方面已经有了比较完善的规定，现在的关键是要落实宪法和法律的规定，使个人的权利不能以任何理由被剥夺。国家领导层要主动实施宪法，进一步增强宪法的可诉性，使公民可以援引宪法来保护自己的权利，法官也可援引宪法保护公民的权利。

个人权利也要靠社会各阶层自觉地理性地去争取，每一个公民随时随地都要敢于通过法律捍卫自己的权利，通过合法的抗争维护法律的尊严。但争取权利需要有坚定执著的民主信念和巧妙的政治智慧，公民必须服从已经制定并颁布的法律，即使现行法律可能损害自己的利益也要服从，公民权利的改善只能依靠法律的改进来实现，不能通过对法律的反抗来实现。康德认为，如果公民通过对法律的反抗来追求权利将会把一种比现存体制更具压迫性的体制加于自身，从而“使得一切合权利的体制都靠不住，并且导致至少也要使一切权利都要停止再起作用的那样一种全然无法律的状态了（status naturalis）。”①潘恩对法律的态度值得我们借鉴，他说：“对于一项坏的法律，我一贯主张（也是我身体力行的）遵守，同时使用一切论

① ［德］康德：《历史理性批判文集》，何兆武译，商务印书馆 1990 年版，第 195 页。

据证明其错误，力求把它废除”。①

民主政治发展是一个充满风险的过程，中国只有在法治的基础上逐步发展民主，才能使民众在享有民主参与权利的同时，也能够得到安全、稳定和秩序。穆迪非常乐观地指出，法治将会对中国的民主化产生积极的作用，如果中国发展出真正的法治，对政府和民众同样具有约束力，“并能够有效地执行法律，也许政治参与这个问题就会自动解决”。②

第四节 建立均衡的政治权力结构

政府权力本性趋向于扩张和滥用，没有均衡的权力结构对其约束和规范，政府权力很难恪守适当的界限，一定会导致大量的侵权现象和激烈的政治斗争。没有均衡的权力结构，任何设计完美的政体都不可能是稳定的。民主政体的建立和运作必须以均衡的政治权力结构为依托。中国发展民主政治需要进一步增加人民代表大会制政体的复杂性和平衡性，在现有政治架构的基础上建立国家权力机构之间的制衡机制，使政治发展过程中新出现的各种集团和各个阶层都能够通过某个机构在国家制度层面实现利益表达，以制度化的方式达成各种政治力量的均势，使现有的政体结构更加稳定，能够更加从容地应对现代化过程中各种政治力量的挑战。

一、权力均衡是政体稳定的基础

古代希腊的政治思想家已经认识到在政制结构中保持权力均衡对

---

① ［美］托马斯·潘恩：《潘恩选集》，马清槐等译，商务印书馆 1981 年版，第 222 页。

② 小彼得·J. 穆迪：《东亚：自上而下的民主》，载［美］霍华德·威亚尔达主编：《民主与民主化比较研究》，榕远译，北京大学出版社 2004 年版，第 104 页。

于政体稳定的重要价值。柏拉图在其晚年著作《法律篇》中指出，过度的权力集中于一个地方，会导致恣意的统治。因此，国家需要将君主制与民主制结合起来，在几个方面之间划分权力，使统治者和被统治者都能分享国家权力，保证各个阶级在一些会影响它们利益的决策中能起一些制约作用，以此来获得国家内部的和谐。① 亚里士多德进一步阐述了各个阶级同等分享国家权力以实现政体稳定的思想。他认为，凡能包含较多要素的混合政体总是较完善也较稳定的政体，“共和政体中的各个因素倘使混合得愈好愈平衡，这个政体就会存在得愈久。”② 稳定的混合政体需要秉持“中庸”和“平衡”的原则，要依赖内在各种力量的平衡，使“愿意维持其政体的部分必须强于反对这一政体的部分”,③ 社会中没有一种力量企图改变这种制度。柏拉图和亚里士多德明确提出了通过阶级分权建立混合政体以实现权力均衡和政体稳定的思想，即要防止国家权力专断，国家权力必须为几个阶级所共享，每一个阶级都能通过某种途径影响、参与国家权力的行使和利益的分配。

在古罗马时期，波利比阿和西塞罗继续推进了均衡政体思想的发展。波利比阿通过对罗马混合政体的分析阐述了自己的分权制衡思想，他认为，稳定的政体需要以权力均衡为基础，将君主制、贵族制和民主制的因素进行巧妙的混合，使执政官、代表贵族和精英的元老院以及代表民众的平民大会和保民官各掌握一部分国家权力，不使任何一种力量过于强大，任何一种权力都不是绝对的，不能凌驾于其他权力之上。每一种权力都必须安于适当的位置，都具有自己的作用范围，一种权力的作用范围受到其他两种权力作用范围的限制。如果其中一个要打破与其他部分的平衡，追求至高无上的或优势的权位，就

---

① 参见［古希腊］柏拉图：《法律篇》，张智仁、何勤华译，上海人民出版社 2001 年版，第 89、93 ~ 94 页。

② ［古希腊］亚里士多德：《政治学》，吴寿彭译，商务印书馆 1965 年版，第 211 页。

③ ［古希腊］亚里士多德：《政治学》，吴寿彭译，商务印书馆 1965 年版，第 210 页。

会遭到另两种力量的抵制。这三种权力既相互制约，又能够在特定情况下进行及时的恰当的合作，从而使混合政体能够保持长时间的稳定和平衡。①

波利比阿的混合政体理论实质上仍然表达的是一种阶级分权的思想，但阶级分权是通过不同国家机构间制约与平衡的形式表现出来的。而且，更为重要的是，“政府的机构也许并不全都各自代表了某个不同的‘阶级’，而是机构自身就在政府结构内提供了一种制度性的制约”②。机构分权思想是波利比阿的一个重要理论贡献，他明确指出了，为了避免权力的专制和独断，需要将权力分散给一定数量的分立的政府部门。这种机构分权完成了国家权力抽象化、公共化过程中的重要一步，即国家权力不是由阶级直接来行使，而是由分立的机构来行使。机构分权淡化了阶级分权，既能够使各个阶级的利益都可通过某一机构得到表达和维护，又为阶级冲突设置了缓冲的媒介，避免了阶级之间的直接对抗，使阶级利益冲突较容易通过制度化的方式实现妥协和平衡。

西塞罗肯定了波利比阿的混合均衡政体的主张，他认为，“它们三者（指君主政体、贵族政体、民主政体——引者注）结合的形式优于其中任何单独的一种”③。“因为一个国家中必须有一种最高的和高贵的成分，某些权力应该授予上层公民，而某些事务又应该留给民众来判断和欲求。”④ 这种政体具有公平性和稳定性，每个公民被安置在合适的位置上，没有理由可以改变它。

① 参见徐大同：《西方政治思想史》，天津教育出版社 2000 年版，第 55 页；［英］戴维·米勒、韦农·波格丹诺编：《布莱克维尔政治学百科全书》(中文版)，邓正来等译，中国政法大学出版社 2002 年版，第 633 页。

② ［英］M. J. C. 维尔：《宪政与分权》，苏力译，生活·读书·新知三联书店 1997 年版，第 33 页。

③ ［古罗马］西塞罗：《国家篇 法律篇》，沈叔平、苏力译，商务印书馆 1999 年版，第 42 ~ 43 页。

④ ［古罗马］西塞罗：《国家篇 法律篇》，沈叔平、苏力译，商务印书馆 1999 年版，第 53 页。

古希腊罗马均衡政体理论的实质都是要建立以阶级分权为基础的混合政体。阶级分权的局限性在于，分权和具体的阶级利益直接关联，在实践中容易引发阶级斗争和政治动荡。在一种政体下，一旦力量对比发生变化，某一个阶级的力量增长，便寻求改变政体，追求更多利益，导致发生革命和动乱，政体随之变迁。① 加之，在混合政体的框架内，立法、行政、司法权力混合在一起，没有对国家权力从职能方面进行抽象的科学的区分，一个机构往往同时掌握着立法、行政、司法几种权力，某个个人或集团一旦攫取了一个最高机构的权力，便同时掌握了立法、行政、司法全权，国家体制中没有与之分立对抗的力量，国家就必然会走向专制。

要克服阶级分权的缺陷，应该在国家政体设计中尽可能淡化而不是鼓励阶级冲突，阶级与集团利益的表达应该通过间接的层层过滤的方式进行，使政治斗争围绕着公共利益而展开，这样才能把分立的权力之间的斗争与制衡纳入法治的轨道。西方近代许多重要思想家提出的职能分权思想为弥补古代分权思想的缺陷，建立更为稳定的政体奠定了基础。所谓职能分权就是以抽象的职能为标准将国家权力分为立法、行政、司法三种权力，并使之各自独立行使，在相互制衡的基础上相互合作。

洛克首先对此作了较为全面的论述。洛克从职能上将政府权力分为三种，即立法权、执行权和对外权。立法权是指导如何运用国家力量的权力；执行权是指执行法律的权力；对外权是处理涉外事务以及共同安全问题的权力。② 为了防止政府滥用权力，洛克强调政府权力需要分开行使。“如果同一批人同时拥有制定和执行法律的权力，这就会给人们的弱点以绝大诱惑，使他们动辄要攫取权力，借以使他们自己免于服从他们所制定的法律，并且在制定和执行法律时，使法律

① ［古希腊］亚里士多德：《政治学》，吴寿彭译，商务印书馆 1965 年版，第 239 页。

② 参见［英］洛克：《政府论》（下篇），叶启芳、瞿菊农译，商务印书馆 1964 年版，第 89 ~ 91 页。

适合于他们自己的私人利益。"① 洛克建议立法权由代表人民的议会行使，执行权和对外权由君主行使。在国家组织中，立法权是最高的权力，执行权和对外权从属于立法权，但君主也有相对的独立性，并且可以通过某些方式来影响立法权的行使。洛克对权力的区分尽管有不科学之处，但洛克已经完成了建立以权力均衡为基础的现代政体的重要一步，即对国家权力进行抽象的区分，按其承担的不同职能划分权力，并将之授予不同的机构。

孟德斯鸠的分权理论奠定了现代政体稳定的基础。在政体设计中仅仅强调分权并不足以构建一个稳定的良好政体。如何科学地划分权力、权力制约如何实现均衡一直是政体理论中比较关键的问题。孟德斯鸠用一种公认的现代形式提出了政府职能的三种划分，并以此为依据划分了政府的三种权力，即"制定法律权、执行公共决议权和裁判私人犯罪或争讼权"②。至此，"政府有三种而且仅有三种职能的思想现在确立下来了"③。立法就是制定、修正或废止法律；行政就是执行国家意志，将法律付诸实践；司法就是惩罚犯罪或裁决私人讼争。维尔指出："这些职能已穷尽了政府的一切'权力'，并且它们可以清楚地相互区分。政府的每个行为都可以置于其中的某个范畴。他还确立了政府有三个部门——立法、执行和司法——的观点……他主张各个职能应当由恰当的政府机构行使，以及他还进一步相信三个部门的人员不应重合。"④ 为构建一个平衡的政府体系，孟德斯鸠强调各个机构应当独立行使自己的职能，但他也主张各个机构之间相互制约，立法、行政、司法三个部门分别拥有制衡另外两方的手段，将

---

① ［英］洛克：《政府论》（下篇），叶启芳、瞿菊农译，商务印书馆1964年版，第89页。

② ［法］孟德斯鸠：《论法的精神》（上册），张雁深译，商务印书馆1961年版，第156页。

③ ［英］M. J. C. 维尔：《宪政与分权》，苏力译，生活·读书·新知三联书店1997年版，第80～81页。

④ ［英］M. J. C 维尔：《宪政与分权》，苏力译，生活·读书·新知三联书店1997年版，第83页。

权力分立与制约平衡巧妙结合起来，通过建立一个基于职能的均衡的权力分立体系来实现政体的稳定。

美国开国时期的联邦党人也是从职能分权的角度来设计政体结构以保障政体的均衡。麦迪逊认为，如果把“立法、行政和司法权置于同一个人手中，不论是一个人、少数人或许多人，不论是世袭的、自己任命的或选举的，均可公正地断定是虐政”①。因此，联邦党人主张，国家权力按照职能而划分为立法权、行政权、司法权，这三种权力分别由议会、总统和法院行使。三权分立把政府的立法、行政与司法的不同职能授予不同的机构和人员，不仅能够有效防止个人和少数人的专制，而且从政府方面缓解了压迫性的大多数的问题。这样一种政制结构能够“产生一些代表去抵制那些其他代表柔顺地屈从或者大加煽动的错误的大众的意愿”②。美国联邦党人阐述了更为精密的权力均衡的思想。麦迪逊指出，要想通过分权实现对权力的有效制约，就必须均匀地把权力分配到三个机关，形成分配上的均势，既没有权力过强的部门，也没有权力过弱的部门，没有一个部门在实施各自的权力时应该直接间接地对其他部门具有压倒的影响，政府的力量软弱部门必须要有某种更恰当的手段来对付力量更强的部门。③汉密尔顿进一步指出，为了实现这种权力分配的均势，必须使三种权力互相混合、渗透以互相牵制。三权分立不应理解为立法、行政、司法绝对分开，相反，“只要各个权力部门在主要方面保持分离，就并不排除为了特定目的予以局部的混合”④。

---

① ［美］汉密尔顿、麦迪逊、杰伊：《联邦党人文集》，程逢如等译，商务印书馆 1980 年版，第 246 页。

② ［美］列奥·施特劳斯、约瑟夫·克罗波西：《政治哲学史》，李天然等译，河北人民出版社 1993 年版，第 772 页。

③ ［美］汉密尔顿、麦迪逊、杰伊：《联邦党人文集》，程逢如等译，商务印书馆 1980 年版，第 252～253 页。

④ ［美］汉密尔顿、麦迪逊、杰伊：《联邦党人文集》，程逢如等译，商务印书馆 1980 年版，第 337 页。

职能分权把握到了权力本身的性质和规律，因为公共权力一般都要承担确定和表达公共意志，执行公共意志和监督、裁判公共意志的实现几种基本职能。以权力本身的性质和其所承担的不同国家职能为依据划分权力，同时辅之以机构和人员的分离，才能精确划分各种权力的职责和边界，使各种权力既相互制衡，又善于合作，在此基础上才能建立权责分明、协调高效的良好政体。职能分权使权力运作摆脱了与具体的集团、阶级利益的直接关联和简单对应关系，使国家权力机构带有更多地抽象性、公共性和中立性的特点，国家变成利益冲突的调节者和仲裁者。复杂的权力制衡结构，使围绕权力和利益的斗争间接化、程序化、技术化。社会利益得到多渠道的表达和过滤，最终所形成的利益格局将是一种中道的权衡，是各方自觉接受的政治结果。“权力的分立既杜绝了少数人专制的可能性，同时也为‘多数暴政’设置了一道屏障”①，不使任何一个机构因掌握绝对权力而走向专制，避免因政府对人民权利的全面侵犯而引发人民的反抗，导致严重的政治衰退并损害民主。总之，均衡的权力结构为每一种政府权力确立一个根本界限，使权力斗争局限在一定范围内，利益冲突和政治斗争不再以暴力冲突的方式进行，而是通过和平的方式在法治的轨道内公正地解决。

在政治发展的过程中，权力均衡更加重要。没有复杂而均衡的权力结构为支撑，代替旧的专制政体的往往是新的并且很可能是更为集权的政权。追求简单的纯粹民主的结果通常是暴政与动乱之间的恶性循环。如果一个转轨国家政治结构简单而且权力高度集中，通常很难应付转轨过程中剧增的政治参与的挑战，政治转型往往以推翻现有政体为目标，民主的实现需要付出巨大的代价。法国大革命时期国民公会在国家权力结构中居于绝对优势地位最后导致恐怖专政就是这方面

① 让·布隆代尔：《民主与宪政》，载［日］猪口孝、［英］爱德华·纽曼、［美］约翰·基恩编：《变动中的民主》，林猛等译，吉林人民出版社 1999 年版，第 89 页。

的典型例子。政治发展的关键是控制政府，而不是颠覆政府，只有通过均衡的权力结构使国家权力受到严格制约，无论任何个人或集团掌握权力都不能破坏宪政游戏规则，这样民主才能逐步发展起来。那些建立了更为复杂的权力结构的国家，制度转轨的过程一般能够以和平的渐进的方式进行。亨廷顿在总结美国政治发展经验时指出，美国之所以政治参与扩大发生得较为迅速但并未酿成动乱和暴力，一个很重要的原因是美国的传统政治机构相对复杂，"多样性的机构提供了通向政治权力的多种方式。那些不能影响全国政府的集团可以控制州或地方政府。那些不能选举行政首脑的可以控制立法机关或者至少是立法委员会。那些在人数上始终处于劣势的，可以到司法机关去寻求支持，以维护自己的权力和确定一个选区。"① 美国这种复杂而均衡的权力结构，在政治发展过程中有较强的适应性，使民主化的后果比其他国家更为温和。

英国的政治发展经验也证明了这一点，在诺思等人看来，1688年英国的"光荣革命"之所以能够取得政治制度创新的重大成功，就在于其建立了新的权力均衡的政体。"光荣革命"保留了君主政体，但建立了一种全新的代议制政府，产生了享有立法权、征税同意权以及财政监督权的议会和一个独立于王国政府的司法体系。② "这种新的宪政和解使几个当事人都具有投票权力，因而带来了权力分割或分离的开始。现在由公共负担费用供应私有利益需要王国政府、议会和法院的共同合作。虽然只有王国政府能够提出一个开支预算，但是也只有议会能够批准这一建议并拨款，议会也只能够为王国政府提

---

① ［美］塞缪尔·P. 亨廷顿：《变化社会中的政治秩序》，王冠华等译，生活·读书·新知三联书店1989年版，第117页。

② 参见道格拉斯·C. 诺思、巴里·R. 温格斯特：《宪法与承诺：17世纪英格兰治理公共选择制度的演进》，载［美］道格拉斯·C. 诺思、张五常等著，［美］李·J. 阿尔斯通、［冰］思拉恩·埃格特森等编：《制度变革的经验研究》，罗仲伟译，经济科学出版社2003年版，第158~159页。

出的开支这样做。”① 英国的王国政府与议会、法院之间达成了一种权力平衡，为宪政民主制度的持续演进创造了良好的条件。

二、当代中国权力结构的变革及其不足之处

在改革开放以前，中国的中央集权是以党的高度集权的组织结构为基础，以党的高度集权的领导体制为形式的，形成党政一体、党国一体的国家权力结构形式，党组织代行了国家的职能，党即是国家，国家权力结构没有按照组织现代化建设的要求进行相应的分化，权力结构是高度合一的。②

改革开放以来，国家的权力结构有了很大调整。邓小平在改革开放之初就指出，权力高度集中是中国传统政治体制的主要问题，他在减少领导人兼职、党政分开方面提出了一些重要的政策设想，在实践中着手对党政机关的职责和权限进行区分。邓小平明确要求：“今后凡属政府职权范围内的工作，都由国务院和地方各级政府讨论、决定和发布文件，不再由党中央和地方各级党委发指示、作决定。”③ 江泽民后来也强调，要“完善监督法制，建立健全依法行使权力的制约机制”④。中国1982年制定的宪法明确规定了国家机关的职权范围及其相互关系，规定了国家机关的权力来源以及行使权力的原则与程序。各个国家机关都有自己的独立的权限，在分工明确的基础上相互

---

① 道格拉斯·C. 诺思、巴里·R. 温格斯特：《宪法与承诺：17世纪英格兰治理公共选择制度的演进》，载［美］道格拉斯·C. 诺思、张五常等著，［美］李·J. 阿尔斯通、［冰］思拉恩·埃格特森等编：《制度变革的经验研究》，罗仲伟译，经济科学出版社2003年版，第176～177页。

② 参见陈明明：《在革命与现代化之间》，载陈明明主编：《革命后社会的政治与现代化》，上海辞书出版社2002年第1版，第253～254页。

③ 《邓小平文选》第2卷，人民出版社1994年版，第339页。

④ 《江泽民文选》第2卷，人民出版社2006年版，第31页。

合作，分别履行一部分国家职能。①

邓小平所倡导的党政分开的推行使党的一元化领导的权力格局逐步松动，国家机关的职能和权限逐步明确。相对于改革以前的全能主义政治结构来说，党政分开推动了中国政治权力结构的重大变革，它不仅明确了党和政府在一定范围内的分工，而且使党组织与其他国家机关之间确立起一种较为合理的权力结构关系。党组织不再包揽一切政府事务，代行政府职能，党的主张和政策变成国家意志，党的执政权力的实现都要通过人民代表大会来实现，党对社会、经济、文化生活的管理和规制要通过政府机构来实现，而社会生活中出现的纠纷则要由专门行使司法职能的法院来执行裁决。这样就初步形成了一个分工明确的现代权力结构体系。

在中国权力结构演变的过程中，人大的权力和地位正在逐渐加强，其立法功能和决策功能已得到恢复和发展，全国人大正在成为名副其实的立法机关。人大通过立法规范、决策制约、人事决定、质询监督等方式对政府开始发挥一定的制约作用，对司法机关的监督作用也在加强。对于执政党高度集权的政治体制而言，人大的宪法权力逐步恢复和行使本身就是在权力结构中增加了平衡性的因素，有可能推动形成一种中国所特有的权力制衡结构。国务院作为国家最高行政机关仍然在党中央的直接领导下工作，但国务院与改革以前相比已经有了很大的自主性，能够独立地处理日常政务。国务院事实上已经成为国家一切政务工作的中心，国家经济、社会、文化领域的常规事务都由国务院各部门以及各级地方政府处理，即使是党中央所决定的重大事务，一般也有国家行政系统来具体执行。司法部门虽然会受到各种非法律因素的影响和干扰，但党、政部门代行司法职权的现象已经不再出现。司法机关能够在自己的职责范围内正常开展工作。司法工作存在各种各样的问题，但它已经成为一个专门的领域，按其固有的法

① 参见《中华人民共和国宪法》，中国民主法制出版社 2004 年版，第 18 ~ 39 页；另参见常桂祥：《法治政治论》，山东大学出版社 2007 年版，第 164、181 页。

律逻辑正常运转。

中国现有权力结构仍存在一些对今后政治发展不利的因素，需要在法律层面与现实层面进一步加以改进。从宪法的制度设计来看，全国人民代表大会是最高国家权力机关和立法机关，国家的立法权、监督权、重大事项决定权、选举权和罢免权等重要权力都由全国人大行使。全国人大是其他国家机关权力的合法来源，其他国家机关都由人大产生，对人大负责，受人大监督，但它们并不享有监督和抗衡全国人大的对等权力，没有任何对人大的制约措施。全国人大及其常委会既享有立法权，又享有监督法律是否违宪的权力，自己审查自己制定的法律是否违宪。自我审查有悖于权力制衡的政治公理，容易使立法机关失去监督和制约。这种制度设计的优点是充分体现了人民主权和多数决定的原则，但从技术操作的层面来看，这种制度设计也有值得警惕的地方。它的突出问题是国家机构之间的关系缺乏平衡性，缺乏妥协和纠偏的机制，不利于调解政治发展进程中的政治冲突，不具有灵活的反应能力以应付复杂政治局势的挑战，对政体稳定和政治发展可能造成不利的影响。

在国家权力运行向宪法回归的过程中，可能会出现两种比较极端的情况，一种是由于缺乏可操作性和现实条件而使人大的权力难以到位，宪法权威不能保障；另一种是宪法赋予全国人大的权力真正落实到位，人大极有可能掌握不受制约的无限权力。人数庞大的人民代表大会很难理性地有效地行使高度集中的权力，其一旦做出不正确的决定，其他国家机构将无法采取有效措施来加以纠正，国家政治生活可能趋向激进化和两极化，使政治局势失去控制。在经过一段时间的无序和动荡之后，国家权力会再次向个人或少数集团身上集中，人大的运作将重新回到仪式化的轨道上来。目前中国的人大制度之所以能够正常运作，执政党在其中起了关键的作用，组织严密的政党克服了人大制度的技术障碍，又有效抑制了人大制度所蕴含的高度集权的倾向。

在中国权力结构的实际运行中，中共中央仍然是权力运作的核心，包括人民代表大会在内的所有国家机构都要接受党的统一领导。

这一方面使中国的政治权力体现出高度整合的特征，便于保持政治稳定；另一方面由于各个国家机构的权力最终统一于执政党的党组织，因而国家机构之间很难产生实质性的权力制约关系，有时甚至导致基本的国家职能分工也因政治权力高度一体化而流于形式。① 执政党与国家机构之间以及国家机构相互之间的关系尚未完全理顺。国家机构尚未真正具有行使权力的独立性，人大、政府乃至司法事务仍然受到党组织的直接或间接的干预。由于缺乏行使权力的法定程序和有效手段，“人大的许多权力实际上遭到侵蚀而被虚化，也相应地造成了人大在与其他国家机关的关系中地位的弱化。”② 由于国务院可以直接接受来自执政党中央的政策指示，同时掌握着国家的主要政治、经济、文化资源，因而在国家权力机构中处于强势地位。检察院、法院等司法部门在人事和财政方面受制于行政机关，也不能完全实现司法独立。

三、在现有架构基础上建立均衡的政治权力结构

中国目前的国家机构之间的力量不均衡，不利于保持现有的人民代表大会制政体的稳定，也不利于平衡现代化进程中各种活跃的政治力量。因此，为保证执政党有效驾驭改革的进程，保证政治发展的持续性、平稳性，有必要在中国现有的权力结构中引入与中国实际情况相适应的权力制约机制。建立西方式的三权分立体制在中国是不合适的，但中国可以借鉴分权制衡的原理，以职能分权为基础，在现有的国家权力机构之间增加平衡性的因素，利用现有的政治架构来构建中国特色的权力制衡体制。

---

① 参见胡伟：《党内民主与政治发展：开发中国民主化的体制内资源》，《复旦学报（社会科学版）》，1999 年第 1 期，第 1 ~ 11 页。

② 谭君久：《论人民代表大会制的政体意义及其发展完善》，载黄卫平、汪永成主编：《当代中国政治研究报告Ⅳ》，社会科学文献出版社 2004 年版，第 184 页。

中国中央政制结构中立法、行政、司法以及执政党的权力都需要进一步合理界定，在保持全国人大最高国家权力机关地位的前提下，进一步明确立法权、行政权、审判权、检察权的划分。执政党推荐自己的代表在国家机构里实现其政策和主张，不再干预国家机构的具体运作。① 各个国家机构之间建立相对独立于执政党的制度化的平衡关系，以取代原来各个国家机构的领导人在党组织内部的非制度化的平衡关系。在没有执政党的直接干预和协调的情况下，国家机构按照法律程序正常运作，既相互制衡，又能恰当合作，防止任何一个机构掌握绝对的权力，使政体更加平衡和稳定。中国宪法和相关法律已经就中国国家机构之间的关系做了原则性的规定，这些规定如果严格落实就会改变现有的国家机构之间关系的现状，增加对强势机构如政府的制约力量，对执政党也能产生一定的制衡作用。因而目前需要进一步制定相关的法律细则，使宪法规定更具有可操作性，使国家机构的宪法权力落到实处。

立法权是公共意志的表达，是公民行使主权、表达自身要求的中介机构，在国家政制结构中具有核心地位。中国目前需要进一步落实宪法所赋予全国人大的权力，使立法机构的实际权力与宪法的规定相一致，使人民代表大会进一步向实质性权力机构转变。全国人大可以充分运用宪法所赋予的立法权、人事任免权、监督权以及重大事项调查权等重要权力，在不影响行政、司法部门独立履行其职责的情况下，加强对行政、司法机关的监督和制衡。提升人大权力的有效途径是将“党的权力向立法机关转移，立法机关就可以通过党的权威加强自己的最高立法机关的地位，有效地控制和监督行政部门的权力。”② 党加强对人大工作的领导，并通过人大强化对政府的监督，将使党政关系更加符合现代民主国家的一般要求，也有利于国家机构

① 参阅何增科等：《中国政治体制改革研究》，中央编译出版社 2004 年版，第 98 ~ 100 页。

② 张鹏飞：《党的领导方式转变与权威重构》，载徐湘林主编：《渐进政治改革中的政党、政府与社会》，中信出版社 2004 年版，第 83 页。

之间形成合理的权力制衡关系。全国人大享有最高国家权力机关的地位并不等于说它不需要任何制约，也并不等于说设计制约全国人大的制度就否定了其最高权力机关的地位。在作为国家权力的最终所有者人民由于技术原因不能组织起有效的监督时，通过其他国家机构来平衡全国人大的权力就是一种现实的选择，尽管这些机构是由全国人大产生并对它负责。

行政权代表国家，为社会提供公共产品和公共服务，调节经济与社会生活的正常运行。中国现有行政权的强势地位符合世界各国权力结构变革的趋势，西方各国民主体制已经从议会分权民主制发展成行政集权民主制。强大的行政权也能够适应中国现代化建设的要求，现代化过程中所涌现的各种复杂的冲突，需要政府部门保留强大的权力，能够采取果断的行动。但中国目前行政权不受制约的状况是比较严重的，不仅可能对人民的权利造成侵害，而且可能激化社会中所潜伏的各种矛盾。因此，需要加强人大对政府部门的制约，也要使政府受到独立的司法机构的制约，迫使政府对公共权力的运用严格遵守国家的宪法和法律。同时，也要通过渐进的宪法修改，使政府部门拥有制度化的对人大的制约权力，如行政机关可以享有立法、司法机关重要领导人的提名推荐权，设立考试机构统一行使国家各类工作人员考试录用权以达到对立法、司法两权的制约。①

在合理的权力结构体系中，独立的司法权是必不可少的。关于独立的司法权的重要性，柏克有过精彩的论述，他说："在一个国家中无论至高无上者是什么，都应该尽可能地使其司法权威要这样来构成，从而使之不仅是不依赖于它，而且在某些方面还可以平衡它。它应该赋予它的司法权以一种可靠性来反对它自己的权力。它应该使得它的司法机构就仿佛是某种外在于国家的东西那样。"② 司法权主要通过法律的具体运用来制约立法与行政，防止两者中权力偏重于一方

① 参见汪进元：《良宪论》，山东人民出版社 2005 年版，第 229 页。

② ［英］柏克：《法国革命论》，何兆武等译，商务印书馆 1998 年版，第 267 页。

而使权力结构失去平衡。从司法的角度设计对人大的制约，季卫东提出了比较好的设想，他认为，目前可以考虑在全国人大内部设立宪政委员会行使对全国人大常委会立法的违宪审查权，同时享有或者与最高人民法院共同享有对全国人大立法的违宪审查建议权，对于提请建议审查的法律，全国人大须重新以三分之二多数通过方可生效。这种制度改进措施使立法机构内部以及立法机构与其他国家机构之间的关系更为均衡，更有利于保障政体的稳定。至于司法机构对行政机构的制约，目前可以在司法机构已经享有的审查行政机关及其工作人员的具体行政行为是否合法的权力的基础上，进一步赋予其审查行政机关所制定的行政法规和地方法规是否合宪的权力。最高人民法院审判委员会可以考虑逐步开始受理宪法诉讼，并在一定范围内从事合宪性审查，加强对行政机构的制约。①

在中国现实国情的制约下，要建立均衡的权力结构，在其他方面的政治改革难以遽行的情况下，一个可行的办法是先逐步改革政协制度。国家可以通过改造人民政协来增加权力结构中的平衡性因素，使人民政协的讨论、议政和协商能够对国家事务产生实质性的影响力，能够对政府产生真正的监督制约作用。人民政协改革与发展的方向就是要转变政协的性质和功能，把政协从一个统一战线组织发展成一个协商民主组织。在条件成熟时，国家在保留全国人大对立法事项最终决定权的前提下，逐步赋予政协以立法审议权和立法参与权，让政协为人大分担部分立法工作，可以赋予政协向全国人大提出法律案的权限，并使政协的审议和表决成为人大立法过程中不可缺少的一道重要程序，使人民政协由政治协商、民主监督、参政议政机构向利益表达、利益聚合、监督制衡的权力机构发展。②

人民政协发挥对国家事务的实质性影响，可以改善优化现有的权

---

① 参见季卫东：《秩序的正统性问题——再论法治与民主的关系》，《浙江学刊》，2002 年第 5 期，第 57 ~ 67 页。

② 参见季卫东：《秩序的正统性问题——再论法治与民主的关系》，《浙江学刊》，2002 年第 5 期，第 57 ~ 67 页。

力结构，增加中央政制结构中的平衡因素，初步确立权力制衡的机制和架构。当国家权力机关的权威尚未充分确立时，人民政协增加了对执政党和政府的制约，在国家民主化滞后的特定条件下提供制度化渠道实现公民社会对国家事务的部分参与。当国家民主化全面实现，国家权力机关的权威真正确立时，人民政协就可以顺势转变为代议机构的一部分，作为中央政制结构中的平衡因素，防止国家代议机构权力过大而出现高度集权的局面，防止公民社会的多数在国家权力结构中居于压倒性的力量，从而侵犯另一部分人的权利和利益，为宪政民主准备好较为均衡的制度基础。

在民主化之前建立稳定的政治制度架构，并使其能够稳定地运作。这是民主化过程中非常重要的一个过渡阶段。建立均衡的权力结构对于政治发展的重要意义是在民主化不能一步到位的情况下改良政体，使现有政体逐步趋近于宪政民主体制，同时为将来的民主化做准备，防止民主化过程中所释放的非理性非制度化的力量破坏民主政体的正常运作，使政治转型偏离正确的民主方向。如果国家上层确立了稳定的权力结构，那么在政治发展的过程中就会形成多级共存、相互制衡的局面，任何个人、团体或机构都不能掌握无限的、绝对的权力，各种政治力量的博弈将会达到一种均衡状态。这就为各种政治力量和平共处提供了制度基础，民主政治的演进就会比较平稳。如果缺乏稳定的相互制衡的权力结构，那么在政治变迁的过程中，很容易形成政治两极化，出现各种政治力量激烈对抗的局面，政治斗争趋向激进化、极端化，成为一种零和博弈。各种政治力量都追求完全压倒另一方的政治结局，就可能出现某种绝对权力，使政治体系因失衡而遭颠覆，和平的政治演进就变得不太可能。

第五节　培育宽容、妥协的民主政治文化

政治文化与政治发展有着密不可分的关系，它是政治体系存在的社会心理基础，也构成了政治体系变革和发展的文化环境。政治文化是政治发展的重要动力，在很大程度上能够影响政治发展的方式和道

路。中国以渐进的方式推进民主政治发展，必须在进行制度建设的同时，加强宽容、妥协的民主政治文化建设，才能使政治发展道路更为平稳，制度运作更为顺畅。

一、宽容、妥协的政治文化是渐进民主的基本条件

关于政治文化的定义，西方学者一般从政治体系的主观层面来界定政治文化的含义。阿尔蒙德等人认为，政治文化主要是指公民的政治行为取向或心理因素，① 是一个民族在特定时期流行的一套政治态度、信仰和感情。② 派伊的看法与此相近，他认为，政治文化仅仅由那些紧要而又被广泛分享的信仰与情感所构成，这些信仰与情感塑造了特定模式的取向，它赋予政治过程以秩序与形式。③ 亨廷顿和多明格斯则从价值和信念的角度来概括政治文化的内涵："一个社会的政治文化包括对表现政治的标志和价值及社会成员对政治目标的其他倾向的经验信念。……它植根于公共事件和私人经历，体现一个社会的中心政治价值。"④

中国学者关于政治文化的理解主要有三种观点。第一种观点认为政治文化仅仅是指政治心理。第二种观点认为政治文化包括政治心理与政治思想两个层次，政治心理是指人们的政治认知、政治信仰、政治情感、政治判断、政治态度、政治习惯等；政治思想是指理论化的政治观念。政治意识形态是政治思想的系统化的形式。第三种观点所

① ［美］加布里埃尔·A. 阿尔蒙德、西德尼·维巴：《公民文化——五国的政治态度和民主》，马殿君等译，浙江人民出版社 1989 年版，第 15 页。

② ［美］G. A. 阿尔蒙德、小 G. 宾厄姆·鲍威尔：《比较政治学：体系、过程和政策》，曹沛霖等译，上海译文出版社 1987 年版，第 29 页。

③ Lucian W. Pye，Sidney Verba. *Political Culture and Political Development*. Princeton：Princeton University Press，1965，p. 8.

④ ［美］塞缪尔·P. 亨廷顿、乔治·I. 多明格斯：《政治发展》，载［美］格林斯坦、波尔斯比编：《政治学手册精选》（下卷），储复耘译，商务印书馆 1996 年版，第 166 页。

理解的政治文化范围最大，认为政治文化包括政治心理、政治思想与政治制度三个层面。① 本书采纳第二种观点，即认为政治文化不仅是指政治心理的各个方面，还包括政治思想、流行的政治学说以及政治意识形态，其中政治态度、情感、信仰等政治心理因素是政治文化的基本内容，直接影响人的政治行为。民主政治文化就是指与民主政治相适应的政治态度、情感、信仰以及政治思想、政治学说与政治价值观。崇尚自由与平等、愿意宽容和妥协、关注公共事务、自觉服从法律以及勇于维护自己的权利等政治倾向和政治态度构成了民主政治文化的主要内容。民主政治文化与人们一般所说的现代公民文化的含义基本一致。

政治文化与政治发展之间存在复杂而紧密的关联。政治文化作为一种观念、价值和思想体系，在一定的社会与政治生活的基础上形成，反映着一定的政治关系，同时又对政治生活产生极大的反作用，在很大程度上影响着人们的政治行为并推动政治制度的变迁。政治文化既是政治发展的结果，需要政治实践来养成，也是推动政治发展的重要力量。阿尔蒙德和鲍威尔认为，政治文化与政治制度、政治行为是相互影响的，现存的政治结构和政治行为会影响人们的政治态度，而特定的态度类型也会影响政治生活中的行动。“政治文化是由本民族的历史和现代社会、经济、政治活动进程所形成。人们在过去的经历中形成的态度类型对未来的政治行为有着重要的强制作用，政治文化影响各个担任政治角色者的行为、他们的政治要求内容和对法律的

---

① 参见王乐理：《政治文化导论》，中国人民大学出版社 2000 年版，第 33～45 页；潘一禾：《观念与体制——政治文化的比较研究》，学林出版社 2002 年版，第 27～34 页；王沪宁：《比较政治分析》，上海人民出版社 1987 年版，第 159 页；另可参阅郑敬高：《从三个层面看中国传统政治文化的特质》，《政治学研究》，1989 年第 4 期，第 48～53 页；胡象明：《政治体制改革中的文化障碍及克服途径》，《社会主义研究》，1989 年第 3 期，第 1～5 页；孙西克：《政治文化与政策选择》，《政治学研究》，1988 年第 4 期，第 22～28 页。

反应。”① 派伊将政治文化对政治发展的作用归结为两个层面：从个体方面来说，政治文化为有效的政治行为提供了调控指南；从集体方面来说，政治文化所提供的系统的价值观结构与理性思考保证了各种机构、组织之间的连贯运作。② 王沪宁认为，政治文化是影响政治行为、政治体系的无形的重要力量，政治文化的基本功能是指导政治行为、维持政治关系以及变革政治体系。政治文化通过人们的政治心理、政治观念、政治信仰对政治行为发生作用，而人们的政治行为与政治选择又对政治体系的运行及其变革产生重要作用。③

从制度变迁的角度来看，政治文化尤其是作为政治文化系统化理论表现的意识形态对于政治制度的形成和巩固有着重要的影响。一种设计良好的政治制度，如果没有相应的政治文化的支持，或者未获得社会中主流意识形态的支持，是无法长期存在并有效运行。新制度主义非常强调意识形态对制度稳定和制度变迁的重要作用。林毅夫在谈到意识形态对于制度稳定和延续的作用时指出，意识形态是人们关于世界的一套信念，倾向于从道德上判定社会现行制度结构并具有确认现行制度结构合乎义理的功能。如果一个社会的大多数成员对于制度结构的公正原则不具有相同的感觉，那么它就不能持续地存在。④ 与新制度相适应的意识形态功能的顺利发挥是新的制度能够顺利运行的关键。成功的意识形态能够克服搭便车的问题，减少制度强制实施的费用，使新制度顺利实施。诺思认为，维持制度的成本与制度的合法

① ［美］G. A. 阿尔蒙德、小 G. 宾厄姆·鲍威尔：《比较政治学：体系、过程和政策》，曹沛霖等译，上海译文出版社 1987 年版，第 29 页。

② Lucian W. Pye, Sidney Verba. *Political Culture and Political Development*. Princeton: Princeton University Press, 1965, p. 7.

③ 王沪宁：《比较政治分析》，上海人民出版社 1987 年版，第 175 ~ 179 页。

④ 参见林毅夫：《关于制度变迁的经济学理论：诱致性变迁与强制性变迁》，载［美］R. 科斯、A. 阿尔钦、D. 诺思等：《财产权利与制度变迁——产权学派与新制度学派译文集》，刘守英译，三联书店上海分店、上海人民出版社 1994 年版，第 379 ~ 380 页。

性有关，如果参与者相信制度是合理的，那么尽管他通过私人成本收益算计认为不服从制度是合算的，他也不会采取行动，实施制度的成本由此而大幅度下降。① 这就意味着成功的制度创新必须伴随着政治文化的建设，只有使全社会对制度变革产生共识，相信新制度的合法性，才能确保新制度在与之适应的意识形态和社会资本的支持下顺利运行。

与一般政治制度相比，民主政治制度的建立和巩固更需要相应政治文化的支撑，因为民主政体与其他政体的最大区别就在于它的权力运行和控制主要不是依赖于暴力，而是依赖公正的规则和程序，所以更加需要人们对规则的内心认同和自觉遵守。如果社会成员缺乏民主意识，对政治生活茫然无知，无法与他人合作以采取有效的行动，民主政治无从建立，也无法运行。如果没有形成民主的文化，民主政治的制度安排不会被社会成员公认为是具有合法性和正当性的制度，就不能有效约束参与政治过程的个体或集团的政治行为。社会中的各个阶层就不会确立起对民主选举的合法性信仰，那么推进民主转型就面临着极大的风险，因为民主选举中的失败者往往不愿接受选举的结果，这样就必然会产生连绵不断的政治纠纷。这并非意味着没有民主政治文化就一定不能建立民主制度，而是强调民主制度的长期稳定和健康运作需要以成熟的民主政治文化为基础。阿尔蒙德等人指出，公民文化“在某种意义上是保持民主政体有效运行的一般动力来源，宪法制定人规划了政治的正式结构，试图增强可靠的行为，但若没有信任的态度，这些制度很少有任何意义”②。中国学者潘一禾也指出，新的民主制度的建立需要大众的参与和民主文化的支持，“唯有当政治文化把臣民变成参与者或公民时，民主的政治运作才能厚植

① 参见［美］诺思：《经济史上的结构和变革》，厉以平译，商务印书馆1992年版，第62页。

② ［美］加布里埃尔·A. 阿尔蒙德、西德尼·维巴：《公民文化——五国的政治态度和民主》，马殿君等译，浙江人民出版社1989年版，第578页。

根柢”①。

从民主的渐进发展和平稳过渡来看，与民主政治相适应的政治文化需要蕴含着宽容和妥协的精神。极端的激进的政治文化会导致政治的两极化，引发激烈的政治冲突，而理性、宽容的政治文化能够推动政治稳定持续地发展。没有宽容、妥协的政治文化，不仅民主化的过程难以和平的方式进行，而且民主化的制度成果也不易巩固。在一个缺乏宽容和妥协传统的社会里，人们不习惯也不善于妥协，在政治冲突中都希望消灭对方以取得完全的胜利，政治冲突就无法通过和平的方式解决，就只有依赖于暴力和专制才能为社会生活提供基本的秩序和规范。没有宽容、妥协的政治文化，民主政治发展就不可能以和平的方式逐步推进。

宽容的民主政治文化是渐进式政治发展的精神资源和动力。受这种文化的影响，公民能够具有多元的包容的心态，他们不愿意依附于他人，也不愿意在掌权时压迫异己，他们珍视自己的民主权利，以政治主体的身份积极推动民主的发展。公民能够将坚定的民主信念与灵活的策略结合起来，对政治问题的解决采取现实主义态度，通过关键时刻巧妙的让步和妥协使民主的目标能够一步一步地实现。他们既能够通过理性的抗争推动政治发展，又具有宽容和忍耐的精神，防止政治发展走向激进。宽容、妥协的政治文化在社会中占据主导地位，会有助于人们产生这样一种信念，各种利益要求及其政见主张都有其正当性，任何政治分歧和冲突都应该通过和平的方式解决，政治改革都要在现行法律和秩序的范围内进行，按照已有的程序和规范来解决政治冲突。在民主政治发展的过程中，各种政治力量会主动采取共赢而非独胜的解决冲突的策略，自觉遵守民主政治的游戏规则，乐于通过妥协的和折中的方案解决分歧，宽容政治竞争中的对手和失败者，使冲突各方都得到一定程度的满意，那么政治冲突就比较容易和平解

① 潘一禾：《观念与体制——政治文化的比较研究》，学林出版社 2002 年版，第 185 页。

决，制度转轨就会比较平稳地进行。① 政治行动者都具有这种妥协的精神和现实主义态度，才能使民主渡过转型时期的紧张局面，并最终稳定下来。

宽容的政治文化能够增强公民之间的信任。派伊认为，如果人们倾向于认为大多数人是不能信任的，就会影响人们相互之间的合作，各种类型的公共组织就无法建立起来，使政治发展缺乏相应的社会组织基础，而且在缺乏基本信任的国家，政治参与人数的迅速增长加重了怀疑与冲突，大大增加了政治发展的风险。政治文化如果建立在信任的基础上，公民就会相信自己的同胞并与他们进行有效的合作和共事，在此前提下，扩大参与才会对政治发展产生正面的积极作用。②公民与团体之间的宽容和信任能够克服集体行动的困境，使公民行动起来，积极在政治领域展开合作，拓宽政治参与的渠道，促进民主的发展和顺利运行。公民、团体之间的相互信任是民主运转的基础，有良好的社会资本为基础，政府机构之间、政治团体之间、政治家之间就可以顺利地合作，适时地妥协，不至于因彼此之间的严重冲突而破坏民主的规则。

政治精英之间的宽容和信任以及他们对民主的信念是民主化成功的重要条件。在制度变迁的过程中，思想信念往往决定着政治精英的行为，从而对制度变迁产生重要影响。达尔认为："政治积极分子和领袖更有可能比绝大多数其他公民拥有更稳健而又精细的政治信仰体制，在行为中更容易为其政治信仰所引导，而且对政治事件发挥更大的影响，包括那些影响到体制稳定或是转换的事件。"③ 诺思也认为："立法者、管理者和行政部门面临许多选择，这些选择使意识形态在

---

① 参见［美］科恩：《论民主》，聂崇信、朱秀贤译，商务印书馆 1988 年版，第 183 页。

② Lucian W. Pye, Sidney Verba. *Political Culture and Political Development*. Princeton: Princeton University Press, 1965, pp. 22-24.

③ ［美］罗伯特·A. 达尔：《民主及其批评者》，曹海军、佟德志译，吉林人民出版社 2006 年版，第 362 页。

一定场合得以成为决定性的因素。"① 不仅如此，政治精英的行为、选择和态度对他们的追随者处理政治分歧和纷争的方式能产生塑造性的影响。参与政治竞争的精英如果能够相互信任，善于妥协，就能够为政治生活定下一个和解与宽容的基调，使民主的程序和规则尽快确立，对民主的顺利转型极为有利。② 在民主政体早已确立的国家，如果领导人具有民主的自觉性，民主巩固的机会就比较大。而在民主过渡的进程中，领导人具有民主的自觉意识则更为重要。③ 如果政治精英放弃极端的意识形态立场，承认建立民主政治的正当性和必然性，并且在相互之间确立基本的信任，能够彼此宽容，坚持和平解决政治争端，自觉遵守民主政治的游戏规则，政治冲突就更容易通过和平的法治化的方式来解决。民主政治发展就会在稳定的政治秩序的基础上以渐进的方式进行，不会出现政治上的大起大落。

二、培育中国民主政治文化的基本途径

中国民主政治文化建设应该是一个渐进的过程，要在现有政治文化的基础上进行，全面反传统式的思想革命或者完全否定现存的政治文化并不能解决民主政治文化的建设问题，反而使传统中的负面因素以改头换面的方式变本加厉地发挥影响。④ 中国政治文化建设应该坚

① ［美］诺思：《经济史上的结构和变革》，厉以平译，商务印书馆 1992 年版，第 65～66 页。

② 拉里·戴蒙德：《民主政治的三个悖论》，载刘军宁编：《民主与民主化》，商务印书馆 1999 年版，第 138 页。

③ 弗兰西斯科·C. 魏弗尔蒂：《何谓"新的民主政权"?》，载中国社会科学杂志社编：《民主的再思考》，社会科学文献出版社 2000 年版，第 59 页。

④ 康德对此有深刻论述，他说："……公众只能是很缓慢地获得启蒙。通过一场革命或许很可以实现推翻个人专制以及贪婪心和权势欲的压迫，却绝不能实现思想方式的真正变革；而新的偏见也正如旧的一样，将会成为驾驭缺少思想的广大人群的圈套。"转引自何怀宏：《康德论改革与服从》，载刘军宁等编：《市场社会与公共秩序》，生活·读书·新知三联书店 1996 年版，第 285 页。

持一种复合式的价值取向，需要“以传统政治文化、西方政治文化和马克思主义政治文化作为三种主要资源……以超前结构的马克思主义政治文化为导向，吸收滞后结构的‘伦理中轴的政治文化’优势，参考平行结构的‘制度中轴政治文化’，兼容并蓄，生成中国新的政治文化结构”①。在这种政治文化结构中，有一种起导向作用的主流政治文化，但也存在几种亚政治文化。各种政治文化相互吸收对方有益的成分。马克思主义中对自由、平等、民主的追求，对公民品德、公共精神以及集体价值的强调继续得到正面的弘扬，传统政治文化中的仁爱、民本以及和谐有序思想将通过创造性的转化与民主兼容，而西方政治文化中的权利观念、竞争观念以及对制度的重视则被批判性地加以吸收。各种政治文化之间相互竞争、彼此宽容、各取所长、和谐共存。社会各个阶层、集团以及大众与政治领导之间的观念冲突能够通过良好的互动机制来加以协调。协商、对话、理性地批评是人们表达不同意见的基本方式。这种宽容的复合型的政治文化构成了政治制度有序演进的文化基础。②

培育民主政治文化就是通过各种政治社会化的途径系统地向公民传播、灌输与民主相关的各种政治知识和政治价值，影响公民的政治态度，向公民传授政治技能。培育民主政治文化的关键是培养现代公民，使公民具有与民主政治相耦合的政治态度、情感、信仰和价值取向。③ 公民教育是培育民主政治文化的主要形式，培养公民的权利意识、法律意识、责任意识以及使公民具有民主政治的基本知识是公民教育的主要内容。民主政治文化的培育是一项系统工程，需要社会各个方面努力为之创造良好的社会环境。具体来说，构建平等和睦的家

---

① 韩福国：《制度中轴和伦理中轴冲突下的政治文化结构——比较视角下的中国政治文化建设取向》，载《制度建设与国家成长》（复旦政治学评论第二辑），上海辞书出版社 2003 年版，第 69 页。

② 参阅王沪宁：《比较政治分析》，上海人民出版社 1987 年版，第 170～174 页。

③ 参见丛日云：《民主制度的公民教育功能》，政治文化研究网：http：//www. tszz. com/scholar/cry/8. html.

庭氛围、完善学校公民教育体系、引导公民参与公民社会与基层政府的自治、建设宽容开放的文化环境是培养现代公民、培育民主政治文化的基本途径。

首先，培养平等和睦的家庭氛围是培育民主政治文化的基础性工作。家庭对青少年的早期教育是青少年一生政治社会化的基础。正是在家庭中，青少年初步形成对政治生活的看法，获得一些日后将影响其政治态度的政治倾向和行为习惯。各种教育机构和社团组织需要通过多种途径影响家长的行为、态度、价值观以及教育方式，敦促家长为孩子的成长营造平等、和睦的家庭氛围。一般认为，家庭成员之间的平等关系是培养公民人格的理想环境。一种平等、和睦的家庭气氛，对于孩子形成正确的政治态度和政治观念具有不可替代的作用。家长需要为此付出艰苦的努力。父母之间应该平等对待、互相尊重，并以一种平等的态度与孩子交往，在与孩子的协商、讨论中解决各种问题。孩子就比较容易接受平等、宽容的价值，拒绝各种极端主义的倾向。正像科恩所说："在孩童时代就认识和解的价值，成人时必然更有可能认识它在较大问题上的价值，也更有可能视和解为合理的解决办法。在智慧的气氛中成长，坦率地主张不同意见受到鼓励，这样的人就会更有可能容忍与自己意见冲突的意见，并承认自由主张及自由争鸣中出现的智慧。"① 此外，家长还要自觉地培养孩子的权利意识和责任意识。对于孩子正当的权利方面的要求，家长应给予肯定，帮助孩子树立正确的权利观念。同时，家长要引导孩子参与社会的交往，使他们认识到自己是社会的成员和国家的公民，增强他们的责任感和义务感，逐步形成敢于维护权利又能承担责任的公民品质和健康人格。

其次，建立完善的学校公民教育体系是培育民主政治文化的主要阵地。学校教育是一种专门的教育活动，其教育效果是其他任何组织和机构都不能相比的，因而在青少年政治社会化过程中的作用非常重

① ［美］科恩：《论民主》，聂崇信、朱秀贤译，商务印书馆 1988 年版，第 243 页。

要，是实施公民教育、培育民主文化的主要阵地和场所。奥勒姆指出，社会对学校的期望就是培养有责任心的公民，他们能够尊重不断发展的社会和政治制度，有助于保护和巩固国家。因此，“学校被认为在人们政治思想教育方面起着主要作用，其任务是维持社会制度，使后代的政治世界观同前辈的相一致。”①

中国目前的学校公民教育非常薄弱，其主要表现是公民教育制度不健全，公民教育效果不显著。导致中国公民教育缺乏和滞后的主要原因是公民教育在学校教育中没有独立的学科地位。因此，加强学校公民教育的当务之急是将公民教育从德育中分离出来，以增强公民意识，发展公民素质为基本价值取向，建立和完善学校公民教育体系，使公民教育成为培养合格公民的主渠道。国家应制订公民教育大纲，在学校教育中开设独立的或综合的公民教育课程，并将其列为中小学的必修课程，将考试成绩作为学生毕业的重要参考条件，实现公民教育的正规化、制度化和规范化。学校公民教育的任务就是以教育学生正确认识公民的权利和义务关系为核心，培养学生对现代民主政治的正确的知识、观念和态度；引导学生认同国家政治制度，服从国家法律；引导学生形成宽容的胸怀，善于与他人沟通、协商与合作，正确处理好与他人、社会和国家的关系。建立完善的学校公民教育体系，可以促使学生自觉接受系统的公民知识教育，尽快使学生具备现代民主制度顺利运转所需要的公民素质和公民意识，为民主政治和法治国家的建设提供优质的人力资源保障，从而使中国的政治发展在稳定的社会环境中走上良性发展的轨道。

其三，鼓励公民参与公民社会与基层政府的自治实践。公民从学校进入社会以后，其在学校里所接受的关于政治的知识、价值和信念，都会面临一个重新取舍、选择和建构的过程，那些符合自己生活经验、符合自身理性和利益的知识、价值和信念将会保留下来，那些不符合自身社会生活经验和自身利益的规范、价值和信念就有可能被

---

① ［美］安东尼·奥勒姆：《政治社会学》，张华青、孙嘉明等译，上海人民出版社 1989 年版，第 317 页。

抛弃。因此，培育民主政治文化就不能仅仅依赖学校公民教育，还需要公民参加长期的公民社会的管理和民主与法治的实践活动。

密尔指出，地方自治与社会自治是国民政治教育的一部分，它们是对公民的一种特殊的训练，使公民习惯于领会共同的利益和管理共同有关的事情，有利于加强公民主动的才能，锻炼他们的判断能力。① 公民即使是参加最小的公共职务对培养公民品德和公共责任也是有益的，参与公共事务能够使公民感到自己是公众的一分子，鼓舞他对普遍利益的感情，能够以公益的动机和联合的目的来指导自己的行为。② 阿尔蒙德与维巴也强调自愿性组织在民主政治文化形成中发挥着重要的作用，“与非组织成员相比较，组织成员作为一名公民可能把自己看作更有能力，在政治上可能是一个更能动的参与者，也可能更了解和更关心政治。因此，他更可能接近于成为民主制公民的典范。”③ 公民参与民间组织和基层政府的公共事务和治理活动，还有助于形成良好的社会资本，培养公民之间人际沟通的技巧与合作的艺术，克服民主政治生活中“集体行动的困境”。帕特南认为，所谓社会资本是指公民之间的相互信任、互惠规范以及参与网络等社会组织的特征。④ 社会资本只有在公民社会的组织性合作中才能建立起来，社会资本是民主政治文化形成的基础，因而也是“使民主得以运转的关键因素”。⑤

中国现阶段许多人缺乏公民的责任感，不关心社会公共事务，其

---

① ［英］约翰·密尔：《论自由》，程崇华译，商务印书馆 1959 年版，第 119～120 页。

② 参见［英］约翰·密尔：《代议制政府》，汪瑄译，商务印书馆 1982 年版，第 53～55 页。

③ ［美］加布里埃尔·A. 阿尔蒙德、西德尼·维巴：《公民文化——五国的政治态度和民主》，马殿君等译，浙江人民出版社 1989 年版，第 386 页。

④ ［美］罗伯特 D. 帕特南：《使民主运转起来——现代意大利的公民传统》，王列、赖海榕译，江西人民出版社 2001 年版，第 195 页。

⑤ ［美］罗伯特 D. 帕特南：《使民主运转起来——现代意大利的公民传统》，王列、赖海榕译，江西人民出版社 2001 年版，第 217 页。

关键原因就在于参与公共事务的管理太少，没有享受作为一个公民的权利，也就不愿意履行义务。要培育民主文化，培养公民意识，必须真正确立公民的主体地位和权利地位，落实公民的各项民主权利，创造条件让公民参与各种社会政治事务。但中国还不具备马上让公民全面参与国家政治事务的现实条件，在公民参与公共事务方面应该选择一条更为稳妥的道路。国家目前应该放手让公民首先在各种小规模的组织和机构中学会民主自治，培养他们参与公共事务的意识和能力。公民自治的形式可以是多种多样的，如让公民通过居委会、村委会等自治组织实现自主管理，通过各种民间组织参与社会公共事务的管理，通过咨询会、听证会、协商会等形式参与政府事务的管理等。改革和完善我国原有的人民陪审员制度也是培养公民品德和法律精神的重要渠道。公民在参与司法审判的过程中，可以提高自己辨别是非并做出审慎判断的能力，学会如何公正对待他人，逐步产生对法律的信仰，自觉服从法律规则的支配。①

公民在参与公共治理过程中可以了解社会生活和国家政治法律制度的基本知识，培养权利意识、参与意识、责任意识和公益意识，提高自身的政治素质和参政能力，增强对社会和国家的责任感。参与公共治理活动，能够把公民从纯粹的私人领域带入公共领域，培养公民之间的信任以及合作的习惯，产生规范、责任和网络等社会资本的核心要素，为民主政治的集体行动奠定基础。公民只有在长期自治过程中才可以学得民主的规范、程序和游戏规则，养成宽容的精神并形成妥协的习惯，掌握讨价还价和处理复杂关系的技巧，以和平合法的方式表达和争取自己的利益。在民主的初步实践中，公民逐渐习惯以理性的方式对待政治问题，将权利意识和法律意识结合进公民的人格系

① 托克维尔曾指出，陪审制度对人民具有重要的教育作用，能够使法治精神扩展到整个社会，深入到最低阶层。在参加陪审团的过程中，人民能够真正认识到自己是社会的主人，认识到自己对社会的责任，克服个人的自私自利，养成尊重法律，尊重司法判决的习惯。陪审团是培养公正而守法公民的“免费学校”。参见［法］托克维尔：《论美国的民主》(上卷)，董果良译，商务印书馆1988年版，第310～318页。

统，实现由臣民意识、顺民意识向公民意识的转化。①

其四，加强公共领域的民主文化建设。加强公共领域的民主文化建设是培育民主政治文化的一个重要方面。“公民教育，需要的不仅是正规的学校，还要有公共的讨论、协商、辩论、争鸣，需要能够方便地获得可靠的信息，以及一个自由社会拥有的其他制度。”② 文化公共领域和大众传播媒介应该而且必须在民主政治文化建设方面发挥重要作用，将普及民主文化作为自己的主要社会责任，大力传播和普及民主政治文化的基本内容和价值观念，提供公民教育所必需的各种信息和资源，在全社会形成民主文化的氛围。公民无论在学校还是在社会，随时都可以接受到关于公民的知识、信念和价值观，时刻都在接受民主文化的熏陶和影响。只有置身于这样一个宽容、开放的民主文化环境中，社会个体才能树立公民的主体意识和对国家、社会的责任感，才能逐渐“认识到自己是摆脱了人身占有和人身依附的社会主人，是一个公民，而不是一个臣民，是社会政治生活和公共事务中的主体，而不是无足轻重的客体”③。他们才能清楚自己拥有哪些权利，并知道如何使用合法的手段争取和维护自己的权利，在积极参与公共事务的同时努力做一个遵纪守法的好公民，在潜移默化中形成与现代民主政治相适应的政治态度、情感、信仰和价值取向。公共领域的开放性和传播媒介的普及性使之能够在文化建设中加快传统的革命型政治文化向现代民主政治文化的转换。

总之，民主政治文化建设是推动政治渐进发展的又一重要途径，渐进式政治发展需要在宽容、妥协的民主政治文化的支持下进行。培育民主政治文化将有助于政治体制顺利转轨，使宪政民主的每一次进步都在和平有序的轨道内进行。

---

① 参见丛日云：《民主制度的公民教育功能》，政治文化研究网：http：//www. tszz. com/scholar/cry/8. html.

② ［美］罗伯特·达尔：《论民主》，李柏光、林猛译，商务印书馆 1999 年版，第 86 页。

③ 孙笑侠：《法治国家及其政治构造》，《法学研究》1998 年第 1 期，第 16—26 页。

第六章 改革开放以来中国渐进式政治发展的初步成就

1978年以来，中国沿着渐进式道路推进政治发展，突破了全能主义政治的模式和框架，成功实现了向权威政治的转型，各方面的制度建设都取得了明显的进展。中国在制度转轨方面的成就大多是通过试验推广的方式取得的，表明中国已经初步形成一种独具民族特色的渐进式政治发展模式。本章将通过大量第一手报刊资料描述中国政治在民主制度、法治建设、政治结构功能转变和政治文化变迁等方面所取得的进步，并通过案例分析着力凸显中国政治进步的渐进性特征。

第一节 民主政治制度渐进发展

当代中国渐进式政治发展突出地表现在民主制度方面，改革以来，党内民主制度、人大制度、多党合作制度、基层民主制度、政治参与制度化等几个方面都取得了重大进步，尽管在这些方面还存在许多突出的问题，但中国已经取得的这些成就证明渐进民主的道路是可行的。

一、党内民主取得重要进展

改革开放以前，在全能主义政治体制下，中国共产党的党内领导制度在很大程度上变成了第一书记集权制，党在贯彻民主集中制原则时总是过于强调集中统一的方面，而忽视民主的一面。党的最高领袖在党的领导集团内享有特殊的地位，对于党的核心领导成员做出的集体决定享有最后决定权。党的高层领导机构的集体决策制度实际上变成了领袖的个人决策制，其他人只能认可和服从领袖的决定，一般很难提出异议或反对意见。

改革开放以后，鉴于"文革"的教训，邓小平大力倡导加强党内民主，提出要恢复和加强党的集体领导制度。执政党领导层的民主化有所发展，党中央重新强调集体决策和少数服从多数的原则，破除了对党的领导人的个人迷信和个人崇拜，中央不再设党的主席，重新设立总书记职务，成立中央书记处负责党的日常工作。集体领导和集体决策制度在党的各级领导机构中都得到了恢复和发展。尽管这种集体领导制度还缺乏公开性和法律程序的严格保障，尽管在许多地方党政领导班子中，仍然会存在主要领导专权的情况，但集体领导已逐渐成为一种惯例，执政党确立了解决领导集体内部意见分歧的政治游戏规则，建立了"集体领导和个人分工相结合的工作制度"。① 它在事实上否定了领袖独断专行的决策模式，党的领导机构所作出的决策更多情况下是领导人之间谈判、妥协、博弈的一种结果，执政党对公共权力的运用已经增加了许多制衡的成分。邓小平是全党公认的第二代领导集体的核心，享有崇高的威望，但他并没有个人决定一切的习惯和权力，他所做出的许多决策通常会征求并尊重其他领导人的意见，并尽量使自己的意见经过一定的程序为全党所接受，再转化为党和国家的政策。

党的运行机制逐步正规化，党的执政方式正在朝着民主执政、依法执政的方向发展，党内民主、党内监督的各项制度也在逐步健全和完善（参见表5）。全国党代会、中央全会以及地方各级党代会都能按照《党章》的规定依循相应的程序定期召开。全国党代会、中央全会对党内重大问题的决策权逐步提升。2003 年 10 月，中共十六届三中全会安排的第一项议程是中央政治局向中央委员会报告工作，此

① 参见徐湘林：《八十年代以来的中国渐进政治改革》，载徐湘林、[德]格哈德·格勒、赵建民主编：《民主、政治秩序与社会变革》，中信出版社 2003 年版，第 138 页。

项举动被视为党内高层权力运作民主化的重要进步。为发展党内民主，从制度上保障党员的主体地位和各项权利的正常行使，中国共产党于2004年9月正式颁布了《中国共产党党员权利保障条例》，对党员的知情权、参与权、选择权和监督权等各项权利作了比较完善的规定。党内各种民主选举活动开始采用比较规范的投票表决制度，差额选举的办法在许多地方的党代表选举或党委委员选举时得到运用，① 基层党组织领导班子成员直接选举的范围也在逐渐扩大。党内监督机制逐步健全和完善，在中央设立了中央纪律检查委员会，在各级党组织中也设立了纪律检查委员会或类似纪检机构。2003年12月，中共中央颁布《中国共产党党内监督条例（试行）》，以党内法规的形式对党内监督的对象、途径和办法作了具体的规定，为党内监督提供了较为完善的制度保障。

表5 **2000年以来中共中央推进党内民主的重要条例、规定、文件概览**

时间	条例、规定、文件
2000年8月	《深化干部人事制度改革纲要》
2001年1月	《关于推行党政领导干部任前公示制的意见》
2002年7月	《党政领导干部选拔任用条例》
2003年12月	《中国共产党党内监督条例（试行）》
2004年4月	《党的地方委员会全体会议对下一级党委、政府领导班子正职拟任人选和推荐人选表决办法》
2004年9月	《中国共产党党员权利保障条例》
2005年12月	《关于党员领导干部述职述廉的暂行规定》

资料来源：笔者根据报纸、网站的相关报道整理。

---

① 在党内的正式选举中，投票表决已逐渐取代原来普遍盛行的鼓掌或举手表决，成为主要的表决方式。差额选举正在自下而上逐步推广。据报道，2007年10月，党的十七大在对中央委员、中央纪委委员和候补中央委员进行预选时，采用了差额选举办法，差额比例在8%以上。参见《中央委员预选差额比超8%》，《南方都市报》，2007年10月22日。

党代会常任制是执政党在党内民主建设方面正在进行的重要探索。中组部从1988年起先后选择了浙江省台州市椒江区、绍兴市等12个市县区进行党代会常任制的试点，因为在实践中遇到一些困难，不少市县区已停止试点，但浙江的绍兴市等5个试点单位始终坚持试点，在探索如何完善党代会常任制的制度和程序方面取得了一定的进展。中共十六大提出要建立健全党内民主制度，保障党员的民主权利，完善党的代表大会制度和党的委员会制度，扩大在市、县进行党的代表大会常任制的试点，从而推动了从中央到地方对于健全党内民主制度的探索。十六大之后，在中组部的安排下，进行了新一轮地方党代会常任制的试点，至2005年8月，市、县党代会常任制试点扩大到15个省份50多个市、县进行。其中影响比较大的是浙江台州市、四川雅安市以及湖北罗田县的党代会常任制改革试验。雅安市2002年进行了中国共产党历史上第一次党代表直选，在选举中引入了竞争机制，每个党员都可以报名竞选党代表，并且成立了党代会的专门工作机构，保证党代会实行常任制之后的正常运作。2003年9月，湖北罗田县在党代会常任制改革中，进行了党代表竞选、县委委员会制、评议制等新的制度试验。① 中国共产党十七大肯定了近几年来党代会常任制的试点工作，强调要继续“完善党的代表大会制度，实行党的代表大会代表任期制，选择一些县（市、区）试行党代表大会常任制”②。就目前试点地区反映的情况来看，党代会常任制加强了对党的全委会和常委会的监督，但也存在一些需要继续探索的问题，如如何划分党代会、全委会、常委会的职权，如何处理党代会与人代会的关系等。

中国共产党领导干部选拔任用工作中的民主性在逐渐增强，1995

---

① 参见王勇兵：《地方政改：星火在积聚中升华》，《半月谈内部版》，2006年第1期。

② 胡锦涛：《高举中国特色社会主义伟大旗帜 为夺取全面建设小康社会新胜利而奋斗——在中国共产党第十七次全国代表大会上的报告》，人民出版社2007年版，第51页。

年，中共中央制定了《党政干部选拔任用工作暂行条例》，推动了干部任用的民主化步伐。各地组织部门结合实践工作创造出各种民主形式来扩大干部任用的民意基础，如民主推荐、民意测验、民主评议、竞争上岗、“两推一选”、民主考核等。在总结实践经验的基础上，2002 年 7 月，中共中央修订颁布了《党政领导干部选拔任用条例》。民主推荐、差额考察、民主协商、任前公示、任期试用、任职回避以及任满考核制度已成为干部选拔任用中的常规制度，公开选拔、竞争上岗、全委会投票表决成为党政干部选拔任用的新的发展趋向。

党的地方委员会任命干部的“票决制”是党内民主的重大突破，目前已在全国各地有步骤地推行。在执政党过去的干部任命中，虽然也要经过一个集体讨论的程序，但因为实行的是党的常委会成员口头表决或者举手表决的方式，反对意见很难自由表达，因此实际决定权往往掌握在主要领导或者少数几个人手中。为解决干部任用方面权力过分集中的问题，中组部早在 1989 年就选择浙江省台州市椒江区进行干部任命“票决制”的试点工作。1989 年 4 月，椒江区通过全委会无记名投票表决的方式任免了 44 名干部。2001 年，中组部又选择海南省、山西省晋中市、四川省眉山市和浙江省台州市椒江区等地区作为试点单位进行对拟任人选实行票决制的改革。部分省市在探索干部任用“票决制”改革中走在全国前列。2001 年 4 ~ 5 月，海南省委先后制定了关于“票决制”的两个文件，即《省委全委会任用市县党政正职表决办法》和《省委全委会闭会期间任用市县党政正职征求意见办法》。《表决办法》出台后，海南省采用省委委员无记名投票表决方式共表决干部 34 名，其中 1 人未通过。① 2001 年 11 月 16 日，在中共眉山市委一届三次全体会议上，34 名到会的市委委员就青神县人民政府县长拟推荐人选进行投票表决，除 1 人反对外，33 人赞成唐承忠为青神县县长推荐人选。2002 年 4 月 3 日，中共广东省委召开八届九次全体会议，出席会议的省委委员对由省委常委会提名

① 参见《票决制的发展历程》，《中国青年报》，2004 年 6 月 21 日。

的清远市委书记、茂名市委书记拟任人选和湛江市市长拟推荐人选进行了认真审议和无记名投票表决，3 名人选最终获得通过，成为全国最早在省委全会上对地级市党政正职实行票决制的省份。①

2002 年 7 月颁布的《党政领导干部选拔任用条例》第六章第三十三条对“票决制”作了明确的规定：“市（地）、县（市）党委、政府领导班子正职的拟任人选和推荐人选，由上级党委常委会提名，党的委员会全体会议审议，进行无记名投票表决；党的委员会全体会议闭会期间，由党委常委会作出决定，决定前应当征求全委会成员的意见。”至此，“票决制”成为发展党内民主的正式制度，各地加快了推行“票决制”的步伐。2002 年 12 月 14 日，山东省委全委会通过无记名投票的方式表决通过了常委会提名的 17 名市级党政正职拟任人选。② 2003 年 3 月 27 日，广东省委全会以无记名投票方式，对 58 名省政府组成人员和直属机构正职及部分地级市党政正职等干部的拟任和推荐人选进行表决，包括省政府秘书长、省司法厅厅长、市委书记、市长等在内的 58 名拟任和推荐人选所获赞成票数均超过应到会省委委员的半数以上，全部获得通过。③ 另据《浙江日报》报道，截至 2003 年年底，浙江全省通过票决制决定任免的干部为 4000 多人，其中在投票表决中因未超过半数被否决的有 5 人，在讨论过程中被暂缓表决的有 90 人。④ 2004 年 4 月，中共中央出台《党的地方委员会全体会议对下一级党委、政府领导班子正职拟任人选和推荐人选表决办法》，对通过“票决制”任免地方党政领导作出了更为具体的规定，进一步推动了“票决制”的制度化和规范化。目前，

---

① 参见《广州日报》，2002 年 4 月 4 日；另参见《中国青年报》，2002 年 4 月 8 日。

② 《“票决一把手”山东进行时》，《21 世纪经济报道》，2003 年 1 月 7 日。

③ 刘伯饶：《广东一批省管干部通过票决制走上新岗位》，《人民日报》，2003 年 3 月 30 日，第 4 版。

④ 毛传来：《我省全面推行全委会任免干部票决制》，《浙江日报》，2004 年 10 月 8 日，第 1 版。

广东、海南、浙江、四川、山东等地都已在全省范围内普遍推行票决制。

执政党的地方委员会全体会议通过“票决制”选拔任命党政主要领导干部，尽管仍然是在一定范围内实行民主，但已经改变了过去主要由党内一把手或少数人控制干部任用权力的状况，对于遏制腐败、提高党内的民主化程度以及未来进一步扩大民主具有重要的意义。在“票决制”取得重要进展的基础上，中共十七大报告进一步强调要加强党内的民主决策，继续“完善党的地方各级全委会、常委会工作机制，发挥全委会对重大问题的决策作用”①。

二、人民代表大会制度的发展

在改革开放以前，人大的权力被严重虚化，在“文化大革命”时期人大还一度陷入瘫痪状态，即使是偶尔召开人大会议，人大也只是无条件赞同党委的决定和政策，经常出现对要求通过的决议一致通过的情况。改革开放以后，伴随着法治国家的建设以及人大制度的完善，人大的地位不断提高，独立性不断增强，能够对政府发挥一定的制衡作用。虽然宪法所赋予人大的权力并没有完全落实到位，但人大已经成为中国政治生活的重要舞台，已经成为中国政治运作中不可缺少的重要组成部分，国家重要的法律和重大决定如果不经过人大表决和通过，就不具有基本的政治合法性。

全国人大的立法自主性有了很大程度的提高，执政党中央只是决定重大法律的制定和修改，很少直接干预法律的起草、审议和表决过程。调节社会、经济生活方面的法律，与政治制度关系不大的法律一般都是由全国人大按照法定程序自行安排议程，决定是否提交审议和

---

① 胡锦涛：《高举中国特色社会主义伟大旗帜 为夺取全面建设小康社会新胜利而奋斗——在中国共产党第十七次全国代表大会上的报告》，人民出版社2007年版，第51页。

表决。全国人大逐渐成为名副其实的国家最高立法机关。1982 年《宪法》对全国人大内部的权力结构进行了部分调整，授予全国人大常委会除基本法律之外的立法权。《宪法》第 67 条规定：全国人大常委会有权制定和修改应当由全国人大制定的法律之外的其他法律，并有权对全国人大制定的法律进行部分修改和补充。全国人大常委会人数较少，专业人士较多，而且有许多拥有丰富政府工作经验的政治精英，因而便于对法案和议案展开充分的讨论，进行实质性的审议，大大提高了立法的质量和效率。在立法的过程中，已经很少出现过去那种全体一致通过的情况，人大代表或者人大常委能够敢于表达自己独立的见解，在审议法案时会出现激烈的讨论和争论。许多法案是在充分讨论、反复修改之后才予以通过的。有的法案表决时出现了较多的反对票，如 1992 年全国人大表决通过授权深圳市制定特区法规的决定时，在 2688 名代表中，出现了 1079 张反对票。有的法案被直接否决，如 1999 年 4 月，全国人大常委会否决了国务院提交的《关于修改<中华人民共和国公路法>的决定（草案）》。有的法案则被推迟表决，如《物权法（草案）》原本准备在 2006 年 3 月召开的十届全国人大四次会议上提交表决，但该法案在 2005 年公开向全社会征求意见的过程中，社会上出现了质疑和反对的声音，全国人大常委会决定推迟表决，在 2007 年 3 月十届全国人大五次会议上《物权法》才获得通过。

根据宪法规定，我国全国人大和地方各级人大享有对“一府两院”主要领导人的任免权，但在过去很长时间内，由于等额选举、举手表决、组织安排等各种技术层面的原因，人大的人事任免权被虚化，任免权只具有形式上的意义。随着中国政治改革的推进，人大实质上行使任免权的制度条件已经初步具备。1982 年通过的《全国人民代表大会组织法》虽然没有规定代表在人事任命方面具有联合提名候选人的权利，但规定全国人民代表大会十分之一以上的代表可以联合提出人事罢免案，同时规定 30 名以上的代表，可以向全国人民代表大会提出议案，这为全国人大代表在人事任免方面发挥影响力预留了一定的制度空间。1979 年通过的《地方各级人民代表大会和地方各级人民政府组织法》规定，地方各级人大代表可以联合提名候选人，如果提名的候选人过多，则通过预选的方式确定正式候选人名单。① 1986 年修改后的《地方组织法》进一步明确规定了差额选举制度，即“一府两院”正职候选人一般应多 1 人，在所提名的候选人只有 1 人的情况下，也可以等额选举，而地方政府副职的候选人则应比应选人数多 1 人至 3 人。表决方式的改革也为人大在人事任免方面发挥作用提供了重要条件。《地方组织法》明确规定，选举采用无记名投票方式。对于确定的候选人，代表可以投赞成票，也可以投反对票，或者另选其他任何选民，也可以弃权。1990 年，全国人大开始采用按电子表决器表决，并设立“秘密写票处”。此后，许多地方人大在表决中也开始使用电子表决器。

人大选举规则、程序的进步，尤其是提名方式、表决方式的改革增强了人大在人事任免方面的自主性，人大在人事任免方面所发挥的影响力越来越大。20 世纪 80 年代末以来全国人大对国家行政机构领

---

① 1986 年修改后的《地方组织法》取消了预选制度，但 1995 年修改后的《地方组织法》又恢复了预选制度。预选制度的确立使人大代表在确立正式候选人时可以发挥独立的作用，在人事任免的过程中更容易形成候选人之间竞争的局面。1986 年修改后的《地方组织法》规定县级以上地方各级人大代表 10 人以上可以联合提名“一府两院”领导人的候选人，1995 年修改后的《地方组织法》提高了县级以上人大代表提名候选人的条件，规定省、自治区、直辖市的人大代表 30 人以上书面联名，设区的市和自治州的人大代表 20 人以上书面联名，县级人大代表 10 人以上书面联名，可以提出本级政府领导人、法院院长、检察院检察长的候选人。乡、镇人民代表大会代表 10 人以上书面联名，可以提出人民政府领导人员的候选人。尽管联合提名的条件有所提高，但人大代表要征集 10 人、20 人或者 30 人的签名并不是很难的事情。另外，1986 年修改后的《地方组织法》还就人大提出罢免案作了明确规定：“县级以上的地方各级人民代表大会举行会议的时候，主席团、常务委员会或者十分之一以上代表联名，可以提出对本级人民代表大会常务委员会组成人员、人民政府领导人员、人民法院院长、人民检察院检察长的罢免案，由主席团提请大会审议。”“乡、民族乡、镇的人民代表大会举行会议的时候，主席团或者五分之一以上代表联名，可以提出对乡长、副乡长，镇长、副镇长的罢免案，由主席团提请大会审议。”

导人员的任命同意投票，出现了反对票与弃权票增加的趋势。① 在地方人大通过政府人事任命时，不断发生主席团提名的候选人落选，人大代表推荐的候选人当选的情况。据蔡定剑《中国人民代表大会制度》一书提供的资料，1988 年前后全国有 18 个省（区）出现政府组成人员提名人选被人大否决的情况，平均否决率是 4%，其中湖北、山西、河北是否决率较高的三个省，否决率分别达到 19%、13% 和 12%。在 1993 年前后的换届选举中，省级副职候选人被人大否决的比例有所下降，但浙江和贵州两省出现由中央提名的省长候选人在人大选举中落选，而人大代表推荐的省长候选人则当选为省长的情况。1998 年，由于选举制度的改革，在湖南、湖北、浙江、安徽四省的换届选举中，再次出现由代表联名提名的副省长候选人当选的情况。② 地方人大罢免政府官员的情况也并不新鲜。1986 年，江西省人大罢免了倪献策的省长职务。1989 年 5 月，在湖南省七届人大二次会议上，177 名代表共同提出对副省长杨汇泉的罢免案，经表决通过后成功罢免了杨汇泉的副省长职务。③

随着人大地位和职能的增强，人大开始发挥对“一府两院”的监督和制衡作用，全国人大和地方各级人大通过审议“一府两院”工作报告以及行使预算同意权、质询权、询问权、调查权等方式加大了对“一府两院”的监督力度。2006 年 8 月，全国人大常委会通过了《中华人民共和国各级人民代表大会常务委员会监督法》，通过专门法的形式明确了全国人大及地方各级人大（常委会）对同级政府、法院、检察院的监督权力，为各级人大行使监督权提供了坚实的法律保障。

---

① 参见赵建民：《中国民主之未来——八十年代以来中国全国人大的发展经验》，载徐湘林、［德］格哈德·格勒、赵建民主编：《民主、政治秩序与社会变革》，中信出版社 2003 年版，第 153 页。

② 参见蔡定剑：《中国人民代表大会制度》，法律出版社 1998 年版，第 359～360 页。

③ 曹光辉、刘春贤、刘志权：《湖南省人大罢免副省长》，《瞭望》，1989 年第 2 期，第 12～13 页。

审议“一府两院”的工作报告是宪法赋予全国人大和地方各级人大的法定权力，也是人大行使监督权的重要方式。但在很长的时间内，人大在审议“一府两院”提交的工作报告时，很少投反对票和弃权票。直到1985年，六届全国人大第三次会议表决“一府两院”工作报告仍然是全票通过。1986年，六届全国人大第四次会议在审议最高人民检察院工作报告时出现了少量反对票。此后，人大代表投票的自主性明显增强，在审议和表决“一府两院”的工作报告时，弃权票和反对票逐渐增加，一致通过的局面再也没有出现。1997年，在八届全国人大五次会议上，“两院”的工作报告得票率创历史新低，最高人民法院工作报告仅获得67.6%的赞成票，而最高人民检察院的得票率只有59.6%。在1998年九届全国人大一次会议上，最高人民检察院工作报告得票率继续下降，只有55.1%，险些未被通过。经过采取有效措施进行内部整顿后，“两院”工作报告1999年在全国人大的得票率有所回升，以后在历次全国人大会议的得票率基本上维持在七成以上。① 在地方人大，已经出现了法院工作报告被否决的情况。2001年2月，沈阳市人大否决了市中级人民法院的工作报告。这是法院工作报告首次被人大否决，在全国引起了很大反响。2007年1月，再次发生法院工作报告被人大否决的案例，在湖南省衡阳市第十二届人大五次会议上，该市中级人民法院的工作报告因赞成票未达到应到代表人数一半而未获通过。报告被否决后，衡阳市中院立即发布“开门整顿公告”，请全市人民和社会组织对中院工作提出批评、建议和意见，并采取有效措施整顿法院工作人员的违法违纪行为，纠正审判、执行工作中存在的各种突出问题，将部分法官清除出法院机构。衡阳中院的整改得到了人大代表的肯定，再次提交人大

---

① 数据引自陈如音、刘家凯：《全国人大关于“一府两院”工作报告审议过程之评析——从八届一次会议迄今》，http：//mojnbi. tisnet. net. tw/d3/9406/9406E. doc.

表决时顺利获得通过。① 尽管按照目前的法律规定，在“一府两院”的工作报告以较低得票率获得通过或者被人大否决后，人大无法采取进一步的措施，但弃权票和反对票的大量增加能够给政府以及法院和检察院造成极大的压力。在舆论力量的支持下，人大在一定程度上能够以此发挥对“一府两院”的监督作用，促进政府、法院和检察院改进工作。同时，人大在审议“一府两院”工作报告时，会提出大量的修改意见和建议，这些意见和建议也越来越受到相关部门的重视，对政府工作起到一定的促进作用。

我国人大对政府的预算进行监督的相关制度正在逐步改进和完善。全国人大 1994 年 3 月通过的《预算法》为各级人大及其常委会审查监督政府的预算提供了法律依据。1999 年 12 月，全国人大常委会又通过了《全国人民代表大会常务委员会关于加强中央预算审查监督的决定》，要求人大事前介入对政府预算的审查和监督，并对预算编制的方法和程序作了具体的规定。地方人大在预算监督制度化方面也加快了步伐，如深圳市人大在全国率先建立了较为完善的预算监督制度体系（参见表 6）。人大对政府预算的监督力度也在加强，逐步开始对政府预算进行实质性的审议，不再是仅仅履行对政府预算的批准程序，有的地方人大开始行使否决权和修正权，并且主动对政府预算的执行情况进行监督。河北省饶阳县人大审议 1995 年政府预算时，因为政府预算安排不能保证公教人员全部工资发放，大会表决时未能获得通过。县政府对预算草案作了少量文字修改后提交人大常委会表决，人大常委会再次否决了该项草案。最后，县政府重新编制预算，既保证公教人员工资发放，又做到了收支平衡，预算草案才被人大通过，前后历时 3 个多月。湖南省人大开始对预算执行情况进行刚性监督。2000 年，湖南省人大常委会就审计发现的移民局动用移民款兴建办公大楼的问题提出了质询案，分管副省长先后三次向人大常委会报告有关情况。最后大楼被拍卖，有关责任人分别受到了刑事、

① 参见鞠靖：《人大代表“否决”法院报告始末》，《南方周末》，2007 年 2 月 1 日。

党纪和政纪处分。①

表6　1991～2004年深圳市人大制定的财政监督主要法规

法规名称	制定时间
《深圳市人民代表大会审查和批准国民经济和社会发展计划及财政预算暂行规定》	1991年
《深圳市人民代表大会审查和批准国民经济和社会发展计划及财政预算规定》	1997年通过，2001年再次修改
《深圳市人民代表大会常务委员会监督条例》	1997年
《深圳经济特区政府采购条例》	1998年
《深圳市政府投资项目审计监管暂行规定》	1998年
《深圳市政府投资项目管理条例》	2000年
《深圳经济特区审计监督条例》	2001年
《深圳经济特区政府投资项目审计监督条例》	2004年

资料来源：唐娟：《预算监督：构建阳光下的政府财政——深圳市人大常委会预算监督制度评介》，《人大研究》，2005年第2期，第19～21页。

向政府部门提出"质询案"是人大监督政府的又一重要方式。早在1980年召开的五届全国人大三次会议上，就有170多名北京代表就宝钢工程建设问题向冶金工业部提出质询。这次"质询"之后，在较长的时期内，人大代表很少使用质询权，只是在个别地方偶尔出现人大代表提出质询案，如1985年，在湖北省六届人大三次会议上，代表们就乱收费问题向省邮电局提出质询；1994年11月，21名广东人大常委联名就《广东省城镇房地产权登记条例》延期实施一事质询省国土厅。党的十五大提出依法治国之后，人大质询开始接连不断地出现，逐渐成为人大代表履行职责的基本方式，加强了人大对政府

① 参见王柏能、杜方文：《人大预算监督的三大难题》，《南风窗》，2004年第5期，第26页。

工作的监督。90年代末以来比较有影响的质询案有：1999年初，河南23名省人大代表联名就挤占挪用购房资金、房改产权证发放不及时两个问题对省建设厅提出质询；2000年3月，在九届全国人大三次会议上，辽宁省代表团的30位全国人大代表，就烟台“11·24”特大翻船海难事故质询交通部；2002年1月，贵州省50位人大代表提出“花溪收费站应该依法撤除”的质询案；2003年，46名北京市人大代表就领导“批条子”干预海淀区法院法令的执行问题质询北京市高级人民法院；2004年初，黑龙江省十届人大三次会议上，10名省人大代表联名提出《关于滨江桥收费站的质询案》。① 人大代表提出的质询案对于政府越来越具有实质性的监督作用，政府部门已不再能随随便便应付过关。有的地方人大代表对于质询案的答复不满意时，已经开始追究政府部门领导人的责任。例如，2000年1月，在广东省九届人大三次会议上，佛山市代表团25名代表对省环保局提出《对四会市在北江边建电镀城事件处理不当的质询案》，要求省环保局作答复。由于省环保局负责人敷衍塞责，代表们对于两次口头答复均不满意，于是21名人大代表联名向大会提交建议，要求撤换省环保局副局长。人大会议结束后不久，一名副局长被撤换，省环保局局长易人。②

我国各级人大及其常委会根据《宪法》和《地方组织法》享有重大事项决定权，但这项权力过去较少使用。随着人大地位的不断提高，全国人大以及地方各级人大逐渐成为中央和地方决策的重要舞台。国家的一些重大建设项目开始提交全国人大或者全国人大常委会审议和批准。1990年初，国务院向全国人大提交了《关于兴建三峡工程议案》，人大经过审议和表决后，作出了兴建三峡工程的决定。近年来，地方人大在这方面采取了比较积极的行动，各省人大常委会

① 参见田必耀：《告别“质询恐惧症”》，《浙江人大》，2005年第8期，第20~23页。

② 参见任天阳、王钧：《广东省人大代表质询省环保局始末》，《人大研究》，2000年第4期，第17~21页。

纷纷通过正式的决定，要求地方政府的重大决定、资源环境方面的重大措施以及重大公共建设项目必须经过人大常委会审议和批准。①

三、多党合作走向制度化

多党合作是我国的一项基本的政治制度，它的基本内容是执政党与民主党派就国家大政方针以及其他重大问题进行政治协商，民主党派作为参政党，履行参政议政、民主监督、建言献策的政治职能。多党合作在新中国成立初期曾经有过比较成功的实践。但由于中国共产党党内“左”倾路线的发展，民主协商的传统未能很好地坚持，多党合作在1957年后遭受重大挫折。在“反右”运动中，大批民主党派的代表人士被打成右派，他们的政治角色由与共产党协商治国转变为接受人民批判，进行自我改造。民主党派在国家政治生活中的作用大为降低，除了进行一些事务性的协商活动，主要任务是响应执政党的号召，组织政治学习，拥护和参加各项政治运动。“文革”期间民主党派成员大多成为群众批斗、专政的对象，生命安全得不到保障，民主党派无法开展正常的活动。全国政协机关从1966年8月30日起停止办公，各级政协组织也在事实上被迫停止活动，多党合作与政治协商的制度框架被彻底破坏。

1978年后，中国共产党对开展多党合作高度重视，民主党派重新开始在政策制定、国家治理、反映民情等各个方面发挥重要作用，多党合作成为执政党民主执政的重要环节，并逐步走向制度化，得到了国家制度和法律的认可。中共十二大完善了多党合作的指导方针，提出中国共产党与各个民主党派要“长期共存、互相监督、荣辱与共、肝胆相照”。1989年12月，中共中央制定了《关于坚持和完善中国共产党领导的多党合作和政治协商制度的意见》，将中国共产党领导的多党合作和政治协商制度定性为中国的一项基本政治制度。

① 参见唐亮：《渐进·民主——变革中的中国政治》，八方文化企业公司2004年版，第245~274页。

1993年八届人大一次会议通过的宪法修正案规定："中国共产党领导的多党合作和政治协商制度将长期存在和发展。"至此，多党合作与政治协商作为我国的一项基本的制度得到了宪法的保障。2005年2月，中共中央颁发了《中共中央关于进一步加强中国共产党领导的多党合作和政治协商制度建设的意见》，进一步强调多党合作和政治协商制度是具有中国特色的社会主义政党制度，是中国共产党实行科学民主决策的重要环节，是提高执政能力的重要途径，要求各级党组织把政治协商纳入决策程序，就重大问题在决策前和决策执行中与民主党派以及其他方面的代表人士进行协商。该文件还对多党合作与政治协商的方式和程序作了具体的规范，明确要求各级党的委员会要制定政治协商规划，在召开政治协商的相关会议之前将协商的议题提前通知各民主党派，并提供相应材料，对于各民主党派提出的意见和建议要认真研究，及时反馈情况。

多党合作制度在实践中得到发展和完善，政治协商的规则和程序逐步健全，中国共产党定期通过协商会、座谈会等各种形式与民主党派进行政治协商。1990年至2006年底，中共中央、国务院或者委托有关部门召开的协商会、座谈会、情况通报会有230多次，其中中共中央总书记亲自主持的有74次。选拔一定数量的民主党派成员担任各级人大、政协、政府、法院、检察院的领导职务已经成为一项固定的制度。截至2006年底，担任县处级以上职务的民主党派成员、无党派人士共有3.1万人。全国31个省、自治区、直辖市中，有24位民主党派成员或无党派人士担任副省长、副主席、副市长。另外，2003年以来，民主党派和无党派人士被选为全国各级人大代表的约有17.7万人；担任各级政协委员的有33.7万人。2007年4月27日，经十届全国人大常委会表决决定，致公党中央副主席万钢被任命为科技部部长。舆论认为，这是执政党推动多党合作，进一步扩大民主的重大举措。在中国共产党的鼓励和支持下，各个民主党派在组织上有了很大发展，1979年，民主党派的党员只有6.5万人，到2004年6月底，8个民主党派成员已达到63.4万人。各个民主党派积极开展各种调查研究，通过调研报告、提案、建议等形式向执政党和国家机关提出大量意见和建议。1990年至2006年，各民主党派和民主党派成员的政协委员，在全国政协会议上共提交提案2400余件。有许多提案被执政党和政府采纳实施，还有许多提案成为制定政策和法律的重要参考依据。①

民主党派如今在中国的民主政治实践中具有特殊的不可替代的政治功能。各民主党派的参政议政活动，能够充分反映各界人民群众意见，尤其是反映和代表新社会阶层的利益和要求，在社会整合、协调矛盾方面发挥着重要作用。民主党派参与国家领导人选的协商，参与管理国家和地方事务，就法律、法规和政策的制定、执行积极建言献策，是促进执政党走向民主执政、依法执政的重要政治力量。民主党派对执政党以及政府的批评和监督是监督国家权力的一条重要途径，但民主党派对执政党的监督是一种柔性的监督，主要通过建议和协商的方式体现出来，它完全不同于西方多党制下对抗性的制约和竞争。因此，多党合作不属于代议制民主，而是带有协商式民主的特征，它是中国代议制民主的重要补充。民主党派的参政议政活动能够避免或延迟在体制外兴起有组织的反对力量，避免执政党成为政治冲突的焦点，是巩固政权合法性的重要的制度安排。

四、“草根民主”的进步及其扩散效应

学界一般将以村民自治为主要代表的基层民主称为“草根民主”。村民自治就是“农村基层人民群众自治，即村民通过村民自治法律制度依法办理与村民利益相关的村内事务”②。村民自治的核心内容包括民主选举、民主决策、民主管理、民主监督等几个方面，其中最重要的内容是村民民主选举制度。改革开放以来，村民自治获得

① 参见《中国的政党制度》，新华网：http：//news. xinhuanet. com/newscenter/2007-11/15/content_ 7078939. htm.

② 徐勇：《中国农村村民自治》，华中师范大学出版社1997年版，第25页。

了长足的进步，在国内外引起了持续的广泛关注并得到各方面的高度评价，“草根民主”的成长已经成为中国民主政治发展的标志性成就。

1980年初，广西河池地区的宜山、罗城两县一些农村的农民自发组建了村民委员会，对村庄公共事务进行自我管理。1982年4月，宜山、罗城两县共有675个村建立了村民委员会，占两县自然村总数的15%左右。同时，在其他省份的一些农村地区也陆续出现了村民委员会式的组织。1982年通过的《中华人民共和国宪法》正式确立了村民委员会作为农村基层群众性自治组织的法律地位。此后，村民自治组织的发展进入全国范围内的试点、推广、实施阶段，到80年代中期，全国各地农村大多建立了村民委员会组织。① 1987年11月，全国人大常委会通过了《村民委员会组织法（试行）》，1988年开始实施，该法规定村民委员会实行直接选举制度，为村民自治的实施提供了明确的法律依据。但在该法实行的过程中，由于法律对于候选人的产生和确定没有具体的规定，乡镇党委、政府在正式候选人的确定方面发挥着决定性的影响力，组织指定或属意的候选人往往成为正式候选人。因此，许多地区的农民对村委会选举的积极性不高，对选举过程和结果抱有一种抵触态度，选举纠纷时有发生。

国家并没有在村委会选举问题上强行要求各地保持一致，这样随着农民权利意识的增长，在一些开明的地方基层政府的支持下，村民自治发展的过程中出现了许多重要的制度创新，民主选举、民主决策、民主管理、民主监督等基本制度的形式和程序不断得到改进。原来村民选举权、决定权被虚化的一个重要原因是，村民并不直接掌握正式候选人的决定权，这样当上级组织所决定的正式候选人确定后，村民的直接选举一般只起一个认可的作用。在探索村民选举制度改革的过程中，各地出现了“海选”、“预备选举”、“协商选举”等重大选举制度创新。这几种制度形式的共同特点是由村民或村民代表通过

① 参见于毓蓝：《农村基层民主的政治文化分析——苏南模式》，社会科学文献出版社2006年版，第80~84页。

投票来确定正式候选人，而不是由选举领导小组或党组织来确定候选人，这样选民推荐正式候选人的权利就得到了保障。① 其中，影响最大并广受赞誉的是“海选”这种制度方式，即由选民通过投票的方式自由提名候选人，按得票多少的顺序确定正式候选人。② 在民主监督方面，各地村民创造并完善了村务公开、政务公开、财务公开等制度形式。

20 世纪 90 年代以后，民政部在全国各地开展村民自治示范活动，将村民自治的制度创新成果在全国范围内推广，推动了村民自治各项制度的发展和完善。1998 年 11 月 4 日全国人大常委会修改通过了《村民委员会组织法》，该法确认了农民在村委会选举中的一系列重大民主制度创新，引进竞争机制，使农民的意志在选举中起到主导作用，摆脱上级组织的干扰和控制。该法规定：“村民委员会主任、副主任和委员，由村民直接选举产生。任何组织或者个人不得指定、委派或者撤换村民委员会成员。”“选举村民委员会，由本村有选举权的村民直接提名候选人。候选人的名额应当多于应选名额。”《村民委员会组织法》正式实施后，通过“海选”产生正式候选人制度在全国范围内得到推广。该法落实了农民推荐候选人的权利，规定由村民直接提名确定候选人，通过差额选举直接投票产生村委会。至此，村民自治获得了正式的法律保障。③《村民委员会组织法》制定实施后，全国 31 个省、自治区、直辖市都制定或修订了村民委员会组织法实施办法或村委会选举办法，为村民自治提供了更加具体的法律法规保障。

在 20 世纪 90 年代中期以前，大多数地区在选举村委会时实行等额选举制度，只有少数地区在选举村委会副主任和村委会委员时实行

---

① 参见唐亮：《渐进·民主——变革中的中国政治》，八方文化企业公司 2004 年版，第 204～205 页。

② 有些地方在通过“海选”产生初步候选人之后，再经过预备选举，按得票多少确定正式候选人。

③ 参见于毓蓝：《农村基层民主的政治文化分析——苏南模式》，社会科学文献出版社 2006 年版，第 83～84 页。

差额选举，这种选举制度极大地限制了村民的选择权。随着村民自治制度的逐步发展和完善，大部分地区开始实行差额选举制度，村委会主任、副主任以及村委会委员的候选人一般都多于应选名额。“海选”制度和差额选举制度的推行，增强了选举的竞争性，使竞选制度也逐步发展起来。各地开始肯定和鼓励合法的规范的竞选活动。许多地区规定，候选人在预备选举或正式选举前要发表竞选演说。① 此外，各地的候选人自己也开展了多种形式的竞选活动，如印发竞选传单，登门拜票等。

竞选制度、差额选举制度和村民直接提名候选人制度使村民自治有了实质性的民主内涵，村民对参与村委会选举和竞选的积极性大大提高。村民的政治素质和参与能力在基层民主发展的过程中也得到了锻炼，权利意识、自主意识、竞争意识不断增强。目前，我国的村民自治制度已经取得了阶段性的重大成功。各地的村委会选举基本上能够遵循《村民委员会组织法》所规定的民主程序，选举过程体现了公开、公平、公正的原则，村民的推选权、提名权、投票权和罢免权都得到了较好的保障。例如，在四川省第五届村委会换届选举中，88.93%的村由村民直接提名候选人，67.59%的村由村民代表会议确定正式候选人，98.78%的村当场公布选举结果；在海南省第三届村委会换届选举中，100%的村由村民“海选”提名确定候选人，99.5%的村设立了秘密划票间，100%的村当场公布选举结果。② 到2004年底，全国农村已建立了64.4万个村委会，60%以上的行政村确立了比较规范的村民自治制度。全国绝大多数省市区普遍完成了5~6届村委会换届选举，村民的参选率平均在80%以上，有的地方达到90%以上。③

① 参见唐亮：《渐进·民主——变革中的中国政治》，八方文化企业公司2004年版，第207~210页。

② 参见王金华：《基层民主建设的伟大实践——全国村委会换届选举基本完成》，《瞭望》，2002年第50期，第34~35页。

③ 《中国的民主政治建设》，《人民日报》，2005年10月20日，第10版。

在村民自治取得实质性进展的同时，城市基层社区居民自治制度也开始在全国推行。1989 年 12 月，七届全国人大常委会通过了《城市居民委员会组织法》，该法规定，居民委员会是居民自我管理、自我教育和自我服务的基层群众性自治组织，“居民委员会主任、副主任和委员，由本居住地区全体有选举权的居民或者由每户派代表选举产生；根据居民意见，也可以由每个居民小组选举代表 2～3 人选举产生”。在实际操作中，我国城市居委会长期都是由间接选举产生。1998 年，青岛市四方区第一次开始尝试由全体居民直接选举社区居委会。沈阳市 1999 年在较大范围内推进社区自治的步伐，有 6400 名经过居民代表直接选举出的社区居委会干部代替了原来 1.3 万多名居委会干部。① 2000 年 11 月，中共中央办公厅、国务院办公厅又转发了《民政部关于在全国推进城市社区建设的意见》，该文件进一步明确规定：城市社区居民委员会的成员经民主选举产生，负责管理社区的日常事务。随后，直接选举居委会的制度在民政部的主持下在全国部分城市试点推广。2004 年，全国有 20 多个城市展开了相关居民直接选举居委会干部的试点。目前，我国大多数城市社区自治组织仍然是采用间接选举的方式产生，但直接选举居民委员会或社区管理委员会的范围正在逐步扩大。② 到 2006 年，全国已有 22% 的居委会实行了直接选举，自荐报名、差额选举、居民直选逐渐成为社区民主的基本制度形式。③

“草根民主”的发展为中国渐进式政治发展奠定了坚实的基础。徐勇在评价村民自治对中国民主发展的重要意义时指出：“村民自治最重要的价值就是在民主化过程中，建立起一系列民主规则和程序，

---

① 潘跃：《从直选看居民自治》，《人民日报》，2004 年 1 月 29 日，第 10 版。

② 王一程、贠杰：《改革开放以来的中国基层民主建设》，《政治学研究》，2004 年第 2 期，第 26～33 页。

③ 潘跃：《2006 年基层民主质量新提升》，《人民日报》，2006 年 12 月 29 日，第 10 版。

并通过运用民主规则和程序的民主实践形式，训练民众，使得民众得以运用民主方式争取和维护自己的权益，从而不断赋予民主以真实内容；在新一轮民主实践中，人们会设计更为理性和精巧的规则和程序，并运用这些规则和程序进一步充实民主的实体，民主化进程因此得以不断向前推进。”①我国村民自治的发展已经对乡镇一级党政领导人产生方式的改革产生了重要的示范效应和推动作用，村民自治中的两票制和竞选机制被引入到乡镇长和乡镇党委书记的选举中，政治体制改革正在自下而上地逐步向前推进。自1998年四川遂宁市步云乡尝试乡长直选、1999年深圳大鹏镇通过“两票制”选举镇长以来，部分省市又先后进行了乡镇党委书记选举制度的改革试验，取得了重大突破。2002年，湖北省在全省乡镇党委换届中，确定11个乡镇进行了“两推一选”乡镇党委书记和党委委员试点工作。此后，四川、重庆、云南、陕西、江苏等省市都进行了“公推直选”乡镇党委书记的改革试验。2005年，湖北、四川、江苏三省开始在全省范围内推广乡镇党委书记直接选举。② 江苏在2003年已经将民主选举的改革试验推进到县处级甚至副厅级，在淮安市组织了两区“自荐公推竞选”区长、两县“公推公选”县长试点，在南京市两区（副厅级）进行了“公推票决”区长候选人的改革探索。③

五、政治参与的制度形式不断改进

参与政治性选举是公民参与政治、制约公共权力的最重要的形式。我国公民在选举方面的权利在改革之后有了基本的保障。1982

① 徐勇：《中国农村村民自治》，华中师范大学出版社1997年版，第42页。

② 参见刘启云：《湖北、四川乡镇党委书记选举模式比较》，《学习时报》，2005年12月26日。

③ 向郢、马昌博：《一边是选举 一边是监督》，《南方周末》，2007年10月18日。

年《宪法》第34条规定："中华人民共和国年满十八周岁的公民，不分民族、种族、性别、职业、家庭出身、宗教信仰、教育程度、财产状况、居住期限，都有选举权和被选举权。"宪法所规定的公民的选举权利逐渐落实为实质性的可操作的公民权利。我国人大代表的选举制度进行了重大改进，由原来各种形式的等额选举改为差额选举，县和乡镇的人大代表改为由选民直接选举产生，城乡基层自治组织也在普遍推行直接选举制度。选举的规则和程序越来越规范，竞争性机制逐渐引入。各种形式选举的开展使我国公民对政治参与的范围和深度都有所扩展。20世纪90年代以后，一些民间人士开始竞选市(县)、区人大代表，并有一些人成功当选。1992年四川省泸州市市中区的曾建余以自荐候选人身份竞选，成功当选为区人大代表。1998年11月，湖北省潜江市的姚立法第四次以自荐候选人身份参与竞选人大代表，成功当选为潜江市第四届市人大代表。2003年，在北京、深圳、湖北潜江等地出现了普通公民竞选人大代表的小高潮，其中北京共有22名选民以自荐方式寻求候选人提名，深圳有12名选民以民荐候选人或自荐候选人身份参与竞选，潜江有41名自荐候选人竞选市人大代表。在这些参与竞选的选民中，深圳的陈彩琼和王亮、北京的许志永和聂海亮最后成功当选为各自所在选区的人大代表。①

听证制度是公民政治参与的重要形式，能够在很大程度上弥补选举民主的不足，确保立法、决策和法律实施的透明性和公正性，防止国家权力的滥用。自1996年以来，我国通过一系列法律的制定和实施，已经基本确立了政策听证会制度、立法听证会制度、司法听证制度以及其他各种形式的听证制度。我国法律首次规定听证制度是1996年3月全国人大通过的《行政处罚法》，该法第42条规定："行政机关作出责令停产停业、吊销许可证或者执照、较大数额罚款等行

① 参见蒋劲松：《党的领导权与人民主权的关系——关于中国共产党在人民代表大会代表选举中的领导作用的一个视角》，http：//www.dsz.gov.cn/qrd/XXLR1.ASP？ID=7833.

政处罚决定之前，应当告知当事人有要求举行听证的权利；当事人要求听证的，行政机关应当组织听证。”1998年5月1日，我国开始实施的《价格法》正式确定实行价格听证制度，该法第23条规定，政府制定公用事业价格、公益性服务价格、自然垄断经营的商品价格等政府指导价、政府定价，应当建立听证会制度，征求消费者、经营者和有关方面的意见，为政府决策提供参考依据。2003年，全国人大常委会通过的《行政许可法》进一步就政府实施行政许可应当举行听证制度作了规定，该法第46条规定：“法律、法规、规章规定实施行政许可应当听证的事项，或者行政机关认为需要听证的其他涉及公共利益的重大行政许可事项，行政机关应当向社会公告，并举行听证。”该法同时规定，行政许可的申请人、利害关系人享有要求听证的权利。2000年3月，全国人大通过的《立法法》正式确立了立法听证制度，该法规定，列入全国人大常务委员会会议议程的法律案，法律委员会、有关的专门委员会和常务委员会工作机构应当采取听证会等各种形式听取各方面的意见；行政法规在起草过程中，也应当采取听证会等形式广泛听取有关机关、组织和公民的意见。执政党中央对于建立听证制度也给予了高度重视，中共十六大政治报告强调，各级决策机关都要完善重大决策的规则和程序，建立和完善与群众利益密切相关的重大事项社会公示制度和社会听证制度，增加决策的科学性，防止决策的随意性。

参加政策听证会目前成为我国公民或社团组织参与政治运作过程的重要途径。各级政府在重大决策过程中，已经开始主动举行各种政策听证会，公民和社团组织的意见在政府决策过程中日益发挥着重要作用。1997年4月23日，福州市煤气公司准备把管道煤气的价格，从每立方米3元提高到4.2元。福建省物价委员会为此在福州市举行了一个调价听证会。参加听证的人员除相关单位外，群众代表可报名自由参加。在听证会上，15位来自有关部门的代表组成听证团，听煤气公司讲提价的根据和客观需要。听证团提出了颇具说服力的四条合议意见，要求煤气公司不要把企业亏损转嫁到群众身上。福建省的物价官员们最后决定，将根据听证团的意见，再进一步研究福州市的管道煤气价格该定多少。“4.20元方案”被暂时否定。① 自福建省第一次审价听证会之后，全国各省市相继举行了各种形式的政府决策听证会。国务院有关部门也开始举行全国范围内的价格听证会。2000年9月18日，信息产业部、国家计委就电信资费调整召开了价格听证会，听取37名代表关于修改后的电信资费调整方案的意见。2002年1月12日，国家计委主持的“铁路部分旅客列车票价实行政府指导价听证会”在北京铁道大厦举行。除主管部门、新闻记者之外，出席听证会的正式代表有33人，另有30名旁听代表。这次听证会的代表来自全国各地，具有广泛的代表性。听证会上，大多数代表赞同对部分旅客列车票价实行政府指导价，但部分代表也对铁道部方案的具体内容提出了意见，他们质疑节假日期间票价上浮是否真能起到“削峰填谷”的作用，并建议铁道部不要单纯地采取提价的方法，通过抑制旅客需求来缓解供求矛盾，而应该采取切实措施促进铁路的发展，来满足消费者的需要。国家计委有关负责人表示，听证会结束后，国家计委将认真研究各位代表提出的意见，按照《政府价格听证决策暂行办法》的有关规定开展下一步工作。②

立法听政也是我国公民行使参政权的重要制度形式。1999年7月16日，深圳市法制局在全国率先召开了立法听证会。1999年9月9日，广东省人大常委会举行了全国首次由人大组织的立法听证会，20名来自广东社会各界人士就《广东省建设工程招标投标管理条例（修订草案）》的修订发表了自己的意见。立法听证会是推进地方立法民主化、公开化的重要途径，为公民参与立法过程，行使民主权利创立了重要的制度形式。③ 此后，立法听政在全国各地人大、政府的立法实践中普遍开展。据统计，从2000年《立法法》颁布到2004年

① 参见田新军：《从一次别开生面的审价听证会说起……》，《价格与市场》，1997年第10期，第29~30页。

② 参见《铁路旅客列车价格听证会举行——国家计委主持会议广泛听取群众意见》，《人民日报》，2002年1月13日，第1、2版。

③ 张朝祥、杨霞：《开门立法的新尝试——广东省人大举行全国首次立法听证会》，《瞭望新闻周刊》，1999年第40期，第46~47页。

底，全国有24个省级人大常委会共对39件地方性法规草案举行了38次立法听证会。立法听证的内容涉及城市建设、市场物业管理、消费者权益保护、拆迁管理办法、环境资源保护等各个方面。① 立法听证会逐年增多，至2005年底，全国绝大多数省市的人大或政府举行过立法听证会或者制定了专门的立法听证规则。

除上述正式的参与制度之外，一些非正式的政治参与形式也逐渐常规化。中共中央起草党代会的政治报告或重要文件、全国人大制定重要的法律、国务院起草政府工作报告或制定国民经济和社会发展计划，都会通过各种形式向民主党派、无党派人士、专家学者以及各界群众广泛征求意见，形成独具特色的协商民主制度。各界群众以及各个领域的专家学者也主动通过提出书面建议、投书媒体、网上撰文、召开讨论会等各种形式，踊跃参与国家重要报告、文件或法律草案的讨论，力图影响国家的方针、政策和立法过程。例如，在《物权法》的制定过程中，无论是赞成该法案的还是反对该法案的，都积极通过网上发言、写公开信、开讨论会等方式影响立法机构（参见表7）。公众的意见已经能够对国家的立法和决策过程产生重大影响。正因为各方争论激烈，所以《物权法》经过全国人大常委会7次审议之后才交付全国人大表决通过。《物权法》的制定过程就是一个各种意见激烈交锋、各种力量相互博弈的协商和妥协的过程。

表7　　**《物权法》制定过程中公民或团体的参与情况**

时间	公民或团体参与《物权法》制定的方式及内容
2005年7月10日—8月20日	根据全国人大常委会委员长会议的决定，《物权法（草案）》向社会公开征求意见。短短40天中，全国各地群众积极建言献策，共提出意见11543件。

① 参见蔡定剑：《立法听证的现状及改进意见》，《法制日报》，2005年5月15日。

续表

时间	公民或团体参与《物权法》制定的方式及内容
2005年 8月12日	北京大学法学院巩献田教授发表公开信，指责《物权法（草案）》违宪，在网上引起强烈反响，引起全国人大法工委领导的高度重视，并约其谈话。
2005年 12月7日	120余人在广州出席名为“中国物权法疑难问题”的研讨会，与会人士担心《物权法》被搁浅，呼吁立法机关恢复《物权法》正常的制定进程。
2006年 2月17日	中国法学会召集法理学专家、中央党校有关学者、民法学专家，就“物权法与国有资产的保护问题”召开讨论会，并将形成的书面意见上呈中央。
2006年 2月25日	50多位法学学者在中国人民大学法学院召开研讨会，呼吁全国人大常委会加快推进《物权法》立法进程，会后将书面意见上报中央。
2006年 12月9日	718名各界人士联名向全国人大提交公开信，认为经过6次审议修改后的《物权法（草案）》仍然存在严重违宪问题，反对通过《物权法（草案）》。
2005年7月— 2007年3月	《物权法（草案）》公布后，网民讨论极其热烈，网上发文、跟帖不计其数，仅人民网强国论坛在此期间就发表3000篇以上与物权法有关的帖子。

资料来源：马国川：《大碰撞：2004—2006年中国改革纪事》，新华出版社2006年版，第250～258页；《中国政治发展进程（2007年）》，时事出版社2007年版，第168页；笔者根据报纸和网站的相关报道整理部分资料。

第二节　从人治向法治平稳过渡

“文革”的教训使执政党的领导层充分认识到法制对于巩固社会主义政治制度，保护人民权利的极端重要性，因而决心抛弃人治，实行法治。邓小平在1978年底召开的中央工作会议上的讲话中强调要加强法制建设，要用法律形式来规范和解决国家和企业、企业和企业、企业和个人之间的关系，应该集中力量制定刑法、民法、诉讼法和其他各种必要的法律。① 在党的十一届三中全会上，邓小平对法制的重视成为全党的共识。党的十一届三中全会公报指出，社会主义社会的各种矛盾和斗争要按照宪法和法律规定的程序去解决，必须加强社会主义法制，使“制度和法律具有稳定性、连续性和极大的权威，做到有法可依，有法必依，执法必严，违法必究”。检察机关和司法机关需保持应有的独立性，只忠实于法律和制度，保证公民在法律面前人人平等，任何人都不能拥有超越法律的特权。② 在改革开放的过程中，中国从人治向法治的过渡取得了重要进展，宪法的权威地位逐步得到加强和巩固，适应市场社会要求的法律体系已初步建立，司法制度有了重大改进并逐步向司法独立的方向发展，公民权利的表达和维护也有了基本保障。

一、魅力型权威向法理型权威转变

中国改革开放以前的政治权威是一种典型的个人魅力型权威，毛泽东的人格权威处于至高无上的地位，超越于党、国家、法律之上。到改革开放时期，虽然改革领导人的个人权威仍然在国家政治生活中具有重要作用，但其理性化成分已经明显增多。李景鹏指出：“作为

---

① 参见《邓小平文选》第2卷，人民出版社1994年版，第146～147页。

② 《中国共产党第十一届中央委员会第三次全体会议公报》，《人民日报》，1978年12月24日，第1版。

中国第二代领导人的邓小平，虽然仍有很高的人格权威，即仍是那种超越职位权威的人格权威，但这时的人格权威已不再靠政治迷信来支持，而是靠政绩来支撑了。"① 从党的第三代领导人到现在，已经实现了领导人人格权威与职位权威的结合，党和国家的最高领导人同时也享有很高的人格权威，而这种权威是附着于职位之上的。领导人个人人格权威逐步下降，制度的权威逐步上升。与此同时，法的权威逐步上升，领导人的权威更多地通过法律程序体现出来。权威领导人主要通过法律和制度的方式来实现整个国家政治生活的有序运作。领导人权威的维持和加强已不再借助于激进的意识形态和群众运动等非理性方式。②

在邓小平的倡导和带动下，中国废除了国家领导职务的终身制，最高领导层基本建立了任期制和退休制度，逐步实现了最高领导人权力的和平交接。这种交接工作已经逐步制度化，并严格按照任期制的原则来运作。1992 年前后，以邓小平为代表的第二代领导集体与第三代领导集体实现了顺利交接；2002 年，以江泽民为核心的第三代领导集体与以胡锦涛为代表的新一代领导集体实现了顺利交接。中国政治权威代际更替的理性化、程序化取得了重要进展，国家权力的和平交接日益常规化。

在中国最高权力运行中以任期制代替终身制，实现国家权力的制度化交接，使领导层能够和平有序地定期更替，具有重要的宪政意义，可以将其看作是一种准宪政体制。邓小平在 1989 年主动提前退休，并于 1992 年后基本退出政治生活，为中国确立了一个非常重要的宪政惯例。任期制成为宪政惯例之后，就意味着中国政治的法治化、制度化取得了重大进展，并为法治国家奠定了重要的政治基础。

---

① 李景鹏：《中国政治发展的理论研究纲要》，黑龙江人民出版社 2000 年版，第 182 页。

② 参见赵成根：《理性威权主义转型的合理性分析》，载徐湘林、［德］格哈德·格勒、赵建民主编：《民主、政治秩序与社会变革》，中信出版社 2003 年版，第 207 ~209 页。

它的宪政意义在于，权力不属于个人，任何领导干部的任职都不能是无限期的，只能在法律规定的期限内行使权力并按照法定的程序转移给下任领导人。权力交替是政治体系运转和延续的关键问题，也是权威政体保持稳定和顺利转型的决定性因素。权力交替的制度化保证了权威政体的稳定和延续，也为权威政体的转型创造了良好的制度条件。这种定期更换最高领导人的机制，使权威政体实现了有限的更新，增强了权威政体的合法性和生命力。①

中国当代的权威转型已经取得了初步的成功，政治权威已经从魅力型权威转变为“准法理型”权威，带有典型的理性化特征，虽然国家的宪政体制尚不能通过制度化的力量保障政治权威的任何行为都严格遵循宪法和法律，但对于政治权威的各种外部限制和内部限制基本能够将政治权威的行为限定在宪法和法律的范围之内。

二、法律体系的完善和宪法地位的提高

以 1982 年宪法的制定为标志，中国新时期的法制建设全面展开，并首先在立法方面取得了比较突出的成就。据《中国法治政府》一书的统计：“全国人大在 1966—1978 年间仅仅通过了七个法律，而在 1979—1998 年间，全国人大及其常委会制定、修改法律和作出有关法律问题的决定 328 个，其中制定法律约 160 多部，修改和作出补充法律的决定约 70 个，作出有关法律问题的决定 89 个；国务院制定的行政法规 770 个，地方人大及其常委会制定的地方性法规 5200 多个。”② 另据统计，到 2005 年，中国现行法律已达 500 多部，国务院制定的法规达 1000 多件，部门规章、地方性法规达 1 万多

① 参阅［美］塞缪尔·亨廷顿：《第三波：20 世纪后期民主化浪潮》，刘军宁译，上海三联书店 1998 年版，第 57～58 页。

② 刘靖华、姜宪利等著：《中国法治政府》，中国社会科学出版社 2006 年版，第 118～119 页。

项。① 经过近三十年在立法方面的努力，规范公民经济生活、社会生活以及政府行为的法律基本确立起来，《民法通则》、《民事诉讼法》、《刑法》、《刑事诉讼法》、《经济合同法》、《公司法》、《行政诉讼法》、《行政处罚法》、《行政许可法》等一些重要的法律先后制定并实施，初步形成了一个较为完整的法律体系。

在法律体系逐步确立的同时，中国现行宪法也经历了一个逐步修改日臻完善的过程，全国人大先后于 1988 年、1993 年、1999 年和 2004 年对宪法进行了四次比较大的修改。1988 年的宪法修正案明确了私营经济的法律地位，规定："国家允许私营经济在法律规定的范围内存在和发展。私营经济是社会主义公有制经济的补充。国家保护私营经济的合法的权利和利益，对私营经济实行引导、监督和管理。"1993 年的宪法修正案正式宣布："国家实行社会主义市场经济。"1999 年的宪法修正案确立了法治的目标："中华人民共和国实行依法治国，建设社会主义法治国家。"2004 年的宪法修正案规定："国家尊重和保障人权。""公民的合法的私有财产不受侵犯。"经过这几次比较大的修改，现有的宪法已经基本符合现代市场社会的需求。宪法已经确认现代世界所承认的人权、自由、民主、法治等普遍的政治价值，法治国家的框架已基本具备。

宪法在国家政治生活中的作用越来越重要，逐渐享有崇高的地位，并得到执政党、政府以及普通公民的尊重。执政党为确立宪法作为国家根本大法的地位付出了持续的努力。中共十二大修改后的党章规定"党必须在宪法和法律的范围内活动"，任何个人和组织都不能凌驾于宪法和法律之上，不能享有不受法律制约的特权。中共十五大政治报告中提出，依法治国是党治理国家的基本方略，依法治国要求党严格按照宪法和法律的规定管理国家事务，保证国家各项工作都依法进行。2002 年 12 月 4 日，胡锦涛在纪念宪法施行二十周年大会上发表重要讲话强调："全国各族人民、一切国家机关和武装力量、各

---

① 郭济：《建设法治政府：中国近十年来依法行政回顾和展望》，《中国行政管理》，2006 年第 1 期，第 6 ~ 8 页。

政党和各社会团体、各企业事业组织，都必须以宪法为根本的活动准则，并负有维护宪法尊严、保证宪法实施的职责"①。执政党开始进行自我约束，不断强调党组织的决议和指示不得同宪法相抵触，党的决议一般需通过一定的法律程序之后才能成为指导整个国家生活的大政方针；一切国家机关都要按照宪法和法律的规定独立负责地行使自己的职权，所有党员和党组织都要遵守国家的宪法和法律。邹谠认为，执政党"事先作出自我约束的承诺，公之于天下"，这是向建立社会主义法制迈出的非常重要的第一步。②

为确保宪法的权威，中国也在探索建立与现有政治体制相容的审查违宪立法的机制和程序。1982 年宪法已经就纠正违宪立法的机关和权限作了相关规定。《宪法》第 62 条第 11 款规定：全国人大拥有改变或者撤销全国人大常委会不适当的决定的权力；《宪法》第 67 条第 7 款和第 8 款规定：全国人大常委会有权撤销国务院制定的同宪法、法律相抵触的行政法规、决定和命令；有权撤销省、自治区、直辖市国家权力机关制定的同宪法、法律和行政法规相抵触的地方性法规和决议。2000 年 3 月，全国人大通过了《立法法》，该法具体规定了提出违宪审查的主体及相关程序。该法第 90 条第 1 款规定："国务院、中央军事委员会、最高人民法院、最高人民检察院和各省、自治区、直辖市的人民代表大会常务委员会认为行政法规、地方性法规、自治条例和单行条例同宪法或者法律相抵触的，可以向全国人民代表大会常务委员会书面提出进行审查的要求，由常务委员会工作机构分送有关的专门委员会进行审查、提出意见。"《立法法》第 90 条第 2 款还规定，除前款规定以外的其他国家机关、社会团体和一般公民拥有提出违宪审查的建议权，全国人大常委会经研究后认为有必要时，送有关的专门委员会进行审查并提出意见。

---

① 胡锦涛：《在首都各界纪念中华人民共和国宪法公布施行二十周年大会上的讲话》，《人民日报》，2002 年 12 月 5 日，第 1 版。

② 邹谠：《二十世纪中国政治——从宏观历史与微观行动的角度看》，（香港）牛津大学出版社 1994 年版，第 30 页。

推动宪法司法化，增加宪法的可诉性是提高宪法权威和效力的基本途径。我国在宪法司法化方面已经有了初步的然而是重要的进展。1990 年，山东的齐玉苓被山东省济宁市商业学校录取，但齐玉苓的《录取通知书》却被其同学陈某领走并以齐玉苓的名义到济宁市商业学校报到就读。1999 年，齐玉苓以其姓名权和受教育权被侵害为由将陈某以及原所在学校等数家单位告上法庭。一审判决以后，齐玉苓不服，向山东省高院提起上诉。由于存在适用法律方面的疑难问题，山东省高院向最高人民法院提出请示。最高人民法院于 2001 年 8 月 13 日作出［2001］法释 25 号《关于以侵犯姓名权的手段侵害宪法保护的公民受教育的基本权利是否应当承担民事责任的批复》，指出“陈××等以侵犯姓名权的手段，侵犯了齐玉苓依据宪法规定所享有的受教育的基本权利，并造成了具体的损害后果，应承担相应的民事责任。”最高法院所作出的这条司法解释被法律界视为开创了我国宪法司法化的先例，宪法可以像其他法律法规一样直接作为法院裁判案件的法律依据，对于树立宪法的权威地位，有效保护公民在宪法上所享有的基本权利具有极为重要的意义。①

随着法律体系的完善和宪法权威地位的确立，建设法治国家已经成为中国政治发展的基本方向，一些基本的法治原则已经在中国的行政与司法领域得到贯彻和实行，如“法律面前人人平等”、“依法行政”、“权力制衡”、“无罪推定”、“罪行法定”、“司法独立”等。

三、法治政府有序推进

法治的本义就是“法律的统治”，要求政府在法律之下运用公共权力，严格依法行政，依法管理公共事务，不得任意扩张权力，侵害公民的权利和利益。改革开放以来，我国持续推进法治政府建设，政府权力已逐步纳入法制化运行的轨道，政府领导人的任命必须经过人

---

① 参见《冒名上学事件引发宪法司法化第一案》，《南方周末》，2001 年 8 月 16 日。

大选举程序的确认才具有基本的合法性，政府机构组成和人员编制则由法律加以严格的规定。政府权力行使的范围逐步受到宪法、行政法以及其他法律的明确限定，政府行为越来越受到法律的约束，规范行政行为的法律正在逐步制定和完善，“行政法已经初步形成了一个科学体系，行政执法正在逐步实现规范化、程序化和法制化，政府各级部门依法行政的水平和意识都有了明显提高和增强。”① 现有的行政法体系为公民和各种法人、组织维护自身权利，抵御公权力侵犯，提供了法律依据。2004 年 3 月，国务院印发了《全面推进依法行政实施纲要》，规划用十年左右的时间基本实现建设法治政府的目标，明确了建设法治政府的指导方针和实施办法，对法治建设的实践产生了重要的推动作用。

依法行政是建设法治政府的关键环节，行政法和行政诉讼法是专门调整和规范政府权力运用的法律规范。我国在通过行政法律规范行政权力和行政行为方面也走了一条渐进的道路。1990 年实施的《行政诉讼法》在我国确立了“民告官”的行政诉讼制度，对于违反法律的行政行为，法院可判其无效并予以撤销。公民可以对政府违反法律的具体的行政行为提起诉讼，实际上是赋予了普通法院针对具体行政行为的司法审查权，使政府权力的行使受到了强有力的制度性约束。1996 年《行政处罚法》的出台是推进依法行政的一个重要阶段，该法有助于规范政府的行政处罚行为，防止政府滥用处罚权。1999 年全国人大常委会通过的《行政复议法》为公民维护正当权益提供了便捷的法律程序，公民可以通过向上级行政机关申请行政复议来纠正下级行政机关的不当行为或不正确的决定。② 2004 年 7 月 1 日，《行政许可法》开始实施，该法使政府规制的范围受到了严格的限制，并规定政府在行使许可审批权时应坚持公开、公平、公正的原

---

① 刘靖华、姜宪利等著：《中国法治政府》，中国社会科学出版社 2006 年版，第 120 页。

② 参见王卓君：《渐进宪政的民主、法治和人权保障》，《中国法学》，2004 年第 5 期，第 3 ~ 10 页。

则，严格依照法定的权限、范围、条件和程序来设定和实施行政许可。张树义认为，《行政许可法》是我国第一部完全按照市场经济的要求规范政府活动的法律，它的实施对于防止政府滥用许可审批权力，推动政府向法治政府转变具有十分重要的意义。① 除了这些已经颁布实施的重要法律之外，《行政程序法》、《行政强制法》等规范政府行为的法律也正在制定之中。

法治政府也是责任政府，即政府官员如果不能有效履行法定的职责和义务，政府工作中出现重大失误或本地经济、社会生活中出现严重事故，即使官员本人并未直接触犯法律，也应该承担相应的政治、法律责任。只有建立严格的政府责任制度，法治政府建设才能取得实质性进展。近年来，我国逐步建立健全了政府官员问责制度，在建立责任政府方面有了显著进步。2002 年，中共十六大报告提出要实行党政领导干部辞职制和用人失察、失误责任追究制。2003 年“非典”期间，执政党中央初次启动官员问责制，在吏治整顿，政令贯彻方面取得明显效果。之后，问责制逐步制度化。2004 年 4 月，中共中央批准实施的《党政领导干部辞职暂行规定》中明确规定：官员因工作严重失误、失职造成重大损失或恶劣影响，或者对重大事故负有重要领导责任的应当引咎辞职。2005 年 4 月，十届全国人大常委会通过的《国家公务员法》对领导成员引咎辞职或被责令辞职作了具体规定，使问责制的推行有了法律的依据。② 自 2003 年卫生部部长张文康和北京市市长孟学农被免职以来，从中央到地方有许多官员因被追究责任而引咎辞职或被免职（参见表 8），全国各级政府官员受到极大的震动，官员的责任意识、法治意识明显增强。问责制的推行加快了中国建设法治政府的步伐。

---

① 张树义：《依法行政—行政许可—法治政府》，《中国行政管理》，2005 年第 1 期，第 28～31 页。

② 参见《中国政治发展进程（2006 年）》，时事出版社 2006 年版，第 134～136 页。

表 8 **2003 年以来官员因问责制去职的典型案例**

时间	因问责制去职的官员及原因
2003 年 4 月	卫生部部长张文康和北京市市长孟学农因防治“非典”不力被免职。
2003 年 12 月	中石油川东钻探公司发生“井喷”，造成重大人员伤亡，中国石油天然气集团公司总经理马富才引咎辞职。
2004 年 2 月	吉林市市长刚占标因该市中百商厦特大火灾导致重大人员伤亡引咎辞职。
2004 年 6 月	安徽省阜阳市副市长马明业因阜阳奶粉事件被责令辞职。（阜阳市市长刘庆强因奶粉事件受行政记大过处分，另有 6 人被责令辞职或给予处分。）
2005 年 12 月	国家环保总局局长解振华因松花江水污染事件引咎辞职。
2005 年 12 月	河北邢台县县长田德荣因 3 家石膏矿连片塌陷造成重大人员伤亡引咎辞职，该县主管副县长、邢台市安监局长、主管副局长同时引咎辞职。
2008 年 9 月	山西省省长孟学农因山西襄汾尾矿溃坝事故造成重大人员伤亡辞去省长职务，山西省副省长张建民因该事故被免职。
2008 年 9 月	国家质检总局局长李长江因三鹿奶粉事件引咎辞职，石家庄市委书记吴显国因该事件被免职。
2008 年 9 月	河南登封市市长吴福民因煤矿事故造成重大人员伤亡被免职；该市副市长张宏伟同时被免职。

资料来源：《官员辞职：建设责任政府的关键一环》，《学习时报》，2005 年 12 月 20 日；《“问责风暴”的深层思考》，《人民论坛》，2008 年第 21 期；《河南对登封市“9·21”煤矿事故作出处理》，《人民日报》，2008 年 9 月 23 日。

四、司法制度日益完善

新中国成立后很长一段时间内，我国政治理论界盛行司法工具论，将司法看做是国家实行阶级统治的工具，是无产阶级与资产阶级进行阶级斗争的“刀把子”。司法的价值就是维护阶级统治和镇压敌人反抗。① 对于一个持续存在的政权来说，这种工具论并不利于巩固执政党的长期执政地位，也不能长期保持社会秩序的稳定。“文革”结束以后，党的领导人认识到，司法不仅仅是统治的工具，而且具有保护公民权利，防止权力滥用，确立公正社会秩序的重要功能，因此，要转变党对司法工作的领导方式，改变过去以党代法，轻视法律，党组织包揽司法事务的作法，使党组织和司法机关各司其职，使检察机关和司法机关保持应有的独立性，能够独立地开展工作。

党对司法性质和职能的重新认识体现在法律的进步上，1979 年全国人大制定了《法院组织法》和《检察院组织法》。《法院组织法》规定：“人民法院独立进行审判，只服从法律”；《检察院组织法》规定：“人民检察院依照法律规定独立行使检察权，不受其他行政机关、团体和个人干涉。”司法独立原则在 1982 年进一步得到了《宪法》的确认，《宪法》第 126、131 条规定：人民法院和人民检察院依照法律规定独立行使审判权和检察权，不受行政机关、社会团体和个人的干涉。执政党由过去直接干预司法机关的具体工作，逐步转变为通过间接的方式按照法律程序来领导司法工作，原来存在多年的各级党委审批案件的做法已被废弃。执政党不再将司法机关与党、政机关混淆不分，也不再简单地认为追求司法独立就是背离党的领导。在“文革”中被撤销的法院和检察院在 20 世纪 70 年代末重新恢复并健全了全国范围的组织系统。②

依法治国方略提出之后，执政党愈来愈重视司法制度建设，中共十五大政治报告指出，要继续“推进司法改革，从制度上保证司法

---

① 程竹汝：《司法改革与政治发展》，中国社会科学出版社 2001 年版，第 158 页。

② 王人博、程燎原：《法治论》，山东人民出版社 1989 年版，第 370 ~ 371 页。

机关依法独立公正地行使审判权和检察权"①。中共"十六大"报告继续强调，要"按照公正司法和严格执法的要求，完善司法机关的机构设置、职权划分和管理制度，进一步健全权责明确、相互配合、相互制约、高效运行的司法体制。从制度上保证审判机关和检察机关依法独立公正地行使审判权和检察权。"② 学术界也为推动司法制度改革提出了比较好的设想，如建立大区法院，实现司法机关的人、财、物同地方政府相分离等。这些好的主张和意见正在推动中国司法制度的进一步变革和进步。经过近30年的努力，人治型工具型司法制度向现代法治型司法制度的转变取得了重要进展，我国基本建立了一套现代形式的司法制度，如审判制度、检察制度、侦查制度、诉讼制度、司法机关组织制度、法官和检察官制度、律师制度、公证制度等。随着法治建设的逐步推进，司法机关、检察机关人员的法律素质、执法能力都有很大提高，执法组织、司法机关的独立地位也得到了加强。

我国司法机关之间已初步形成了较为合理的分工关系，1982年《宪法》第135条对公、检、法三机关在刑事案件中的关系作出了明确的规定："人民法院、人民检察院和公安机关办理刑事案件，应当分工负责，互相配合，互相制约，以保证准确有效地执行法律。"举例来说，在刑事案件的侦查审理过程中，公安机关负责绝大多数案件的侦查，检察院主要作为公诉机关负责起诉，同时对法律规定的少数案件行使侦查权，人民法院负责审理案件。检察院对于公安机关的侦查活动和法院的审判活动以及刑罚执行机关的执行活动负有监督职责。根据宪法和刑事诉讼法的有关规定，检察机关与公安机关在办理刑事案件中应当分工负责、互相配合、互相制约。检察机关对公安机关的立案、侦查活动进行法律监督，公安机关则享有提请复议、复核的权利，可以对检察机关作出的诉讼决定形成制约。检察院监督法院的审判活动，但不能干扰法院的独立审判，检察机关对法院的判决提

① 《江泽民文选》第2卷，人民出版社2006年版，第31页。

② 《江泽民文选》第3卷，人民出版社2006年版，第556~557页。

出的纠正意见和抗诉，仅仅具有启动法院审查纠错程序的效力。案件最终能否改判，仍然要取决于法院。①

在具体的诉讼和审判过程中，我国进行了一系列制度移植和创新，一些符合现代法治原则的程序和制度逐步在诉讼活动中确立起来，例如，控审分离制、公开审判制、错案追究制、主审法官负责制、庭审方式实行抗辩制等。特别值得一提的是，我国的人民陪审员制度正在逐步完善。截至2005年6月底，全国已有98%的基层人民法院确定了人民陪审员的名额，共确定人民陪审员53881名；92%的基层人民法院已经完成人民陪审员的选任工作，共选任人民陪审员45697名，这些人民陪审员将与法官共同审理案件。②

五、保护公民权利的法律制度逐步健全

“文革”结束以后，党和国家领导层高度重视对于公民权利的保护，明确禁止了“文革”时期盛行的“大鸣”、“大放”、“大字报”、“大批判”等极易侵犯公民权利的政治行动方式，杜绝了过去普遍存在的不经任何司法程序就抄家、批斗、强迫游街、胡乱抓人等严重违法行为，公、检、法以外的任何机关、个人已无权捕人、私设公堂，随便限制人们的人身自由。随着社会的进步，公民在实际生活中所享有的各种权利不断扩大，公民的人身权、财产权、劳动权、结社权、言论自由权等基本权利都得到恢复和发展，公民的受教育权、政治参与权以及社会保障方面的权利也得到不同程度的实现并正在进一步扩大。公民在日常生活中的言论自由基本得到了保障，在私人领域发表政治性言论也不再受到追究。政府已逐渐能够容忍针对政府的批评包括体制外的一些较为激烈的批评。除了有组织的反政府活动，公民不

① 参见童建明、万春、高景峰：《司法体制改革中强化检察机关法律监督职能的构想（上）》，《人民检察》，2005年第2期（上），第15～21页。

② 参见陈泽伟：《司法体制改革强化公正》，《瞭望》，2006年第5期，第30～31页。

再会因为发表批评性言论而遭到政治上的限制和迫害。

在公民的权利得到实际保护和发展的同时，我国逐步制定、完善了公民权利保护方面的法律制度。1982 年《宪法》详细规定了公民所应当享有的自由和民主权利。《民法通则》、《民事诉讼法》等调节民事关系的法律的制定，使公民的日常社会生活有了法律的规范和约束，公民合法的人身、财产权利得到了基本的法律保障。1989 年，全国人大制定了《行政诉讼法》，使公民在其权利受到政府侵犯时能够向法院提起诉讼，通过法律途径维护自己的权利。1994 年，《国家赔偿法》出台，明确规定当政府机关损害了公民的权利和利益时，国家要承担赔偿责任，使人权保障体制进一步完善。1999 年最高人民法院通过了《关于执行〈中华人民共和国行政诉讼法〉若干问题的解释》，该《解释》规定，公民的受教育权、劳动权、政治权利等其他合法权益受到具体行政行为侵害时，同样可以提起行政诉讼，拓宽了公民权利保障的范围。① 根据前文引述的最高人民法院 2001 年第 25 号司法解释的规定，中国公民自 2001 年 8 月开始可以依据宪法提起诉讼来保护自己的某些重要权利，而法官也可以援引宪法作出判决，有效保护公民的宪法权利。2004 年全国人大修改宪法，在宪法中增加了关于保护人权和财产权的规定。2006 年 10 月，十届全国人大常委会第二十四次会议通过了《关于修改〈人民法院组织法〉的决定》，决定从 2007 年 1 月 1 日起将死刑核准权收归最高人民法院，为保护公民的生命权利设置了一道重要的制度保障。至此，我国公民权利保护方面的基本法律制度已经确立起来。

此外，中国已经改变了过去在人权问题上与西方国家简单对抗的做法，开始同意在相互平等、互不干涉内政的条件下参与国际社会的“人权对话”，并着手从各个方面改善国内的人权状况，同时也积极扩大宣传，消除国际社会对中国人权状况的误解。1997 年 10 月，中国政府签署了《经济、社会和文化权利国际公约》，1998 年 10 月又

① 参见王卓君：《渐进宪政的民主、法治和人权保障》，《中国法学》，2004 年第 5 期，第 3～10 页。

签署了《公民权利和政治权利国际公约》。2001 年 2 月，全国人大常委会批准了《经济、社会和文化权利国际公约》，2003 年中国政府向联合国如期提交首次履约报告，并于 2005 年 4 月接受了联合国经济、社会和文化权利委员会的审议。① 截至 2006 年，中国已经加入了 22 项国际人权公约，与其他国家和国际组织广泛开展人权领域的交流与合作，并认真履行国际人权义务。

第三节　政治结构与功能悄然转变

随着市场经济的发展，中国政治体系所处的生态环境发生了巨大变化，与此同时，中国政治体系的结构和功能也发生了相应的转变。②

① 《中国的民主政治建设》，《人民日报》，2005 年 10 月 20 日，第 10 版。

② 结构功能主义将政治体系看成是相互作用的各个部分所构成的一个整体。所谓政治结构就是指政治体系的权力架构及其各个组成部分之间的关系，其实质是行使权力的机构或角色之间所形成的一种互动与制衡关系。一定的政治结构通常要承担相应的政治功能，政治功能是政治体系所应履行的职责、作用及其使命。政治体系总是存在于一定的环境之中，它是整个社会系统的组成部分，一个国家特定时期的社会、经济、文化构成了该国政治体系运行的生态环境。政治体系通过成功的政策输出和权威性价值分配实现与环境的平衡，这种平衡只有在政治结构正常运转和政治功能有效发挥的条件下才能保持下去。但政治环境总是处在不断的变化之中，当政治体系的外部环境发生变化时，政治体系的结构和功能也需要发生相应的变化。现代世界变化不定的政治环境通常会向政治体系提出新的功能要求。当政治环境提出了转变政治功能的要求时，政治结构也要进行与之相适应的调整和改变。现代政治最一般的特征是政治与政府机构的相当高水平的分化与明晰的功能区分。因此，所谓政治结构功能转变就是要实现政治体系权力结构的分化、优化与合理化，政治功能的专门化，合理划分与配置政治权力机构的功能。立法、行政、司法、军事等权力机构各司其职，各尽其责，相互制约，相互配合。参见［美］彼得·豪尔、罗斯玛丽·泰勒：《政治科学与三个新制度主义》，载薛晓源、陈家刚主编：《全球化与新制度主义》，社会科学文献出版社 2004 年版，第 196 页；Gabriel A. Almond, James S. Coleman. *The Politics of the Developing Areas*. Princeton: Princeton University Press, 1960, p. 532.

当代中国政治结构功能的转变表现在两个层面，在国家层面，国家权力机构之间初步形成了相对合理的分工与合作的关系；在行政系统，建立了基本能够适应市场经济发展要求的现代政府架构。

一、国家权力结构与权力关系的转变

1949年，中国建立了人民民主专政的国家政权，它是一个民主性质的政权，但国家的功能是全能主义的。国家包揽一切，个人依附于国家，企业成为政府的附属物。国家直接从事生产、经营活动，直接成为利益主体，其财政来源不是政府税收而是自己所经营的企业（包括农业）的利润，即自己生产自己的财政。马骏称这种国家为自产国家。① 这种国家的特征是没有公私领域的划分，公共事务与私人事务混杂在一起。国家要控制全部的社会领域，就必须对人民的生活做出全面的安排，实现国家与社会高度一体化。与此相适应，国家的权力必然是高度集中的，国家的权力结构也是高度合一的。国家公共职能不能充分履行，现代国家的结构未能顺利建立起来，国家权力体系所承担的事务极其繁杂，机构臃肿，人员超编，效率低下。

在“文化大革命”以前，中国的政治体系在形式上分为不同的国家机构，如全国人大、国务院、最高人民法院等，但从权力的运行来看，这几种不同的国家机构的权力是高度集中统一的，权力高度集中于党的组织尤其是党的领导人。政府、司法部门的工作甚至是具体事务都受到党委的控制和干预，也就是说并没有在实质上实现政治结构的分化和功能的专门化。围绕着党组织系统所形成的权力运行体制履行着国家的所有的功能。党政不分、以党代政畸形发展，国家机构的功能不能正常发挥。人民代表大会不能有效履行其权力机关的职能，国务院的职权也被严重削弱。到“文化大革命”时期，这种形

① 关于中国从“自产国家”向“税收国家”的转变可参阅马骏：《预算民主：中国预算改革的政治基础》，载马骏：《中国公共预算改革：理性化与民主化》，中央编译出版社2005年版。

式上的分工也不存在了，党政机构陷于瘫痪，司法机关被取消，个人决策代替了国家机构的分工负责，形成一种特殊的个人高度集权体制。国家的立法、行政、司法、军事等各种权力更多的时候是由“文革小组”这样的少数几个人所组成的集团在控制。①

中国市场经济的发展必然会提出国家功能转换的要求，要求国家从无限功能的国家向有限功能的国家转变，从过度重视政治统治的国家向主要从事社会管理的国家转变，从直接安排与组织经济生活的自产国家向提供公共服务与公共产品的现代税收国家转变。国家的主要功能是提供国家安全、公共设施、公正的法律规则等公共产品。市场经济要求国家权力改变高度集中的状况，受到严格的约束和限制，减少权力行使的专断性和任意性，减少或解除国家权力对经济生活的垄断和管制。这样，国家要适应市场经济发展的需要，势必要改变高度合一，功能不分的政治权力结构，向更为分化的结构和更好地履行现代国家功能的方向发展。

中国政治体系在结构功能方面取得了很大进步。改革之初，国家的工作重心实现了战略性转变，党和国家的中心工作从以阶级斗争为纲转变为以经济建设为中心。国家统治的功能退居幕后，经济、文化功能走上前台，成为国家的重要功能。在中国政治结构功能转变的过程中，首先实现的是国家职能从阶级统治、政治斗争到组织国家经济建设，组织和管理社会、文化生活的转变。在统治职能方面，国家不再采用简单的暴力镇压和阶级斗争的方式，而是采用法治的方式将政治冲突纳入程序化的渠道解决，其统治职能主要体现为保护国家安全，维持社会秩序；在社会管理职能方面，国家由直接的微观的管理转变为间接的宏观的管理，将微观领域的消极规制与宏观领域的积极调控相结合，由过去主要通过行政手段进行管理转变为通过法律、经济、行政等手段相结合的综合管理。

适应国家功能转变的要求，国家权力结构与权力关系也发生了很

① 参见谢庆奎：《政治改革与政府创新》，中信出版社 2003 年版，第 103～104 页。

大的变化。党组织与国家机关以及其他组织之间的分工关系逐步确立，党政开始有了明确的分工，党的组织系统不再设立与政府机构相对应的部门，建立并完善了从国务院到地方的强有力的政府工作系统，不同的国家机关分别承担法定的职责和功能。随着政治改革的推进，国家权力机构之间的关系逐步向着分工、合作、制约的方向演变，人大的权力和地位逐步得到加强，政府能够正常地履行其职能，司法系统得到恢复和完善，一个现代国家的权力结构基本建立起来。执政党逐渐认识到权力不受监督的危害性，中共十五大、十六大都提出要建立权力制约机制。胡锦涛在中共十七大政治报告中进一步强调要“建立健全决策权、执行权、监督权既相互制约又相互协调的权力结构和运行机制。健全组织法制和程序规则，保证国家机关按照法定权限和程序行使权力、履行职责”①。目前，我国国家机关的自主性不断增强，全国人大、国务院、最高人民法院和最高人民检察院有明确分工，相对独立地分别行使国家的立法权、行政权和司法权，彼此之间建立起既相互监督又相互合作的关系，初步形成了一种中国特色的权力制衡机制。②

二、政府机构改革与政府职能转变

为适应市场经济的要求，中国行政系统也经历了一个结构功能转变的过程。政府结构功能的转变并不是新旧结构突然之间进行全面替换，而是走了一条渐进式的路线。中国政府结构功能转变的一个显著特征是双轨制，即新旧机构并存，两种政府职能同时发挥作用。中国经济改革走的是一条增量改革的道路，在存量部分，体制内的公有制经济先按照传统的方式实行渐进式改革，放权让利，增强活力；在增

① 胡锦涛：《高举中国特色社会主义伟大旗帜 为夺取全面建设小康社会新胜利而奋斗——在中国共产党第十七次全国代表大会上的报告》，人民出版社2007年版，第33页。

② 参阅本书第五章第四节对相关问题的论述。

量部分，体制外的非公有制经济一开始就是按照市场机制运行的。在增量改革过程中，政府实际上也在履行两种不同的职能，对于国有经济，政府履行的是传统的直接的组织、指导、控制、监督的职能，而对于非公有制经济，政府实际上承担的是现代政府所应承担的社会经济管理职能，即宏观调控和微观规制的职能。在改革深化的过程中，政府的职能逐渐从前一种职能转向后一种职能，但在新的适应市场经济要求的职能机构尚未建立并充分履行职责之前，并没有急于取消现有的政府机构和职能，而是让计划经济时代延续下来的部门仍然在微观层面直接指导和管理企业的经营活动。与此同时，政府始终在探索如何设置比较合理的政府机构体系，先后进行了1982年、1988年、1993年、1998年、2003年五次比较大的政府机构改革，逐步精简和削弱一些计划经济体制下的机构，增设和强化一些新的机构，计划经济时代的政府机构逐步减少，适应市场经济要求的现代政府机构逐步建立和完善起来。

1982年的国务院机构改革是在改革启动不久，政府职能转变还没有提上议事日程的情况下进行的，因此收效不大，改革之后精简的机构很快又恢复起来。但这次改革也取得了一定的成绩，如实现行政官员队伍的年轻化、专业化，加强了综合协调、统计监督部门，国务院行政机构得到大幅度精简，由原来的100个减少到61个。1988年的机构改革按照转变政府职能的方向和原则，强化了宏观经济管理部门和监督部门，适当弱化了专业经济管理部门，把原来行政机关的部分职能转移到各种协会去承担；同时，实行党政分开，党委部门中不再设置与政府职能部门重叠的办事机构。① 1993年的机构改革是适应建立市场经济体制的要求而展开的，改革的重点是转变职能，政企分开。在政府结构转换方面取得的突破是，成立了国家经济贸易委员会；撤销轻工业部、纺织工业部，将其改组为行业管理组织即中国轻工业总会和中国纺织品总会；撤销航空航天工业部，将其原有机构企

① 参见张立荣：《中外行政制度比较》，商务印书馆2002年版，第398～403页；任晓：《中国行政改革》，浙江人民出版社1998年版，第183～207页。

业化，成立航空工业总公司和航天工业总公司。这次改革因为市场经济尚未全面展开，因而政府的结构转变是有限的，但已经迈出了向现代政府转变的非常重要的一步。1998 年的机构改革在建立适应市场经济要求的现代政府体制方面取得了重大突破，政府组织结构有了较大幅度调整，宏观调控部门得到加强，而专业经济管理部门进一步精简和压缩，改组或新建了教育、科学、文化以及社会保障、资源管理等部门。国务院的组成部门由 40 个精简为 29 个，人员总数精简了一半。这次机构改革有一个突出的特点是切实转变政府职能，实行政企分开，专业经济管理部门不再直接管理企业，其主要职责是制定行业规划和行业政策，进行行业管理，引导本行业产品结构的调整，维护行业内平等的竞争秩序。在 2003 年的机构改革方案中，整合国家经贸委与其他有关部门的职能，组建了商务部；国家发展计划委员会被改组为国家发展和改革委员会；新设立国有资产监督管理委员会和中国银行业监督管理委员会。除国务院办公厅外，国务院组成部门缩减为 28 个。① 至此，适应市场经济要求的现代政府架构基本建立。

这几次机构改革，如果从单次改革来看，都不能说是完全成功的改革，因为前面几次改革之后都有比较大的反弹，机构变迁成为“精简—膨胀—再精简—再膨胀”的反复过程。如果从政府结构转变来看，每一次机构改革都在向前迈进。为适应经济转轨阶段性的需要，政府结构的转变不是一步到位，而是渐次进行，适应市场经济要求的综合经济管理部门按轻重缓急逐步建立，计划经济时代的专业经济管理部门逐步裁撤，在裁撤的同时也有所保留，如有些机构降格为国家局，也保留了少量的专业机构。在几经反复的机构改革之后，政府的结构和功能已经悄然发生了转变，在逐步趋近市场经济对政府结构、功能的要求，而且前面的改革为后面的改革积累了经验，为政府

① 参见谢庆奎：《政治改革与政府创新》，中信出版社 2003 年版，第 175 ~ 178、216 ~ 218 页；向妮：《市场化改革与官僚制精神——中国政府行政改革的双重任务》，载徐湘林主编：《渐进政治改革中的政党、政府与社会》，中信出版社 2004 年版，第 125 ~ 145 页。

结构功能的进一步转变奠定了基础。这样的双轨制改革当然会出现许多弊端，诸如政企不分、权力寻租、腐败滋生、资源浪费等问题在中国改革过程中都很严重。但这种双轨制确保在转轨过程中不会出现权力真空，不会出现政府功能的弱化，使转轨的过程始终保持了基本的经济、政治秩序的稳定。① 就目前而言，经过几次大的机构改革，尤其是1998年、2003年的改革，市场经济所要求的政府结构基本建立起来，政府管理和调控社会事务的能力也随之得到增强。政府现有的结构和功能能够基本满足市场经济发展和进一步推动改革的需要，政府能够在复杂多变的经济形势中，驾驭市场经济的运行，能够推动国民经济持续快速的增长。

中国经过三十年的改革和发展，逐步“形成了一个复杂的、多种政治制度安排协调配置、能够适应国家治理多方面需求的政治权力系统。党政人大分开，分别履行不同的国家职能，将党的领导与党政人大分开有机地结合起来，既保证了国家权力的统一，又保证了国家各项职能有效地得到履行”②。现代政治权力结构的基本框架已经在中国初步确立，立法、行政、司法等国家机关在党的统一领导下，各自承担一部分职责，履行国家权力的某一方面的功能，分工明确，独自负责。这是一个现代的结构形式，也基本能够满足现代社会对国家权力所应履行的各种功能的需求。随着中国政治体系结构功能的成功转型，其政治效能也得到增强，政府享有基本的权威领导国家的现代化建设，政府的指导、动员、分配、管理、协调、服务等各项能力都有了明显的提高。

第四节　政治文化的变迁与更新

改革开放以来，中国的政治文化发生了显著的变化，虽然还不能

---

① 参见曹沛霖：《制度纵横谈》，人民出版社2005年版，第200页。

② 赵成根：《理性威权主义转型的合理性分析》，载徐湘林、［德］格哈德·格勒、赵建民主编：《民主、政治秩序与社会变革》，中信出版社2003年版，第208页。

说中国已经形成了成熟的民主政治文化，但政治文化的发展方向却是不断在为民主政治创造比较好的心理基础①。如前文所述，政治文化可以分为政治心理与政治思想两个层面，政治意识形态是政治思想的系统化的形式和集中表达②，政治理念是政治思想最精练的概括和象征性符号。政治思想和政治心理都会对人的行为产生重要的作用，而政治理念则具有导引方向、号召民众和重塑政治心理的巨大影响力。本节主要从意识形态的更新、现代政治理念的树立与公民政治心理的变迁三个方面略述改革开放以来中国政治文化的变迁与更新。

一、传统意识形态的更新

林毓生指出："意识形态是对人和社会、及与人和社会有关的宇宙的、认知的与道德的信念的通盘形态。"它通常具有系统性、封闭性等特征。③ 政治领导人如果能够成功地在一个国家确立起一套统一的意识形态体系，对于巩固政权的合法性具有重要作用。意识形态通

① 王沪宁在《转变中的中国政治文化结构》一文中认为当代中国政治文化的转变与社会文化的转变一样，具有十个方面的特点："（一）从革命性文化转向建设性文化；（二）从政治倾向文化转向经济倾向文化；（三）从整体性文化转向个体性文化；（四）从单一维度文化转向多样维度文化；（五）从精神偏重文化转向物质偏重文化；（六）从原则论证文化转向操作论证文化；（七）从目标分析文化转向过程分析文化；（八）从理想描绘文化转向现实描绘文化；（九）从单渊源文化转向多渊源文化；（十）从衍生性文化转向创新性文化。"这十个方面较为全面地概括了当代中国政治文化变迁的过程和趋势。参见王沪宁：《转变中的中国政治文化结构》，《复旦学报（社会科学版）》，1988 年第 3 期，第 55 ~ 64 页。

② 参阅徐大同：《政治文化民族性的几点思考——政治文化的多样性与政治文化的民族性》，载马德普主编：《中西政治文化论丛》（第一辑），天津人民出版社 2001 年版，第 37 页。

③ 林毓生：《二十世纪中国的反传统思潮与中式乌托邦主义（续）》，载刘军宁编：《经济民主与经济自由》，生活·读书·新知三联书店 1997 年版，第 345 ~ 346 页。

过一套关于政权合法性的话语体系能够使人们相信统治者的合法性，节约统治国家的交易费用。但“政治意识形态一旦在政治体系中被广泛接受，领导人本身也就成了它的囚徒。如果他们违反其准则，就会冒毁坏自己的合法性的风险”①。在制度变迁的过程中，确立新的制度要求变革传统的意识形态，但过于突然的改变意识形态又会危及统治权威的合法性，因此，推动制度变革的领导人需要小心谨慎地对传统意识形态进行改造。

中国在改革以前是一个受意识形态全面支配的社会。传统意识形态塑造了社会主义政治文化，但传统意识形态中的激进成分也被不断夸大，过分强调社会主义与资本主义的对立，将社会主义与资本主义之间看做是一种你死我活的关系。“不是东风压倒西风，就是西风压倒东风”，“宁要社会主义的草，不要资本主义的苗”，就是这种意识形态极端化的典型写照。正是在激进意识形态的支配下，新中国的政治发展才走了一条曲折的道路。领导人之间正常的政策争论和意见分歧往往上升为意识形态之争，导致阶级斗争扩大化和政治运动的恶性发展，使中国出现严重的政治衰退。

随着中国经济、政治改革的启动和深入，传统意识形态中的许多内容不再适应现实的需要，需要淘汰和更新，但传统意识形态的转变只能采取渐进的方式。传统意识形态是社会主义制度的理论基础，是共产党执政地位的合法性依据，突然抛弃传统意识形态中的某些重要内容势必会动摇党的权威，而且会引起左翼保守派的强烈反对从而造成政治动荡或使改革受挫。另外，人们长期生活在这种意识形态的规范之下，已经形成了固定的价值观、行为习惯和生活方式，某些人的既得利益也是与传统意识形态结合在一起的，如果在某一时刻突然迫使人们抛弃信仰多年的意识形态，肯定会引起民众的不适应和社会的不安定，甚至会导致一部分人的不满和反抗。中国改革的领导人充分认识到意识形态变革的阻力，非常重视使新的理论和观点与传统意识

① ［美］罗伯特·达尔：《现代政治分析》，王沪宁、陈峰译，上海译文出版社 1987 年版，第 79～80 页。

形态相衔接，一方面尊重和保持传统的政治话语体系，尽量避免公开的争论，回避与传统意识形态的正面冲突，另一方面通过持续的理论创新，创造性地解释传统意识形态的概念和原理，赋予原有的政治话语以新的时代内容，使之成为改革的助力而不是阻力。① 执政党在理论创新的过程中，非常重视语词的创新，通过精心选择和创造一些概念和词语，使其既能够包含新的思想和观点，又能够显示改革的政策、措施与资本主义的区别，力争使新理论的语言和形式为旧的意识形态体系所容纳，使理论创新的成果和新的观点能够逐步为整个社会所接受。② 当理论创新的实践效果充分显现之后，陈旧的意识形态教条也就自然为人们所抛弃。

理论创新与传统意识形态衔接的一个典型的例子是关于毛泽东和毛泽东思想的评价问题。改革开放之初，不指出和纠正毛泽东晚年思想中的错误内容，不创立新的理论，就不能顺利启动改革开放，但是如果全盘否定了毛泽东思想，又会动摇党的合法性基础，也会影响到改革领导人的权威和地位。改革的领导人对这个问题的处理方式体现了巧妙的政治艺术，即将毛泽东本人的思想与作为中国共产党集体智慧之结晶的毛泽东思想分开；将毛泽东本人的错误思想与正确思想分开，通过强调毛泽东思想中的正确内容，通过对毛泽东思想的重新解释使其适应于改革开放的新形势和新情况。③ 邓小平对实事求是思想路线的强调和发展在正确对待毛泽东和毛泽东思想方面起到了示范作

---

① 参见张定淮、涂春光：《当代中国政治发展的战略与策略》，载黄卫平、汪永成主编：《当代中国政治研究报告Ⅲ》，社会科学文献出版社 2004 年版，第 102 ~ 103 页。

② 中国的改革理论在语词的使用方面非常重视与传统意识形态的衔接，如在很长时间内称“资本”为“资本金”；称“失业”为“下岗”；称“私营企业”为“民营企业”，以显示与资本主义的区别。这些语词的使用在尊重传统意识形态的同时，巧妙地改造了传统理论，化解了改革的阻力，充分体现了改革者的政治智慧。

③ 参见邹谠：《二十世纪中国政治——从宏观历史与微观行动的角度看》，（香港）牛津大学出版社 1994 年版，第 115 ~ 116 页。

用。他对实事求是的倡导保持了意识形态的延续性，坚持了毛泽东思想，但他又将实事求是与解放思想相结合并赋予其新的含义，使实事求是成为改革开放的思想武器，为意识形态的进一步创新和经济、政治体制改革解除了思想上的障碍。

意识形态的渐进转变在经济领域有着比较突出的体现。传统意识形态在经济方面的表现就是在所有制、经济体制、分配制度三个方面过度强调社会主义与资本主义的根本对立，即在所有制方面的公、私对立；经济体制方面的计划与市场对立；分配制度方面按劳分配与剥削制度的对立。在改革深化的过程中，意识形态在这三个方面都有了比较大的突破。

坚持公有制的绝对支配地位、严格禁止私营经济的存在和发展是传统意识形态最核心的内容。中国改革开放以来在强调坚持公有制为主体的同时，逐步恢复并确立了私营经济的合法地位。对私营经济观念的改变首先从农村开始，当农村包产到户出现之后，中央给予了支持和认可，并随即在政治上确立了包产到户的合法地位。在此之后，1981 年 6 月，中共十一届六中全会提出：“劳动者的个体经济是公有经济的补充”。1987 年 10 月，中共十三大报告提出，应该进一步鼓励“城乡合作经济、个体经济和私营经济”的发展；全国人大在 1988 年 4 月修改宪法，确认“私营经济是社会主义公有制经济的补充”。1997 年 9 月，中共十五大报告指出：“非公有制经济是我国社会主义市场经济的重要组成部分”；1999 年 3 月，全国人大修改宪法，确认“个体经济、私营经济等非公有制经济是社会主义市场经济的重要组成部分”。2003 年 10 月，中共十六届三中全会提出：“维护公有财产权”，“保护私有财产权”；2004 年 3 月，全国人大修改宪法确认：“公民的合法的私有财产不受侵犯”。① 从这里的叙述可以看出，执政党对于私营经济以及私有财产的政策经历了一个渐进的理论演变的过程，从默认、“补充”到“重要组成部分”，到“私有财

① 参阅唐亮：《渐进 · 民主——变革中的中国政治》，八方文化企业公司 2004 年版，第 6 ~ 12 页。

产不受侵犯”，私营经济及私有财产终于获得了正式的合法地位。

坚持计划经济、排斥市场经济也是传统意识形态的核心内容之一，中国共产党对市场经济看法的改变也经历了一个渐进的过程。1982 年 9 月中共十二大政治报告提出，在经济体制改革中要坚持“计划经济为主、市场调节为辅”的原则。1984 年 10 月，中共十二届三中全会在经济改革的指导思想方面有重大突破，将社会主义经济界定为“在公有制基础上有计划的商品经济”。1987 年中共十三大报告指出，社会主义经济体制是“计划与市场内在统一的体制”。1992 年春，邓小平在南方讲话中指出：“计划和市场都是经济手段”，资本主义也有计划，社会主义也有市场。1992 年秋，中共十四大正式确认：“我国经济体制改革的目标是建立社会主义市场经济体制”。宪法随后确认了这一改革目标。①

意识形态在政治领域同样发生了重要转变。在政治理想和政治信仰方面，用更为世俗化、更具有现实性和可行性的理想代替了远大的目前并不具备实现条件的理想。执政党为全社会所确定的现阶段的政治理想就是建设中国特色的社会主义，实现社会主义现代化，实现中华民族的复兴。中国共产党十五大报告阐述了执政党在初级阶段的基本纲领，并指出巩固和发展社会主义制度需要几代人、十几代人甚至几十代人的努力奋斗，共产主义的远大理想需要等待未来去实现。在组织建设方面，党的意识形态也在与时俱进。在改革开放以前，资本家或私营企业主是人民政权改造的对象，除极少数为革命和建设做出重大贡献的人外，一般不能加入中国共产党。改革开放以后，私营企业主重新出现，其人数逐渐增多，各地党组织根据实际情况吸收了大量私营企业主和其他新社会阶层的成员入党。党中央在很长的时间内

---

① 此外，分配制度以及相关理论的变化也是一个渐进的过程，由平均主义的分配体制到允许一部分人先富起来，拉开收入差距；由承认非按劳分配方式是分配制度的补充到确认社会主义分配制度是按劳分配与按生产要素分配相结合，经过长期的群众实践和理论探讨之后，执政党的理论体系终于承认了多种分配方式并存的合理性，并通过修改宪法正式在法律上确认了这一分配制度。

并不鼓励私营企业主入党，但形势的发展要求党的理论必须对社会阶层发生的重大变化作出反应。于是，2002 年 11 月，中共十六大修改了《党章》，党章总纲指出，中国共产党是中国工人阶级的先锋队，同时是中国人民和中华民族的先锋队。《党章》第 1 条规定：新的社会阶层的先进分子如果承认党的纲领和章程，愿意参加党的组织、执行党的决议和按期交纳党费的，可以申请加入中国共产党。至此，私营企业主入党突破了意识形态的障碍，得到了党内根本性法规的正式确认。

意识形态的渐进转换取得了明显成功。迄今为止，传统社会主义意识形态在中国仍然具有不可动摇的正统地位，但意识形态的内涵已悄然发生了根本的转化。1978 年中共十一届三中全会确立了改革开放的基本国策，在思想路线方面用实事求是取代了“两个凡是”；在政治路线方面用“以经济建设为中心”取代了“以阶级斗争为纲”、“无产阶级专政下继续革命”。这些重大的理论创新初步实现了意识形态的世俗化转变，促使原来盛行的极左意识形态转变为社会主义的一般的常规的意识形态。伴随着改革开放的进展，意识形态进一步向理性化的方向转变，实现“四个现代化”、“全面建设小康社会”等务实的追求取代了原来共产主义的理想目标，“三个有利于”成为判断改革是非得失的根本标准，邓小平理论、“三个代表”重要思想和科学发展观等更为务实的理论成为执政党在现阶段的新的指导思想。经过一系列的理论创新，在主流的意识形态话语体系中，传统的革命概念以及带有乌托邦色彩的远大目标基本消失，取而代之的是“小康社会”、“民主法治”、“政治文明”等更符合现代文明价值，更符合人民现实生活需要的话语体系。执政党的合法性基础不再依赖于远大理想、革命理论与阶级斗争，而是依赖于执政党的先进性即执政党推动经济、社会、文化发展和提高人民生活水平的能力与绩效。

传统意识形态在经济生活领域的影响已经逐渐淡化，对政治、文化领域的影响也在减弱。在 20 世纪 80 年代和 90 年代初期，意识形态的争论还不时影响到经济的决策和运行。到 20 世纪 90 年代中期以后，政府部门的经济决策和经济行为已经很少受到意识形态的影响。

在政府行政工作以及司法工作中，人们一般从公共管理与公共安全的角度去考虑问题，很少再从意识形态的角度去考虑问题。“在科学、技术、教育、环保、卫生、文化、艺术、体育、娱乐等方面，意识形态都已经在不同程度上被置于人们的视线之外”。① 在社会生活领域，个人的私人事务已经完全摆脱了意识形态的影响，人们具体的工作和业务往来也不再和意识形态发生关系，虽然在事业单位仍然保留了“政治学习”这种传统意识形态教育的活动形式，但时间已经越来越少，而且人们更多的是讨论单位的实际事务，意识形态已经不再对人们的工作和生活产生广泛的影响。

二、现代政治理念渐次树立

历史赋予中国共产党的使命是在中国建设一个现代化的国家。新民主主义革命取得胜利之前，毛泽东在为中共七大所作的《论联合政府》报告中提出：“在新民主主义的政治条件获得之后，中国人民及其政府必须采取切实的步骤，在若干年内逐步地建立重工业和轻工业，使中国由农业国变为工业国。”② 新中国成立后，周恩来于1954年在第一届全国人大一次会议上初次提出国家要实现“四个现代化”。1963年1月，周恩来在上海市科学技术工作会议上提出了完整的“四个现代化”的发展目标，即：“我们要实现农业现代化、工业现代化、国防现代化和科学技术现代化，把我们祖国建设成为一个社会主义强国。”③ 这些论述表明，中国共产党领导革命和建设的目的就是要将中国建设成为一个富强、文明的现代国家。所谓现代国家首先是一个独立的主权国家，但同时也是人民的国家，它必须能够集中必要的权力以维护民族的生存和发展，又要受到民主、法治的制度约

① 李景鹏：《中国政治发展的理论研究纲要》，黑龙江人民出版社2000年版，第184页。

② 《毛泽东选集》第3卷，人民出版社1991年版，第1081页。

③ 《周恩来选集》下卷，人民出版社1984年版，第412页。

束以保障人民的自由和平等，实现公平正义。中国共产党领导的革命和建设一方面追求人民的自由解放，另一方面追求国家的繁荣富强，与现代国家的基本理念相契合，代表了历史进步的趋势。但由于特殊的历史环境和主观认识的局限，中国共产党的领导层没有树立全面的现代国家的理念，过多地追求国家的权力和实力，忽视了人民的生活和权利；过多地强调了现代国家的物质层面，忽视了现代国家的制度层面。正因为如此，中国建设现代国家的道路才历经曲折。

改革开放以后，历史教训使邓小平等领导人认识到，现代国家如果不能满足人民基本的物质需求，不能逐步提高人民的生活水平，就失去了在现代世界立足的基础；现代国家如果不恪守相应的制度伦理，没有民主和法治方面的制度约束，不在制度层面落实人民当家做主的权利，国家权力就会异化，违背人民政权的本质。因此，在 20 世纪 80 年代，中国共产党所确立的国家发展重点就是推动经济的快速增长以提高人民的生活水平，邓小平所规划的“三步走”发展战略的第一步是解决人民的温饱问题，保护和实现人民的生存权和发展权。解决这个问题需要适度拉开收入差距，调动人民的生产积极性，扩大国民经济规模，所以党和政府的政策方针是“效率优先，兼顾公平”。与此同时，执政党开始回归人民民主的政治诉求，并强调树立法制的理念，希望通过发展人民民主，赋予人民在基层选举和自治的权利来重塑国家的合法性基础。中共十二大政治报告提出要把民主与法制紧密结合起来，实现社会主义民主的制度化、法制化。十三大报告又提出国家发展的目标是要建立富强、民主、文明的社会主义现代化国家。执政党在这一时期的理论创新以及新的概念和表述的提出，初步表达了现代国家的基本政治理念。1997 年，中共十五大报告提出建设法治国家的政治目标，将法制提升到法治的层面，用“法治”这样一个更符合现代国家本质要求的政治理念取代了带有浓厚人治色彩的“法制”，确认法律具有高于一切政党、机关、团体、个人的地位，将执政党以及政府的权力纳入到法律的约束之中。十五大还提出了“人权”的政治理念，承认执政党的权力是人民赋予的。这些都标志着执政党在政治理念上进一步向现代国家迈进。十五大之后，在“三个代表”重要思想的表述中，新的社会阶层被正式承认为“社会主义事业的建设者”，并且他们的收入和财富得到国家和政府的保护，这实际上是现代国家国民平等观念的政治化的表达，即无论哪个阶层的成员，作为守法的公民，他们都是国家平等的一员，享有一个公民理应享有的权利和义务。

随着中国经济的持续发展，人民的生活水平得到普遍改善，但也出现了较为严重的贫富分化，中国的基尼系数超过了国际警戒线。在这种背景下，胡锦涛于2003年、2005年先后提出了科学发展观与和谐社会理论作为党和政府领导国家建设的新的指导思想。和谐社会理论继续坚持了之前党的领导人提出的民主法治的政治理念，并有了进一步的发展，将民主、法治与自由、人权等政治理念结合起来，作为社会主义应当追求的政治价值。温家宝总理2007年2月在《人民日报》上撰文指出：“科学、民主、法制、自由、人权，并非资本主义所独有，而是人类在漫长的历史进程中共同追求的价值观和共同创造的文明成果。……社会主义制度与民主政治不是相背离的，高度的民主、完备的法制，恰恰是社会主义制度的内在要求，是成熟的社会主义制度的重要标志。”① 和谐社会理论的重大理论创新是提出了公平正义的理念。这里的公平理念来源于社会主义传统的平等观念，但它不是原有的建立在平均主义理论基础上的平等观，不主张低水平的强制性的财富再分配，而是主张创造公正的机会使经济发展的成果惠及全体人民，通过取消农业税、推行农村低保、建立农村合作医疗体系、免除农村义务教育学费、推行廉租房等重大政策措施使所有人都过上有尊严的生活，使每一个公民都能得到国家的平等对待。现代国家与古典国家不同，现代国家正义性的首要体现的是保护公民权利，实现政治民主，但同时现代国家的正义性有着更积极的内涵，那就是它同时还要有人文关怀，要关注人民的安康和福利。美国总统罗斯福曾经提出的人所应享有的四大自由中有一项就是“免于匮乏的自

① 温家宝：《关于社会主义初级阶段的历史任务和我国对外政策的几个问题》，《人民日报》，2007年2月27日，第2版。

由”，这种自由观鲜明地体现了政治正义对现代国家的要求，即国家有责任使人民免于匮乏和饥饿。如果多数人的生活陷入比较困苦的状态，受到不公正的待遇，不管是什么原因造成的，他们都会对国家的正义性产生严重的怀疑。如果人民怀疑国家的正义性，就会动摇政权的合法性，严重威胁政治稳定。胡锦涛提出的公平正义的理念更加趋近当今世界各国对政治正义的普遍理解。

2007 年 10 月 15 日，胡锦涛在中共十七大政治报告中，在总结中国改革开放以来近三十年政治进步经验的基础上，提出要“树立社会主义民主法治、自由平等、公平正义理念”①。这是对中国特色社会主义核心政治理念的一次集中表达，也是对现代政治理念的系统的确认，显示出在经过长时期的意识形态的渐进更新之后，人类现代政治文明的普世价值已经融入中国共产党的执政理念。十七大在弘扬已有的民主法治、公平正义理念的同时，首次在党代会政治报告中提出自由理念，也就是承认了人民享有世所公认的自由行动、自由表达、自由追求自己生活目标的权利；同时平等与自由并列，突出了平等的政治内涵，即公民不仅应该受到政府的平等对待，而且应该享有平等参与政治生活的权利，应当享有选举权、知情权、参与权、表达权、监督权等完整的政治权利。

现代国家的政治理念是一个完整的体系。因为每一个人都享有不可剥夺的自由、平等权利，所以人民才是国家主权的真正所有者，现代国家的权力只能来源于人民的授权，人民享有选举和更换国家领导人的权利，并通过法治来规范、约束国家权力的运行，也有权受到政府的平等对待，得到自己应该得到的东西，享有每个公民应该享有的权利，这才是一个正义的现代国家。罗尔斯认为：“正义是社会制度

① 胡锦涛：《高举中国特色社会主义伟大旗帜 为夺取全面建设小康社会新胜利而奋斗——在中国共产党第十七次全国代表大会上的报告》，人民出版社 2007 年版，第 30 页。

的首要价值。"① 正义也应该是现代国家追求的首要目的。只有通过民主与法治充分保障人民的自由与平等权利，实现社会公平，才能实现现代正义国家的目标。中国共产党十七大提出的民主法治、自由平等、公平正义等政治理念构筑了完整的现代国家价值体系，将指导中国的政治发展沿着正确的方向前进。

三、公民政治心理的变迁

中国改革开放以前的政治文化在公民心理层面体现为群众文化与臣民文化的混合，公民一方面表现出狂热的以群体形式参与政治的热情，另一方面又表现出对权威的绝对服从。1978 年至今，对外开放和市场经济的发展对中国公民的政治态度、情感和价值观发生了巨大的影响，民主政治文化有了一定程度的发展。

计划经济时代，在政治生活中，魅力型领袖高高在上，笼罩在神秘的光环之中，对领袖的崇拜和迷信支配着人们的意识和行为；在日常生活中，单位或公社的领导决定一切，职工的生老病死都依赖单位的安排和惠顾，农民的生存也高度依赖人民公社，因而公民必须与当权者发展良好的个人关系。② 这种国家与单位支配一切的制度结构与中国历史上形成的权威崇拜结合起来塑造了公民的依附心理，突出的表现是对权威的高度服从，缺乏独立的人格，不敢表达个人意见。随着改革开放的推进，魅力型政治权威逐渐淡出公共政治生活，国家领导人以理性权威的形式发挥其影响力。公民的依附性人格在逐渐改变，虽然许多公民仍然有崇尚权威的心理，③ 但对于权威已经不是过去那种盲目崇拜，人们的"权威"观念逐渐淡化，开始用理性的眼

① ［美］罗尔斯：《正义论》，何怀宏等译，中国社会科学出版社 1988 年版，第 1 页。

② 参阅沃尔德的相关论述，转引自［美］小彼得·穆迪（P. R. Moody, Jr.）：《中国政治文化研究的趋势》，欧阳景根译，《国外社会科学文摘》，2000 年第 10 期，第 72 ~ 75 页。

③ 参阅本书第二章第二节的相关论述。

光来看待权威。

随着市场经济的发展，革命理想主义对人们的影响逐渐淡化，世俗化成为文化演变的主要内容和方向，实用主义、世俗功利的价值观被人们普遍接受。传统模式的政治宣传与政治教育已经不能再激发民众对政治的参与热情。人们的“政治认知从感性转向理性……政治价值观从革命至上转向利益至上……政治情感由盲目崇拜转向理性认同”①。人们不再追求不切实际的政治目标，能够以较为理性的态度来看待政治生活，将参与政治仅仅看做是满足自己利益要求的途径。对政治的评价标准变得更为务实和功利，带有典型的工具理性和实用理性的特征。能否解决实际问题，能否满足自身的利益需求和提高自己的福利水平成为公民表达政治喜好、评价政府以及领导人作为的主要依据。

人们在经济活动中获得了成功，更充分地认识到自己价值，也更为自信，个人的独立性在增强，权利意识、自主意识、法律意识也不断增强，人们已经比较自觉地维护自己的利益和权利，并积极争取对公共事务的发言权。2004 年新的《宪法修正案》通过后不久，立即有一些公民开始援引宪法保护自己的财产和权利。据《中国青年报》报道，2004 年 4 月 1 日，北京 63 岁老人黄振沄手持《宪法》抵制强制搬迁，使他家建于清朝的院落暂时得以保留。2004 年 4 月 26 日，河南省开封市的 38 户居民，通过宣传《宪法》中关于私有财产保护的内容以抵制政府对其房屋的拆迁。② 另外，对于政府部门的具体侵权行为，公民敢于通过法律途径或者其他途径维护自己的权利，“民告官”的事例逐渐增多。1982 年人民法院开始受理行政诉讼，随后逐年增加，1990 年 10 月 1 日《行政诉讼法》实施后，行政诉讼开始

① 参见于毓蓝：《农村基层民主的政治文化分析——苏南模式》，社会科学文献出版社 2006 年版，第 191 页。

② 参阅《北京一老人手持宪法抵制强制搬迁》，《中国青年报》，2004 年 4 月 5 日；《开封 38 户居民街头宣传〈宪法〉抵制拆迁》，《中国青年报》，2004 年 4 月 29 日。

持续上升，1998年行政诉讼一审案件受理数量已达98463件。1990年至2000年，全国各级法院受理一审行政案件共计58.6万多件。在已经审结的一审行政案件中，原告胜诉案件占结案数的40%以上。2000年后，行政诉讼案件以更快的速度增长，从2000年至2006年，法院共受理一审行政案件63.97万件，平均每年比前10年年均受案数上升16.78%。① 公民通过司法途径维护权利的案件大量增加反映了公民权利意识、法律意识的逐步觉醒。

经济市场化的推进、民营经济的发展以及国家人事制度的变革使越来越多的人成为独立的经济利益主体，不再依赖于国家或单位谋求自身的生存与发展，人们的政治人格开始从依附型向自主型转变，公民的政治主体意识和参与意识明显增强。② 公民出于维护自己利益的考虑，有较强的自主参与政治的意愿，尤其是利益受到明显损害的群体，希望借助于群体行动的声势影响政府的决策和行为来维护自己的利益，或者通过对上级政府的影响来矫正下级政府对自己利益的损害。在相当一部分公民表现出政治冷漠的同时，也有许多公民对政治比较关心，通过媒体及时获取政治信息，在日常生活中经常讨论政治，当政府行为与自身利益利害相关时表现出积极参与政治的倾向，具有一定的政治效应感。③

市场经济既需要市场主体之间的自由竞争，也需要相互合作，需要尊重他人的正当利益，有一种宽容的胸怀。市场主体之间只有善于妥协，才能开展良好的合作，才能得到双赢的结果，实现各自利益最大化。在人们从事经济交往的过程中，妥协与宽容的精神逐渐成长起来。人们在处理相互之间的矛盾和冲突时，逐步趋向于通过协商和谈

---

① 数据引自《人民日报》，2000年9月27日，第3版；2007年3月29日，第10版。

② 参见李月军：《近二十年来中国政治文化的变迁与分析》，《书屋》，2003年第3期，第14～19页。

③ 可参阅朴广熙对中国部分地区居民“公民性”的调查数据。[韩] 朴广熙：《中国大都市和乡村居民的政治文化“公民性”比较》，《国家行政学院学报》，2001年第6期，第57～64页。

判的方式解决，能够接受妥协性的主张和建议。政治思维方式从二元对立转向务实中庸，对政治采取调和、节制、弹性的态度，更讲策略性和灵活性，不再试图以绝对的排他性的方式解决问题。人际关系中的信任和宽容也有所发展，人们逐渐能够容忍歧见，宽容与自己不一致的行为、习惯或现象。这种妥协与宽容已经取代了过去那种两极对抗、你死我活、零和博弈的斗争文化。在此过程中，民众的政治心理开始从封闭走向开放，人们已经改变了过去对外来文化盲目排斥的态度，以一种更具包容性的心态接受外来事务，开始接受现代的普世的价值和观念，对政治变革持一种开放的态度。

人们在过去所形成的急躁的、激进的政治心态逐渐转变为平和的理性的心态。改革开放初期，中外文化的强烈对比，中国与西方的巨大差距，使人们产生强烈的焦虑感和严重的不平衡心理，使得“支配人们作出政治选择的主流思想与心态特征，不可避免地具有激进性与浪漫性。”① 随着市场经济的发展，人们对于民主的发展、政府的进步逐渐采取务实的理性的态度，更多的是从安全、秩序与维护自己利益的角度看待政治进步。政治态度从情绪化趋向理性化，从浪漫主义转向实用主义，稳定、秩序、渐进的价值开始为许多人所认可。人们对于政治生活不再主张狂热的无节制的参与，而是倾向于采取理性的行动，以追求和维护自身利益为依归。人们对民主，对良好政府有较高的期盼，希望推动政治发展与民主进步，但并不急切期待马上成功。

① 萧功秦：《与政治浪漫主义告别》，湖北教育出版社 2001 年版，第 2 页。

余论：挑战、前景与启示

一、当代中国渐进式政治发展面临的挑战

本书高度肯定了当代中国政治发展所取得的各项制度成就，也指出改革开放以来中国所走的渐进式政治发展道路是较为成功的，但这并不等于说中国的渐进式政治发展一定会一帆风顺，因为各种突发因素对中国政治发展的干扰肯定会出现，中国所面临的各种问题和挑战也会给中国的政治发展带来各种变数。中国在民主政治方面只是取得了初步的成就，还有许多民主的准备工作急需去做。由于中国渐进式政治发展存在的问题前面多有涉及，这里再突出强调比较重要的几个问题。①

第一，中国公民社会尚未成熟。中国公民社会在总体上仍然不能完全摆脱国家的影响而自主发展，需要国家在公民社会成长的过程中进一步发挥重要作用。这种不成熟一方面表现在经济改革还没有彻底完成，经济运行对政府仍有很大的依赖，政治上的变动仍会对经济产生较大影响；另一方面表现在社会自组织化程度不高，自我治理能力低下，不少民间组织缺乏独立性和自我生存与发展的能力，还不能够对政府之外的社会事务实施全面的管理，不能有效表达和维护组织成

---

① 此外，市场经济不完善、贫富差距过大、权力合法性面临严峻挑战、民主政治文化尚未成熟等，也是对于中国渐进式政治发展的重要制约因素，鉴于前面各章节已涉及这些问题，这里不再赘述。

员的利益，缺乏吸引力和凝聚力，不能够得到民众足够的信任。①

公民社会的不成熟对政治发展有两个方面的负面作用，一是公民社会内部理性的民主力量没有成长起来，不能有效对政府权力发挥制衡作用并防止政府中一部分官员对权力的滥用和腐败，不能严格限定政府的权力范围和社会内部个人与组织行动的界限，使民众很容易因遭到政府部门侵犯而产生不满情绪，以至于出现大量非理性抗争的群体性行为；二是当政治领域出现波动时，公民社会无力克服政局动荡对社会生活的影响，不能抑制社会内部激进力量的发展，不能通过有效的社会整合维持稳定的社会秩序，而且因为公民社会自身缺乏自律性和有效的规制力量，不能抵制民主转型过程中出现的腐败、贿选、暴力等各种不良行为。如果没有一个成熟的公民社会减轻民主化所造成的政治震荡，纠正转轨过程中的种种乱象，民主倒退乃至失败的可能性将会大大增加。

第二，民主政治制度化相对滞后。由于转型社会很难避免的腐败问题、利益分配不公及不平衡发展等因素的存在，我国的社会利益分化以及由此所导致的利益冲突逐渐加剧，公民政治参与和利益表达的要求日益强烈。但我国民主政治的制度化水平较低，缺乏有效的压力释放机制，国家虽然为公民提供了多种形式的政治参与渠道，但缺乏真正有效的政治参与制度，公民通常不愿通过正常渠道去解决问题。这样一来，体制内的政治参与往往流于形式，而公民自觉行动的政治参与则往往采取非制度化甚至非法的形式，政治参与的理性化、制度化、组织化程度比较低。由于现有的制度渠道不能将大量的政治参与成功纳入到法治化的框架中来，因而压制参与成为许多地方政府的习惯性做法。这种局面长期存在就会陷入一种恶性循环，政府官员腐败和滥用权力侵犯了公民的利益，公民没有政治参与渠道来有效制约政府权力，从而使政府官员的腐败和滥用权力变本加厉，反过来使公民的利益进一步受到侵害。在这种情况下，民众除了沉默忍让，就是走极端。公民对政府的不满和愤慨就会慢慢积聚，逐步演化为群体性的

① 关于中国公民社会的缺陷可参阅本书第二章第二节的相关论述。

抗争。① 如果这种局面不改变，政治发展将会陷入两难困境，开放政治参与，政治稳定会受到威胁；不开放政治参与，矛盾会累积起来，积重难返。

中国各级党委和政府由于缺乏组织选举的经验，普遍畏惧选举，担心竞争性选举会超出党和政府的控制范围，不敢扩大选举的层次和竞争性程度，不鼓励公开的合法的竞争，没有落实公民对于政府官员的选择权。这样一来，正规的政治参与渠道和官方组织的选举缺乏对民众的吸引力。公民通常是迫于各种压力被动地去参加选举，没有政治主体意识。民主的本质是参与和竞争，没有一种竞争的制度和文化，很难发展出高水平的民主政治，也不利于民主转型的软着陆。如果公民不能得到竞争性民主的训练，就会给后面的政治发展带来很大的负面影响。从世界各国的经验来看，民主转型具有偶发性，其发生的时间、方式难以预料，看起来发展绩效良好，政基稳固的国家，在国际国内偶然因素的刺激下，民主转型突然间就开始了。如果政府与民众都没有做好充分的准备，政府不能熟练驾驭竞争性民主的运作过程，民众不能自觉遵守民主的规则和程序，政治参与的骤然扩大就会使国家陷入动荡和混乱之中。在形势恶化的情况下，国家就可能会丧失和平转型的机遇，使政治发展出现大的失误或倒退。

第三，政治权力依然高度集中。中国的国家权力现在还是一种集中统一的权力。党委仍然是政治权力运行的中心，党政尚未真正分离。重大事情还是党委决定之后，人大、政府、法院分别去执行。政府的行政活动不具有法治意义上的独立性，很难成为实质意义上对代议机构负责的责任政府，不能通过对政务负完全责任从而减轻执政党直接面对的政治压力。人大制度还不能按照代议制的逻辑独立运作，重大事务还是要取决于党委的决定，不能有效发挥对政府的监督和制

① 参见康晓光：《未来3~5年中国大陆政治稳定性分析》，《战略与管理》，2002年第3期，第1~15页；王金红：《现阶段我国政治体制改革的根本目标与路径选择》，《山东科技大学学报（社会科学版）》，2003年第1期，第55~60页。

约作用。人大不能成为各种利益集团谈判、博弈之平台，未能有效发挥过虑和缓解政治冲突的重要作用。司法机关目前仍然存在对党委和政府的依赖性，不能完全独立地行使审判权和检察权，司法事务经常受到来自党政部门的种种干扰。公众对司法的公正性抱有一种怀疑的态度，司法机关缺乏应有的公信力，不能成为社会正义的最后底线，也不能成为政治冲突的最后的裁决者。司法不独立的严重后果是不能为将来解决民主化过程中的政治纠纷提供中立的裁决机构。

权力高度集中的政治体制对于政权的稳定并不总是有利的。目前中国的各种政治压力都集中于执政党和政府，党和政府处于各种冲突的漩涡之中，疲于应对现代化进程中层出不穷的各种矛盾和问题。现有的政制结构不能有效分解政治冲突，使之通过司法机构、代议机构、政府等多种渠道予以解决。人大、政协、政府、法院、检察院等机构不能在解决冲突时彼此之间产生互补和缓冲效应。在面对重大挑战时，各个机构要么发挥同样的功能，要么全都不起作用，容易出现制度全面失灵的状况。当民众通过任何一种制度渠道都不能解决问题时，就会对现有的制度体系全面失望，全盘否定现存制度的合法性和正当性，从而对制度的稳定构成极大的威胁。

第四，腐败问题日益严重。中国政府在改革的过程中一直控制着较多的经济资源，而政府权力又缺乏有效的制约，因而引发了大量的腐败和寻租行为，使权钱交易普遍蔓延。“寻租的活动滋生了依附于其上的官僚体制和利益集团。这些问题的长期积累，将形成一种不合理制度的路径依赖，因为这些利益集团依附于这种转轨期所形成的扭曲制度，并随之发展壮大；由于这些利益集团主导并控制着经济利益的分配的权力，它们将对进一步的制度改善产生强烈的抵触和阻碍。”① 腐败的蔓延也会严重影响到政治精英制度创新的积极性，政治精英因为不敢面对民主化之后果，所以不敢推动政治改革，失去了许多宝贵的制度变革的机会。由于制度变迁具有路径依赖的特性，当

① 夏宇宁：《中国渐进式政治经济体制改革的制度分析》，载徐湘林主编：《渐进政治改革中的政党、政府与社会》，中信出版社 2004 年版，第 41 页。

既得利益集团为维护特权利益而抵制民主取向的制度创新时，中国的制度变迁就可能陷入一种“路径锁定”的状态。一旦陷入这种状态，无效制度退出的成本十分高昂。社会也许只有在经历激烈的政治动荡之后，才能摆脱这种坏的制度结构。①

严重腐败现象的存在会加剧社会的两极分化，使本来就比较严重的贫富差距进一步扩大，使下层民众对现有的制度体系产生强烈不满，加剧政治对立情绪，助长政治激进主义的蔓延，导致社会不安定。同时，贫富差距扩大还会导致各种左翼思想抬头，左派人士通过各种渠道给改革的领导层施加压力，影响领导人的改革决心，动摇改革的方向，使本该及时解决的重大改革措施一再推迟，贻误了改革的时机。如果腐败现象不能得到有效遏制将会导致上层精英的保守化和下层民众的激进化。上层既得利益集团出于对激进政治变革的恐惧会在政治立场上日趋保守和僵化，更加压制民众的政治参与，使矛盾继续累积下去；而下层民众在无法通过制度化渠道解决问题时，势必认为只有采取激进手段才是有效解决问题的办法。政治冲突进一步向两极化的方向发展。这种政治格局将会使渐进式政治发展面临停滞或者失败的危险。

第五，渐进式道路自身存在缺陷。中国政治发展的策略是先易后难，先从阻力小、风险小的地方进行政治改革，逐步推动整个政治体系的进步。这种政治发展模式容易推行，在较短时间内使政治体系发生明显的进步。但这种政治发展的特点是把较难的核心制度的改革往后推，如果非核心制度的改革抓住时机有条不紊地进行，当外围的改革基本完成时，及时推进核心制度的改革，改革就会进入一种良性循环的轨道。但也可能出现经济学家樊纲所说的另外一种趋势，当经济与社会状况较好时，人们安于现状，改革的动机不强，即便是推进改革也是只改形式，不改内容，使改革一再错过最佳的时机。问题越

① 参见董海军：《转轨与国家制度能力——一种博弈论的分析》，上海人民出版社2007年版，第68页。

积越多，矛盾越来越复杂，困难的“硬核”始终留在那里，真正的难题不能获得解决。改革将陷入僵持状态，实质性改革的成本和风险不断增大，最终走上激进式变革的道路，使社会付出巨大的代价。①

渐进式发展并不意味着政治改革可以停滞不前，无限拖延。对于改革的民主方向，对于要改掉什么，发展什么，如何通过一步一步的改革为民主转型确立良好的基础，改革领导人一定要有坚定的信念和清醒的认识。如果渐进的改革不能通过有效措施实质性地推进民主，就不能避免由于偶然因素引发政治转型加速时，整个社会因不知所措而陷入混乱。由于改革者的既得利益、知识水平以及种种不确定因素的作用，中国的渐进式政治发展仍然存在着停滞的危险：既不能推进政治进步，发展民主；也不能推动经济发展，改善民生，社会处于僵持状态。而最具风险性的结果是渐进式政治发展被激进式道路所取代，国家陷入长期的政治动荡或是分裂状态。这些都需要我们予以正视并保持高度警惕。

二、当代中国渐进式政治发展的前景展望

尽管存在种种困难和挑战，但综合影响中国政治发展的各种因素，笔者对中国渐进式政治发展继续推进并取得成功持一种审慎乐观的态度。中国已经通过渐进式道路取得了政治发展的重大成就，如果领导层继续坚定不移地推进政治改革，妥善利用各种有利条件，抓住改革的有利时机，中国的渐进式政治发展还是有望取得实质性的重大突破，在中国确立一种独具特色的宪政民主体制，成功摆脱支配中国历史循环的“历史周期率”。

---

① 樊纲关于经济体制改革的论述可以为政治改革提供有益的启示。参见樊纲：《论改革过程》，载盛洪主编：《中国的过渡经济学》，上海三联书店、上海人民出版社 2006 年版，第 55 ~ 57 页。

中国的渐进式政治发展目前面临着较好的外部条件。中国经济已经深深融入世界经济体系之中。在开放的环境中，中国政治发生倒退、封闭乃至再度全面集权的可能性已经大大降低。执政党和政府已经接受了世界公认的民主、法治、人权等政治价值，中国政府也习惯于在遵循国际规则和惯例的基础上与世界各国展开经济、政治、文化交往。即使没有健全的民主、宪政等制度化的内部约束，在国内外各种因素的作用下，中国政府权力也能受到一定的制约，国家层面上侵犯公民权利的行为日益减少，许多为维护稳定所采取的限制性措施也变得更为隐蔽，并尽量在法制的范围内进行。中国目前与西方国家关系正常，能够在必要的时候进行良好的经济与政治合作。如果不受到直接的外来挑衅和威胁，中国政府已经不愿公开做出与国际社会公认的价值和规则不一致的行为，也不愿给国际社会留下批评的把柄。

经过近三十年的改革开放，中国的经济、政治、文化等各方面有了显著的进步，为进一步的政治发展奠定了基础。中国经济仍然在快速增长，发展态势良好，规范经济活动的法律体系渐趋完善，金融领域的改革正在深化，民营经济的力量在进一步壮大，政府直接控制的经济领域还在继续缩小。中国政府大力倡导建设政治文明与和谐社会，在民主、法治的制度建设方面取得重要进展。行政体系逐步完善，政府效能有很大提高。中国政治的宽容度也在提高，政府不再单纯依赖政治高压来维持政治稳定，不再用过去沿袭的阶级斗争、专政严打的方式来应对公民社会的政治要求和民众的抗争。公民社会能够发挥一定的对政府的制衡作用，文化公共领域已初步承担起对公共事务批评与监督的功能。中国宪法已经确认人民享有广泛的权利和自由，人民的各项基本权利总体上不再受到任意侵犯和剥夺。社会的文明水平和理性能力大大提高，公民意识逐步增强，民主与法治已成为中国各界普遍接受的政治价值和发展目标，和平与可持续发展理念也已经深入人心。目前中国的国家独立、安全有较好的保障，政治上总体比较安定，国民不再有近代以来那种普遍的危机感，对待政治问题没有急躁情绪，不再有很多人拥护彻底解决的政治激进主义方案，渐进式发展具有较好的心理基础。

执政党通过改革赢得了巨大的威望，变得更为自信，更加宽容，所拥有的政治资源也更为充足，政治经验比较丰富，驾驭和控制局势的能力大大增强，有决心通过和平改革的方式实现政治持续发展。执政党在组织上具有巨大的包容性和广泛的代表性，能够吸纳全社会各个阶层中的优秀分子，代表转型时期社会和文化多样化发展的要求，集中各个方面群众的意见、要求和愿望，使各种利益要求在国家政治层面碰撞、博弈和竞争，达到利益均衡，较为成功地在一个多元化社会维持基本的政治共识，使各种利益群体都自觉认同国家的基本价值与基本结构。政治制度创新的动因来自于社会中的制度需求和执政当局所感受到的制度变革压力。中国市场经济的发展迫切要求发展民主政治，建设法治国家，公众也提出了强烈的民主化要求。执政党和政府已经明确意识到制度创新的必要性和紧迫性，具有一定的压力和动力去革除特权利益，推动政治改革走向深入，提高政治体系的制度化、民主化水平，提高政府决策的科学化、民主化程度，并将宪法所确认的政治价值转化为可操作的宪政实践。

有不少希望中国实现民主化的人认为，一党执政是中国发展民主政治的主要障碍，要发展民主政治就必须实行多党竞争。这种看法忽视了制度组合可以有许多复杂的形态，人类社会现有的制度探索并不能说已经穷尽了一切制度形式。一党执政并不是民主化不可克服的障碍。只要执政党有民主的诚意，有发展民主的信心、决心和耐心，通过对具体的民主制度、规则、程序的大胆探索和创新，应该可以找到一党执政与民主政治相结合的制度形式，使中国的民主化稳健而更具实质意义地向前推进。目前各地正在进行的“公推直选”乡镇党政领导的制度试验证明，在现有制度框架内推进实质性的民主改革并不是不可能的。现有制度并不构成政治发展的不可克服的障碍。如果改革的领导人有长远的历史视野，有坚定的民主信念，坚持宪政民主的正确方向，既不照搬别国模式，也不故步自封，通过渐进的改革不失时机地为民主化创造各种有利的经济、社会、文化和制度条件，即使改革的速度慢一点，最终也会取得很大的成功。

推动渐进式政治发展需要将关于民主的理念之争转化为制度实践和技术操作的问题。执政者要通过持续的制度创新将现代民主政治的框架建立起来，使整个国家权力按照代议制的机制、按照权力制衡的原则来运作。当务之急是建立竞争性民主机制，让执政党党员遵循党所确定的规则、程序和方式展开竞争。执政党只是确定选择的范围，即选举政府主要领导人总体上控制在执政党党员的范围内进行选择，而人民以及人民代表则真正行使自由选择的权利。由于执政党党员数量庞大，汇集了全国各方面的精英，真正落实了人民的政治选择权，民主也就接近于实现了。如果发展民主从意识形态的选择转化为技术问题，就克服了民主化的最大障碍。发展民主不再是政权置换，也不是一个集团取代另一个集团的统治，发展民主就是通过制度、规则、程序的创新使人民在政府领导人产生及其决策过程中发挥越来越大的作用，最终发挥决定性的作用。当竞争性民主机制建立起来之后，民主的进一步发展只是技术层面民主范围的扩大，执政党只要落实宪法赋予公民的权利和自由，扩大直接选举的范围和层级就可以了。新兴的政治力量会提出进一步发展民主的要求，但不会企图推翻现存的制度，而是要求扩大现存制度体系的容纳范围和竞争的范围。政治发展表现为制度本身的演进，不再是新旧力量之间的激烈斗争。这样即使推行全国范围内的民主，也不是另起炉灶，不是将现有制度推倒重来，不会给国家带来政治动荡和比较大的危害。

渐进式政治发展对于政治领导人的能力、素质、眼界、胸怀等提出了更高的要求，要求执政党及其领导人具有更高的掌控政治局势，驾驭制度转轨进程的能力和艺术。发展民主和建设法治国家已成为不可逆转的时代趋势，执政党的各级组织必须学习和探索如何在法治与民主的基础上控制、治理社会的技巧和方法。顺利推动渐进式政治发展需要根据社会、经济进步的程度设计适当的政治改革方案，并随着改革开放的推进，灵活地进行调整。在改革的进程中，执政党既要反保守，又要反激进，一旦时机成熟时一定要及时推进政治改革，使政治体系始终能够适应经济与社会发展的要求，在稳定与发展的动态平衡中持续演进。改革领导人能否果断地抓住有利时机进行体制改革，是渐进式政治发展能否顺利推进并取得成功的关键因素。当经济发展形势较好，社会矛盾尚未激化，尤其是当执政当局还享有充分的权威时，如果改革领导人抓住有利时机推进关键环节的改革，每一次改革都使民主制度建设有实质性的迈进，就能够通过制度创新的累积效应，一方面巩固改革权威的合法性基础，另一方面确保社会度过改革的阵痛期，使经由民主改造后的政治体制能够平稳地运作。

一种进步的历史运动，越是到最后，越是容易通过和平的方式实现其目标，因为冲突的各方已逐渐认识到进步的目标是不可避免的趋势。世界上的民主国家越来越多，将会使更多国家的领导人和民众都相信民主是迟早要到来的，而且之前的民主化为后来的国家提供了丰富的制度变革的经验、知识和智慧，会有利于后面的国家通过更为和平的方式实现民主化。民主的量变必然会促进民主的质变，中国所推动的政治制度创新成果的积累会进一步促进民主化的发展。中国目前的国际、国内政治环境比较有利于民主政治的渐进发展，如果国家与社会、政府与公民能够进行良好的合作，即公民通过和平的方式争取权利，推动民主的进步；执政党坚持自下而上推进竞争性选举，并有步骤地向更大的范围扩大，中国的政治体制转轨就可以实现软着陆，以最小的成本和风险实现全国范围内的民主化。长期的快速经济增长已经使中国进入“政治转型带”，随着市场经济的完善和民主制度建设的推进，中国民主化的前景将变得更加明朗。

中国的民主政治发展是一个渐进的分阶段实现的过程。笔者认为，当代中国民主政治发展将经历这样几个阶段而最终完成，即权威政治确立时期、有限民主化时期、全面民主化时期和宪政民主巩固时期。1978 年到 1989 年是从全能主义政治向权威政治转型的时期，法治开始恢复，民主的发展处于启动阶段，私营经济逐渐发展起来，公民社会开始形成，在非政治的社会与文化生活领域基本实现了自由化，但权威政治尚未定型，社会中存在向政治权威发起挑战的力量。1989 年之后，中国进入有限民主化时期，或者说民主训练时期。权威政治已经比较稳固，在政治上没有比较大的挑战和威胁；市场经济走向成熟，公民社会成长起来，多元文化格局逐步形成；民主化在非核心制度领域和基层全面展开，直接选举逐级向上扩展①；法治化取得明显成就，司法体系开始在执政党和政府之外独立运作。从现在起大约经过 20～30 年左右的时间，中国开始进入全面民主化时期，直接选举开始向省级以上政权推进②，在成功运作几届之后，大概在 21 世纪中叶推行全国层次的直接选举，民主化基本实现。在成功地举行两届全国层次的普选之后，就可以认为宪政民主体制已经在中国取得稳固的地位。

三、当代中国政治发展道路对发展中国家的启示

中国的渐进式政治发展是一个尚待完成的过程，但已经取得了相当的成就，积累了一些成功的经验。这些经验既囊括了中国的特殊性的因素，也蕴含着普遍性的价值；既是中国今后进一步发展的基础，也可以为其他国家摆脱民主与专制的循环提供一种有益的启示。发展中国家在民主的相关条件不具备的情况下，也应该选择一条渐进式政治发展道路，在秩序稳定的基础上，推动经济、社会、文化的持续发展，促进政治制度的不断创新，最终以较小的代价顺利实现向民主政治的和平转型。下面，笔者根据中国渐进式政治发展的经验，并结合其他国家制度转轨的经验，来探讨发展中国家政治发展中存在的一些规律性的因素。

首先，政治发展的第一步是创造民主政治的基础和条件。民主的运行需要特定的历史、文化、经济和社会条件，如完善的市场经济、成熟的公民社会、强大的中产阶级、宽容的政治文化、地方自治的传统和具有较强独立性的司法机关等，但这些条件通常在发展中国家并不存在。发展中国家发展民主不能不考虑其与西方国家完全不同的历

① 目前，有限民主化已进入向上推进阶段，中国大约需要用 10 年左右的时间实现乡镇长直选，再用 10 年左右的时间实现县市长直选，民主训练时期基本结束。

② 中国是一个大国，省级层次的直接选举标志着全面民主化时期的开始。

史、文化、制度基础以及生活方式，简单地照搬一种民主制度模式。不具备民主政治基本条件的国家，即使建立了民主政体通常也会遭到失败。如果发展中国家在市场经济、公民社会以及相关的制度建设没有取得重大进步，政治生活中尚未形成宽容的文化之前，突然扩大政治参与，走向政治多元化、公开化，发展多党竞争的民主政治，就会引起激烈的政治动荡，很难保证民主政体的品质和稳定性。在多元开放的政治环境中，各种集团为了在竞争中取胜，摧毁对手，往往会将历史纠葛、现实冲突都用作政治斗争的工具，并且给予放大和扭曲。这种状况不仅无助于弥合伤痕，化解冲突，形成民族共识和统一，反而会加剧政治、经济、族群等各方面的冲突，使本来就复杂的矛盾更加难以解决。因此，在发展中国家发展民主，必须创造民主所赖以生存的条件，使民主得以逐渐成长，并发展出真正本土化的根基。在大规模的政治改革之前，首先创造相关的制度条件和社会基础，可以将制度转轨的风险降到最小限度。执政者要通过巧妙安排经济、文化、政治发展的顺序和各项改革措施，逐步创造民主制度运行的各种条件，一方面使新制度所要求的经济、政治、文化条件逐步成熟，多数人成为财产的持有者，人们向往民主但又渴望稳定；另一方面通过开展基层政府与公民社会的民主训练使民众学习民主的规则和程序，逐渐拥护并适应新的制度形式。经过这种长期的渐进的发展过程，新的制度体系才能具备牢固的社会基础，并在政治生活领域顺利地运行。

其次，政治发展的过程需要保持权威与民主的平衡。发展中国家之所以追求民主，推动政治发展，对于知识精英来说，自然是出于对民主的信仰，而对于多数民众来说，在很大程度上是希望本国像发达的民主国家一样能够更好地保护人权，更快地推动经济增长，提供更多的福利并有效地维护公共秩序。但实践证明，一个虚弱的民主政府无法履行其最基本的功能，不仅不能更好地保护人民的权利，反而可能会丧失国家实现现代化的机遇。这里实际上提出了民主政治顺利运作的一个关键问题，那就是民主无论如何具有正当性，都必须具备一个前提，即政府必须能够进行有效的统治。政府首先集中必要的权力，行使其维持秩序，分配价值和资源，调控社会生产的功能，在此基础上才能向社会分散必要的权力，扩大民众的政治参与，实现社会对政府的制约。现代化与政治转型是一个复杂的制度变迁的过程，最忌简单化的思维和解决办法。在发展中国家政治发展的过程中，片面强调权威或片面强调民主都是有害的。权威过重通常会导致专制，虽然能够实现一定时期的社会稳定和经济增长，但最终将导致效率低下、浪费严重、腐败盛行和权力滥用。民主先行固然会迅速扩大人民的权利和自由，但很容易引发社会动乱，甚至严重的暴力冲突，民主将得而复失。要想在秩序稳定的基础上推进政治发展，权威与民主都是不可缺少的。没有权威，民主必然因功能无效而失败；没有民主，政治权威也不能长期稳固。因此，发展中国家需要将权威与民主结合起来，形成权威与民主的平衡，权威通过民主获得政治统治的正当性，受到人民的监督和制约，同时权威也规制民主，引导民主在秩序的范围内运行。

中国渐进式政治发展取得的初步成就证明，权威与民主的平衡发展是可以做到的。在中国政治发展的过程中执政权威始终掌握政治改革的主导权，权威推动的有组织有次序的政治改革是中国政治发展取得一定成功的重要原因之一。尽管中国的政治权威始终用集权的方式治理国家，有时会逾越法律的限制，但他毕竟在追求一个民族的繁荣与富强，顺应了广大民众的改革要求，始终使国家沿着现代化、民主化的方向前进。权威推动的改革无疑存在诸多缺陷，面临各种困难和挑战，但改革为中国社会的进步提供了持久的动力，中国经济长期以较快的速度发展，政治上也有了显著的进步，民主与自由在不断成长。在政治发展的进程中保持一个强大的领导核心，保持权威与民主的平衡的确是发展中国家实现宪政民主的比较稳妥的道路。

再次，政治发展要保持制度变迁的连续性。在许多发展中国家，所谓政治发展就是用激进的手段实现政权更迭，虽然推翻了旧的专制政权，但却造成了新旧制度之间的断裂，政局长期动荡。根据中国政治发展的经验，民主转型也可以分解为一个渐进的分阶段发展的过程，由政治权威主动推动民主政治改革，在不破坏政治秩序的前提下逐步实现政权的民主化。民主与旧制度并不是绝对冲突的，世界上存在不同程度和等级的民主，以及正处于民主制度发展过程中的各种中间形式。发展民主“不是一种非此即彼的命题，而是一个连续体，一段旅程，一个正在进行着的过程”①。因此，民主不应该以一蹴而就的方式实现，并非一定要与旧制度完全决裂，应该可以通过渐进的改革，逐步革除旧制度的弊端，使新的制度生长起来，使新旧制度转换的代价最小化。在渐进式政治发展的进程中需要始终保持制度变迁的连续性，即使现存制度体系是不民主的，它也是维系社会、政治生活正常运转所必不可少的，也是政治进一步发展、新制度建立和巩固的基础。

在推动政治发展的过程中，必须清醒地认识到任何由人所设计的组织和制度都不是完美的，更何况再好的制度也要受到现实条件的制约，新制度只有在与旧制度有效衔接，并与现实条件充分磨合后，才可能顺利运行，发挥其制度效能。人们不能企求一夜之间建立一个全新的完美政府，良好政府的建立是各种政治力量经过长期博弈、不断妥协、反复修正的结果。在新制度确立的过程中，必须重视旧制度仍然具有的重要作用，容忍旧制度的缺陷，对于附着于旧制度之上的既得利益，给予应有的尊重，通过一定的补偿机制，使旧的制度体系及其相关利益逐步退出。发展中国家的制度是建构的，外生的，但也是生长的，必须经历一个与现实国情和原有制度磨合、适应的过程。如果发展中国家所移植的制度不适应本国的国情、习惯和文化，又没有对制度进行必要的改进，制度变迁就会向坏的方向发展，给本国的社会秩序与民众生活带来比较大的破坏。要防止制度因为不适应而发生畸变，必须通过制度创新使移植的制度本土化，更适合本国社会的制度需求，实现新制度与旧制度的成功嫁接，推动制度变迁向着好的方向演变。

最后，执政者要掌握制度转轨的政治艺术，选择合适的改革策略

① 霍华德·J. 威亚尔达：《结论：单一或多样的民主》，载［美］霍华德·威亚尔达主编：《民主与民主化比较研究》，榕远译，北京大学出版社2004年版，第182页。

和方法。制度转轨是新制度逐渐取代旧制度的过程，也是充满了各种利益冲突和摩擦的过程。执政者要驾驭制度转轨的过程，必须掌握高超的政治技巧和方法，才能排除制度转轨过程中的各种阻力。执政者在推进制度转轨的过程中，既要坚持民主的价值取向，促使政治制度体系向着更有效制约政治权力和保护公民权利的方向演进，及时捕捉到社会中所产生的制度需求，保持制度供给与制度需求的平衡；又要保证制度转轨必须在政治稳定的基础上进行，在发挥现有政治制度功能的同时实现制度创新。制度转轨应是一个通过实验试错推动制度变迁的渐进的过程，通过对原有制度的渐进改革和调整，为民主政治运行做好大量的具体细致的基础性工作，使新的制度顺利建立并能够在现有制度体系内有效发挥作用。

改革者要将自己的政治理想与政治现实结合起来，不要期盼在短时间内全部实现自己的政治理想，抛弃在改革问题上的浪漫态度，在实质性改革没有展开之前，尊重现有的制度形式和重要的政治符号。面对新与旧，保守与激进，改革者要采取中庸的态度，妥善调停纷争，精心选择能够得到多数人支持的改革路线和策略。为使政治发展能够顺利推进，政治改革需要采取先易后难、分步解决的办法，先从风险较小的局部改革开始，通过迂回的方式逐步接近民主的目标。改革者必须能够作出准确的判断，抓住时机果断地推动改革，但又不是对旧体制的彻底破坏，不损害多数人的利益，将改革的阻力降低到最低限度，使改革的力度、速度与社会各个方面可以承受的程度结合起来。渐进式改革使新体制的效果和优势能够慢慢体现出来，从而增加新体制的吸引力，使更多的人赞同建立新的体制，使新体制在社会资本的支持下顺利运行。这并不意味着政治改革和进步的速度一定是慢的，渐进不是僵化，不是停步不前。在某些方面局部的变革中，改革者需要抓住时机将改革迅速推向前进，将宏观上的渐进、缓和与微观上的快进、果断巧妙地结合起来。

各国在从传统政治体系向现代政治体系演变的过程中，无疑会包含着一些普遍性的因素，某些国家政治发展的经验和方法可以供他国借鉴，但我们不能不承认，政治发展没有普遍的模式和道路可以遵循。任何一个国家的政治发展都会有其特殊性，所以政治发展不是简单地把某国的政治模式和政治经验照搬过来就可以成功。中国政治发展的经验对于其他国家也有一定的局限性，因为其他国家缺乏类似中国这样一个强大的执政党和强大的权威政府。一个国家的政治发展要想顺利推进，并取得预期的政治发展效果，满足人民对民主政治的要求和希望，必须把政治发展中某些普遍的因素与本国的具体实际相结合，一步一步改革现有的政治体系，通过制度创新创造适应本国现实需要的宪政民主模式，才能确保渐进式政治发展取得最后的成功。

人类追求政治发展、政治进步无非有三个目的：一是增强国家和政府的活力以推动社会发展；二是制约国家权力以保护个人自由；三是公民参政以实现政治权力和平交替。通过渐进式政治发展实现这三个目的是阻力最小，成本最低，也最为安全的发展道路。尽管存在某些不利的因素，我们仍需对中国的民主进程充满信心。中国共产党拥有庞大的组织资源、文化资源、经济资源，具有保持长期执政地位的充分条件，同时又始终坚持推进中国的民主进步，因而中国渐进式政治发展的前途是光明的。中国将在执政党的主导下，发展出一种独具中国特色的宪政民主体制。如果这种民主能够允许充分的竞争和争论，每一个政府机构的领导人和代议机构的代表都经由自由、公正、竞争性的选举产生，人民在民主选举中拥有充分的选择权和参与竞逐公共职位的机会，国家权力能够实现制度化的和平交替，公民的权利和自由又能够得到严格的保护，那么我们就可以说，中国已经确立了既符合国际公认的民主标准又适合中国国情的宪政民主体制，渐进式政治发展道路也就取得了基本的成功。从政治体系权力核心未变这个角度来说，政治体系是延续的，未发生大的裂变，但从政治体系权力核心的产生方式、合法性来源以及权力的运行方式来看，政治体系同样可以说发生了根本性的转变与更新，由旧质彻底转换为新质。

在人类历史上，成功实现渐进式政治发展的国家是比较少的。渐进式政治发展是一种成本最小但又很难成功的政治发展模式。通过渐进式道路实现民主的目标是一个长期的艰难复杂的过程，它有赖于执政精英与民间力量的默契合作，需要全社会持续地努力，耐心地等待，矢志不渝，锲而不舍。历史经验告诉我们，无论现存制度的缺陷多么令人难以容忍，我们也要坚持渐进主义的信念，因为激进主义往往欲速则不达，全面置换比维持现状更糟糕。无论我们对宪政民主怀着怎样急切的渴望与期待，我们也只能沿着渐进式道路走下去，通过一点一滴的制度改革趋近我们的目标。如果中国以较小的社会代价推动政治进步，形成一种中国特色的渐进式政治发展模式，最终通过和平渐进的道路确立宪政民主体制，将会对推动人类政治发展和政治文明进步作出巨大贡献。

参考文献

一、中文著作

1. 柏维春:《政治文化传统:中国和西方对比分析》,东北师范大学出版社 2001 年版。

2. 陈明明主编:《革命后社会的政治与现代化》,上海辞书出版社 2002 年版。

3. 陈鸿瑜:《政治发展理论》,(台湾)桂冠图书公司 1995 年版。

4. 陈家刚选编:《协商民主》,上海三联书店 2004 年版。

5. 陈尧:《新权威主义政权的民主转型》,上海人民出版社 2006 年版。

6. 陈振明主编:《政治学——概念、理论和方法》,中国社会科学出版社 1999 年版。

7. 蔡定剑:《历史与变革:新中国法制建设的历程》,中国政法大学出版社 1999 年版。

8. 蔡拓、吴志成:《市场经济与政治发展——转型时期的中国政治》,福建人民出版社 1998 年版。

9. 曹沛霖:《制度纵横谈》,人民出版社 2005 年版。

10. 曹沛霖:《政府与市场》,浙江人民出版社 1998 年版。

11. 丛日云:《西方政治文化传统》,大连出版社 1996 年版。

12. 常桂祥:《法治政治论》,山东大学出版社 2007 年版。

13. 《邓小平文选》第 3 卷,人民出版社 1993 年版。

14. 邓正来:《哈耶克法律哲学的研究》,法律出版社 2002 年版。

15. 邓正来：《规则·秩序·无知：关于哈耶克自由主义的研究》，生活·读书·新知三联书店2004年版。

16. 邓正来：《邓正来自选集》，广西师范大学出版社2000年版。

17. 邓正来：《国家与社会——中国市民社会研究》，四川人民出版社1997年版。

18. 董海军：《转轨与国家制度能力》，上海人民出版社2007年版。

19. 董郁玉、施滨海编：《政治中国》，今日中国出版社1998年版。

20. 邓正来、J. C. 亚历山大编：《国家与市民社会——一种社会理论的研究路径》，中央编译出版社1999年版。

21. 樊纲：《渐进改革的政治经济学分析》，上海远东出版社1996年版。

22. 高洪涛：《政治文化论》，中国广播电视出版社1990年版。

23. 高全喜：《休谟的政治哲学》，北京大学出版社2004年版。

24. 高全喜：《法律秩序与自由正义——哈耶克的法律与宪政思想》，北京大学出版社2003年版。

25. 顾准：《顾准文集》，贵州人民出版社1994年版。

26. 龚咏梅：《社团与政府的关系——苏州个案研究》，社会科学文献出版社2007年版。

27. 何增科主编：《公民社会与第三部门》，社会科学文献出版社2000年版。

28. 何增科等：《中国政治体制改革研究》，中央编译出版社2004年版。

29. 何信全：《哈耶克自由理论研究》，北京大学出版社2004年版。

30. 胡汝银：《低效率经济学：集权制理论的重新思考》，上海人民出版社1995年版。

31. 胡伟：《政府过程》，浙江人民出版社1998年版。

32. 黄德发：《政府治理范式的制度选择》，广东人民出版社

2005 年版。

33. 黄卫平、汪永成主编：《当代中国政治研究报告Ⅱ》，社会科学文献出版社 2003 年版。

34. 黄卫平、汪永成主编：《当代中国政治研究报告Ⅲ》，社会科学文献出版社 2004 年版。

35. 黄卫平、汪永成主编：《当代中国政治研究报告Ⅳ》，社会科学文献出版社 2005 年版。

36. 《江泽民文选》第 1—3 卷，人民出版社 2006 年版。

37. 季卫东：《宪政新论——全球化时代的法与社会变迁》，北京大学出版社 2002 年版。

38. 景跃进：《政治空间的转换：制度变迁与技术操作》，中国社会科学出版社 2004 年版。

39. 陆学艺主编：《当代中国社会阶层研究报告》，社会科学文献出版社 2002 年版。

40. 林尚立等：《制度创新与国家成长——中国的探索》，天津人民出版社 2005 年版。

41. 林尚立：《当代中国政治形态研究》，天津人民出版社 2000 年版。

42. 林毅夫、蔡昉、李周：《中国的奇迹：发展战略与经济改革》，上海三联书店 1994 年版。

43. 刘军宁、王焱、贺卫方编：《市场逻辑与国家观念》，生活·读书·新知三联书店 1995 年版。

44. 刘靖华、姜宪利等著：《中国法治政府》，中国社会科学出版社 2006 年版。

45. 刘军宁：《共和·民主·宪政——自由主义思想研究》，上海三联书店 1998 年版。

46. 刘军宁：《保守主义》，中国社会科学出版社 1998 年版。

47. 刘军宁、王焱、贺卫方编：《经济民主与经济自由》，生活·读书·新知三联书店 1997 年版。

48. 刘培峰：《结社自由及其限制》，社会科学文献出版社 2007

年版。

49. 刘京希：《政治生态论——政治发展的生态学考察》，山东大学出版社 2007 年版。

50. 刘军宁、王焱、贺卫方编：《市场社会与公共秩序》，生活·读书·新知三联书店 1996 年版。

51. 刘军宁、王焱编：《自由与社群》，生活·读书·新知三联书店 1998 年版。

52. 刘军宁、王焱编：《直接民主与间接民主》，生活·读书·新知三联书店 1998 年版。

53. 刘智峰主编：《中国政治体制改革问题报告》，中国电影出版社 1999 年版。

54. 刘德厚：《广义政治论——政治关系社会化分析原理》，武汉大学出版社 2004 年版。

55. 刘军宁编：《民主与民主化》，商务印书馆 1999 年版。

56. 龙太江：《论政治妥协——以价值为中心的分析》，华中科技大学出版社 2004 年版。

57. 李路曲：《当代东亚政党政治的发展》，学林出版社 2005 年版。

58. 李文主编：《东亚：宪政与民主》，中国社会科学出版社 2005 年版。

59. 李强：《自由主义》，中国社会科学出版社 1998 年版。

60. 李景鹏：《中国政治发展的理论研究纲要》，黑龙江人民出版社 2000 年版。

61. 李世涛主编：《知识分子立场：激进与保守之间的动荡》，时代文艺出版社 2000 年版。

62. 李元书主编：《政治发展导论》，商务印书馆 2001 年版。

63. 李泽厚、刘再复：《告别革命：回望二十世纪中国》，（香港）天地图书有限公司 1995 年版。

64. 吕元礼：《政治文化：传统与现代的会通》，人民出版社 2004 年版。

65. 罗荣渠：《现代化新论——世界与中国的现代化进程》，商务印书馆 2004 年版。

66. 梁峰：《知识与自由——哈耶克政治哲学研究》，知识产权出版社 2007 年版。

67. 《马克思恩格斯选集》第 1—4 卷，人民出版社 1995 年版。

68. 马国川：《大碰撞：2004—2006 中国改革纪事》，新华出版社 2006 年版。

69. 马德普主编：《中西政治文化论丛》(第一辑)，天津人民出版社 2001 年版。

70. 马振清：《中国公民政治社会化问题研究》，黑龙江人民出版社 2002 年版。

71. 马立诚、凌志军：《交锋：当代中国三次思想解放实录》，今日中国出版社 1998 年版。

72. 马庆钰：《告别西西弗斯：中国政治文化分析与展望》，中国社会科学出版社 2002 年版。

73. 毛寿龙：《政治社会学》，中国社会科学出版社 2001 年版。

74. 闵琦：《中国政治文化——民主政治难产的社会心理因素》，云南人民出版社 1989 年版。

75. 潘一禾：《观念与体制——政治文化的比较研究》，学林出版社 2002 年版。

76. 潘伟杰：《制度、制度变迁与政府规制研究》，上海三联书店 2005 年版。

77. 钱乘旦、杨豫、陈晓律：《世界现代化进程》，南京大学出版社 1997 年版。

78. 石元康：《当代西方自由主义理论》，上海三联书店 2000 年版。

79. 孙哲：《权威政治》，复旦大学出版社 2005 年版。

80. 孙代尧：《台湾威权体制及其转型研究》，中国社会科学出版社 2003 年版。

81. 孙立平：《断裂：20 世纪 90 年代以来的中国社会》，社会科学文献出版社2003年版。

82. 时和兴：《关系、限度、制度：政治发展过程中的国家与社会》，北京大学出版社1996年版。

83. 盛洪主编：《中国的过渡经济学》，上海三联书店、上海人民出版社2006年版。

84. 施雪华：《政治现代化比较研究》，武汉大学出版社2006年版。

85. 施雪华：《政府权能理论》，浙江人民出版社1998年版。

86. 唐士其：《国家与社会的关系——社会主义国家的理论与实践比较研究》，北京大学出版社1998年版。

87. 唐亮：《渐进·民主——变革中的中国政治》，八方文化企业公司2004年版。

88. 陶东明、陈明明：《当代中国政治参与》，浙江人民出版社1998年版。

89. 王卓君：《文化视野中的政治系统：政治文化研究引论》，东南大学出版社1997年版。

90. 王焱编：《宪政主义与现代国家》，生活·读书·新知三联书店2003年版。

91. 王颖、折晓叶、孙炳雄著：《社会中间层——改革与中国的社团组织》，中国发展出版社1993年版。

92. 王维国：《公民有序政治参与的途径》，人民出版社2007年版。

93. 王贵秀：《中国政治体制改革之路》，河南人民出版社2004年版。

94. 王乐理：《政治文化导论》，中国人民大学出版社2000年版。

95. 王人博、程燎原：《法治论》，山东人民出版社1989年版。

96. 王辉、李仁玉、刘凯湘著：《市场与契约化》，北京大学出版社1996年版。

97. 王沪宁等编：《政治的逻辑：马克思主义政治学原理》，上海人民出版社2004年版。

98. 王沪宁：《比较政治分析》，上海人民出版社 1987 年版。

99. 王道俊、王汉澜主编：《教育学》，人民教育出版社 1989 年版。

100. 汪进元：《良宪论》，山东人民出版社 2005 年版。

101. 汪丁丁：《制度分析基础讲义 Ⅰ：自然与制度》，世纪出版集团、上海人民出版社 2005 年版。

102. 汪晖、陈燕谷主编：《文化与公共性》，生活·读书·新知三联书店 1998 年版。

103. 王绍光：《安邦之道：国家转型的目标与途径》，生活·读书·新知三联书店 2007 年版。

104. 韦森：《经济学与哲学：制度分析的哲学基础》，世纪文景出版公司 2005 年版。

105. 谢庆奎：《政治改革与政府创新》，中信出版社 2003 年版。

106. 薛晓源、陈家刚主编：《全球化与新制度主义》，社会科学文献出版社 2004 年版。

107. 徐勇：《中国农村村民自治》，华中师范大学出版社 1997 年版。

108. 徐大同等主编：《西方政治思想史》第 1—5 卷，天津人民出版社 2005 年版。

109. 萧功秦：《与政治浪漫主义告别》，湖北教育出版社 2001 年版。

110. 徐湘林主编：《渐进政治改革中的政党、政府与社会》，中信出版社 2004 年版。

111. 徐湘林、[德] 格哈德·格勒、赵建民主编：《民主、政治秩序与社会变革》，中信出版社 2003 年版。

112. 杨宏山：《当代中国政治关系》，经济日报出版社 2002 年版。

113. 杨光斌：《制度的形式与国家的兴衰——比较政治发展的理论与经验研究》，北京大学出版社 2005 年版。

114. 杨光斌：《制度变迁与国家治理——中国政治发展研究》，

人民出版社 2006 年版。

115. 杨小凯：《杨小凯谈经济》，中国社会科学出版社 2004 年版。

116. 杨龙：《发展政治学》，高等教育出版社 2006 年版。

117. 杨光斌：《中国政府与政治导论》，中国人民大学出版社 2003 年版。

118. 于毓蓝：《农村基层民主的政治文化分析——苏南模式》，社会科学文献出版社 2006 年版。

119. 俞可平等：《中国公民社会的制度环境》，北京大学出版社 2006 年版。

120. 俞可平：《民主与陀螺》，北京大学出版社 2006 年版。

121. 俞可平：《中国公民社会的兴起与治理的变迁》，社会科学文献出版社 2002 年版。

122. 俞可平：《增量民主与善治》，社会科学文献出版社 2003 年版。

123. 虞崇胜、宋俭：《人民政协与和谐社会的构建》，中国文史出版社 2005 年版。

124. 虞崇胜：《政治文明论》，武汉大学出版社 2003 年版。

125. 叶娟丽：《行为主义政治学方法论研究》，武汉大学出版社 2005 年版。

126. 燕继荣：《发展政治学——政治发展研究的概念与理论》，北京大学出版社 2006 年版。

127. 袁伟时：《帝国落日：晚清大变局》，江西人民出版社 2003 年版。

128. 中国社会科学杂志社编：《民主的再思考》，社会科学文献出版社 2000 年版。

129. 郑谦、庞松：《当代中国政治体制发展概要》，中共党史资料出版社 1988 年版。

130. 张明澍：《中国“政治人”——中国公民政治素质调查报告》，中国社会科学出版社 1994 年版。

131. 张灏：《张灏自选集》，上海教育出版社 2002 年版。

132. 张静主编：《国家与社会》，浙江人民出版社 1998 年版。

133. 张涛：《中国的政治发展》，经济日报出版社 1994 年版。

134. 张军：《双轨制经济学：中国的经济改革（1978—1992）》，上海人民出版社 2006 年版。

135. 张桂林：《西方政治哲学——从古希腊到当代》，中国政法大学出版社 1999 年版。

136. 张旭昆：《制度演化分析导论》，浙江人民出版社 2007 年版。

137. 《中国政治发展进程（2007 年）》，时事出版社 2007 年版。

138. 《中国政治发展进程（2006 年）》，时事出版社 2006 年版。

139. 《中国大百科全书：政治学》(图文数据光盘)，中国大百科全书出版社 1999 年版。

140. 邹谠：《二十世纪中国政治——从宏观历史与微观行动的角度看》，(香港）牛津大学出版社 1994 年版。

141. 周德伟：《自由哲学与中国圣学》，中国社会科学出版社 2004 年版。

142. 《制度建设与国家成长》(复旦政治学评论第二辑)，上海辞书出版社 2003 年版。

143. 赵虎吉：《比较政治学：后发展国家视角》，中山大学出版社 2002 年版。

144. 朱凌：《我反对——一个人大代表的参政传奇》，海南出版社 2006 年版。

145. 朱德米：《自由与秩序：西方保守主义政治思想研究》，天津人民出版社 2004 年版。

146. 朱学勤：《道德理想国的覆灭——从卢梭到罗伯斯庇尔》，上海三联书店 2003 年版。

147. 朱光磊：《当代中国政府过程》，天津人民出版社 2002 年版。

148. 曾峻：《公共秩序的制度安排：国家与社会关系的框架及其

运用》，学林出版社 2005 年版。

149. 郑永年：《政治渐进主义：中国的政治改革和民主前景》，（台湾）吉虹资讯股份有限公司 2000 年版。

二、中文译著

1. ［美］G. A. 阿尔蒙德、小 G. 宾厄姆·鲍威尔：《比较政治学：体系、过程和政策》，曹沛霖等译，上海译文出版社 1987 年版。

2. ［英］阿克顿：《自由史论》，胡传胜等译，译林出版社 2001 年版。

3. ［美］阿维纳什·K. 迪克西特：《经济政策的制定：交易成本政治学的视角》，刘元春译，中国人民大学出版社 2004 年版。

4. ［美］安东尼·奥勒姆：《政治社会学》，张华青、孙嘉明等译，上海人民出版社 1989 年版。

5. ［澳］安德鲁·文森特：《现代政治意识形态》，袁久红等译，江苏人民出版社 2005 年版。

6. ［西班牙］奥尔特加·加塞特：《大众的反叛》，刘训练、佟德志译，吉林人民出版社 2004 年版。

7. ［以］S. N. 艾森斯塔德：《现代化：抗拒与变迁》，张旅平等译，中国人民大学出版社 1988 年版。

8. ［美］埃尔斯特、［挪］斯莱格斯塔德编：《宪政与民主：理性与社会变迁研究》，潘勤、谢鹏程译，生活·读书·新知三联书店 1997 年版。

9. ［英］埃德蒙·柏克：《自由与传统：柏克政治论文选》，蒋庆、王瑞昌、王天成译，商务印书馆 2001 年版。

10. ［美］埃瑞克·G. 菲吕博顿、［德］鲁道夫·瑞切特：《新制度经济学》，孙经纬译，上海财经大学出版社 1998 年版。

11. ［英］柏克：《法国革命论》，何兆武等译，商务印书馆 1998 年版。

12. ［古希腊］柏拉图：《理想国》，郭斌和、张竹明译，商务印书馆 1986 年版。

13. [美] 巴林顿·摩尔：《民主与专制的社会起源》，拓夫等译，华夏出版社 1987 年版。

14. [美] C·E. 布莱克：《现代化的动力》，段小光译，四川人民出版社 1988 年版。

15. [意] 布鲁诺·莱奥尼等：《自由与法律》，秋风译，吉林人民出版社 2004 年版。

16. [荷] 伯纳德·曼德维尔：《蜜蜂的寓言：私人的恶德 公众的利益》，肖聿译，中国社会科学出版社 2002 年版。

17. [英] 彼得·斯特克、大卫·韦戈尔：《政治思想导读》，舒小昀等译，江苏人民出版社 2005 年版。

18. [法] 邦雅曼·贡斯当：《古代人的自由与现代人的自由》，阎克文、刘满贵译，上海人民出版社 2005 年版。

19. [美] 戴维·伊斯顿：《政治生活的系统分析》，王浦劬等译，华夏出版社 1989 年版。

20. [英] 戴维·赫尔德：《民主的模式》，燕继荣等译，中央编译出版社 1998 年版。

21. [英] 戴维·米勒编：《开放的思想和社会：波普尔思想精粹》，张之沧译，江苏人民出版社 2000 年版。

22. [美] 达尔：《民主理论的前言》，顾昕、朱丹译，三联书店、牛津大学出版社 1999 年版。

23. [美] 达尔：《现代政治分析》，王沪宁、陈峰译，上海译文出版社 1987 年版。

24. [美] 丹尼斯·缪勒：《公共选择理论》，中国社会科学出版社 1999 年版。

25. [美] 道格拉斯·C. 诺思、张五常等著，[美] 李·J. 阿尔斯通、[冰] 思拉恩·埃格特森等编：《制度变革的经验研究》，罗仲伟译，经济科学出版社 2003 年版。

26. [美] 道格拉斯·C. 诺思：《制度、制度变迁与经济绩效》，刘守英译，上海三联书店 1994 年版。

27. [英] 厄奈斯特·巴克：《希腊政治理论——柏拉图及其前

人》，卢华萍译，吉林人民出版社 2003 年版。

28. ［英］冯·哈耶克：《哈耶克论文集》，邓正来选编、译，首都经济贸易大学出版社 2001 年版。

29. ［英］F. A. 冯·哈耶克：《个人主义与经济秩序》，邓正来译，生活·读书·新知三联书店 2003 年版。

30. ［英］弗里德利希·冯·哈耶克：《法律、立法与自由》，邓正来、张守东、李静冰译，中国大百科全书出版社 2000 年版。

31. ［英］弗里德利希·冯·哈耶克：《致命的自负》，冯克利等译，中国社会科学出版社 2000 年版。

32. ［英］弗里德利希·冯·哈耶克：《自由秩序原理》，邓正来译，生活·读书·新知三联书店 1997 年版。

33. ［英］弗里德里希·冯·哈耶克：《哈耶克文选》，冯克利译，凤凰出版传媒集团、江苏人民出版社 2007 年版。

34. ［英］弗里德利希·冯·哈耶克：《通往奴役之路》，王明毅、冯兴元等译，中国社会科学出版社 1997 年版。

35. ［美］费正清：《伟大的中国革命：1800—1985 年》，刘尊棋译，世界知识出版社 2000 年版。

36. ［美］弗朗西斯·福山：《历史的终结及最后之人》，黄胜强、许铭原译，中国社会科学出版社 2003 年版。

37. ［波兰］格泽戈尔兹·W. 科勒德克：《从休克到治疗——后社会主义转轨的政治经济》，刘晓勇等译，上海远东出版社 2000 年版。

38. ［美］格林斯坦、波尔斯比编：《政治学手册精选》，商务印书馆 1996 年版。

39. ［英］格雷厄姆·沃拉斯：《政治中的人性》，朱曾汶译，商务印书馆 1995 年版。

40. ［法］古斯塔夫·勒庞：《革命心理学》，佟德志、刘训练译，吉林人民出版社 2004 年版。

41. ［法］古斯塔夫·勒庞：《乌合之众：大众心理研究》，冯克利译，中央编译出版社 2000 年版。

42. ［美］亨廷顿等著、罗荣渠主编：《现代化：理论与历史经验的再探讨》，上海译文出版社 1993 年版。

43. ［美］赫伯特·A. 西蒙：《现代决策理论的基石——有限理性说》，杨砾、徐立译，北京经济学院出版社 1989 年版。

44. ［美］赫伯特·A. 西蒙：《管理行为》，杨砾等译，北京经济学院出版社 1988 年版。

45. ［德］哈贝马斯：《公共领域的结构转型》，学林出版社 1999 年版。

46. ［美］汉密尔顿、麦迪逊、杰伊：《联邦党人文集》，程逢如、在汉、舒逊译，商务印书馆 1980 年版。

47. ［英］霍布斯：《利维坦》，黎思复、黎廷弼译，商务印书馆 1985 年版。

48. ［美］霍华德·威亚尔达主编：《民主与民主化比较研究》，榕远译，北京大学出版社 2004 年版。

49. ［德］黑格尔：《法哲学原理》，范扬、张企泰译，商务印书馆 1961 年版。

50. ［英］杰弗里·托马斯：《政治哲学导论》，顾肃、刘雪梅译，中国人民大学出版社 2006 年版。

51. ［澳］杰弗瑞·布伦南、［美］詹姆斯·M. 布坎南：《宪政经济学》，冯克利等译，中国社会科学出版社 2004 年版。

52. ［美］吉尔伯特·罗兹曼主编：《中国的现代化》，国家社会科学基金“比较现代化”课题组译，江苏人民出版社 2003 年版。

53. ［美］加布里埃尔·A. 阿尔蒙德、西德尼·维巴：《公民文化——五国的政治态度和民主》，马殿君、阎华江、郑孝华、黄素娟译，浙江人民出版社 1989 年版。

54. ［奥］卡尔·门格尔：《国民经济学原理》，刘絜敖译，上海古籍出版社 2005 年版。

55. ［德］卡尔·曼海姆：《保守主义》，李朝晖、牟建君译，译林出版社 2001 年版。

56. ［英］卡尔·波普尔：《通过知识获得解放》，范景中等译，中国美术学院出版社 1996 年版。

57. ［英］卡・波普尔：《历史主义贫困论》，何林、赵平等译，中国社会科学出版社 1998 年版。

58. ［英］卡・波普尔：《开放社会及其敌人》，陆衡等译，中国社会科学出版社 1999 年版。

59. ［美］R. 科斯、A. 阿尔钦、D. 诺斯等：《财产权利与制度变迁：产权学派与新制度学派译文集》，刘守英译，三联书店上海分店、上海人民出版社 1994 年版。

60. ［美］科恩：《论民主》，聂崇信、朱秀贤译，商务印书馆 1988 年版。

61. ［美］罗伯特・A. 达尔：《民主及其批评者》，曹海军、佟德志译，吉林人民出版社 2006 年版。

62. ［美］罗伯特・达尔：《论民主》，李柏光、林猛译，商务印书馆 1999 年版。

63. ［美］罗伯特・A. 达尔：《多元主义民主的困境——自治与控制》，周军华译，吉林人民出版社 2006 年版。

64. ［美］罗伯特・达尔：《多头政体：参与和反对》，谭君久、刘惠荣译，商务印书馆 2003 年版。

65. ［美］罗伯特・D. 帕特南：《使民主运转起来——现代意大利的公民传统》，王列、赖海榕译，江西人民出版社 2001 年版。

66. ［德］罗伯特・米歇尔斯：《寡头统治的铁律——现代民主制度中的政党社会学》，任军锋等译，天津人民出版社 2003 年版。

67. ［英］罗杰・斯克拉顿：《保守主义的含义》，王皖强译，中央编译出版社 2005 年版。

68. ［美］罗尔斯：《正义论》，何怀宏、何包钢、廖申白译，中国社会科学出版社 1988 年版。

69. ［美］拉斯韦尔：《政治学：谁得到什么？何时和如何得到?》，杨昌裕译，商务印书馆 1992 年版。

70. ［美］林德布洛姆：《政治与市场：世界的政治——经济制度》，王逸舟译，上海三联书店 1992 年版。

71. ［美］林德布洛姆：《决策过程》，竺乾威、胡君芳译，上海译文出版社 1988 年版。

72. ［英］洛克：《政府论》，叶启芳、瞿菊农译，商务印书馆 1964 年版。

73. ［美］列奥·施特劳斯、约瑟夫·克罗波西：《政治哲学史》，李天然等译，河北人民出版社 1993 年版。

74. ［美］莱斯利·里普森：《政治学的重大问题——政治学导论》，刘晓等译，华夏出版社 2001 年版。

75. ［德］马克斯·韦伯：《经济与社会》，林荣远译，商务印书馆 1997 年版。

76. ［法］米歇尔·克罗齐、［美］塞缪尔·P. 亨廷顿、［日］绵贯让治：《民主的危机——就民主国家的统治能力写给三边委员会的报告》，马殿军等译，求实出版社 1989 年版。

77. ［法］孟德斯鸠：《论法的精神》，张雁深译，商务印书馆 1961 年版。

78. ［英］迈克尔·波兰尼：《个人知识：迈向后批判哲学》，许泽民译，贵州人民出版社 2000 年版。

79. ［美］迈克尔·罗斯金等：《政治学》，林震、王锋、范贤睿等译，华夏出版社 2001 年版。

80. ［英］迈克尔·欧克肖特：《政治中的理性主义》，张汝伦译，上海译文出版社 2004 年版。

81. ［美］诺思：《经济史上的结构和变革》，厉以平译，商务印书馆 1992 年版。

82. ［美］塞缪尔·亨廷顿、琼·纳尔逊：《难以抉择：发展中国家政治参与》，汪晓寿等译，华夏出版社 1989 年版。

83. ［美］塞缪尔·P. 亨廷顿：《变化社会中的政治秩序》，王冠华等译，生活·读书·新知三联书店 1989 年版。

84. ［美］塞缪尔·亨廷顿：《第三波：20 世纪后期民主化浪潮》，刘军宁译，上海三联书店 1998 年版。

85. ［法］塞奇·莫斯科维奇：《群氓的时代》，许列民、薛丹云、李继红译，江苏人民出版社 2003 年版。

86. ［美］萨托利：《民主新论》，冯克利、阎克文译，东方出版社 1998 年版。

87. ［法］托克维尔：《论美国的民主》，董果良译，商务印书馆 1988 年版。

88. ［法］托克维尔：《旧制度与大革命》，冯棠译，商务印书馆 1992 年版。

89. ［英］M. J. C. 维尔：《宪政与分权》，苏力译，生活·读书·新知三联书店 1997 年版。

90. ［美］希尔斯曼：《美国是如何治理的》，曹大鹏译，商务印书馆 1986 年版。

91. ［美］希尔斯：《论传统》，傅铿、吕乐译，上海人民出版社 1991 年版。

92. ［美］西里尔·E. 布莱克编：《比较现代化》，杨豫、陈祖洲译，上海译文出版社 1996 年版。

93. ［美］西摩·马丁·李普塞特：《政治人——政治的社会基础》，张绍宗译，上海人民出版社 1997 年版。

94. ［英］休谟：《道德原则研究》，曾晓平译，商务印书馆 2001 年版。

95. ［英］休谟：《人性论》，关文运译，商务印书馆 1983 年版。

96. ［英］休谟：《休谟政治论文选》，张若衡译，商务印书馆 1993 年版。

97. ［英］休谟：《人类理解研究》，关文运译，商务印书馆 1997 年版。

98. ［英］休·塞西尔：《保守主义》，杜汝辑译，商务印书馆 1986 年版。

99. ［美］约瑟夫·熊彼特：《资本主义、社会主义与民主》，吴良健译，商务印书馆 1999 年版。

100. ［英］约翰·密尔：《代议制政府》，汪瑄译，商务印书馆 1982 年版。

101. ［法］约瑟夫·德·迈斯特：《论法国》，鲁仁译，上海人民出版社 2005 年版。

102. ［美］约翰·凯克斯：《为保守主义辩护》，应奇、葛水林译，江苏人民出版社 2003 年版。

103. ［英］亚当·弗格森：《道德哲学原理》，孙飞宇、田耕译，上海人民出版社 2005 年版。

104. ［英］亚当·斯密：《道德情操论》，蒋自强等译，商务印书馆 1997 年版。

105. ［英］亚当·斯密：《国民财富的性质和原因的研究》，郭大力、王亚南译，商务印书馆 1972 年版。

106. ［美］亚当·普沃斯基：《民主与市场——东欧与拉丁美洲的政治经济改革》，包雅钧、刘忠瑞、胡元梓译，北京大学出版社 2005 年版。

107. ［古希腊］亚里士多德：《政治学》，吴寿彭译，商务印书馆 1965 年版。

108. ［美］伊斯顿：《政治体系：政治学状况研究》，马清槐译，商务印书馆 1993 年版。

109. ［匈］雅诺什·科尔奈：《后社会主义转轨的思索》，肖梦编译，吉林人民出版社 2003 年版。

110. ［英］以赛亚·柏林：《自由论》，胡传胜译，译林出版社 2003 年版。

111. ［美］詹姆斯·M. 布坎南：《自由、市场和国家——20 世纪 80 年代的政治经济学》，吴良健、桑伍、曾获译，北京经济学院出版社 1988 年版。

112. ［美］詹姆斯·R. 汤森、布兰特利·沃马克：《中国政治》，顾肃、董方译，江苏人民出版社 2003 年版。

113. ［日］猪口孝、［英］爱德华·纽曼、［美］约翰·基恩编：《变动中的民主》，林猛等译，吉林人民出版社 1999 年版。

三、中文论文

1. 安群、李浩：《五十年法治建设的教训与经验》，《法学评论》，2000 年第 1 期。

2. 陈家刚：《协商民主引论》，《马克思主义与现实》，2004 年第 3 期。

3. 陈海平：《波普“渐进改良”历史观及其哲学依据》，《社会科学论坛》，2002 年第 6 期。

4. 陈志瑞：《保守与自由》，《世界历史》，1997 年第 5 期。

5. 陈国权、徐露辉：《有限政府：一种知识论的视角》，《江西社会科学》，2004 年第 5 期。

6. 陈文新：《从“现代化”到“制度变迁”——当代西方政治发展理论的语境转换》，《云南行政学院学报》，2005 年第 1 期。

7. 陈义平：《中国现代化进程中的政治民主与政治秩序》，《安徽大学学报（哲学社会科学版）》，1996 年第 2 期。

8. 陈奉林：《对东亚现代化进程中威权政治的思考》，《外交学院学报》，2005 年第 4 期。

9. 储建国：《中国政治现代化的模式演变》，《江汉论坛》，1999 年第 7 期。

10. ［美］程晓农：《全面制度创新　适应经济全球化——二十一世纪中国面临的挑战》，《开放时代》，2001 年第 1 期。

11. 程汉大：《英国宪政传统的历史成因》，《法制与社会发展》，2005 年第 1 期。

12. 程华：《传统与变革：英国宪政的成长之路》，《法学评论》，2002 年第 4 期。

13. 丛日云：《民主制度的公民教育功能》，政治文化研究网：http：//www. tszz. com/scholar/cry/8. html

14. 蔡拓：《市场经济与市民社会》，《天津社会科学》，1997 年第 3 期。

15. 常士訚：《经济全球化、社会进步与中国政治发展》，《新视野》，2002 年第 6 期。

16. 丁松泉：《试论中国崛起时代的国际环境》，《教学与研究》，2004 年第 3 期。

17. 冯兴元：《论辖区政府间的制度竞争》，《国家行政学院学报》，2001 年第 6 期。

18. 冯克利：《哈耶克的知识论与权力限制》，《天涯》，2000 年第 4 期。

19. 范建中：《“可控民主”与俄罗斯政治发展的走向》，《世界经济与政治论坛》，2005 年第 5 期。

20. 郭晓东：《传统·秩序·自由》，《学海》，2003 年第 1 期。

21. 郭花：《关于中国法治现状与前瞻的理性思考》，《湖南师范大学社会科学学报》，2001 年第 3 期。

22. 郭熙保：《论制度模仿》，《江汉论坛》，2004 年第 3 期。

23. 顾昕：《民主与权威——读亨廷顿〈民主的危机〉》，《读书》，1989 年第 6 期。

24. 顾肃：《论法治基础上的民主》，《学术界》，2000 年第 3 期。

25. 顾自安：《进化理性与唯理主义》，http：//www. chinavalue. net/article/19736. html.

26. 高全喜：《论国家利益——一种基于中国政治社会的理论考察》，载高全喜主编：《大国》第 2 期，北京大学出版社 2004 年版。

27. 高全喜：《休谟的正义规则论》，《世界哲学》，2003 年第 6 期。

28. 高民政：《民主权威化与权威民主化》，《南京社会科学》，2001 年第 5 期。

29. 黄立：《现代制度浪漫主义》，《读书》，1998 年第 11 期。

30. 黄甫全：《自我意识的发展与公民教育的基本策略》，《学术研究》，1999 年第 2 期。

31. 黄卫平、谢振才：《构建和谐社会：全面完善党执政的政治基础》，《深圳大学学报（人文社会科学版）》，2006 年第 1 期。

32. 胡鞍钢：《旨在促进经济发展的中国政治改革》，《改革》，

1999 年第 3 期。

33. 胡伟：《党内民主与政治发展：开发中国民主化的体制内资源》，《复旦学报（社会科学版）》，1999 年第 1 期。

34. 胡锐军：《论政治秩序的维护——以政治冲突、政治整合为中心之分析》，《昆明理工大学学报（社会科学版）》，2004 年第 2 期。

35. 胡汝银：《中国改革的政治经济学》，《经济发展研究》，1992 年第 4 期。

36. 胡汉昌：《制度模仿的历史比较》，《湖北社会科学》，2004 年第 12 期。

37. 何增科：《民主化：政治发展的中国模式与道路》，《中共宁波市委党校学报》，2004 年第 2 期。

38. 何增科：《渐进政治改革与民主的转型》，《北京行政学院学报》，2004 年第 3 期、第 4 期。

39. 何增科：《市民社会：民主化的希望还是偶像——八十年代以来国外市民社会研究述评》，（香港）《中国社会科学季刊》，1998 年春季卷。

40. 何肖琬：《经验演进还是理性建构——关于中国法律传统与法治道路的思考》，《烟台大学学报（哲学社会科学版）》，2001 年第 4 期。

41. 何翠凤：《法治：发展社会主义民主政治的根本保障》，《东岳论丛》，1997 年第 2 期。

42. 霍淑红：《俄罗斯民主进程中的市民社会》，《当代世界社会主义问题》，2005 年第 1 期。

43. 蒋俊杰：《哈耶克的“自发秩序观”初探》，《江淮论坛》，2004 年第 2 期。

44. 杰夫雷·萨克斯、胡永泰、杨小凯：《经济改革与宪政转型》，《开放时代》，2000 年第 7 期。

45. 季卫东：《合宪性审查与司法权的强化》，《中国社会科学》，2002 年第 2 期。

46. 姜义华：《激进与保守：与余英时先生商榷》，（香港）《二十一世纪》，1992 年 4 月号。

47. 季卫东：《宪政的复权》，（香港）《二十一世纪》，1998 年 6 月号。

48. 季卫东：《秩序的正统性问题——再论法治与民主的关系》，《浙江学刊》，2002 年第 5 期。

49. 蒋先福：《从身份社会向契约社会的转化及社会条件》，《湖南师范大学学报》1995 年第 1 期。

50. 姜淑萍：《邓小平启动政治体制改革》，《炎黄春秋》，1998 年第 2 期。

51. 靳涛：《关于演化经济学思想的比较：凡勃伦、熊彼特、哈耶克》，《经济科学》，2002 年第 4 期。

52. 季卫东：《中国：通过法治迈向民主》，《战略与管理》，1998 年第 4 期。

53. 蒋劲松：《党的领导权与人民主权的关系——关于中国共产党在人民代表大会代表选举中的领导作用的一个视角》，http://www.dsz.gov.cn/qrd/XXLR1.ASP? ID =7833.

54. 蒋婕虹、邹建锋：《当代中国政治发展目标的规范分析：一条新道路之思考》，《云南行政学院学报》，2004 年第 3 期。

55. 康晓光：《中国为什么成功——对中国大陆 25 年改革经验的反思》，《中国改革》，2003 年第 10 期。

56. 康晓光：《未来 10 年中国政治发展策略探讨》，《战略与管理》，2003 年第 1 期。

57. 康晓光：《未来 3 ~5 年中国大陆政治稳定性分析》，《战略与管理》，2002 年第 3 期。

58. 康晓光：《经济增长、社会公正、民主法治与合法性基础——1978 年以来的变化与今后的选择》，《战略与管理》，1999 年第 4 期。

59. 娄和标：《哈耶克进化理性主义中的建构理性成分》，《广西社会科学》，2005 年第 6 期。

60. 龙太江：《妥协理性与社会和谐》，《东南学术》，2005 年第 2 期。

61. 李月军：《近二十年来中国政治文化的变迁与分析》，《书屋》，2003 年第 3 期。

62. 李艳丽：《影响当前中国政治发展的政治心理因素分析》，《武汉理工大学学报（社会科学版）》，2006 年第 6 期。

63. 李强：《贡斯当与现代自由主义》，载刘军宁、王焱编：《自由与社群》，生活·读书·新知三联书店 1998 年版。

64. 李元书、刘昌雄：《政治参与：含义、特征和功能》，《学术交流》，1995 年第 6 期。

65. 李海涛：《论政治妥协的功能》，《南京政治学院学报》，2005 年第 6 期。

66. 李季：《学校教育与公民意识培养》，《教育研究》，1997 年第 7 期。

67. 李斌：《政治发展的社会新动力：试论中国民间组织兴起的政治发展意义》，《理论与改革》，2005 年第 2 期。

68. 林尚立：《有序民主化：论政党在中国政治发展中的重要作用》，《吉林大学社会科学学报》，2004 年第 6 期。

69. 林尚立：《中国政治发展的动力资源》，《探索与争鸣》，2000 年第 2 期。

70. 李景鹏：《试论政治发展的动力与目标》，《天津社会科学》，1998 年第 3 期。

71. 李路曲：《东亚的中产阶级、市民社会与政治转型》，《当代亚太》，2000 年第 11 期。

72. 龙太江：《妥协：一种政治哲学的解读》，《哲学动态》，2004 年第 1 期。

73. 龙太江：《西方民主政治中的妥协精神》，《文史哲》，2005 年第 2 期。

74. 龙太江：《政治妥协与西方民主政治》，《南通师范学院学报（哲学社会科学版）》，2004 年第 4 期。

75. 刘志铭：《经济思想成长中的自发秩序传统：从斯密、门格尔到哈耶克》，《江淮论坛》，2002 年第 1 期。

76. 刘军宁：《论恶与人性》，载《原道》（第一辑），中国社会科学出版社 1994 年版。

77. 刘天会：《民主政体、威权主义政体与欠发达国家的发展》，《国际论坛》，1999 年第 6 期。

78. 刘世军：《制度移植在政治文明发展中的意义》，《探索与争鸣》，2001 年第 10 期。

79. 毛寿龙、李梅：《当代中国立宪政府的发展与挑战》，《江苏行政学院学报》，2002 年第 1 期。

80. 麻宝斌：《论民主的法治前提》，《吉林大学社会科学学报》，2001 年第 5 期。

81. 马小红：《法治的历史考察与思考》，《法学研究》，1999 年第 2 期。

82. 马建文：《论实现社会主义法治的路径主线》，《社科纵横》，2005 年第 2 期。

83. 苗壮：《制度变迁中的改革战略选择问题》，《经济研究》，1992 年第 10 期。

84. 聂运麟：《政治权威现代化与政治稳定》，《信阳师范学院学报（哲学社会科学版）》，2000 年第 4 期。

85. 彭欣、文援朝：《波普尔的错误观》，《中南工业大学学报（社会科学版）》，2001 年第 4 期。

86. 彭景阳：《中国法治化的政治基础和路径选择》，《甘肃理论学刊》，2002 年第 1 期。

87. 庞松、韩钢：《党和国家领导体制的历史考察与改革展望》，《中国社会科学》，1987 年第 6 期。

88. 庞明礼：《民主·权威·合法性民主·合法性·制度变迁——论小康社会下我国政府合法性的重构》，《理论与改革》，2003 年第 4 期。

89. 裴毅然：《少数与多数——在民主理念的天平上》，《书屋》，2006 年第 9 期。

90. 秦前红、刘高林：《论民主与法治的关系》，《武汉大学学报

（社会科学版）》，2003 年第 2 期。

91. 任溶：《论当代中国政治发展的动力》，《马克思主义与现实》，2004 年第 5 期。

92. 孙琳：《哈耶克自生自发秩序思想研究》，中国优秀硕士学位论文全文数据库。

93. 宋清华：《从认识论看哈耶克的自由理论》，《江淮论坛》，2002 年第 3 期。

94. 孙代尧：《威权政体及其转型：理论模型和研究途径》，《文史哲》，2003 年第 5 期。

95. 孙代尧：《政治渐进主义——邓小平政治改革理论与中国政治发展》，《当代世界社会主义问题》，2004 年第 3 期。

96. 孙笑侠：《法治国家及其政治构造》，《法学研究》，1998 年第 1 期。

97. 施雪华：《论政治现代化的模式》，《武汉大学学报（社会科学版）》，2002 年第 6 期。

98. 施雪华：《建构有成熟规则的中国公民社会》，《学习月刊》，2005 年第 8 期。

99. 桑玉成、袁峰：《世纪之交的中国政治发展》，《政治学研究》，1998 年第 3 期。

100. 石中英：《波兰尼的知识理论及其教育意义》，《华东师范大学学报（教育科学版）》，2001 年第 2 期。

101. 谭君久：《论人民代表大会制的政体意义及其发展完善》，载黄卫平、汪永成主编：《当代中国政治研究报告Ⅳ》，社会科学文献出版社 2004 年版。

102. 佟德志：《民主失败与法治规制——西方宪政民主理论的逻辑结构简析》，《江汉论坛》，2005 年第 10 期。

103. 佟德志：《民主革命失败的病理分析——代译序》，载［法］古斯塔夫·勒庞著，佟德志、刘训练译：《革命心理学》，吉林人民出版社 2004 年版。

104. 佟德志：《法治民主——近年来中国学术界关于政治体制改

革方向的探讨》，《文史哲》，2005 年第 2 期。

105. 佟怀志：《民主与法治的冲突及其均衡——现代西方政治文明的演进模式初探》，《中国特色社会主义研究》，2004 年第 5 期。

106. 唐娟：《地方立法民主发展的实证分析——以深圳市人大立法听证规则及其运行过程为分析对象》，《云南行政学院学报》，2004 年第 4 期。

107. 唐贤兴：《西方社会私人财产权的起源、发展及其政治后果》，《政治学研究》，2000 年第 2 期。

108. 田峰：《中国政府间制度竞争浅析》，《社科纵横》，2005 年第 6 期。

109. 宋惠昌：《从人治到法治：现代政治文明的历史发展》，《吉首大学学报（社会科学版）》，2003 年第 1 期。

110. 万斌：《论政治妥协》，《浙江学刊》，2005 年第 1 期。

111. 王卓君：《渐进宪政的民主、法治和人权保障》，《中国法学》，2004 年第 5 期。

112. 王绍光、胡鞍钢、周建明：《第二代改革战略：积极推进国家制度建设》，《战略与管理》，2003 年第 2 期。

113. 王曙光：《转轨经济的路径选择：渐进式变迁与激进主义》，《马克思主义与现实》，2002 年第 6 期。

114. 王邦佐、谢岳：《政党推动：中国政治体制改革的演展逻辑》，《政治与法律》，2001 年第 3 期。

115. 王金红：《现阶段我国政治体制改革的根本目标与路径选择》，《山东科技大学学报（社会科学版）》，2003 年第 1 期。

116. 王贵秀：《政治体制改革必须与经济体制改革相适应》，《中共浙江省委党校学报》，1994 年第 5 期。

117. 王世雄：《后发国家政治发展及其模式选择——兼评权威主义现代化道路》，《浙江社会科学》，2001 年第 1 期。

118. 王彩云：《中西政治旨趣迥异的人性论基础》，《郑州大学学报（哲学社会科学版）》，2004 年第 4 期。

119. 王三秀：《论社会法治化的动力体系》，《广西民族学院学报

（哲学社会科学版）》，1999 年第 2 期。

120. 王来法：《市民社会兴起下的韩国政治变迁》，《国际论坛》，2004 年第 1 期。

121. 王敏：《全球化与中国政治发展》，《华中理工大学学报（社会科学版）》，2000 年第 4 期。

122. 王英津：《关于全球化背景下中国政治发展的思考》，《国家行政学院学报》，2004 年第 3 期。

123. 王立新：《论经济体制转轨与市民社会的培育》，《南京师大学报》，1998 年第 1 期。

124. 王晓东：《政协法律地位探析》，http：//202. 207. 216. 178/web/inforup/infor_ showInfo. aspx？ArticleID = 1271

125. 吴德葵：《试论全球化趋势对我国政治发展的影响及对策》，《上海社会科学院学术季刊》，2000 年第 2 期。

126. 吴江：《我国政府机构改革的历史经验》，《中国行政管理》，2005 年第 3 期。

127. 魏世中：《网络环境下德育面临的新课题》，《人民教育》，1998 年第 9 期。

128. 韦森：《市场深化过程与中国社会法治化的道路》，《东岳论丛》，2005 年第 3 期。

129. 文峰：《试析东南亚威权主义政治的衰弱》，《世界经济与政治论坛》，2002 年第 2 期。

130. 萧功秦：《从发展政治学看中国转型体制》，《浙江学刊》，2005 年第 5 期。

131. 徐湘林：《以政治稳定为基础的中国渐进政治改革》，《战略与管理》，2000 年第 5 期。

132. 徐湘林：《"摸着石头过河"与中国渐进政治改革的政策选择》，《天津社会科学》，2002 年第 3 期。

133. 徐湘林：《政治改革政策的目标设定和策略选择》，《吉林大学社会科学学报》，2004 年第 6 期。

134. 徐西胜：《简论政府与社会中介组织的职能关系》，《社会主义研究》，1996 年第 1 期。

135. 徐勇：《中国民主之路：从形式到实体——对村民自治价值的再发掘》，《开放时代》，2000 年第 11 期。

136. 徐勇：《村民自治：中国宪政制度的创新》，《中共党史研究》2003 年第 1 期。

137. 徐道英：《经济全球化的两个时期与国际竞争》，《世界经济与政治》，2001 年第 6 期。

138. 萧功秦：《新加坡的"选举权威主义"及其启示——兼论中国民主发展的基本路径》，《战略与管理》，2003 年第 1 期。

139. 萧功秦：《从政治学和政治社会学看中国发展：驳中国经济崩溃论》，http：//www. tylf. net/old/jingji/zhengzhixue. html.

140. 晓龙：《民主制度的社会基础——有关中间阶层的政治社会学》，载《市场社会与公共秩序》，生活·读书·新知三联书店 1998 年版。

141. 谢维雁：《平衡宪政论纲》，《浙江学刊》，2006 年第 2 期。

142. 萧功秦：《后全能体制与 21 世纪中国的政治发展》，《战略与管理》，2000 年第 6 期。

143. 夏振坤：《论权威主义与中国的现代化》，《当代世界与社会主义》，2005 年第 1 期。

144. 尹星凡、黄承烈：《休谟问题及其启示》，《南昌大学学报(人文社会科学版)》，2005 年第 5 期。

145. 余永定：《当前世界经济形势、全球化趋势及对中国的挑战》，《世界经济与政治论坛》，1999 年第 5 期。

146. 余英时：《再论中国现代思想中的激进与保守——答姜义华先生》，(香港)《二十一世纪》，1992 年 4 月号。

147. 叶娟丽：《西方政治制度的人性论基础》，《江汉论坛》，2003 年第 12 期。

148. 杨小凯：《百年中国经济史笔记》，http：//www. tecn. cn/data/detail. php？ id =3686.

149. 杨光斌：《制度范式：一种研究中国政治变迁的途径》，《中国人民大学学报》，2003 年第 3 期。

150. 杨小凯：《基督教和宪政》，http：//www. tecn. cn/data/detail. php？ id = 2964.

151. 杨建平：《法治民主：后发国家的政治选择》，《战略与管理》，2001 年第 6 期。

152. 杨宏山：《中国政治发展与合法性资源》，《理论与改革》，2004 年第 1 期。

153. 杨小凯：《土地私有制与宪政共和的关系》，http：//www. gongfa. com/yangxiaokaiwenji. dwt.

154. 杨龙芳：《论中国政治市场开放进程中宪政民主与基层民主的协调发展》，《经济社会体制比较》，2004 年第 2 期。

155. 杨明佳：《制度移植与发展中国家的政治发展》，《湖北社会科学》，2005 年第 11 期。

156. 杨光铮：《变迁与走向：韩国权威主义的嬗变》，《当代韩国》，1998 年第 3 期。

157. 杨小凯：《中国政治随想录》，http：//www. tecn. cn/data/detail. php？ id = 3351.

158. 杨松：《政党权威与当代中国政治发展》，《学术界》，2001 年第 4 期。

159. 杨志祥、刘剑军：《论当代中国政治体系的稳定机制》，《政治与法律》，1996 年第 4 期。

160. 俞可平：《积极实行增量政治改革，加快建设社会主义政治文明》，《理论动态》，2003 年第 4 期。

161. 俞可平：《马克思的市民社会理论及其历史地位》，《中国社会科学》，1993 年第 4 期。

162. 俞可平：《社会主义市民社会：一个新的研究课题》，《天津社会科学》，1993 年第 4 期。

163. 俞祖华：《近代中国激进主义思潮研究述评》，《学术月刊》，2005 年第 8 期。

164. 燕继荣：《市民社会与民主化的“双边进程”——论民主政

治的社会基础》，《东方论坛》，1997 年第 2 期。

165. 郁振华：《波兰尼的默会认识论》，《自然辩证法研究》，2001 年第 8 期。

166. 永治：《中国人大制度——26 年渐进民主和法治》，《凤凰周刊》，2004 年第 6 期。

167. 张星久：《论合法性研究的依据、学术价值及其存在的问题》，《法学评论》，2000 年第 3 期。

168. 张义祯：《西蒙的“有限理性”理论》，《中共福建省委党校学报》，2000 年第 8 期。

169. 张爱军、洪刚：《审慎的理性》，《求索》，2004 年第 10 期。

170. 张明军：《试论邓小平对当代中国政治权威转换的贡献》，《湖南师范大学社会科学学报》，2006 年第 1 期。

171. 张鑫：《当代东亚威权主义模式体制性疲劳分析》，《国际观察》，2003 年第 1 期。

172. 张斌贤：《试论公民教育的意义、动力和实施途径》，《教育评论》，1997 年第 3 期。

173. 张曙光：《论制度均衡和制度变革》，《经济研究》，1992 年第 6 期。

174. 张维迎：《理性思考中国改革》，《财经界》，2006 年第 6 期。

175. 张勇、易朝辉：《转轨过程中地方政府竞争：制度创新与善治》，《兰州学刊》，2005 年第 5 期。

176. 张桂琳：《民主与权威的平衡——亨廷顿的稳定民主论》，《政法论坛》，2002 年第 3 期。

177. 张孝文：《中国现代法治国的构建与路径选择》，《东南学术》，2004 年第 2 期。

178. ［美］詹姆斯·G. 马奇、约翰·P. 奥尔森：《新制度主义：政治生活中的组织因素》，孙艳红编译，《经济社会体制比较》，1995 年第 5 期。

179. 朱学勤：《从文化革命到“文化革命”》，凤凰网“世纪大讲堂”第 158 期。http://news.phoenixtv.com/phoenixtv/76569994053287936/20041230/478215.shtml。

180. 朱学勤：《阳光与闪电》，《万象》，2002 年 12 月，第 4 卷第 12 期。

181. 朱德米：《新制度主义政治学的兴起》，《复旦学报（社会科学版）》，2001 年第 3 期。

182. 朱海忠：《韩国政治转型中的政府与社会》，《扬州大学学报（人文社会科学版）》，2002 年第 3 期。

183. 赵景峰：《经济全球化下的国际竞争及我国的应对策略》，《当代亚太》，2002 年第 7 期。

184. 赵建民、张淳翔：《全国人大党政关系与中国大陆民主化的前景》，《中国大陆研究》，2000 年 2 月，第 43 卷第 2 期。

185. 邹建锋：《渐进主义的思想理路》，http://www.comment-cn.net/data/2006/1021/article_21422.html.

186. 周志火：《试论中国政治体制改革的动力》，《社科纵横》，2004 年第 5 期。

187. 周光辉：《当代中国政治发展的十大趋势》，《政治学研究》，1998 年第 1 期。

188. 周光辉：《论政治权力的合法性》，《天津社会科学》，1991 年第 1 期。

189. 周业安、冯兴元、赵坚毅：《地方政府竞争与市场秩序的重构》，《中国社会科学》，2004 年第 1 期。

四、外文文献

1. Bill Brugger & Stephen Reglar. *Politics, Economy and Society in Contemporary China*. Stanford : Stanford University Press, 1994.

2. David E. Apter. *The Politics of Modernization*. Chicago: The University of Chicago Press, 1965.

3. David E. Apter. *Rethinking Development: Modernization, Dependency and Postmodern Politics*. SAGE Publications, Inc, 1987.

4. Daya Krishna. *Political Development: A Critical Perspective*. Oxford: Oxford university press, 1979.

5. Fei-Ling Wang. *Institutions and Institutional Change in China: Premodernity and Modernization*. Macmillan Press Ltd, 1998.

6. Gabriel A. Almond, James S. Coleman. *The Politics of The Developing Areas*. Princeton: Princeton University Press, 1960.

7. Guillermo A. O'Donnell. *Modernization and Bureaucratic-Authoritarianism: Studies in South American Politics*. Berkeley: University of California, Institute of International Studies, 1979.

8. Harding, N. *The State in Socialist Societies*. London: Macmillan, 1984.

9. James E. Sheridan. *China in Disintegration: The Republican Era in Chinese History*, 1912-1949. New York: The Free Press, 1975.

10. Joseph LaPalombara. *Bureaucracy and Political Development*. Princeton: Princeton University Press, 1963.

11. Lucian W. Pye. *Aspects of Political Development*. Boston: Little, Brown and Company, 1966.

12. Lucian W. Pye, Sidney Verba. *Political Culture and Political Development*. Princeton: Princeton University Press, 1965.

13. Lucian W. Pye. *The Mandarin and the Cadre: China's Political Cultures*. Michigan: University of Michigan Press, 1988.

14. Lucian W. Pye. *The Spirit of Chinese Politics*. Boston: Harvard University Press, 1992.

15. MacFarquhar, R. ed. *The Politics of China*, 1949 – 1989. Cambridge, UK: Cambridge University Press, 1993.

16. David Mcnally. *Political Reform in Post-Mao China—Democracy and Bureaucracy in a Leninist State*. Berkeley: University of California Press, 1990.

17. Nee, Victor & David Mozingo, eds. *State and Society in Contemporary China*. Ithaca, NY: Cornell University Press, 1983.

18. Richard A. Higgott. *Political Development Theory: The Contemporary Debate.* New York: St. Martin's Press, 1983.

19. Richard H. Solomon. *Mao's Revolution and the Chinese Political Culture.* California: University of California Press, 1974.

20. Sidney M. Milkis. *Progressivism and the New Democracy.* Amherst: University of Massachusetts Press, 1999.

后 记

近代以来，激进主义几度打乱了中国的现代化进程，也使中国民主政治的发展屡遭挫折。如何克服激进主义的消极影响，在中国仍然是一个尚未完成的任务。当代中国选择了一条渐进式政治发展道路，已经取得了显著的进步，但也存在许多棘手的矛盾和问题。这些问题如果不能妥善解决，渐进式政治发展便面临着停滞或失败的危险。本书的研究目的是在学界已有研究成果的基础上，梳理渐进式政治发展的思想资源，希望借此在中国社会确立牢固的渐进主义信念，防止各种极端学说诱使政治发展偏离宪政民主的正确方向；同时总结中国政治改革开放以及其他国家制度转轨的经验教训，为渐进式政治发展的顺利推进提供一定的启示和参考价值，为中国政治的和平转型贡献一点微薄之力。

在本书出版之际，我首先要感谢导师虞崇胜教授对我的关心、鼓励和鞭策。在虞老师的引导和督促下，我深研治学方法，广览学术经典，坚定了未来读书与治学的人生道路。导师的学术品格与学术境界也许是难以企及的，但永远是学生仰慕和学习的楷模。本书从主题确定、结构安排到资料选择、文字润色都是在虞老师的悉心指导下完成的，字里行间无不浸透着导师的辛劳和汗水。因天资愚钝，我只能交出一份不圆满的答卷，暗自惭愧。在今后的生活中，我只有勤奋为学，踏实做人，方能报答导师的教诲之恩。

衷心感谢武汉大学刘德厚教授、谭君久教授、施雪华教授和张星久教授。从他们讲授的课程中，我学到了系统的政治知识，得到了规范的学术训练；在他们睿智的谈吐和融洽、自由的课堂讨论中，我的学术理念得到了升华，更加深刻地认识到政治学的真谛。叶娟丽教授和刘俊祥教授为本书提出了非常宝贵的修改意见，在此深表感谢。同时，我还要感谢武汉大学的戴红霞老师对我生活上的关照和学习上的帮助，他的谈话和建议，每每使我深受教益。

在武大枫园读书的日子里，彭庆军、孔凡义、邵宇、郑迎春、丁宇、周志刚、程铁军、宋朝光、高春芽、刘文科等诸位同学，在生活、学习、资料收集等各个方面给我提供了热情的帮助，这里特别向他们致以诚挚的谢意。这是一个让人留念的群体，他们对学术充满热情，执著地追求真理，忘我地阅读，激烈地争论，徜徉其中，乐以忘忧。在本书写作过程中，我的同事王光松和王宏刚热心地为我收集和整理资料，他们对学术无私而真诚的态度令我感动。还有许多同学、同事、朋友为我的写作提供了重要的帮助，这里我不能一一列出他们的名字，但早已将他们的关怀铭记在心。

感谢我的母亲、岳母、岳父以及所有的亲人，在我最艰苦的时候，他们为我分忧，给我安慰，使我充满了信心和力量。感谢父亲，他在我身上寄托了太多的希望，没想到未等如愿竟英年早逝，但愿我没有辜负他生前的苦心培养和殷切期待。

我的妻子承担着繁重的工作，同时还要料理家务，照顾小孩，她为本书写作付出的艰辛，难以言述，需要这一生好好报答。小女菲菲的出生给我的写作增添了许多压力，也带来了无穷乐趣。伴随着她的哭声和笑声，键盘上敲出的文字也似乎多了几分别样的神采。感谢女儿自由的天性带给我的灵感与启示。我最大的盼望就是能让孩子在一个和平、自由、宽容的环境中快乐地成长。这是普天下父母的共同心愿，也是我们每一个公民应尽的责任。

当代中国的渐进式政治发展是一个急需展开系统研究的重大课题，作者所作的只是一次尝试性的工作。由于知识和视野的局限，本书存在许多疏漏和不足之处，恳请得到各界专家和广大读者的批评与指正。

叶长茂

2009 年 4 月于广州